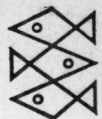

Über dieses Buch Zwischen Engagement/Qualität einerseits und Spekulation/Kasse andererseits bewegt sich ein faszinierendes Spektrum von Filmen, die nach den Mustern von klassischen Kriminal- und Gangsterfilmen und mit Action-Mitteln offen oder verschlüsselt politisch brisante Realitäten aufarbeiten. Themen wie Vietnam, Lateinamerika und der Nahe Osten, die irische Freiheitsbewegung, die Mafia in Italien, politische Attentate, Justizskandale und Wirtschaftsverbrechen werden in diesem seit '68 populären Genre einem Publikum nahegebracht, das im Kino vor allem Unterhaltung sucht.
Die Autoren vergleichen anhand ausgewählter, exemplarischer Beispiele die politischen Ereignisse mit der filmischen Umsetzung und analysieren die Themen, ihre Herkunft und ihre Verarbeitung sowie die Wirkungen dieses Genres, für das Namen wie Jane Fonda, Dustin Hoffman, Robert Redford, Yves Montand, Gian Maria Volonté, Lino Ventura, Constantin Costa-Gavras, Francesco Rosi, Jorge Semprun, Damiano Damiani und Oliver Stone stehen.

Die Autoren Horst Schäfer, geb. 1942, veröffentlichte u. a. »Das zweite Kino«, »Film im Film«, »Jugend-Film '85« und ist Mitherausgeber und Autor von »111 Meisterwerke des Films« sowie vom »Fischer Film Almanach«.
Wolfgang Schwarzer, geb. 1947, ist Autor von »111 Meisterwerke des Films« sowie zahlreicher Arbeiten mit Schwerpunkt französische Filmgeschichte und Mitarbeiter am »Fischer Film Almanach«.

Horst Schäfer / Wolfgang Schwarzer

Von ›Che‹ bis ›Z‹

Polit-Thriller im Kino

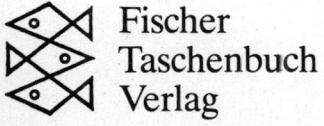

Fischer
Taschenbuch
Verlag

Fischer Cinema
Lektorat: Ingeborg Mues

Originalausgabe
Veröffentlicht im Fischer Taschenbuch Verlag GmbH,
Frankfurt am Main, April 1991

© 1991 Fischer Taschenbuch Verlag GmbH, Frankfurt am Main
Umschlaggestaltung: Buchholz/Hinsch/Hensinger
unter Verwendung eines Fotos aus dem Film VERMISST von Constantin Costa-Gavras
Gesamtherstellung: Clausen & Bosse, Leck
Printed in Germany
ISBN 3-596-24469-2

Inhalt

Vorbemerkung 7

Authentisch und parteilich:
Das Genre des Polit-Thrillers 11

Ein exemplarisches Beispiel für Kino und Politik:
›CHE‹ mit Omar Sharif 18

Das exemplarische Beispiel für den Polit-Thriller:
›Z‹ und Costa-Gavras 24

Spotlight 1:
The Hitler Gang – Vorläufer des Polit-Thrillers
in Hollywoods Anti-Nazi-Filmen 46

Das ›unorganisierte‹ Verbrechen:
Frankreich – Politische Bezüge im Kriminalfilm 52

Das ›organisierte‹ Verbrechen:
Italien – Die Mafia im Kino 105

Spotlight 2:
Die gelbe Gefahr durch die Rotchinesen – Feindbilder
über die Volksrepublik China 132

Vietnamkrieg und Vietnamfilme:
Teufelskerle in Fernost 140

Zeitzeugen, Akteure und Opfer:
Die Medienhelden 289

Personen- und Filmtitelregister 335
   Fotonachweis 347

Vorbemerkung

Aktueller denn je erscheint uns, den Autoren dieses Buches, die Auseinandersetzung mit dem Polit-Thriller. In diesem, im doppelten Sinne heißen Sommer des Jahres 1990 füllten das Gezerre um die deutsche Einheit, Terroranschläge der IRA und die Kriegsgefahr im Nahen Osten nach der Besetzung Kuwaits durch Saddam Husseins Truppen die Schlagzeilen der Medien. Auch die Innenseiten der Tagespresse mußten in der klassischen Sauregurkenzeit nicht auf das Ungeheuer in Loch Ness zurückgreifen. Da plauderten ehemalige CIA-Agenten über die Finanzierung der italienischen Loge P2 durch die US-›Firma‹, mit dem Ziel der Destabilisierung Italiens durch Bombenanschläge, deren Echo bis heute nicht verhallt ist. Licio Gelli wurde wegen Mangels an Beweisen von einem italienischen Gericht freigesprochen. Der schwedische Premierminister Olof Palme soll auf Betreiben der CIA von Killern der Loge P2 ermordet worden sein. Dann neue Enthüllungen über den Mord an John F. Kennedy: auch hier eine Aktionsgruppe der CIA, die, wie aus dem Tagebuch eines beteiligten Polizisten hervorgeht, die Kugeln auf den Präsidenten abgeschossen haben soll. Auf der Seite ›Innenpolitik‹ dann die Themen Stasi, RAF und die deutschen Rüstungsexporte an den Irak; im Feuilletonteil wurde vom kommerziellen Erfolg eines pakistanischen Films berichtet, der die vorweggenommene Ermordung des ›Ketzers‹ Salman Rushdie glorifiziert (INTERNATIONAL GUERILLAS, produziert von Sayyad Gull, 1990) – wenn das keine Stoffe für Polit-Thriller sind! In diesem Genre wurde in den letzten beiden Jahrzehnten mit deutlichen Hinweisen auf diese oder vergleichbare Themen und Skandale nicht gespart; die ›unmöglichsten‹ Verbindungen und Verstrickungen wurden aufgedeckt. Sollten Drehbuchautoren und Regisseure, denen zu rege Phantasie oder unbotmäßige Polemik vorgeworfen wurde, nachweislich recht behalten? Schließt sich der Kreis für offene Geheimnisse, aus denen Thriller in der ganzen Welt ihre Spannung bezogen?

Aktueller denn je sind Polit-Thriller auch, weil die internationalen Kommunikationsnetze für eine immer schnellere und authentischere Nachrichtenübermittlung sorgen. Intrigen, Skandale, Putsche, Revolten, Affären, Attentate können kaum mehr durch abgeschottete Landesgrenzen einer internationalen Öffentlichkeit verborgen bleiben. Alle Welt nimmt

Anteil an aller Welt – und die Medien sorgen dafür, daß dies möglich ist. Aber werden durch diese Verbreitungsmöglichkeiten notwendigerweise auch Hintergründe transparenter, entspricht Nachrichtenfülle demokratischer Kontrolle? Die Medien machen Politik, und die Politik bedient sich der Medien. Polit-Thriller, die sich der besonders spektakulären Themen annehmen und eine detailliertere und die Zusammenhänge ohne öffentlich-rechtliche oder verlegerische Einschränkungen und Rücksichtnahmen erfassende Darstellung ermöglichen, setzen sich – wenn die künstlerischen und kommerziellen Voraussetzungen einschließlich der freien Vertriebswege gegeben sind – weltweit um.

Bildeten Nachrichtenunterdrückung oder -manipulation anfangs oftmals den Plot von Polit-Thrillern, so gerieten später die Medien selbst ins Scheinwerferlicht – genauer gesagt: ihre Stars und Helden oder diejenigen, die durch das Aufeinandertreffen besonderer Umstände in – mitunter sehr fragwürdige – Heldenrollen geraten. Da wir mit Bildern und anderen Informationen überrollt werden und die Medien einschließlich der Protagonisten Teil unseres Alltags sind, ist es mehr als angebracht, genauer hinzusehen. Es geht nicht zuletzt auch darum, die eigenen Urteilskriterien zu überprüfen, um durch die Konfrontation mit den Mechanismen der Manipulation zu genaueren Einschätzungen, zu einer fundiert kritischen Haltung zu gelangen.

Ausschlaggebend für die Idee zu diesem Buch war unter anderem, daß wir bei der Beschäftigung mit den einschlägigen Filmen – die immerhin ein Massenpublikum erreichten, populär und spektakulär sind – auf verhältnismäßig wenige Texte und Publikationen zu diesem *Genre* gestoßen sind, englisch- und französischsprachige Quellen eingeschlossen. Im Gegensatz zur Vielzahl der Veröffentlichungen über einzelne Filme und Regisseure gab es nur wenige Arbeiten, die auf Zusammenhänge, Querverbindungen, Vergleiche oder Abgrenzungen verwiesen. Außerdem fanden wir nirgendwo eine Beschreibung des oft und mitunter leichtfertig benutzten Begriffs ›Polit-Thriller‹; ein eigenes Buch dazu ist unseres Wissens noch nicht veröffentlicht worden. Außerdem ist der größte Teil der vorhandenen Publikationen in der Hitze der Emotionen entstanden, die diese Polit-Thriller – glücklicherweise – bei ihrer Erstaufführung entfachten. Es erschien uns an der Zeit, *au-dessus de la mêlée*, soweit dies möglich ist, Filme in ihrem historischen, politischen, sozialen und filmgeschichtlichen Umfeld zu begreifen, die Fiktion aus der Distanz mit der Realität zu konfrontieren. Dies bedeutet aber gleichzeitig, wie wir feststellen mußten, die ganze Welt zwischen zwei Buchdeckeln einfangen zu wollen.

Als wir vor vier Jahren mit der (ersten) Konzeption des Buches begannen, wollten wir so umfassend und vollständig wie möglich sein: nicht nur von ›Che‹ bis ›Z‹, sondern auch von »Afrika« bis »Zypern«. Die Folge war, daß wir buchstäblich im Material erstickten. Die Abgrenzung und das Auslassen von Themen und Schauplätzen nahm ebensoviel Zeit in Anspruch wie die Aufarbeitung der nun präsentierten Auswahl. Ohne größere Anstrengung reichen die vorhandenen Themen und Materialien noch für zwei weitere Bände: »Gegen Mächte und Multis« (Filme über Wirtschaftskriminalität, Umweltvernichtung, politische Attentate, internationaler Terrorismus, Neofaschismus usw.) und »Spione und Agenten« (Filme über den Kalten Krieg und seine Ideologien, Mauerbau und Mauerüberwindung, Geheimdienste, die großen Spionagefälle usw.). Vielleicht ist es uns möglich, dieses Material, von dem einige Kapitel bereits aufgearbeitet sind, zu einem späteren Zeitpunkt zu veröffentlichen. Die aktuelle Situation wird darüber hinaus neue Felder eröffnen, die viel ›thrill‹ versprechen; Gesamtdeutschland wird reich sein an solchen Stoffen, und zumindest *ein* Kapitel müßte der Frage nachgehen, warum es bei uns so wenig Polit-Thriller gibt.

Die Fülle des Materials macht, wie gesagt, Einschränkungen und Ausgrenzungen erforderlich. Auf allzu umfassende (film-)historische Rückblenden mußten wir verzichten und konzentrierten uns dafür in erster Linie auf den geschichtlichen Rahmen der Jahre nach 1945 und, was die Filme selbst betrifft, auf Produktionen seit 1968. Neben dieser chronologischen Vorgabe waren weitere Auswahlkriterien notwendig, um den auf die Möglichkeiten eines Taschenbuchs beschränkten Umfang sinnvoll zu nutzen. Wir haben uns in erster Linie auf Spielfilme konzentriert, die die Zuschauer in der Bundesrepublik Deutschland über Kino, TV und Video erreichten. Wo es uns sinnvoll erschien, haben wir die selbstauferlegten Prinzipien durchbrochen und den Kreis der Titel um Filme erweitert, die bei uns (noch?) nicht zu sehen waren.

Eine isolierte Betrachtung des Polit-Thrillers ohne Beschreibung des Umfeldes und die Gegenüberstellung mit Filmen einerseits aus dem politischen, andererseits aus dem Unterhaltungsbereich ist dem Verständnis des Genres wenig dienlich. Aus diesem Grunde mußten wir auf Absichten, Tendenzen und Wirkungen vieler Filme eingehen, auf deren ausführliche Darstellung und Analyse wir letztendlich verzichten mußten. Wichtig ist uns dabei, den Polit-Thriller aus der Fülle jener Filme hervorzuheben, die Politik lediglich als Kulisse für Action, Gewaltdarstellung oder Klischeeverhärtung nutzen. Bei den Filmen über Vietnam fiel dies besonders ins Gewicht, deshalb geriet dieses Kapitel auch so umfangreich. Wer einmal dachte, dieses Thema sei beendet und würde filmisch nichts mehr hergeben, irrte gewaltig – auch die Autoren dieses Buches unterlagen anfangs diesem Irrtum. Das Kapitel ist auch heute, 1990, noch keineswegs abgeschlossen. Mit weiteren Filmen ist zu rechnen. Irgendwann jedoch steht ein Redaktionsschluß der Versuchung und dem Anspruch auf Ergänzungen und Aktualisierungen entgegen; unsere Lektorin Ingeborg

Mues war sehr sensibel, aber lange Zeit wohl auch viel zu geduldig mit uns. Vielen herzlichen Dank für den Freiraum, den wir für dieses Manuskript benötigten und erhielten. Was am Ende vieler Filme als ärgerliche Spekulation auftaucht, in der Beschäftigung mit dem Polit-Thriller ist es leider – wie der Moralist formulieren würde – oder glücklicherweise – wie der auf transparente Demokratie erpichte Idealist es ausdrücken könnte – ein unabdingbarer Sachzwang: »Fortsetzung folgt!«

Paris   Horst Schäfer
Im August 1990   Wolfgang Schwarzer

Authentisch und parteilich:
Das Genre des Polit-Thrillers

»Jede Gesellschaft hat den Film, den sie verdient.«
Elio Petri[1]

Das Thema »Politik und Film« ist so alt wie die Geschichte des Mediums; es beginnt mit dem frühen Gleichklang von technologischen Entwicklungen in der Rüstungs- und in der Filmindustrie, setzt sich fort in den russischen Revolutionsfilmen, den Propagandafilmen der Nazis, den Anti-Nazi-Filmen Hollywoods, der Hexenjagd auf die Linken während der McCarthy-Ära, den Feindbild-Filmen des Kalten Krieges und den revanche- und rachelüsternen Vietnamfilmen bis hin zur aktuellen Tagespolitik. Allerjüngstes Beispiel dafür ist ein Agitationsfilm aus dem Iran, in dem die Hinrichtung des von den Religionsführern zum Tode verurteilten Schriftstellers Salman Rushdie vorweggenommen wird, um die Massen im Sinne des Ayatollah Ruhollah Khomeini aufzuputschen.

Einen in diesem Sinne unpolitischen Film hat es nie gegeben. Von Anfang an waren politische Gegebenheiten, naiv-unbewußt als Affirmation des Bestehenden oder auch gezielt eingesetzt zur Veränderung gesellschaftlicher Strukturen, der Hintergrund fiktiver Filmgeschichten oder auch dokumentarischer Präsentation.

David Wark Griffith revolutionierte mit THE BIRTH OF A NATION (»Geburt einer Nation«, USA 1915) die Erzähltechnik des Spielfilms, vermittelte jedoch gleichzeitig naiv die reaktionären patriotischen und rassistischen Stereotypen des Amerika seiner Zeit. Weniger naiv hingegen war seine Interpretation der Geschehnisse der Französischen Revolution in ORPHANS OF THE STORM (»Zwei Waisen im Sturm«, D. W. Griffith, USA 1921). Er nutzte die Episoden aus der Epoche des Terrors zu einem unverhüllten Pamphlet gegen die Oktoberrevolution 1917 und den Bolschewismus in Rußland. Die affirmative Übernahme der gängigen Ideologie, unbewußt oder gewollt, mußte diese rückwirkend bei den Zuschauern wiederum bestärken. Ein Teufelskreis, aus dem vor allem die kommerzielle Produktion von Filmen in aller Regel niemals ausbrechen wollte, da ein Massenpublikum sein Eintrittsgeld vorwiegend dorthin trägt, wo es seine Urteile und Vorurteile – meist unbewußt – bestätigt findet. Eine keinesfalls neue Erkenntnis, die Brecht unter anderem zu seiner Aussage veranlaßte, jeder Film sei politisch.

1 Cinéma 70, S. 71.

11

Die Heeresleitungen der kriegführenden Nationen des Ersten Weltkrieges entdeckten den Film als Propagandamedium. Sie hatten begriffen, daß das Kino ein Ort ist, wo Volksmassen vorrangig erreicht und beeinflußt werden können.

Eisenstein nutzte diese Erkenntnis, um die Voraussetzungen und Ziele der Revolution vom Oktober 1917 den großenteils analphabetischen russischen Volksmassen auf geeignete Weise verständlich zu machen, sie zur Erkenntnis und zu bewußtem Handeln zu führen.

Die ganze Spannbreite und Tragfähigkeit des mittlerweile auch technisch hochperfektionierten Films als propagandistisches Massenkommunikationsmittel, vor allem in seinen Unterhaltungsbereichen, wurde in ihren weitreichendsten Konsequenzen erstmals von Joseph Goebbels ausgeschöpft, der die Möglichkeiten des Kinos in genialer Demagogie für die Ziele nationalsozialistischer Politik nutzte. Das ›Dritte Reich‹ ist zu Recht in seinem öffentlichen Leben als gigantische theatralische Inszenierung charakterisiert worden. Der Film nahm in ihr einen exakt definierten und konsequent gestalteten Platz ein. Was bei Griffith naiv als »Zeitgeist« in die formale und technische Evolution eines Mediums einfloß, wurde bei den Nationalsozialisten berechnetes, methodisch vorangetriebenes System, in dem rassische, kulturelle und politische Feindbilder meist unterschwellig konsolidiert wurden und nationalsozialistische Weltanschauungen als moralischer Grundkonsens erschienen.

Manipulations-Mechanismen

Seit der Film als Massenkommunikationsmittel und als kommerzielles Industrieprodukt konsolidiert ist, in seiner Verbreitung und wirtschaftlichen Potenz weit über dem ehemals führenden Medium Literatur angesiedelt, unterliegt er der massiven Steuerung durch unterschiedliche politische und wirtschaftliche Interessengruppen. In totalitären Systemen werden Produktion und Auswertung durch die jeweilige Staatsraison gesteuert; in liberalen, demokratischen Systemen steht der Kommerz im Vordergrund, wobei einige wenige finanzstarke Gruppen ihre oft schwer entschlüsselbaren, nichtsdestoweniger aber konsequent verfolgten Interessen diktieren, die niemals nur finanziell, sondern immer auch eminent politisch definiert sind – und zwar zwischen den Polen konkret-eindeutiger massiver Propaganda und zweckgebundener totaler Enthaltsamkeit.

Vor diesem Hintergrund entwickelten sich unterschiedliche Formen des politischen Films, deren Extreme einerseits in der Manipulation durch scheinbar unpolitische Massenunterhaltung, andererseits in der Gestaltung progressiver Analysen in avantgardistischer Form für eine intellektuelle, von vornherein ideologisch konforme Minderheit bestehen.

Manipulation durch Unterhaltung, dafür ist Hollywood ein stringentes Beispiel. Hier entstand schwerpunktmäßig das auf den ›american way of life‹ eingeschworene Genrekino, das sich in der Mehrzahl seiner Produktionen bewußt der von den führenden Parteien verfolgten Politik einerseits, dem Postulat der öffentlichen Meinung der Konsumenten andererseits anschloß. In Western, Kriegsfilm, Spionagefilm, Gangster- und Kriminalfilm, Melodram, Komödie etc. fand die Vorbereitung der amerikanischen Volksmassen – lange vor Pearl Harbor – auf den Eintritt Amerikas in den Zweiten Weltkrieg statt, wurde der ›Kalte Krieg‹ in den Ost-West-Beziehungen, der McCarthyismus, das Engagement in Vietnam etc. bestärkt. Durch die Vormachtstellung der amerikanischen Filmwirtschaft auch auf dem europäischen Markt haben Form und Inhalte dieser Serienproduktionen auch in Europa Einfluß auf die Rezeptionsgewohnheiten und die politische Sichtweise eines Massenpublikums genommen.

Das Kino Jean-Luc Godards mag als Beispiel für das andere Ende der Skala gelten. Sein Konzept geht davon aus, daß politisch progressives Gedankengut ausschließlich in entsprechend progressiver formaler Verarbeitung darstellbar und vermittelbar sei, daß traditionelle Darstellungsweisen mithin auch lediglich traditionelle, und das bedeutet in diesem Zusammenhang reaktionäre Denkmuster transportierten.

Der überwiegende Teil des Massenpublikums ist auf beide der dargestellten Extreme, und auch auf alles, was zwischen ihnen existiert, gar nicht oder zumindest schlecht vorbereitet. Der Hang zur vorrangigen Rezeption des Gewohnten kann als Trägheitsgesetz konstatiert werden und bedingt Manipulierbarkeit, was exzessiv durch die Werbebranche ausgenutzt wird, sowohl für – beispielsweise – das Produkt Zigarette als auch gleichermaßen für das Produkt Präsidentschaftskandidat.

Der Polit-Thriller: ein synthetisches Genre

Der Polit-Thriller als Genre knüpft an die dargestellten Gegebenheiten an, bzw. reagiert auf sie. Er stellt in gewisser Weise ein synthetisches Genre dar, denn seine Entstehung ist nicht Resultat einer kontinuierlichen Entwicklung eigener genrespezifischer Stereotypen, wie dies etwa in der Geschichte des Westerns, des Gangster- und Kriminalfilms oder des Abenteuerkinos beobachtet werden kann. Der Polit-Thriller nutzt vielmehr vorhandenes Potential an Figurentypen und Erzählformen, um es mit neuen Inhalten zu füllen.

Der Polit-Thriller ist Reaktion auf die Erkenntnis, daß der klassische politische Film etwa im Sinne Godards nur ein Minderheitenpublikum erreicht, welches diese Filme zwar zur Entwicklung und Bestätigung seines politischen Bewußtseins, nicht aber zur grundsätzlichen Information oder gar Orientierung benötigt. Reaktion auch auf die Beobachtung, daß ein Massenpublikum, welches an die Codes amerikanischer Serien und Fernsehspots gewöhnt ist, von der Bildsprache und der weit fortgeschrittenen intellektuellen und ideologischen Argumentation avantgardistischer Präsentationsformen schlichtweg überfordert wird.

Um der Einseitigkeit der gängigen Massenmedien eine wirkungsvolle Gegeninformation gegenüberzustellen, erwies es sich für die Pioniere des Genres als notwendig, progressive Inhalte mit den gewohnten Rezeptionsformen der Massenmedien zu verknüpfen.

Yves Boisset, Regisseur von Polit-Thrillern, formulierte seine Position folgendermaßen: »Das Publikum ist von der Werbung, vom Fernsehen seiner selbst entfremdet und für dumm verkauft worden. Es ist an die familiären Melodramen und an die Hollywoodschen Massenproduktionen gewöhnt. Deswegen muß, wer von diesem Publikum verstanden werden will, in eben dieser Sprache zu ihm sprechen: der Sprache billiger, kommerzieller Ware.«

Jorge Semprún und Costa-Gavras bestätigen dies im Blick auf ihre Filme: »In einer Zeit, in der von Massenkultur die Rede ist, ist es wohl nicht mehr möglich, daß man sich von dieser Masse durch hermetische Werke abschneidet. Es ist wichtig, daß man versucht, Lenins Gedanken darauf anzuwenden, demgemäß man einen Schritt voraus sein muß, sich aber immer in der Nähe zu halten hat, damit die anderen folgen können. Der Künstler, der Schöpfer muß dem Stadium der direkten Verständnismöglichkeiten eines populären Publikums immer ein wenig voraus sein, denn dieses Verständnis ist nicht durch die revolutionäre Ideologie geprägt, sondern, im Gegenteil, durch die herrschende Ideologie, die antirevolutionär ist.«

Semprún und Costa-Gavras fahren fort: »Vielleicht ist einer der Vorteile (des Polit-Thrillers) gerade, mit der Bedeutung des politischen Films als ausschließlich militantem Film, der einer aktiven oder bereits überzeugten Minorität vorbehalten bleibt und bei Parteifesten oder Propagandatreffen vorgeführt wird, gebrochen zu haben. Der politische Film als Unterhaltungsfilm muß für jedes Publikum gemacht sein, mit dem wesentlichen Unterschied, daß sein Geist und das Ziel ihm entgegenstehen. Dieses Prinzip, das uns auch als akzeptiert erscheint, hat unserer Ansicht nach dazu beigetragen, gewisse Barrieren niederzureißen; aber man darf sich keine Illusionen machen: es sind Barrieren, die sich auch sofort und sehr leicht wieder aufrichten.«[2]

2 Alle Zitate aus: Cinéma 70.

Die Definition des Polit-Thrillers

thrill: erschauern lassen, erregen, packen, begeistern, elektrisieren, entzücken.
thrill-er: Reißer.

In seinem Vorwort zu dem Buch »Kino der Angst – Geschichte und Mythologie des Film-Thrillers«[3] schreibt Georg Seeßlen: »Der *Thriller* ist wohl dasjenige Genre des populären Films, das sich am ehesten einer eindeutigen Definition widersetzt.« In übertragenem Sinne gilt das selbstverständlich auch für den *Polit-Thriller*, auf dessen Strukturmerkmale wir hier verweisen wollen. Zunächst einmal ist der Polit-Thriller ein (Spiel-)Film mit den Elementen des *Thrillers*, dessen »keineswegs dogmatisch zu verstehende« Definition wir an dieser Stelle übernehmen möchten: »... Filme, die in der Gegenwart spielen und von Verbrechen oder Verschwörungen handeln, wobei keiner der handlungsbestimmenden Protagonisten über den Intrigen steht (...) oder einer der Protagonisten aus solcher Distanz (...) herausgetrieben wird (...). Im Thriller sind den Helden die anderen Menschen und die Gesellschaft Schicksal; nicht die Raffinesse der Intrige macht den Thriller aus, sondern der Grad an Betroffenheit, den sie auslöst.«[4]

Unsere – ebenfalls nicht als dogmatisch anzusehende – Definition des Polit-Thrillers versteht darunter Kino-Spielfilme, die aus einer erkennbaren, parteilich-engagierten Position heraus authentische oder der Realität nahekommende politische Ereignisse, Prozesse oder Wirkungsmechanismen darstellen bzw. rekonstruieren, sich dabei an ein Massenpublikum wenden und über Identifikationsfiguren oder -situationen mit den Mitteln den Thrillers beim Zuschauer Betroffenheit, Anteilnahme oder Reaktionen auslösen bzw. erzielen möchten.

Polit-Thriller müssen *parteilich* sein, Ausgewogenheit vermeiden und durch Buch und Regie erkennen lassen, welche Position der Film bzw. die für dessen Produktion verantwortlichen Personen beziehen. Im Gegensatz zu fiktiven Geschichten oder Schauplätzen müssen die Filme auf *authentischem* Material beruhen, historisch-politische Ereignisse nicht bloß vermarkten, sondern sie rekonstruieren und durchschaubar machen. Ein authentischer Hintergrund macht auch fiktive Geschichten genretypisch, wenn er nicht nur als Vorwand für Action und Abenteuer erscheint. Im Gegensatz beispielsweise zur politischen Arbeit mit sogenannten »Flugblatt«-Filmen oder »Kult«-Filmen für eine begrenzte Anzahl von Kennern, wenden sich die Filme an ein *Massenpublikum*, wobei sie auf dem

---

3 Grundlagen des populären Films, Band 5, Rowohlt Taschenbuch Verlag, Reinbek bei Hamburg, Juli 1980, S. 9.
4 Ebd.

branchenüblichen Weg industrieller Fertigung (Studios, Verleihe, Kinos) verbreitet werden. Polit-Thriller sind keine Avantgarde-Filme, sie gehen von traditionellen Rezeptionsbedingungen aus und versuchen, den Publikumserwartungen entgegenzukommen. Eine attraktive, atmosphärische Aufbereitung des Stoffes ist dabei ebenso wichtig wie dramaturgische Geschlossenheit oder die handwerkliche Perfektion in Technik, Ausstattung usw. Da es bekanntlich einfacher ist, über die Namen berühmter Stars (das müssen nicht nur Schauspielerinnen und Schauspieler sein, das gilt auch für Regisseure) ein großes Publikum zu erreichen als allein durch die Qualität des Stoffes, ist die Besetzung der Hauptrollen besonders wichtig. Die Protagonisten müssen *Identifikationsfiguren* sein – »Filmhelden« im wahrsten Sinne des Wortes. Stereotypen des Polit-Thrillers sind hier die Politiker oder Diplomaten, die Polizisten und Juristen, die Oppositionellen, die Reporter und Journalisten – die ›neuen Helden‹ – sowie unmittelbar oder mittelbar Betroffene oder unbeteiligte Dritte, die in die Geschichte mit hineingezogen werden. Ihre Gegenspieler sind zumeist (ebenfalls) Politiker, Geheimdienste, die Mafia, Syndikate oder Konzerne, Diktatoren oder jene Hintermänner und Drahtzieher, von denen anonyme Bedrohungen ausgehen. Zum Repertoire ihres Handlungsinstrumentariums zählen Unterdrückung, Terror und Folter, Attentate und Umstürze, Waffenschiebungen, Korruptionen, Wirtschafts- und Umweltkriminalität oder der Vollzug rassistischer Aktionen. Über das Schicksal der Identifikationspersonen oder -situationen, die in dieses Feld von Verschwörungen und Verbrechen geraten, will der Polit-Thriller beim Publikum *Betroffenheit* auslösen; d. h., er will mehr als nur unterhalten. Typisch für viele Polit-Thriller ist demgegenüber ein »offenes Ende«, das den Zuschauer verunsichern, ihn auf eine akute oder latente Gefahr hinweisen möchte.[5] Wenn er das Kino verläßt, soll er das Damoklesschwert über sich spüren.

5 Typische Beispiele für solch ›offene Enden‹, die dem Zuschauer Gefahr signalisieren, ihn wachsam halten oder ihn zu persönlichem Einsatz verleiten wollen, finden sich u. a. in folgenden Filmen:
   – CONFESSIONS OF A NAZI SPY – Nur die ›kleinen Fische‹ kommen vor Gericht. Die großen hat die Gestapo vorher verschwinden lassen, so daß die ›Fünfte Kolonne‹ in Amerika ruhig weiterarbeiten kann.
   – ›Z‹ – Die Generäle sind zwar außer Gefecht gesetzt, aber am Ende werden der Staatsanwalt und der Journalist verhaftet, so daß das Unrechtsregime weiterwüten kann.
   – ETAT DE SIÈGE – Der Militärberater ist tot. Aus dem Flugzeug, in das der Sarg verfrachtet wird, steigt sein Nachfolger, und alles nimmt einen neuen Anfang.
   – ZEUGE EINER VERSCHWÖRUNG – Der Journalist, der als einziger dem Killerkonzern auf die Spur gekommen ist, fällt ihm zum Opfer – er wird zum Sündenbock.
   – I WIE IKARUS – Der Staatsanwalt, der der Verschwörung zum Präsidentenmord auf die Spur gekommen ist, fällt den Verschwörern zum Opfer.

Stehen sich in den klassischen Genres häufig »Schwarz« und »Weiß« – »Gut« und »Böse« – gegenüber, löst der Polit-Thriller oftmals diese Opposition zugunsten eines dialektischen Prozesses auf, zumal gerade in den siebziger Jahren die Grenzen zwischen »Gut« und »Böse« verwischen und nicht mehr naiv-eindeutig zugeordnet werden können.[6] Ziel ist somit nicht mehr Parteinahme für eine Ideologie, eine Partei, ein Land, eine Nation, denen der negative oder positive Bereich des Paradigmas der Antinomien zugeordnet werden kann, sondern die Sichtbarmachung politischer Mechanismen. Dies wird hervorgerufen und unterstützt durch den *Identifikationsprozeß* des Zuschauers mit einer Figur, deren ›Schicksal‹ die Politik selbst ist. Dabei steht nicht zwingend die moralische Qualität dieser Figur im Vordergrund, sondern das Mit-Leiden (im Sinne aristotelischer ›Reinigung der Gefühle‹) an seiner Verstrickung im Labyrinth der Politik.

Bezeichnend für den Zustand unserer Gesellschaft und die Macht der Massenmedien ist, daß diese mehr und mehr zu einem aktiven Teil politischer Prozesse werden. In den Polit-Thrillern der 80er Jahre dominieren die Repräsentanten der Medien, die sich selbst zu Protagonisten aufschwingen, sich zu den ›neuen‹ Helden erklären. Damit erreichen die Medien – jedenfalls soweit sie sich in den Filmen selbst darstellen – eine neue gesellschaftliche und politische Qualität. Und daß in der Realität unserer Tage Revolutionen von Medien ermöglicht, gesteuert oder beeinflußt werden, dafür gibt es in der Entwicklung deutsch-deutscher Annäherung oder in der Auflösung des Ostblocks prägnante Beispiele. REQUIEM FÜR DOMINIC (Regie: Robert Dornhelm, Österreich 1990) ist einer der aktuellsten Belege. In Form einer dokumentarischen Rekonstruktion liefert er den Beweis dafür, daß der während des Aufstandes in Rumänien in den in- und ausländischen Medien groß herausgestellte und als Massenmörder und Securitate-Mitglied bezichtigte Dominic Paraschiv – der »Schlächter von Temesvar« – zu Unrecht beschuldigt und verurteilt wurde.

– STAATSRAISON – Der Friedensprofessor und seine Kollegin werden getötet, und das Kriegsministerium kann die Skandale mit Hilfe des Geheimdienstes vertuschen und weitermachen wie bisher.

6 Yves Montand, u. a. Hauptdarsteller in den Filmen von Costa-Gavras, im Mai 1979 zur Frage, ob es auch zukünftig Stoffe geben könne wie ›z‹ oder L'AVEU: »Heute hat sich die Entwicklung der Politik geändert. Man kann nicht mehr so leicht sagen: das ist gut und das ist schlecht. Es ist alles voller Widersprüche, und sie liegen immer im Menschen selber. Wir haben mittlerweile gespürt, daß man nicht nur den Ideen mißtrauen muß, sondern den Menschen selbst.« Zitiert nach: Schwarzer/Schäfer, »z. b. montand«, Duisburg 1979, S. 50.

Ein exemplarisches Beispiel für Kino und Politik: ›CHE‹ mit Omar Sharif

> »Ein auf dem Niveau eines Comic-Heftes angesiedelter Film, der Anspruch auf dokumentarischen Charakter erhebt.
> Einer der größten Filmwitze der 60er Jahre.«[1]

Er war das Idol der Linken, bei den '68ern hingen Poster mit seinem Bild an allen Wänden, die Studentenbewegung beschwor auf Transparenten seinen Namen, und Wolf Biermann hat ihn in einem Lied besungen: Ernesto ›Che‹ Guevara. Er wurde am 14. Juni 1928 als Sohn großbürgerlicher Eltern in Argentinien geboren. Anfang der 50er Jahre unternahm er mit einem Freund eine lange Reise durch die Nachbarländer Argentiniens und lernte dabei die Not und das Elend der Leute kennen; diese Eindrücke haben ihn so entscheidend geprägt, daß aus dem angehenden Arzt ein Freiheitskämpfer wurde. Ein paar Jahre später ging er nach Mexiko und schloß sich Fidel Castro an. An dessen Seite kämpfte er gegen die Armee des kubanischen Diktators Batista, bis im Dezember 1958 das alte Regime zusammenbrach. Che wurde zunächst Präsident der Kubanischen Nationalbank, danach Industrieminister. Seine Schriften dienten den Guerillas in den anderen lateinamerikanischen Ländern, die von Kuba unterstützt wurden, als Anleitung für ihren Kampf gegen Imperialismus und für Unabhängigkeit. Besonders seine Solidaritätserklärung mit Vietnam am 20. Dezember 1963 – »Schafft zwei, drei, viele Vietnams!« machte ihn schon zu Lebzeiten zur Symbolfigur und zum Mythos für den Befreiungskampf in der Dritten Welt. 1965 verließ er Kuba. Che zog es nach einigen Abstechern – u. a. in den Kongo – nach Bolivien, um dort die Diktatur zu stürzen. Das Unternehmen scheiterte. Che wurde gefangengenommen und am 9. Oktober 1967 von bolivianischen Offizieren erschossen. Seine Ermordung löste in aller Welt Protestkundgebungen und Demonstrationen aus. Über das ›Idol des Kampfes gegen den Imperialismus der USA‹ drehte die US-Filmproduktion 20th Century Fox ein Jahr später einen Film. Mitarbeiter am Drehbuch war Michael Wilson, der Jahre früher wegen seiner ›Sympathien für die kommunistische Ideologie‹ auf der ›Schwarzen Liste‹ stand. Mit der Besetzung der Titelrolle durch den Weltstar Omar Sharif erhoffte sich die Produktion einen internationalen Kassenerfolg; aus der Verfilmung des Lebensweges eines erklärten Anti-Imperialisten und Anti-Kapitalisten wollte die Firma welt-

---

1 Leonard Maltins »TV Movies 1985–1986«, New American Library, New York 1984, S. 143.

18

weit Gewinne erzielen. Der Film beginnt mit der Überführung der Leiche Ches per Hubschrauber zu dem Ort, wo ihn die bolivianischen Offiziere der Öffentlichkeit präsentieren. Zwischengeschnittene, inszenierte ›Interviews‹ leiten Rückblenden ein, die Stationen seines Lebens wiedergeben. Diese ›Aussagen‹ von Zeitzeugen kommen von Schauspielern; sie verkörpern Personen, die in irgendeiner Form mit Che zu tun hatten – sie hassen oder sie verehren ihn. Damit soll eine dokumentarische Authentizität erreicht werden, die aber zu fadenscheinig ist, um zu überzeugen.

Einen wesentlichen Teil der Handlung nimmt der gemeinsame Kampf von Che und Fidel Castro ein. Sie kommen sich während des Guerillakrieges näher. Der Schüler Che wird langsam dem Meister Fidel ebenbürtig; im Gefecht erweist er sich als ein todesmutiger Mann, der nicht mehr länger den Sanitäter spielen möchte. Das Ergebnis dieser Männerfreundschaft – aus Kriegskameradschaft heraus entstanden – endet damit, daß sich Che zu einem harten ›Commandante‹ entwickelt, der aus disziplinarischen Gründen kaltblütig Verräter exekutiert und später sogar Massenhinrichtungen rechtfertigt. Der Film zeigt das in willkürlich zusammengestellter Folge; er hält sich an Äußerlichkeiten fest und verzichtet ganz auf eine politische Analyse oder Wertung. Che und Fidel wirken wie zwei Banditen in einem Italo-Western, zu dem Lalo Schifrin die passende Musik geschrieben hat.

Interessant ist in diesem Zusammenhang die Rolle von Fidel Castro, gespielt von Jack Palance, dem Schurken vieler Western und Gangsterfilme. Der mit Mütze, Brille, Bart und Zigarre verkleidete Schauspieler verkörpert einen urwüchsigen, bärbeißigen und listigen Revolutionsführer, der in den – wenigen – Kampfpausen seine Rhetorik schult. Che nimmt ihm gegenüber die Rolle des Chefideologen ein, während Fidel der ›Mann fürs Grobe‹ ist. Nach der Kuba-Krise und dem Rückzug der sowjetischen Atomstation trennen sich ihre Wege. Che wirft Fidel vor, sich den Sowjets auszuliefern, und wird dafür zu einem Feind der UdSSR, weil er ihre Politik der Entspannung in Lateinamerika hintertreiben will. Besonders an dieser Stelle verkürzt der Film die politische Auseinandersetzung zwischen den beiden und verliert sich in Theatralik.

Der letzte Teil des Films zeigt Che in Bolivien und das Scheitern der Revolution. Che wird als wirklichkeitsfremder Einzelgänger dargestellt, der seinen Plan, zur Befreiung aller lateinamerikanischen Länder eine multinationale Guerillatruppe zusammenzustellen, nicht verwirklichen kann. Es gibt keine Verständigung zwischen den kubanischen Veteranen und den aus der Landbevölkerung kommenden bolivianischen Rebellen, und demzufolge bricht auch die Beziehung zur kommunistischen Partei ab. Der Film macht sich nicht die Mühe, die Gründe dieses Scheiterns aufzubereiten. Che war enttäuscht darüber, daß die erhoffte Unterstützung ausblieb. Aber es gab keine Medien, die die Bevölkerung – insbesondere die Minenarbeiter – über die Existenz und Absicht der Guerillas richtig informierten. Die mangelnden Bildungsvoraussetzungen erlaubten keine Annäherung; ganz im Gegenteil: die Rebellen wurden mit Regierungssoldaten verwechselt, und die Leute in den Bergen hatten ganz einfach Angst vor ihnen. Krankheit und die Strapazen der langen Flucht vor den bolivianischen Truppen hatten Che dann so erschöpft, daß er in einen Hinterhalt geriet und gefangengenommen wurde. Wie der Film zeigt, haben sich seine Verfolger dabei an Ches eigenem Handbuch für Guerillas orientiert. Über die tatsächlichen Begebenheiten in Bolivien gibt der Film wenig Auskunft; er verliert sich – auch was den Tod Ches angeht – in Andeutungen. Die Ereignisse der letzten Monate hätten genauer ausfallen können, da Che viele Schriften und Tagebuchnotizen hinterlassen hat, die eine Rekonstruktion ermöglicht hätten.[2] So wird in dem Film ›CHE‹ (Regie Richard Fleischer, USA 1968) das Klischeebild eines sozial-romantischen Revolutionärs gezeichnet, wie es in den US-Filmen über die mexikanische Revolution oder in den Italo-Western über beliebig austauschbare fiktive Revolutionen irgendwo in Lateinamerika häufig vorkommt.

Che – eine allseits reduzierte Persönlichkeit

Das Drehbuch zu dem Film schrieb Michael Wilson – ein Autor, der mit Dalton Trumbo zusammenarbeitete, das Buch zu »Salt of the Earth« schrieb und während der Zeit seiner Zugehörigkeit zu den Verfolgten der ›Schwarzen Liste‹ auf ›Strohmänner‹ angewiesen war (Woody Allen verkörpert einen solchen ›Strohmann‹ in dem Film THE FRONT von Martin Ritt, USA 1976). Für Wilson bedeutete das konkret, daß für einige seiner Arbeiten andere Leute mit einem ›Oscar‹ geehrt wurden. »Wilson war zweifelsohne einer der fähigsten Drehbuchautoren der Schwarzen Liste, der durch seine erfolgreiche Arbeit auf dem Schwarzen Markt wesentlich zum Niedergang der Schwarzen Liste beigetragen hat.«[3] Ganz offensicht-

---

2 Che schrieb zeitlebens ein Tagebuch. Wie man damit filmisch umgehen kann, hat Michael Gregor in seinem ZDF-Film »Meine Reise nach Bolivien« bewiesen: nicht penibel rekonstruierend, sondern glaubhaft nachempfindend. In der Form einer sehr persönlichen Annäherung hat der Autor anhand der Tagebuchnotizen von Guevara etliche Jahre später die Reisen durch Peru und Bolivien nachvollzogen und die Schlußetappe seines Guerillakampfes bis zu seiner Ermordung behutsam umgesetzt. »Dieser sehr persönliche Film von Michael Gregor verbindet Eindrücke von der heutigen sozialen Situation Boliviens mit Tagebuchnotizen des kranken und enttäuschten Che Guevara.« (ZDF-Programminformation 42/87.)
3 Giuliana Muscio, Hexenjagd in Hollywood – Die Zeit der Schwarzen Listen. Verlag Neue Kritik, Frankfurt 1982, S. 134/135.

lich blieb sein Einfluß auf diese Produktion begrenzt, denn dem Film mangelt es an Authentizität und Parteilichkeit:»Wir wollen die Tragödie dieses Menschen auf der Leinwand zeigen. Dabei enthalten wir uns jeglichen Urteils über sein Leben, seine Ideen und seine Intentionen« – so der Co-Autor und Produzent Sy Bartlett.[4] Doch hat man sich nicht nur eines Urteils enthalten, »... sondern auch jeglicher politischer und sozialer Situationsanalysen und Erklärungsversuche, Politik findet nicht statt (denn sonst hätte man vielleicht oder zwangsläufig Stellung beziehen müssen). Es ist ein durch und durch unpolitischer Film, der indes indirekt doch politisch ist, insofern er nämlich ein in erster Linie politisches Phänomen auf das rein individuell Biographische und Äußerliche reduziert, es damit verfälscht und weder Che noch Lateinamerika gerecht wird.«[5] Der Regisseur Richard Fleischer, Jahrgang 1916, gilt als Routinier für konfektioniertes Erzählkino und ist in allen seinen Filmen bislang weder durch besondere Sensibilität noch durch politisches Engagement aufgefallen. Von ihm stammen so unterschiedliche Filme wie 20000 MEILEN UNTER DEM MEER (1954), DIE WIKINGER (1957), BARABBAS (1962), DIE PHANTASTISCHE REISE (1966) und DOCTOR DOOLITTLE (1967), und es war nicht zu erwarten, daß er sich aus einer persönlichen Betroffenheit heraus mit dem Stoff und dem Helden auseinandersetzt; Fleischers Handschrift ist gleich, egal, ob in Abenteuerfilmen, Kriegsfilmen, Melodramen oder – wie in diesem Falle – Filmen mit politischen Bezügen. Und da es dem Film ›CHE‹ schon an einem überzeugenden Buch und einem engagierten Regisseur mangelt, stellt die Besetzung der Titelrolle mit Omar Sharif einen weiteren Mißgriff in dieser Kausalität dar. Der ägyptische Schauspieler (eigentlich: Maechel Shalhouz) begann Mitte der 50er Jahre im ägyptischen Film seine Karriere in landestypischen Liebhaberrollen und wurde in den 60er und frühen 70er Jahren als sanfter und romantischer Typ einer der großen Stars des anglo-amerikanischen Films. Kritiker bezeichneten ihn als ›Miniatur-Valentino‹, was seinen Rollen und seinem Image recht nahe kam. Einen seiner größten Erfolge feierte er mit »Doktor Schiwago« (1965). Diesen Ruhm suchten die Produzenten mit ›CHE‹ auszunutzen, was aber zu einem Mißverständnis führte. »Erst als das Drehbuch frei von jedem ›Pro und Kontra‹ war, übernahm der Schauspieler die Rolle.«[6] Sharif:»Ches Ideen erstreckten sich auf die ganze Welt, die er verbessern wollte. Ob er mit seinen Methoden recht oder unrecht hatte, steht nicht zur Diskussion. Er wurde zu einem Symbol der Jugend, mit dem man vorsichtig umgehen mußte.«[7] Diejenigen, für die Che ein Sym-

4 Evangelischer Filmbeobachter Nr. 256/1969.
5 Evangelischer Filmbeobachter Nr. 256/1969.
6 Evangelischer Filmbeobachter Nr. 256/1969; zitiert nach einer Verleihankündigung.
7 Evangelischer Filmbeobachter Nr. 256/1969.

bol war, konnten den Schauspieler Omar Sharif nicht in der Rolle einer Identifikationsfigur akzeptieren und weigerten sich, mit ihrem Geld die Gewinne der Produktion zu mehren, die auf der Welle der '68er-Stimmung mit der Vermarktung eines Idols spekulierte. Die Fehlbesetzung war so eklatant, daß der Film bei Publikum *und* Kritik durchfiel. Folke Isaksson und Leif Fuhrhammar in »Politik und Film«: »Ein radikaler Autor, ein populärer Star: es scheint, als ob aufrichtiger Wille da ist, Che Guevara sozusagen eine Chance zu geben, bevor er hingerichtet wird. Es dreht sich nämlich um eine Hinrichtung – oder den Versuch einer Hinrichtung. Ein Mythos läßt sich kaum von einem Film mit Omar Sharif in der Hauptrolle hinrichten. Die groteske Idee, ›Doktor Schiwago‹ in die Rolle von Che zu setzen, deutet kaum auf Böswilligkeit hin, sondern wohl eher auf eine monumentale Urteilslosigkeit. Oder auch auf eine unwahrscheinlich sublime Absicht: eine Garantie dafür zu schaffen, daß Che Guevaras Persönlichkeit als Absurdität aufgefaßt wird.«[8]

Je markanter und populärer die zentrale Person eines Polit-Thrillers ist, um so schwieriger gestaltet sich deren filmische Adaption. Der Star muß sich mit seiner Rolle identifizieren, um dem Zuschauer die Identifikation mit dieser Figur zu erleichtern. An dieser Aufgabe scheiterten schon viele Schauspieler.[9] Ein weiterer Versuch, aus Che einen Leinwandhelden zu machen: EL ›CHE‹ GUEVARA (»Stoßtrupp ins Jenseits«, Regie: Paolo Heusch, Italien 1973) bestätigt das erneut, da selbst ein so renommierter und international gefragter und erfolgreicher Schauspieler wie Francisco Rabal in der Hauptrolle nicht überzeugen konnte. Da auch die Gesamtkonzeption des Films nicht stimmte, blieb er einer größeren Öffentlichkeit vorenthalten.[10]

8 Isaksson/Fuhrhammar, Politik und Film. Otto Maier Verlag, Ravensburg 1974, S. 271 f.
9 Ein Beispiel dafür ist Richard Burton als Trotzki in »Das Mädchen und der Mörder/ Die Ermordung Trotzkis« von Joseph Losey, Frankreich/Italien 1971. Den ganzen Film über wird dem Zuschauer bewußt, daß hier ein *Star* einen anderen Star *spielt*. Das bewirkt Distanz und Befremdung und ermöglicht keine Identifikation mit dem Protagonisten des Films.
10 film-dienst Nr. 18.946: »Der Aufbau ist schwach, die Dialoge sind vordergründig-naiv, das dargestellte Elend der bolivianischen Bevölkerung wirkt angeschminkt. Man registriert die bekannten Klischees... Die breit ausgespielten blutigen Szenen nageln die Geschichte vollends auf die Dimensionen eines oberflächlichen, reißerischen Kriegsfilms fest.«

Omar Sharif spielt ›CHE‹

Das exemplarische Beispiel für den Polit-Thriller: ›Z‹ und Costa-Gavras

»Der Film ’Z’ ist dem Buch ›Z‹ treu. Das Buch ist echter Geschichte treu, und das dürfte der Weg des Dokuments sein, das Kunst geworden ist.«

Vassilis Vassilikos

Er hat den Polit-Thriller nicht erfunden, doch kam er mit seiner spezifischen Sichtweise, seiner individuellen Erzähltechnik und seiner persönlichen Betroffenheit im rechten Augenblick, um ein populäres Genre daraus zu machen.

Constantin Costa-Gavras wurde als Sohn einer griechischen Mutter und eines Vaters russischer Herkunft am 13.2.1933 in Athen geboren. Nach dem Abitur ging er nach Paris, wo er das Sorbonne-Studium nach kurzer Zeit abbrach, um zur Filmhochschule überzuwechseln. 1958 debütierte er als Drehbuchautor für das amerikanische und kanadische Fernsehen. Zwischen 1959 und 1964 arbeitete er als Regieassistent unter anderem für René Clair, Henri Verneuil, René Clément, Jacques Demy, Jean Becker und Jack Pinoteau.

Die erste eigene Regiearbeit, COMPARTIMENT TUEURS (»Mord im Fahrpreis inbegriffen«, Frankreich 1965), nach einem Kriminalroman von Sébastien Japrisot, verzeichnet in der Besetzung schon jene Darsteller, die später die Produktion von ›Z‹ ermöglichten und damit ihm als Regisseur und dem Polit-Thriller als Genre zum Durchbruch verhalfen. Es sind vor allem Yves Montand, Jacques Perrin, Jean-Louis Trintignant, Charles Denner.

Bereits dieser erste Film deutete Interesse an gesellschaftlichen Zusammenhängen an. Ein Angehöriger der Polizei erweist sich, was im Frankreich der 60er Jahre durchaus noch ungewöhnlich ist, schuldig an einer Mordserie. Um die Dreherlaubnis für bestimmte Orte zu erhalten, mußte der Regisseur der Bitte des Polizeipräsidiums entsprechen, den inkriminierten hochbetitelten Polizeioffizier durch einen Mitarbeiter niedrigeren Ranges zu ersetzen, wodurch sich die Problematik indes nicht veränderte.

1966 entstand nach einem Roman von Jean-Pierre Chabrol UN HOMME DE TROP (»Ein Mann zuviel«) mit Michel Piccoli, Jacques Perrin, Bruno Cremer, Claude Brasseur und Charles Vanel in den Hauptrollen. Costa-Gavras befaßt sich hier erstmals mit dem Thema von Kollaboration und Résistance zur Zeit der deutschen Besatzung, das er 1975 mit SECTION SPECIALE (»Sondertribunal«, Drehbuch: Jorge Semprún) wieder aufnimmt.[1] Im Jahre 1968 erhält Costa-Gavras die französische Staatsbürgerschaft. Sein Engagement bei den Ereignissen des Mai 1968 ließ ihn zum Präsidenten der daraus hervorgegangenen »Société des Réalisateurs« werden.

›Z‹ – Die Produktion

Bereits während eines Griechenlandaufenthaltes im April 1967 wird Costa-Gavras wenige Tage vor dem Putsch der Obristen auf Vassilikos' Roman »Z« über die Affäre Lambrakis aufmerksam. Der Entschluß, den Stoff zu verfilmen, geschieht zum einen aus Gründen persönlicher Betroffenheit. »Ich bin in Griechenland aufgewachsen. Wenn sich vor 1953 jemand Kommunist nannte, kam er ins Gefängnis. 1952 zum Beispiel brauchte man, um sich in der Universität einzuschreiben oder einen Führerschein zu machen, ein polizeiliches Führungszeugnis. Und dieses Führungszeugnis konnte ich nicht erhalten, da mein Vater (während des Krieges, Anm. d. Verf.) einer Widerstandsgruppe angehört hatte, die der FTP (Francs-Tireurs et Partisans Français, kommunistisch orientierte Widerstandsgruppe im besetzten Frankreich, Anm. d. Verf.) entsprach. Ein Studium war für mich also nicht möglich, was unter anderem dazu führte, daß ich mein Land verließ. Nach der Besetzung waren die Kollaborateure von der Regierung dazu benutzt worden, gegen die Widerständler zu kämpfen, und aus dieser Situation ist das Krebsgeschwür entstanden, von dem wir uns nie haben befreien können.«[2]

Andererseits fasziniert den Regisseur die filmische Anatomie eines politischen Mordes, dessen Fakten und Mechanismen in der Realität greifbar vorgegeben sind.

Das Projekt droht an der Verweigerung der französischen und amerikanischen Produzenten zu scheitern, es sei zu politisch und zu wenig kommerziell. Der Schauspieler Jacques Perrin ermöglicht schließlich die Realisierung, indem er zu diesem Zweck seine Produktionsfirma ›Reggane Films‹ gründet und zusätzlich die staatliche algerische Filmindustrie ONCIC interessieren kann. Die Dreharbeiten beginnen im Sommer 1968 in Al-

---

1 In UN HOMME DE TROP befreit eine Gruppe französischer Widerstandskämpfer zwölf Männer, die von den Deutschen zum Tode verurteilt wurden. Mit ihnen gelingt auch einem anderen Mann die Flucht, dessen ungeklärter Hintergrund in der Gruppe Konflikte auslöst.
SECTION SPECIALE rekonstruiert das Verfahren des Sondergerichts, das 1941 vom Regime General Pétains gebildet wurde. Ein deutscher Offizier wurde das Opfer eines Attentats, und um den Vergeltungsaktionen der Deutschen zuvorzukommen, wurden einige willkürlich ausgewählte Franzosen in einem Schauprozeß vor Gericht gestellt.
2 Interview mit Yvonne Baby in: *Le Monde* vom 27.2.1969.

gier unter großzügiger Unterstützung durch die algerischen Behörden. Costa-Gavras und Perrin wollen die Filmmusik von dem oppositionellen Komponisten Mikis Theodorakis gestalten lassen. Dieser war in einem griechischen Dorf unter Arrest gestellt und isoliert worden, weil er mit seinen Ideen die Jugend im Sinne von Lambrakis beeinflußte. Seine Texte und Melodien waren schnell zum Symbol des Widerstandes gegen die Obristen geworden. Nur seine Frau und seine Kinder hatten Zugang zu ihm. Perrin fährt nach Griechenland und kann ihm durch ein Netz von Kontakten seine Bitte zukommen lassen. Theodorakis singt die musikalischen Themen auf Band und läßt sie durch Familienmitglieder dem Franzosen zuspielen.

Das historische Ereignis: die Affäre Lambrakis

Griechenland zu Beginn der 60er Jahre. Ministerpräsident Karamanlis hat seit 1955 das Land konsolidiert und an die EG herangeführt. Die politische Macht indes liegt außerhalb der Parlamentskontrolle beim König und seinen Beratern, bei der Armee, ihrem von der CIA kontrollierten Geheimdienst, bei Polizei, paramilitärischen Milizen und den mit ihnen verzahnten rechtsradikalen Geheimbünden. Illegale und scheinlegale Praktiken dominieren, Wahlkampfmanipulationen verfälschen demokratische Willensbildung.

Am Mittwoch, dem 22. Mai 1963, spricht in Saloniki Gregorios Lambrakis, Professor der Medizin an der Athener Universität, Sportidol der Jugend und Abgeordneter der EDA (Union der Linksdemokraten) bei einer Versammlung der Freunde des Friedens, um gegen die Aufstellung von Polaris-Raketen in Griechenland zu protestieren. Lambrakis gilt zu diesem Zeitpunkt als ernsthafte Gefahr für die konservative Regierung und das Königshaus bei den anstehenden Wahlen.

Beim Verlassen dieser Versammlung wird er von einem Lieferwagen angefahren. Drei Tage später stirbt er im Krankenhaus, ohne das Bewußtsein wiedererlangt zu haben. Die Autopsie belegt zweifelsfrei den Tatbestand des Mordes: Lambrakis' Schädelverletzung war nicht durch den Sturz, sondern durch ein kräftiges Schlaginstrument herbeigeführt worden.

Noch am Abend des ›Unfalls‹ verhaftet ein Polizist den flüchtigen Fahrer des Lieferwagens, Spiros Gotzamanis. Einige Tage später wird auch sein Komplize Emmanuel Emmanouelidis gefunden. Beide sind, wie sich später herausstellen soll, Mitglieder eines rechtsradikalen Geheimbundes.

Durch Presseveröffentlichungen verursacht die Affäre erhebliches Aufsehen im ganzen Land. Tausende folgen dem Sarg Lambrakis' bei der Beerdigung. Die offizielle Version eines ›beklagenswerten Unfalls‹ steht

Charles Denner – Yves Montand in ›Z‹

von Anfang an unter Zweifel. Georgios Papandreou, Führer der Opposition, fordert Präsident Karamanlis auf, die ›moralische Verantwortung‹ für den Vorfall zu übernehmen.

Am 25. Mai 1963 beauftragt die Regierung einen jungen und unerfahrenen Untersuchungsrichter mit der Aufklärung des Falles: Christos Sartsetakis.[3] Der Sohn eines Gendarmerie-Offiziers ermittelt hartnäckig und objektiv, trotz der Androhung von Sanktionen und anderer Einschüchterungsversuche durch vorgesetzte Institutionen. Er trägt Belege zusammen für ein minutiös vorbereitetes Mordkomplott, geplant unter Beteiligung hoher Militärs. Noch in dieser Phase werden Zeugen massiv eingeschüchtert und bedroht.

Am 28. Mai informieren sich Innenminister Georgios Rallis und Georgiou, Präsident des Areopag (Oberstes Gericht in Athen), vor Ort.

Eine ›heimliche und inoffizielle‹ Reise des Generalprokurators des Areopag, Kollias, nach Saloniki, die indes nicht verborgen bleibt, wird von der Presse als ›erstes offenes Eingreifen der Autoritäten in die Affäre‹ gedeutet.

Der Fall Lambrakis beschleunigt den Sturz der Regierung Karamanlis im Juni 1963. Die Opposition der liberalen und sozialdemokratischen Zentrumsunion unter Papandreou erringt bei Wahlen 1963 die relative, 1964 die absolute Mehrheit.

---

3 Seit März 1985 amtiert Christos Sartsetakis selbst als Staatspräsident in Griechenland.

22. 6. 1963
Im Laufe einer öffentlichen Presseerklärung gesteht Georgiou ein, daß ›ernsthafte Verdachtsmomente gegen bestimmte hohe Polizeioffiziere‹ bestünden.

24. 6. 1963
Der Generalinspekteur der Gendarmerie, Mitsou, und Polizeioberst Kamoutsis werden beurlaubt und müssen sich zur Verfügung der Justiz halten.

16. 7. 1963
Gendarmerieoffizier Kapelonis und Yiosmas, Chef einer rechtsextremen Untergrundorganisation, zu der auch die beiden Lastwagenfahrer gehören, werden verhaftet.

3. 9. 1963
Vardoulakis, General der Gendarmerie von Saloniki, steht unter Anklage wegen Falschaussage und Dokumentenfälschung.

14. 9. 1963
Generalinspekteur Mitsou, Oberst Kamoutsis und Kommandant Diamantopoulos werden offiziell unter Anklage gestellt wegen Beihilfe zum Mord am Abgeordneten Lambrakis. Sie stehen ab 17. September unter Arrest, werden jedoch am 14. Oktober in provisorische Freiheit entlassen, am 22. November offiziell von ihren Ämtern entbunden.

7. 11. 1963
Georgios Papandreou wird Ministerpräsident.

3. 10. 1966
Beginn des Prozesses gegen die ›direkten und moralisch Verantwortlichen‹ des Mordes an Lambrakis. Gotzamanis wird zu 11 ½ Jahren und Emmanouelidis zu 8 ½ Jahren Arbeitslager verurteilt, in dem die zu verbüßenden Jahre doppelt gezählt werden. Der Schuldspruch gegen die ›moralisch Verantwortlichen‹ wird ausgesetzt.

21. 4. 1967
Militärputsch in Griechenland.

Sept. 1968
Die fünf beurlaubten Generäle werden rehabilitiert und wieder in ihre Funktionen eingesetzt.
Als Kriminelle werden nun diejenigen verfolgt, die, wie Sartsetakis und der Journalist Georgios Romeos, die schonungslose Aufklärung des Falles betrieben hatten.

23. 7. 1974
Beendigung des Obristenregimes in Griechenland. Wie andere Regime-gegner auch wird Christos Sartsetakis rehabilitiert und kann nach Grie-chenland zurückkehren.

November 1974
Erstaufführung des Films ›Z‹ in Griechenland.[4]

›Z‹ – Der Film

Vor April 1967 hatte der Jurist Vassilis Vassilikos, geboren am 18. 11. 1933 in Kávalla, Gelegenheit, die Gerichtsakten des Falles Lambrakis zu stu-dieren, auf deren Basis er den Roman »Z« schrieb. Nach Vassilikos' Vor-lage schrieben Costa-Gavras und Jorge Semprún das Drehbuch, zu dem sich der Regisseur in einem Interview äußerte: »Das große Problem die-ses Typs Film ist die Dauer. Die Zeit muß kondensiert werden. Dreiein-halb Jahre sind vergangen zwischen dem Beginn und dem Ende der Af-färe Lambrakis. Es war wichtig, in zwei Stunden diese dreieinhalb Jahre wiederzufinden, die Synthese dessen zu schaffen, was die Leute über Mo-nate hinweg fragmentarisch in den Zeitungen lesen können. Für mich war es frappierend zu sehen, daß die Mehrheit der Leute nach drei Wochen das Interesse an der Affäre Ben Barka[5] verloren hat. Um es in der Presse zu verfolgen, dauerte es zu lange . . .
Ich muß hinzufügen, daß wir im Falle Ben Barkas oder auch Kennedys die Fakten nicht so klar hätten zum Ausdruck bringen können. Bei ›Z‹ hatten wir die Chance, über alle Gegebenheiten bis zum Gerichtsverfahren zu verfügen und klar auf unterschiedlichen Niveaus den Mechanismus eines politischen Mordes begreifen zu können.«[6]
Nicht die Fakten also, sondern die Ordnung des vorhandenen Materials stellt das Problem von Drehbuch und Inszenierung dar. Costa-Gavras hatte bei der ersten Lektüre Lambrakis als Hauptfigur des Films gesehen. Nach dem Putsch der Obristen zog er jedoch die Identifikation mit dem Anwalt der Opposition (›Manuel‹, gespielt von Charles Denner) vor, der nicht als politischer Idealist erscheint, sondern pragmatisch die Gewalttä-tigkeit und die Schachzüge des Gegners durchschaut und somit auch das Komplott und seine Urheber enttarnen kann. Der Anwalt als zentrale Figur ermöglicht den Zugang zu vier verschiedenen Handlungsbereichen, die in ihrem kontrastiven Zusammenwirken nicht nur eine schlüssige Prä-

4 Die Aufstellung der Fakten folgt im wesentlichen dem von Jacques Lacarrière erstell-ten Schema in ›Z‹ – l'Avant-Scène du Cinéma, Nr. 96, Oktober 1969, S. 75.
5 Jorge Semprún schrieb das Drehbuch zu Yves Boissets Film über die Affäre Ben Barka: L'ATTENTAT (Das Attentat/Die Affäre Sadiel, 1972). Seite 76
6 *Le Monde* vom 27. 2. 1969.

sentation der Fakten ermöglichen, sondern auch die allen Spielarten des Suspense zugrunde liegenden Situationen schaffen.

›Z‹ beginnt mit der Vorstellung der Generäle und ihrer Ideologie, aus der heraus sich Planung, Durchführung und Verschleierung des Attentats ableiten. Was immer ihrem Weltbild widerstrebt, gilt als kommunistisch. Wie beim Mehltau habe man gegen den Befall stufenweise Vorsorge zu treffen. Sei ein Befall festzustellen, müsse man zur Vernichtung schreiten.

Parallel verfolgt der Zuschauer die Vorbereitung der Kundgebung Lambrakis' mit allen Schwierigkeiten, die den Veranstaltern in den Weg gelegt werden, ihre Durchführung und die Ermordung des Abgeordneten (Yves Montand). Anschließend erfolgt stufenweise die Aufklärung des Falles durch den Journalisten (Jacques Perrin) und den Untersuchungsrichter (Jean-Louis Trintignant). Detektivische Ermittlung breitet Fakten und Hintergründe minutiös in ihren Zusammenhängen aus, so daß mit den anfangs rekonstruierten Geschehnissen tatsächlich ein Mechnismus zutage tritt, der auf unterschiedliche Gesellschaftssysteme übertragbar ist. Um die Verdeutlichung und Übertragbarkeit dieses Mechanismus und seine Tragweite geht es Costa-Gavras und Semprún letztendlich. Orientieren sie die Handlung streng an der Realität, so bleiben Orte und Namen bewußt anonym. Modellcharakter hat auch das Ende des Films, in dem die Konsequenzen der Wahrheitsfindung im Wechsel der politischen Regime deutlich werden.

Drehbuch: Jorge Semprún

Semprún wurde am 10. Dezember 1923 in Madrid geboren und verbrachte einen Teil seiner Jugend in Frankreich, wo er als Sohn antifranquistischer Eltern während der Besatzung für die Résistance arbeitete. Im Januar 1944 wurde er ins Konzentrationslager Buchenwald gebracht. Bis 1964 gehörte er zu den führenden Köpfen der im Untergrund agierenden kommunistischen Partei Spaniens, von der er schließlich wegen ideologischer Zwistigkeiten ausgeschlossen wurde. Seit 1963 arbeitet er seine Erfahrungen mit Résistance, Konzentrationslager und politisch militantem Wirken literarisch auf. Als Drehbuchautor debütierte er 1966 mit Resnais' Film LA GUERRE EST FINIE (»Der Krieg ist vorbei«), der dem französischen Kino neue politische Dimensionen eröffnete und zum erstenmal die unruhigen jungen Leute ins Blickfeld rückte, die zwei Jahre später Protagonisten des Pariser Mai werden sollten. LA GUERRE EST FINIE entstand »am Übergang vom militanten Leben hin zu Wahrheiten, die nicht die Wahrheiten der Partei sind«.[7] Als Semprún »Z« schrieb, war,

7 Semprún in: »Le Cinéma de Costa-Gavras«, Hrsg. René Prédal, Les Editions du Cerf, Paris 1985, S. 91.

»um es psychologisch zu sagen, die Trauerarbeit beendet«.[8] Er befand sich zu diesem Zeitpunkt in der intensiven Phase seiner Abgrenzung zum Marxismus. Die Befürwortung einer Diktatur des Proletariats war der Hinwendung zu den Werten der ›formellen‹ Demokratie gewichen, was bei der Ausarbeitung des Drehbuchs eine gewichtige Rolle spielte und mit L'AVEU (»Das Geständnis«, Costa-Gavras 1969) seinen Höhepunkt fand. In den folgenden zwei Jahrzehnten arbeitete er vor allem als Autor erfolgreicher Romane und Essays und legte einige weitere Drehbücher vor, die von Joseph Losey, Alain Resnais, Yves Boisset u. a. verfilmt wurden. Im Juli 1988 berief Felipe González Semprún zum Kulturminister Spaniens.

Ein Genre wird geboren

›Z‹ erweist sich als überragender Publikumserfolg und gewinnt Preise in Cannes und in den USA. Costa-Gavras und Semprún hatten nach Jahrzehnten unverbindlicher Kinounterhaltung exakt den Nerv eines unruhig gewordenen, nach Information verlangenden Publikums getroffen. Ihr Verfahren, etablierte Formen des Erzählkinos und eingeschliffene Sehgewohnheiten mit neuen, politisch relevanten Inhalten zu füllen, begründet ein neues Genre in der Filmgeschichte: den Polit-Thriller. Umstritten bleibt dies Verfahren allemal. Anhänger des militanten politischen Kinos werfen den Autoren Verflachung, mangelnde Analyse und Starkult vor. Semprún verteidigte seinen Ansatz und formulierte seine Theorie:
»(...) Kann man aus dem politischen Film einen Film der Information und der Mobilisation machen? Ob es nun durch eine Botschaft oder einen einfachen Handlungszusammenhang geschieht – man muß wissen, ob man sich auf eine einfache moralische Zustimmung des Publikums beschränkt, oder ob man dieses Publikum zu politischen Handlungen bewegen will. Wir haben uns diesen Problemen gestellt, die nun in der zweifachen Erscheinungsform des kommerziellen und fiktionalen Films zum Tragen kommen mußten – eines Films, der über Drehbuch, Stars, Identifikation etc. wirkt. (...)
Es gibt noch eine andere Entscheidung: diejenige, welche auf Kunst und Schauspiel spuckt und zum sogenannten ›militanten‹ Film führt. Ich denke da an einen geschlossenen Kreis von Leuten, die eine bestimmte Überzeugung haben und Filme machen, um sich selbst noch mehr zu überzeugen. Wenn es einen politischen Film gibt, dann muß er in die Praxis einmünden. Darin liegt der ganze politische Akt.
Ein kommerzieller Film wie ›Z‹ hat in der ganzen Welt eine beachtliche Wirkung gehabt. Er ist in Brasilien herausgekommen, und er bringt immer

8 Ebd. S. 92.

den gleichen Effekt hervor: wo immer eine Militärdiktatur besteht, ist ›Z‹ ein subversiver Film. Die Identifikation spielt in vielen Ländern eine Rolle. Als die Argentinier Pierre Dux sahen, riefen sie den Namen des Generals der argentinischen Polizei; die Spanier haben in ihm jemand anderen gesehen. Man kann sagen, daß ›Z‹ auch gegen das Regime der Obristen in Griechenland eine bestimmte Wirkung erzielt hat.

Man muß also berücksichtigen, daß ein politischer Film in einem kommerziellen System auf jeden Fall gebremst wird, aber man sollte sich auch klarmachen, daß die Tatsache, daß er von einer unvorstellbar großen Zahl von Menschen gesehen wird, einen sehr wirkungsvollen Faktor darstellt.

Aus dem Blickwinkel des Drehbuchautors gesehen, liegt der Widerspruch im Zentrum seiner eigenen Schreibweise. Er muß verständlich sein und mithin allgemein akzeptierte, konventionelle Codes benutzen, um Dinge zu vermitteln, die weder allgemein akzeptiert noch konventionell sind.«[9]

Das Geständnis

Mit ›Z‹ hat Costa-Gavras ein Genre und eine Richtung gefunden, die er frei von vorgegebenen Ideologien konsequent fortführt. Gemeinsamer Nenner seines Werkes ist der Kampf gegen Intoleranz, jenseits der Grenzen politischer Lager und Parteiungen. 1969 entsteht, nach der Entlarvung des faschistischen Regimes der Obristen, ein vehementer Film gegen das System stalinistischer Schauprozesse. Semprún schrieb das Drehbuch nach authentischen Erlebnissen Artur Londons, stellvertretender Außenminister der Tschechoslowakei seit 1949, dessen Schicksal mit der sogenannten Slansky-Affäre eng verknüpft war.

Rudolf Slansky war seit 1945 Generalsekretär der tschechoslowakischen KP und gehörte 1948 zu den maßgeblichen Beteiligten am kommunistischen Umsturz. Im September 1951 wurde er abgesetzt, zwei Monate später verhaftet und im November 1952 wegen angeblicher titoistischer und zionistischer Verfehlungen zum Tode verurteilt und mit elf anderen Delinquenten hingerichtet. Zu den damaligen Angeklagten gehörte auch Artur London. Die stalinistischen Kräfte der Tschechoslowakei versuchten, durch geschickt betriebene Schauprozesse die nationalkommunistischen Tendenzen zu diskreditieren und auf diesem Wege die Anbindung an Moskau aufrechtzuerhalten. London, durch raffinierte Foltermethoden zur Selbstbeschuldigung gezwungen, wird zu Zwangsarbeit verurteilt

9 Interview mit Jorge Semprún in: Christian Salé, Les Scénaristes au travail, Renens, Schweiz 1981, S. 110. Übers. v. Verf.

Yves Montand als Anton Ludvik

und 1956 begnadigt. Er beschreibt seine Erfahrungen mit der stalinistischen Prozeßmaschinerie minuziös in seinem Buch L'AVEU (Ich gestehe).
Costa-Gavras' Verfilmung (Frankreich/Italien 1969) ist ein Akt schmerz-
hafter Selbstkorrektur der Beteiligten, die entweder selbst Mitglieder der
kommunistischen Partei – wie Semprún – oder bislang stets enge Weggefährten gewesen waren wie Yves Montand, der unter dem Rollennamen
Anton Ludvik im Film den Autor verkörpert. Noch 1952, zur Zeit des
Kalten Krieges und McCarthys Hexenjagd gegen Kommunisten, bekannte Montand sich in bezug auf die Affäre Slansky und ihre Interpretation in der westlichen Presse zu einem Text von Paul Eluard, der lautete:
»Ich habe zuviel mit Unschuldigen zu tun, die ihre Unschuld hinaus-
schreien, um mich mit den Schuldigen beschäftigen zu können, die ihre
Schuld beteuern.«[10] Immerhin hatte Chruschtschow seine Abrechnung
mit Stalin noch nicht gehalten. Angesichts der nachträglich bekanntwer-
denden stalinistischen Schauprozeßpraktiken und weiterer Verbrechen

10 Zit. nach Simone Signoret, Ungeteilte Erinnerungen, S. 117.

des Systems gerät die westliche Linke in eine Ideologiekrise, für die der Film eines der frühen Zeugnisse ist. Durch seine realistische Darstellung Anton Ludviks und das Engagement für L'AVEU leistet Montand individuelle Trauerarbeit. Er sagt: »Zum erstenmal habe ich 1965 von Jorge Semprún gehört, was sich in der Tschechoslowakei zugetragen hat. Trotz der Rede Chruschtschows, trotz allem, was man mir gesagt hat und was ich erfuhr, als ich selbst meine Reise durch die östlichen Länder machte, trotz des großen Vertrauens, das ich Semprún entgegenbrachte, konnte ich nur schwer begreifen, was er mir da sagte. Immer diese vorgeprägten Reflexe... Ich wagte nicht einmal, mit meiner Familie darüber zu sprechen. Ich sagte mir, sie würden es mir nicht glauben. Dann bekam ich 1968 Londons Buch in die Hand. Ich begann, es zu lesen – und hörte sofort wieder auf. Zuerst, weil ich Alpträume davon bekam. (...) Meine erste Reaktion war: ja, der Film muß gemacht werden. (...) Wir wußten, daß man uns angreifen würde: das Bild ist sehr viel kräftiger als das Buch. Und dennoch, ich habe mit mir selbst und meinem Gewissen beschlossen, den Film zu machen, weil ich es für meine Pflicht hielt. Ich hatte Chansons gesungen und Filme gemacht, die die Intoleranz der anderen Seite an-

Anton Ludvik (Yves Montand) in der Maschinerie der stalinistischen Schauprozesse

klagten. Es wäre mir unerträglich gewesen, weiter mein Gesicht unter dem Vorwand zu verhüllen, die internationale Arbeiterbewegung nicht zu schockieren. Wir wußten, daß die Verantwortlichen der PC und ihre Mitglieder nicht einverstanden wären.«[11]

Montand hat seine Rolle in diesem Film nicht gespielt, er hat sich mit ihr identifiziert und sich während der Dreharbeiten schonungslos den Bedingungen ausgesetzt, denen London sich nicht entziehen konnte. Er verlor zwölfeinhalb Kilo in dieser Zeit und näherte sich den Grenzen seiner Leistungsfähigkeit.

In der Tat warf man dem Team später vor, aus dem Bericht eines überzeugten Kommunisten, der London auch blieb, einen antikommunistischen Film gemacht zu haben. Die Filmemacher hatten jedoch Sorgfalt darauf verwandt, die Handlung streng innerhalb der Logik der kommunistischen Ideologie anzusiedeln, so daß Costa-Gavras die Rechtfertigung nicht schwerfiel: »Man dient der Sache des Sozialismus nicht, indem man die Prozesse, Intrigen und Irrtümer, die ihn degradieren und entstellen, unter den Tisch fallen läßt. Ich weiß, daß L'AVEU die Gemüter erregen wird. Aber darf man, im Namen der Disziplin und Loyalität einer Partei gegenüber, zulassen, daß dem Menschen seine Würde genommen wird?«[12]

Die internationale Filmkritik bezeichnete »Das Geständnis« als eine allgemein gültige und fast dokumentarisch wirkende Darstellung politischen Terrors und totalitärer Willkür.

Der unsichtbare Aufstand

Auf die Frage, warum er nach Griechenland und der Tschechoslowakei Lateinamerika gewählt habe, antwortete Costa-Gavras: »Ich denke schon seit Jahren daran; seit der Ankunft des amerikanischen Botschafters John Peurifoy in Griechenland. Während und nach dem Bürgerkrieg (zur Zeit des Kalten Krieges) spielte dieser ›Spezialist‹, dieser Botschafter für das Grobe, eine sehr wichtige Rolle. Ich erinnere mich an ein Photo auf der Freitreppe der Botschaft mit den griechischen Ministern, steif und in Krawatte, und Peurifoy in Hemdsärmeln. Er war es, der die Minister empfing und die Befehle an die Regierung gab.

Nachdem er eine Rechtsregierung strukturiert hatte, die Griechenland acht Jahre lang regierte – die Regierung Karamanlis –, reiste er 1953 nach Guatemala ab, wo sich das progressistische Regime von Arbenz gebildet hatte. In der Tat, um den Interventionsplan der amerikanischen Regie-

11 Alain Rémond, Montand, Editions Veyrier, Paris 1977, S. 139.
12 Costa-Gavras nach Rémond, Montand, ebd. S. 136.

rung in Guatemala vorzubereiten, der dazu bestimmt war, die Interessen der United Fruit Company zu wahren, die den größten Teil der Anbauflächen des Landes besaß. Großaktionär bei der United Fruit war die Familie Cabot Lodge. John Cabot Lodge war Unterstaatssekretär im Außen-Ministerium, Henry Cabot Lodge Vertreter der Vereinigten Staaten bei der UNO. Der ehemalige Anwalt der United Fruit, John Foster Dulles, war Außenminister der Vereinigten Staaten und sein Bruder Allen Chef der Spionageabwehrdienste beim CIA...

(...) Je mehr ich mich dann in die Geschichte Guatemals vertiefte, um so mehr wurde mir bewußt, daß das amerikanische Eingreifen in Lateinamerika sich heute nicht mehr notwendigerweise durch direkte Intervention wie in Santo Domingo oder Guatemala vollzieht. Die Mittel ihrer Einflußnahme sind in gewisser Weise weniger augenfällig und viel subtiler geworden. Heute ist die Politik des ›big stick‹ beendet. Es ist die Ära der Technologie, die Politik der ›Berater‹; kurz, die Mechanismen sind anders.«[13] Das Wirken eben dieser Berater arbeitete Costa-Gavras zusammen mit Franco Solinas in ETAT DE SIÈGE (Frankreich/Italien/BRD 1972) auf. Er stützt sich auch hier eng an authentische, nachprüfbare Fakten. Der Film hat die Entführung und Liquidierung von Dan Anthony Mitrione zum Thema (als Philip Michael Santore von Yves Montand dargestellt). Mitrione war amerikanischer Beamter einer US-Agentur für Internationale Entwicklung in Uruguay, wo er als Experte für Verkehrs- und Kommunikationstechniken arbeitete. In Wirklichkeit aber bildete er die einheimischen Polizeikräfte in Foltermethoden aus, die diese zur Abwehr und Unterdrückung der politischen Opposition benutzten. Am 10. August 1970 wurde Mitrione von den Tupamaros hingerichtet. Der Fall erregte weltweites Aufsehen.

Costa-Gavras und Franco Solinas siedelten die Handlung in einem fiktiv gehaltenen lateinamerikanischen Staat an, der aber deutlich als Uruguay erkennbar ist. Gedreht wurde – mit Unterstützung des Präsidenten Allende – in Chile.

Der Film beginnt mit der Entdeckung der Leiche des Amerikaners und erhellt in der Rückblende seine politische Verantwortlichkeit und damit das System der Einflußnahme der Vereinigten Staaten. Mitrione/Santore erscheint, jenseits aller Verteufelung, wie Lemmons Ed Horman in MISSING (»Vermißt«, USA 1982) als paradigmatische Figur des amerikanischen Menschen, überzeugt von der Mission seines Landes. Montand, als linke Identifikationsfigur mit Santore scheinbar gegen sein etabliertes Image besetzt, charakterisiert seine Rolle schlüssig:

»Er ist genau der Typ des ›guten Amerikaners‹, seiner Herkunft nach

13 Costa-Gavras in: Costa-Gavras/Franco Solinas, »Etat de Siège«, Editions Stock, Paris 1973, S. 181 f. (Übers. v. Verf.)

Yves Montand als Philip Michael Santore

Italiener wie ich, er war zwei Jahre alt, als er in die Vereinigten Staaten kam. Und da gibt es nun zwei Vereinfachungen, wenn Sie so wollen. Entweder die italienischen Einwanderer in die Vereinigten Staaten sind Saccos und Vanzettis geworden, oder es sind Menschen geworden, die voller Vertrauen und in aller Geradheit, womit sie auch völlig recht hatten, Amerika verteidigen wollten, weil Amerika seinerseits Menschen, die aus Italien, aus Mitteleuropa, aus Rußland, aus Deutschland kamen, in Schutz genommen hatte. Mister Santore verteidigt die amerikanische Lebensart, und er akzeptiert damit auch die volle Verantwortung dafür. Er ist kein Dreckskerl! Er verteidigt das, was er als Strömung seines Landes ansieht – und das ist offensichtlich gefährlich, denn die SS verteidigte auch, was sie als eine Strömung ihres Landes ansah. Und in diesem Punkt irrt er sich; wir wissen, daß das eine Art Wahnsinn ist. Santore ist kein SS-Mann, aber er wird überall in der Welt die Interessen der USA verteidigen, weil es sein Land ist. Und er hat recht, sein Land zu verteidigen. – Aber das kann ich kritisieren. Genau da liegt der Sinn des Films. Deshalb bleibt Santore auch ein Mensch – ein Mann mit Frau und Kindern, und einer, der darüber hinaus sehr mutig stirbt. Es muß also mit diesem Film – und das mit durchaus gutem Gefühl – der Widerspruch bewußt werden, der zum Nazismus oder zum Stalinismus führen kann, oder sagen wir zu

einer grausamen Diktatur, wie sie zum Beispiel in einem lateinamerikanischen Land entstehen kann.«[14]
Bewußt spielt der Regisseur nicht mit dem Klischee des häßlichen Amerikaners. Die Ambivalenz in der Rolle Santores/Mitriones hebt die Geschichte weit über die moralischen Implikationen von Gut und Böse hinaus. Hier setzt ein Mechanismus ein, der den Zuschauer im unverstellten Rahmen des Unterhaltungsgenres zur Mitarbeit, zum Nachdenken zwingt.

Missing – Vermißt

Der Abgeordnete in ›Z‹, Ludvik/London in L'AVEU und Santore/Mitrione stehen als Opfer im Mittelpunkt der Polit-Thriller-Trilogie, die Costa-Gavras zwischen 1968 und 1973 nacheinander als europäische Produktionen vorlegte und die international Aufsehen erregten, sowohl politisch wie auch filmhistorisch. Seit 1981 produziert und dreht er in den Vereinigten Staaten. Sein Engagement hat sich hier nicht verändert, seine Themen sind brisant wie zuvor. Verändert ist lediglich der Blickwinkel seiner Geschichten, die sich stets durch direkte Bezüge auf authentische Geschehnisse auszeichnen. Im Mittelpunkt seiner Filme steht in den 80er Jahren nicht mehr die Figur des Opfers im Sinne der Trilogie, sondern der von politischem Geschehen betroffene Mensch, seine Bewußtwerdung durch detektivische Nachforschung und die Veränderung, die dies bei ihm bewirkt.

MISSING (»Vermißt«, USA 1981) knüpft an ETAT DE SIÈGE an, was die Aktivitäten amerikanischer Dienststellen in Lateinamerika betrifft. Am 11. September 1973 wird in Chile die Regierung Allende durch einen Militärputsch gestürzt, der Präsident ermordet. Am 12. September erhält der 30jährige amerikanische Journalist Charles Horman, der mit seiner Frau in Chile lebt, den Nachweis, daß die CIA die Junta Pinochets bei ihrer Machtübernahme direkt unterstützt. Am 17. September 1973 wird Charles Horman von chilenischen Soldaten verhaftet. Sein Vater und seine Frau bemühen sich, ihn zu finden. Als er einen Monat später in einem Leichenschauhaus Santiagos identifiziert wird, versuchen sie, die Hintergründe seines Todes aufzudecken. Der New Yorker Anwalt Thomas Hauser hat sie in ihren Nachforschungen über Jahre hinweg begleitet und 1978 unter dem Titel ›The execution of Charles Horman‹ einen Bericht über die Affäre veröffentlicht. Dieser ist die Vorlage für Costa-Gavras' Drehbuch, in dessen Mittelpunkt der Vater des Journalisten, Ed Horman (ge-

14 Aus einem Interview mit den Autoren vom Mai 1979. Zuerst veröffentlicht in: »z. b. montand« VHS, filmforum Duisburg, 1979.

spielt von Jack Lemmon), steht. Ein gutsituierter amerikanischer Geschäftsmann der Mittelklasse, der sich im Einklang mit seiner Nation befindet, Vertrauen in ihre Institutionen hat und bislang keinen Anlaß sah, an ihrer Integrität zu zweifeln oder ihre Beschlüsse zu hinterfragen. Auf den Straßen, in den Leichenhallen, in dem zum Konzentrationslager umfunktionierten Stadion, in den amerikanischen Vertretungen im Lande, deren Beamte offensichtlich lügen und verschleiern, verliert Ed Horman nach und nach das Vertrauen in sein Vaterland. Er muß erkennen, daß sein Sohn mit Hilfe der eigenen Landsleute liquidiert wurde, weil er zuviel über die amerikanischen Aktivitäten erfahren hatte.

MISSING löste in den Vereinigten Staaten heftige Kontroversen aus. Das US-Außenministerium sah sich bemüßigt, in einer langen Erklärung jegliche direkte oder indirekte Beteiligung amerikanischer Regierungsvertreter an der Ermordung Hormans zu bestreiten, wie quasi gewohnheitsmäßig auch heute noch die Beteiligung der CIA am Pinochet-Putsch bestritten wird.

So wie Costa-Gavras hier einen Konservativen Zeugnis ablegen läßt, der sich bewußt wird, daß seine Sicherheiten und Prinzipien nicht mehr gültig sind und seine Betroffenheit zum Anlaß nimmt, durch Aufklärung der Tatsachen für die verletzten Grundwerte der Verfassung seines Landes

Ed Horman (Jack Lemmon) verliert das Vertrauen in sein Vaterland.
Der gute Amerikaner verstrickt sich in den schmutzigen Machenschaften
der US-Institutionen in Chile

offensiv einzutreten, stellt er in BETRAYED (»Verraten«, USA 1987) den Konflikt einer Undercover-Agentin des FBI in den Mittelpunkt.

Betrayed – Verraten

In Chicago wird der jüdische Moderator einer aggressiven linken Radiosendung ermordet. Cathy Weaver, eine junge Undercover-Agentin des FBI, führen die Spuren der Täter in das Farmermilieu des Mittleren Westens, wo sie sich für die Ermittlungen als Fahrerin einer Erntemaschine verdingt. Sie verliebt sich in Gary Simmons, liebevoller alleinerziehender Vater zweier Kinder, bei dem sie die Erfüllung ihres Traumes von Familie und Geborgenheit zu finden glaubt. Die Kinder akzeptieren sie in der Rolle der Mutter. Gary, ein Vietnam-Veteran, erweist sich als Mitglied der paramilitärischen neofaschistischen Organisation ZOG, die für den Mord, den Cathy aufzuklären hat, verantwortlich zeichnet, aber auch Hetzjagden auf Farbige, Attentate auf andersdenkende Politiker sowie Überfälle zur Beschaffung von Finanzmitteln unternimmt. ZOG besteht aus Menschen, die durch die rapiden Veränderungen in der Gesellschaft überfordert sind und die konservativen Werte Amerikas militant verteidigen. Cathy, demaskiert durch einen Sympathisanten der Organisation von höchster politischer Ebene, ist gezwungen, Gary in dem Augenblick zu erschießen, als dieser selbst im Begriff ist, einen Kandidaten für das Gouverneursamt zu töten. Zutiefst verunsichert, quittiert sie ihren Dienst beim FBI.
Die fiktiven Handlungsfäden der Ermittlung und der Liebesgeschichte bieten den Rahmen zur Vermittlung faktischen Materials. Was immer die Polizei in diesem Fall aufdeckt, basiert laut Costa-Gavras auf tatsächlichen Vorkommnissen. Er verweist auf ultrarassistische Organisationen

Die Undercover-Agentin
(Debra Winger)
und der Neo-Nazi
(Tom Berenger)

wie die Survivors und die Aryans, Gruppen, wie sie zu Dutzenden in den USA existieren und denen der erste Artikel der Verfassung Meinungs- und Versammlungsfreiheit garantiert. Wie in MISSING steht im Mittelpunkt des Films ein Durchschnittsamerikaner, sozial und historisch exakt definiert, der auch von der Anlage der Rolle und der Besetzung (Tom Berenger) her durchaus als Sympathieträger und Identifikationsfigur fungiert. Und das nicht nur für Cathy (Debra Winger), sondern auch für den Zuschauer. Die sich langsam entwickelnden Erkenntnisse über diesen Mann führen ins Zentrum amerikanischer Widersprüchlichkeiten: Einerseits der *American Dream* von Freiheit und Gleichheit, von multinationaler Demokratie, andererseits die Ideologie einer *splendid isolation*, die zu reaktionärer Abschottung in Familie, Gruppen- und Rassenzugehörigkeiten führt, Verunsicherung durch politische und soziale Veränderungen erfährt und militant nach dem Verursacher- und Sündenbockprinzip in Rassismus und Fremdenhaß verfällt. Der Konflikt einer Frau, die in dem Geliebten, der die Ideale von Geborgenheit und Familie für sie verkörpert, gleichzeitig den Feind erkennen muß, ist schlüssiges Symbol für die Zerrissenheit einer Nation, die in der Spannung zwischen imperialistischer Großmachtentfaltung und nahezu klaustrophilem Provinzialismus, zwischen hermetischer Familienideologie und Vielvölkerstaat eine fragile Balance sucht.

In einem wenig beachteten Film hatte Costa-Gavras bereits 1983 mit vergleichbaren dramaturgischen Mitteln versucht, einen politischen Konflikt mit seinen Widersprüchlichkeiten in den Gefühlen einer Frau sichtbar werden zu lassen. In HANNA K. (Frankreich/Israel/Italien 1983) verliebt sich die Rechtsanwältin Hanna, die vom israelischen Generalstaatsanwalt Josué Herzog ein Kind erwartet, in den Palästinenser Selim Bakri, den sie vor Gericht verteidigt. Mit den Augen Hannas entdeckt der Zuschauer sowohl israelische als auch palästinensische Wirklichkeit. Ihre Betroffenheit, wie die Cathys und wie die Ann Talbots in MUSIC BOX (Regie: Costa-Gavras, USA/Kanada 1989) vermitteln ein Prinzip der Objektivität und Toleranz, das für Costa-Gavras' Kino konstituierend ist. Objektivität und Toleranz, die nichtsdestoweniger die Protagonisten zum Handeln und das Publikum zur Stellungnahme zwingt.

Music Box – Die ganze Wahrheit

Der Ungar Michael »Mike« Laszlo lebt seit Ende des Zweiten Weltkrieges als naturalisierter Amerikaner in Chicago. Ein ehrlicher Arbeiter, der nach den Idealen des US-Bürgers strebt und untadelig für seine Familie sorgt. 37 Jahre später fordert der ungarische Staat seine Auslieferung. Er wird beschuldigt, dort vor 1945 Mitglied der SS-nahen Terrororganisation der Pfeilkreuzler gewesen zu sein und als »Mischka« grauenhafte Kriegsverbrechen begangen zu haben. Der amerikanische Staat strengt ein Ausbürgerungsverfahren an, weil Laszlo in den Immigrationspapieren seinen Beruf fälschlich mit »Bauer« angegeben habe, statt, wie es der Wahrheit entsprochen hätte, mit »Gendarm«. Seine Tochter Ann Talbot, renommierte Chicagoer Anwältin, zweifelt keinen Augenblick an den Unschuldsbeteuerungen des Vaters und verteidigt ihn vor Gericht. Sie kann unter Aufbieten all ihrer juristischen Geschicklichkeit und gewiefter Verfahrenstricks die Glaubwürdigkeit der Zeugen und das Vertrauen in die Echtheit von Dokumenten erschüttern. Die im Gerichtssaal geschilderten und belegten Morde, Folterungen und Vergewaltigungen lassen die junge Frau indes keineswegs kalt. Doch für sie ist die Identität der Bestie »Mischka« mit dem Mann, den sie ihr Leben lang als liebevollen, hart arbeitenden Vater, als guten Amerikaner gekannt hat, nicht vorstellbar. Sie erreicht die Einstellung des Verfahrens. Bei einem Ortstermin während des Prozesses in Budapest hatte sie den unbezweifelbaren Schlüssel zur Wahrheit erhalten, die sich ihr jedoch erst später erschließt, nachdem sie Photos und Dokumente in einer aus dem Pfandhaus ausgelösten alten Music-Box gefunden hat. Sie muß erkennen, daß der eigene Vater in der Tat jener »Mischka« ist, der während des Krieges vielfach sadistisch vergewaltigt und gemordet hatte. Ann läßt sämtliche Beweise dem Staatsanwalt zukommen, der den Prozeß angestrengt hatte.

Costa-Gavras bezieht sich auch in MUSIC BOX wieder auf historische und gegenwärtige politische Authentizität.

Der seit 1920 als Reichsverweser in Ungarn fungierende Nikolaus Horthy von Nagybánya stimmte im März 1944 unter Vorbehalt einer Besetzung des Landes durch die bislang mit Ungarn verbündeten Hitlertruppen zu, führte zugleich jedoch Waffenstillstandsverhandlungen mit den Alliierten. Im Oktober 1944 wurde er durch Ferenc Szálasi abgelöst, der 1935 die rechtsradikale Hungaristen-Bewegung gegründet hatte, aus der später die pro-nazistische Gruppierung der Pfeilkreuzler wurde. Szálasi blieb bis April 1945 Ministerpräsident, unter dessen Regime der Krieg an der Seite der Deutschen aggressiv fortgeführt wurde. SS-nahe Pfeilkreuzlerverbände betrieben die Deportation und Ausrottung ungarischer Juden. Nach Ende des Krieges suchten zahlreiche Antikommunisten aus osteuropäischen Ländern, so auch aus Ungarn, vor dem Einmarsch der russischen Truppen bei den Alliierten Asyl. Unter ihnen befanden sich auch Faschisten und Kriegsverbrecher. Die amerikanischen Behörden machten keinen großen Unterschied bei der Aufnahme und Einbürgerung der Flüchtlinge, da sie zur Zeit des beginnenden »Kalten Krieges« jeden Verbündeten gegen die Sowjetunion brauchten.

Erst 1979 begannen die USA offiziell, mit Unterstützung des *Office of Special Investigation* und des *Holtzmann Amendment*, Kriegsverbrecher aus dieser Personengruppe zur Rechenschaft zu ziehen. Seither wurde 31 ehemaligen Einwanderern die Staatsbürgerschaft entzogen, 27 wurden deportiert.[15] Da die Verfassung der Vereinigten Staaten es nicht zuläßt, Verbrechen zu ahnden, wenn zu der Zeit, als sie begangen wurden, keine entsprechenden Gesetze bestanden, bleibt den Behörden nur die Möglichkeit, Kriegsverbrechern die Staatsbürgerschaft zu entziehen und sie zu deportieren, sofern ihnen nachgewiesen werden kann, daß sie auf den Einwanderungspapieren in den einschlägigen Punkten falsche Angaben gemacht haben. Eines der spektakulärsten Beispiele dieser Art betrifft den pensionierten Autofabrikarbeiter John Demjanjuk, der am 27.2.1986 an Israel ausgeliefert und dort zu lebenslanger Haft verurteilt wurde. Der Fall Demjanjuk inspirierte die Autoren zu dem Drehbuch von MUSIC BOX. Demjanjuk, im Konzentrationslager Treblinka als ›Ivan der Schreckliche‹ berüchtigt, befand sich bei der Auslieferung an Israel in Begleitung seines Sohnes. Hier ist einer der Auslöser für die Form des Films, der mit dem Genrebegriff ›Gerichtssaaldrama‹ nur oberflächlich definiert ist. Im Mittelpunkt der Handlung steht in der Figur Ann Talbots die Generation der Töchter und Söhne, die zu fragen beginnt, ihre Betroffenheit begreift und Trauerarbeit zu leisten hat.

Costa-Gavras begreift sich nicht als Politfilmer, er sieht sich lieber als Erzähler von Geschichten. Geschichten immerhin, in denen politische und historische Gegebenheiten für das Personal Motor des Handelns oder Schicksal sind. Die Form dieser Filme entspricht etablierten Genres des Unterhaltungskinos, in der Regel dem Kriminal- und Abenteuerfilm sowie dem Psycho-Thriller, richtet sich mithin nach den Sehgewohnheiten des durchschnittlichen Rezipienten. Ein Element, das den entsprechenden Filmen die Voraussetzung für größtmögliche Verbreitung bietet. Ebenso bedeutend ist die Besetzung der Hauptrollen mit bekannten Schauspielern.

Polit-Thriller und Starsystem

Authentizität und auch die Qualität der Stoffbearbeitung sind unabdingbare Kriterien für ernst zu nehmende Polit-Thriller. Der Drehbuchautor ist ebenso wichtig wie der Regisseur – und gerade bei den Filmen von Costa-Gavras gehört als drittes, wesentliches Element die Auswahl der Hauptdarsteller hinzu, die als Identifikationsfiguren für den Zuschauer eine zentrale Funktion erfüllen.

Im Mittelpunkt der Trilogie ›Z‹, DAS GESTÄNDNIS und DER UNSICHTBARE

---

15 Vgl. Ben Barber, ›Rounding up the world's war criminals‹, The Globe and Mail, Toronto, 4.1.1990.

AUFSTAND steht Yves Montand, der als Sohn italienischer antifaschistischer Emigranten, als Idol des linken französischen Chansons seit den 40er Jahren, als politisch wirkender und an der Seite der kommunistischen Partei öffentlich Stellung beziehender Künstler sein Charisma in die sehr gegensätzlichen Rollen einbringt und ihnen erst durch seinen Einsatz ihre Unverwechselbarkeit, die besondere Art ihrer Publikumswirksamkeit verleiht. So klug berechnet wie der Beitrag Montands erscheint auch die Besetzung der Rolle Ed Hormans in VERMISST mit Jack Lemmon. Der renommierte Komödiant dürfte bei seinem Image zu allerletzt dem Verdacht des Antiamerikanismus ausgesetzt sein. Um so ernster wird das US-Publikum die von ihm formulierten Zweifel nehmen, um so leichter wird es sich mit seiner (Film-)Person identifizieren können. Die Figur des Gary Simmons in VERRATEN mit Tom Berenger zu besetzen ist ein ebenso gelungener dialektischer Coup wie Montands Santore in DER UNSICHTBARE AUFSTAND. In seiner Nutzung von Sehgewohnheiten, Stars und Genremythen wendet sich Costa-Gavras konsequent an etablierte Erfahrungswerte, deren Variation, Verschiebung oder Umkehrung jene Reibung, jene Verfremdung hervorbringen, die kalkulierte Reaktionen des Zuschauers zur Folge haben.

Das Damokles-Prinzip

Der Regisseur und die Drehbuchautoren erarbeiteten konsequent Codes für das Ende ihrer Geschichten, die konstituierend und paradigmatisch sind für das Genre des Polit-Thrillers. Jeder der Filme gestaltet eine bedrohliche Realität, aus der der Zuschauer sich bei Verlassen des Kinos nicht einfach fortstehlen kann. Das offene Ende macht ihm bewußt, daß die Bedrohung nicht neutralisiert ist, sondern wie das Schwert des Damokles weiter über ihm hängt. ›Z‹ endet mit dem neuerlichen Putsch der Generäle, der alle Liberalisierungsansätze nach der Aufklärung der Affäre Lambrakis zunichte macht. In DAS GESTÄNDNIS muß Ludvik/London zum Schluß den Einmarsch der russischen Armee und damit das Scheitern des Prager Frühlings miterleben, der zur Hoffnung auf das Ende des Stalinismus Anlaß gegeben hatte. Als in DER UNSICHTBARE AUFSTAND der Sarg mit Santores Leiche über ein Laufband in den Rumpf der gerade gelandeten Maschine nach Nordamerika rollt, entsteigt dem Flugzeug vorn sein Nachfolger im Amt.
In seinem Resümee zu DER UNSICHTBARE AUFSTAND schrieb der Schweizer Filmjournalist Urs Jaeggi einige Sätze, die auch ein Fazit der Polit-Thriller-Trilogie von Costa-Gavras sein könnten: »... ein Thriller, perfekt und manchmal auch kaltschnäuzig inszeniert. Der Film wendet sich an ein breites Publikum, das ins Kino geht und dort Unterhaltung im

Constantin Costa-Gavras

weitesten Sinne sucht. Costa-Gavras entspricht den Bedürfnissen des Kinokonsumenten. Mag sein, daß seine Filme dadurch, daß sie Ausschnitte von der allseits jämmerlichen politischen Weltbühne transportieren, mehr zur Veränderung unserer Gesellschaft beitragen, als mancher zielgerichtete Agitationsfilm dies tut, weil die Unbequemlichkeit des Nachdenkens bei aller Konsumierbarkeit keinem erspart bleibt.«

Spotlight 1:
The Hitler Gang – Vorläufer des Polit-Thrillers in Hollywoods Anti-Nazi-Filmen

Die Geschichte des Polit-Thrillers, der 1968 mit ›Z‹ zum Genre wurde, beginnt dreißig Jahre früher. Mit ihr beginnt auch Hollywoods Engagement gegen die Aktivitäten der Nationalsozialisten auf amerikanischem Territorium, um bald zu heftigen Angriffen gegen die Politik Hitlerdeutschlands im allgemeinen überzuleiten.

Die fünfte Kolonne

Die Regierung Roosevelt bewahrte in den 30er Jahren Deutschland gegenüber strikte Neutralität. Die amerikanische Bevölkerung, zu der eine starke deutschstämmige Minorität zählt, stand dem deutschen Charakter, dem man Fleiß und Ernsthaftigkeit zusprach, sowie der Person Hitlers positiv gegenüber. In politischen Kreisen und in der Öffentlichkeit überwog eine Kommunistenangst, die bereits 1938 zur Einsetzung einer parlamentarischen Kommission über antiamerikanische Aktivitäten und zu McCarthy-ähnlichen Ermittlungen in Hollywood geführt hatte. Dies stärkte die Neigung zum Deutschen Reich, dessen heftiger Antikommunismus wohlwollend zur Kenntnis genommen wurde.

Unbemerkt von der Öffentlichkeit entfaltete sich eine rege Tätigkeit der NSDAP auf amerikanischem Boden. Aus dem in den 20er Jahren von Deutsch-Amerikanern gegründeten ›Teutonia Club‹ entwickelte sich nach Hitlers Machtübernahme 1933 in New York die Vereinigung der ›Freunde des neuen Deutschlands‹, die von der deutschen Botschaft unterstützt wurde. Sie nannte sich auf Bestreben der deutschen Regierung, die unauffälliges Taktieren vorzog und diplomatische Kontroversen vermeiden wollte, seit 1935 ›German American Bund‹ (GAB). 1939 verbreitete dieser Bund die nationalsozialistische Ideologie bereits durch 55 Ortsgruppen, die spektakuläre öffentliche Veranstaltungen abhielten und auch als Basis für eine weitverzweigte Spionagetätigkeit dienten, eine ›fünfte Kolonne‹, die Amerika auf die Machtübernahme durch die NSDAP vorbereiten sollte.

1938 deckte das FBI eine verschwörerische Verbindung zwischen Mitgliedern der deutschen Konsulate, der Hamburg-Amerika-Linie und des GAB auf, was eine Reihe von Gerichtsverfahren einleitete.

Seit Anfang desselben Jahres enthüllte der FBI-Agent und Journalist Leon G. Turrou in einer weitverbreiteten Artikelserie unter dem Titel »Storm over America« nach seinen Ermittlungen Taktiken und Ziele der nationalsozialistischen Untergrundaktivitäten in Amerika. Dennoch konnte der GAB seine Tätigkeiten vorerst weiterführen. Öffentlichkeit und Regierung waren aufmerksam geworden, aber größtenteils noch nicht reif zum Umdenken.

Aus linksintellektuellen Kreisen erhoben sich Proteste, eine Wende des ›Zeitgeistes‹ kündigte sich in ersten Demonstrationen an.

Bekenntnisse eines Nazi-Spions

Hollywoods Major Companies hatten sich strikt an die prodeutsche Regierungspolitik gehalten. Sie verstanden sich ausschließlich als Produzenten von Unterhaltungsware, Zensur war von vornherein zu vermeiden. Darüber hinaus legten sie Wert darauf, sich europäische Absatzmärkte zu erhalten.

Die Warner Bros., deren Domäne der Gangsterfilm war, hatten sich seit 1923 zu einem der größten Unternehmen entwickelt, indem sie unter anderem das proletarische und kleinbürgerliche Publikum mit kostengünstigen, schnell hergestellten Produktionen ansprachen, die sich hart an der Realität aktueller, in Presse und Tagesgespräch herausgestellter Themen orientierten. Unter ihrer Ägide vollzog sich die Abkehr von der zentralen Persönlichkeit des Gangsters als Volksheld hin zur Identifikationsfigur des Polizisten, G-man oder FBI-Agenten mit den Zügen eines Outlaw. Im Laufe dieser Entwicklung wechselten auch die großen Warner-Stars von der einen auf die andere Seite des Gesetzes, ohne ihr Image grundlegend verändern zu müssen.

So ist es nur konsequent, daß Warner als erste das Tabu durchbrachen und mit ihren klassischen Methoden das Thema nationalsozialistischer Agitation in Form des Gangster- und Kriminalfilms aufnahmen.

»Gestern abend um 8.15 Uhr hat Warner Bros. den Nazis offiziell den Krieg erklärt...«, schrieb die ›New York Times‹[1] am Tag nach der Premiere des Films CONFESSIONS OF A NAZI SPY (»Ich war ein Spion der Nazis«, Anatole Litvak, USA 1939), der auf Leon G. Turrous später viel gekauftem Buch ›The Nazi Spy Conspiracy in America‹, einer Sammlung seiner Zeitungsartikel, basierte.

Litvak ordnete das authentische Material in Spielfilmform und stellte Warners Gangstermythologie und ihre Stars in einen neuen, teilweise das Genre umkehrenden ideologischen Zusammenhang. Edward G. Robin-

---

1 Roland Lacourbe, Nazisme et Seconde Guerre Mondiale dans le cinéma d'espionnage, Editions Veyrier, Paris 1983, S. 52.

son, berühmt als vierschrötiger Gangster oder Bulle, verkörpert als G-man Ed Renard den gewaltlosen, analytischen Typ des Detektivs, der die Ideale der amerikanischen Verfassung und der Demokratie in keinem Augenblick seiner Untersuchung desavouiert. Seine Gegner sind Menschen, deren antidemokratische Einstellung in scharfem Gegensatz zur Liberalität der amerikanischen Verfassung steht und somit Keimzelle ist für die nationalsozialistischen Ideologien in den USA. Der kleinbürgerliche Deutsch-Amerikaner Franz Schneider (Francis Lederer) verdingt sich unter dem Einfluß des bürgerlichen Intellektuellen und GAB-Leiters Dr. Karl Kassel (Paul Lukas) als Amateurspion für die Nazis. Er erhält den Auftrag, den Geheimcode der US-Armee zu ermitteln. Kassel, der Kritiker an seiner Person von Gestapoleuten nach Deutschland verschleppen läßt, erhält die Anweisungen für eine ausgedehnte Propagandaaktion des GAB von Goebbels (Martin Kosleck) selbst. Schneider wendet sich mit dem Plan, einen amerikanischen General zu entführen, schriftlich direkt an Berlin. Sein Brief gelangt dem FBI zur Kenntnis, das daraufhin die GAB-Szene observiert und die Verschwörung aufdeckt. Vor der Gerichtsverhandlung läßt die Gestapo Kassel und andere führende Kollaborateure verschwinden, so daß nur Nebenfiguren verurteilt werden und die Untergrundtätigkeit weitergehen kann. Die Handlung entspricht den historischen Tatsachen. Kassel ist unverkennbar einer der Gründer des GAB, Dr. Ignaz Griebel. Der wirkliche Name Schneiders ist Gustav Rumrich. Auch viele andere Personen sind nach den Gerichtsakten und Zeitungsberichten leicht identifizierbar.[2]

Im April 1939 eine politische Sensation und in New York ein Kassenerfolg, von der Kritik kontrovers diskutiert, fand der Film vorerst trotz massiven Einsatzes im amerikanischen Hinterland nur gedämpften Zuspruch. Dort zündeten militante Nazis und Sympathisanten Kinos an, die Leitung der Warner Bros. erhielt Morddrohungen, die Reichsregierung erhob offiziell Einspruch, und einige Gauleitungen des GAB strengten Klage an. Proteste des deutschen Außenministeriums führten zu einem Verbot in sechs europäischen und acht lateinamerikanischen Ländern. In London und Paris spielte der Film große Summen ein. Im Juni 1940, nach Hitlers ›Blitzkrieg‹, nahm auch das breite Publikum in den USA die aktualisierte Fassung des Films ernst. Mit seinem der Regierung Roosevelt zum Zeitpunkt der Erstaufführung sehr unwillkommenen Erfolg leitete CONFESSIONS eine ganze Welle antifaschistischer Filme nach ähnlichem Muster ein, die bald als Unterstützung der offiziellen US-Politik institutionalisiert wurden.

2 Eine ausführliche Dokumentation der Hintergründe von CONFESSIONS bei Jan-Christopher Horak, Anti-Nazi-Filme der deutschsprachigen Emigration von Hollywood 1939–1945, MAkS-Publikationen Münster 1984, S. 106–134.

Die ›fünfte Kolonne‹ steht auch im Mittelpunkt von ALL THROUGH THE NIGHT (»Agenten der Nacht«, Regie: Vincent Sherman, USA 1942). Zum erstenmal erscheint hier die Figur des bekehrten, vaterlandsliebenden Gangsters (Humphrey Bogart), der in Manhattan gegen Nazi-Agenten kämpft und ihre Organisation unschädlich macht. Für seine beispielhafte patriotische Tat wird er vom Bürgermeister der Stadt New York rehabilitiert.

In SABOTEUR (»Saboteure«, Regie: Alfred Hitchcock, USA 1942) gerät ein amerikanischer Arbeiter (Robert Cummings) in den Verdacht der Sabotage in seiner Fabrik. Er kann jedoch einen Kollegen (Otto Kruger) entlarven, der für die Faschisten arbeitet.

MINISTRY OF FEAR (»Ministerium der Angst«, Regie: Fritz Lang, USA 1944) erzählt die Geschichte eines Mannes (Ray Milland), der im London der Kriegszeit zufällig und unbewußt ins Zentrum der Machenschaften einer faschistischen Untergrundorganisation gerät. Der Zuschauer erlebt die Ereignisse aus seiner Perspektive als irritierendes Vexierspiel.

Dokumentarischen Wert besitzt THE HOUSE ON 92ND STREET (»Das Haus in der 92. Straße«, Regie: Henry Hathaway, USA 1945). In Zusammenarbeit und unter Mitwirkung des FBI rekonstruiert dieser Film nach freigegebenen Akten bis ins Detail genau den Kampf um das Geheimnis der Atombombe, der vor Kriegseintritt Amerikas eine der fieberhaftesten Aktionen der Spionageabwehr hervorrief. Einem ihrer Agenten gelingt es, sich in eine wichtige Position des weitverzweigten Netzes einer deutschen Spionageorganisation einzuschleusen, dessen Fäden in den Händen einer Frau in einem Wohnhaus der 92. Straße zusammenlaufen.

Mord

Achtzehn Monate bevor die Vereinigten Staaten ihre Neutralität aufgaben, am 16. August 1940, kam Hollywoods wahre Kriegserklärung gegen Hitlerdeutschland in die Kinos: Alfred Hitchcocks FOREIGN CORRESPONDENT (»Mord«). Am 9. November 1939 war ein Kommando des Sicherheitsdienstes (SD) illegal bei Venlo über die holländische Grenze gegangen und hatte zwei britische Abwehroffiziere nach Deutschland entführt. Dieses Ereignis sowie Elemente der Autobiographie des Journalisten Vincent Sheehan inspirierten die Geschichte von der Entführung des Diplomaten Van Meer (Albert Bassermann), dem die Geheimklausel eines im Invasionsfalle in Kraft tretenden Handelsvertrages zwischen den Niederlanden und Belgien bekannt war. Der amerikanische Journalist Johnny Jones (Joel McCrea), Urbild des unpolitischen Amerikaners, kommt den Nazi-Kidnappern auf die Spur und gerät dabei selbst in Lebensgefahr. Überzeugt von der Gefährlichkeit der Kriegsmaschinerie

Deutschlands, richtet er einen flammenden Appell an die USA, dem vom Untergang bedrohten Europa zu Hilfe zu eilen. Sein Aufruf nimmt die Überzeugungstaktik der späteren ›Why-we-fight‹-Serie vorweg.

MAN HUNT (»Menschenjagd«, Regie: Fritz Lang, USA 1941) ist die Fluchtgeschichte des Captain Alan Thorndike (Walter Pidgeon), der zu Beginn des Films dabei ertappt wird, wie er Hitler auf dem Obersalzberg ins Zielfernrohr seines Karabiners nimmt. Thorndike schlägt sich nach London durch. Nazi-Agenten spüren ihn dort auf, um ihn mit Hilfe eines Netzes englischer Kollaborateure unschädlich zu machen.

Chicago in Berlin

Im Jahre 1944 sehen die amerikanischen Kinobesucher eine chronologisch angelegte Biographie Hitlers, die sich der Codes des Gangsterfilms bedient. THE HITLER GANG (Regie: John Farrow, USA 1943/1944) zeigt den Aufstieg des ›Führers‹ seit November 1918 als Usurpation der Macht durch einen paranoiden Gangsterboß und seine Bande, unterstützt von einem mafiaähnlichen Netz aus Großindustrie und Hochfinanz. Der kleine, schnauzbärtige Mann mit Trenchcoat, Homburg und Pistole, für den in seiner Parteiarbeit auch Salven aus der Maschinenpistole gängiges Machtinstrument sind, evoziert einen ›Little Cesar‹. Das offene Ende hingegen läßt den Sieg der Gerechtigkeit nur erhoffen.[3]

Zwischen 1939 und 1945 entstanden in Hollywood etwa 150 Anti-Nazi-Spielfilme, von denen eine nicht unerhebliche Anzahl das überkommene Muster von Detektiv- und Kriminalfilmen benutzte, darunter auch hochrangige Produktionen. Oftmals, gerade auch in B-Filmen, wurde lediglich die traditionelle Gangsterfigur durch den Nazi oder seinen Kollaborateur ausgetauscht, ohne daß man den Unterhaltungsanspruch durch eine ernsthafte Auseinandersetzung mit der feindlichen Ideologie belasten wollte. Diese Kinounterhaltung stellte in der Epoche des Zweiten Weltkrieges ein privilegiertes Medium dar, dessen sich Regisseure von Rang bedienten, um für eine Überwindung des Isolationismus und eine Intervention in Europa zu plädieren.

80 Millionen Amerikaner sahen monatlich Produktionen der Major Companies, dazu kamen 32 Millionen Zuschauer in Übersee, denen die Hollywoodfilme zum Teil kostenlos geboten wurden. Die Einstellung der Bevölkerung zu Hitlerdeutschland wurde durch Hollywood seit 1939 nachhaltig verändert, später benutzte die Regierung die Kinoindustrie bewußt, um die Bürger ideologisch auf den Kriegseintritt vorzubereiten. Die bewährte Dramaturgie des Spielfilms diente nach Pearl Harbor als Ordnungsprinzip

3 Ausführliche Analyse des Films bei J.-Ch. Horak, a. a. O., S. 181–202.

für dokumentarisches Material in der Serie WHY WE FIGHT, die Frank Capra für das ›Office of War Information‹ (OWI) drehte. In den berühmt gewordenen abendfüllenden sieben Filmen, die das Dokumentargenre revolutionierten, sollte den Wehrpflichtigen verdeutlicht werden, was dem Kriegseintritt Amerikas vorausgegangen war, was der Faschismus bedeutet und welche Ziele die Antihitlerkoalition verfolgte.[4]

---

4 Ausführliche Darstellung in: Frank Capra, The name above the title, MacMillan Company, New York 1971.

Das ›unorganisierte‹ Verbrechen:
Frankreich – Politische Bezüge im Kriminalfilm

Die französische Politik der fünfziger Jahre bestand nach den Worten eines der Ministerpräsidenten der IV. Republik nicht so sehr darin, Probleme zu lösen, als vielmehr, jene zu besänftigen, von denen sie aufgeworfen wurden.[1] Die häufig wechselnden Regierungen griffen, um ihre Schwäche gerade in Krisensituationen zu kaschieren, zum Mittel der Zensur und schränkten die Freiheit der Medien ungeniert ein.

Flagrantes Beispiel ist der 1953 begonnene und 1955 erstaufgeführte Film LE RENDEZ-VOUS DES QUAIS. Paul Carpita, damals 31jähriger Lehrer und Mitglied der kommunistischen Partei, realisierte eine Liebesgeschichte zwischen dem jungen Dockarbeiter Robert Fournier und der Fabrikarbeiterin Marcelle. Eine Fiktion vor dem authentischen Hintergrund des Streiks im Marseiller Hafen, mit dem Arbeiter im Jahre 1950 das Verladen von Militärmaterial für den Krieg in Indochina verhindern wollten. Carpita hatte heimlich im Marseiller Hafen, der als militärische Zone ausgewiesen war, gedreht, und darüber hinaus militante Auseinandersetzungen zwischen Dockarbeitern und CRS rekonstruiert. Es war ihm sogar gelungen, hinter dem Rücken der Militärs die Rückkehr in Indochina verwundeter Soldaten zu filmen. Seine Geschichte knüpfte an den Stil von Renoirs TONI an und reihte sich, halb Dokument, halb Fiktion, in die Ausdrucksform des italienischen Neorealismus ein. 1955 lief der Film in einigen Marseiller Kinos an. Nach wenigen Vorstellungen wurde er von der Polizei konfisziert und auf Anraten der Kontrollkommission vom Minister für Industrie und Handel, dem auch die Informationspolitik unterstellt war, verboten. Der Indochinakrieg war zwar beendet, doch bereitete sich das Militär zu diesem Zeitpunkt bereits auf die Intervention im Algerienkonflikt vor. Als Grund für die Zensurmaßnahme wurde angeführt, der Film behandle, ohne daß dies zuvor in der Synopsis ersichtlich gewesen sei, einen von Dockarbeitern unter gewerkschaftlichem Vorwand vom Zaun gebrochenen Streik, der als Aktion gegen den Indochinakrieg gedacht gewesen sei. Er enthalte Szenen gewaltsamen Widerstandes ge-

1 Klaus-Dietmar Henke in: Benz/Graml (Hrsg.), Fischer Weltgeschichte, Das Zwanzigste Jahrhundert II, S. 117.

gen die Staatsgewalt. Seine Aufführung könne zu einer Bedrohung der öffentlichen Ordnung führen.

Nachdem er über Jahrzehnte hinweg als verschollen gegolten hatte, gelangte LE RENDEZ-VOUS DES QUAIS im Februar 1990 wieder in die französischen Kinos, minutiös rekonstruiert durch die Cinémathèque Française, und in seiner filmhistorischen Bedeutung von der Kritik als bislang fehlendes Bindeglied zwischen Renoir und Godard eingestuft.

Hörfunk und Fernsehen, Monopole des Staates, fungierten als Instrumente der Hofberichterstattung und unterdrückten vor allem zur Zeit des Algerienkonfliktes, der sich vom Kolonial- zum Bürgerkrieg und zum Staatsstreich von rechts auszuweiten drohte, nicht nur alle oppositionellen Reaktionen, sondern enthielten sich auch objektiver Berichterstattung. Die nicht überwundenen wirtschaftlichen Folgen des Zweiten Weltkrieges, die Probleme der Umwandlungen des archaischen, zentralistisch gesteuerten Agrarstaates zur Industrienation, ein immenses Einkommensgefälle innerhalb der Bevölkerung sowie die ungelösten außenpolitischen Probleme paralysierten die Bevölkerung und ließen den Ruf nach dem starken Mann laut werden. De Gaulle ante portas. Der Mann, der Frankreich schon einmal gerettet hatte, führte ab 1. 6. 1958 das Land nach seiner Konzeption von der ›Grande Nation‹. Nach innen und außen praktizierte er eine Politik der Stärke, ohne jedoch die fällige Gesellschaftsreform anzustreben, die die mächtig erstarkenden Gewerkschaften und eine unruhiger werdende Jugend erwarteten.

Dornröschenschlaf und politische Abstinenz der Bevölkerung schlugen um in Unzufriedenheit und Unruhe, die sich im Mai 1968 allseitig entluden und in einen Generalstreik mündeten.

Kultur im Dornröschenschlaf

Der französische Nachkriegsfilm enthielt sich in der Regel jeden politischen Engagements. Seine Inhalte blieben außerhalb und jenseits von Politik und Geschichte, gaben sich ahistorisch. Daran änderte zunächst auch die sogenannte ›Neue Welle‹ nichts, die Produktions- und Erzählformen revolutionierte, nicht aber die Haltung des Kinos gegenüber dem gesellschaftlichen und politischen Umfeld. Der militante Godard kommt später. Der Indochinakrieg, der Algerienkrieg als bedrohlichste Realitäten der IV. Republik finden auf der Leinwand nicht statt. Zwischen 1956 und 1958 beziehen sich von 300 im Kino aufgeführten französischen Produktionen nur zwei auf die Kolonialkriege: MORT EN FRAUDE (Marcel Camus), ein verspäteter Protest gegen den Indochinakrieg, und PATROUILLE DE CHOC (Regie: Claude Bernard-Aubert), beide im Frühjahr 1957. Im Jahre 1963 zog die heimliche Aufführung des Algerienfilms

OCTOBRE À PARIS, realisiert von der Gruppe »Vérité–Liberté« unter der Leitung von Jacques Panigel, starke Polizeiaktionen nach sich. »Der politische Film existiert in Frankreich nicht, weil die Realität angst macht. Sie ist nicht sauber, sie stört.«[2]

Mit der Schere im Kopf auf Gangsterjagd

Seit dem Gesetz vom 26.10.1940 ist die Herstellung von Spielfilmen in Frankreich genehmigungspflichtig. Ein Dekret vom 3.7.1945, novelliert am 18.1.1961, etabliert die Filmzensur. Sie wacht über wohlabgegrenzte Tabuzonen, deren empfindlichste Militär, Polizei, Justiz und Nationalethos sind.

Die bürgerlichen 50er Jahre

Mit Ausnahme des ehemaligen Rechtsanwaltes und Journalisten André Cayatte, der seit Beginn der 50er Jahre sein Werk der Justizkritik widmete, bleibt der Kriminalfilm zwischen 1950 und 1960 jenseits von Sozial- und Gesellschaftskritik.
In der Abkehr von den morbiden Themen des ›film noir‹ der 30er und 40er Jahre wendet er sich der delirierenden Parodie zu, deren Symbolfigur bis heute Eddie Constantine als Lemmy Caution geblieben ist. Eine zweite Tendenz beschreibt die Täterfigur als Opfer privater Verstrickungen. Der Gangster ist Outlaw und Familienvater zugleich, der für die Seinen bürgerliche Sicherheit anstrebt. Dritte Grundlage ist die fast folkloristische Beschreibung des ›milieu‹. Mit dem Autorenpaar Boileau–Narcejac tritt das Opfer in den Vordergrund des Geschehens, was nicht nur Alfred Hitchcock beeinflußt, sondern auch eine Sichtweise etabliert, die später, Ende der 60er Jahre, den Plots vieler Polit-Thriller zugrunde liegt.
Die Figur des Polizisten steht eher im Hintergrund. Als parodistische Figur darf er prügeln, saufen und huren, solange er nur der positive Held einer unangefochtenen Staatsmacht bleibt. Gesetzesübertretungen begeht er darüber hinaus in Notwehr und nur zum Wohle des braven Bürgers, der gegen Anfechtungen und Unruhe zu schützen ist. Typisch für diese Epoche ist auch die ruhige, bärbeißige Kraft des Übervaters Gabin/Maigret.
Politische Realität erscheint allenfalls rudimentär und verballhornt im Zerrspiegel einiger exotischer Agentenfilme, die analog zu amerikanischen Produktionen Klischees des Kalten Krieges und fernöstlicher Polit-

2 Cluny, Cinéma 72, S. 47.

Folklore ausschlachten. Eine Tendenz, die sich mit dem Beginn der Bondfilme verstärkt. All dies erscheint wie die Ruhe im Auge des Zyklons, wenn man sich die gleichzeitige Eskalation des Algerienkrieges mit der akuten Bedrohung des Mutterlandes durch Bürgerkrieg und Putsch vor Augen führt.

Algerienkrieg 1954–1962: Der Wind vom Aurès

Nachdem bereits Karl V. (1535/1541) und Ludwig XIV. im 17. Jahrhundert versucht hatten, Algerien der französischen Nation einzuverleiben, nahm Karl X. am 27. April 1827 in Algier einen nichtigen Anlaß zum Vorwand – eine Beleidigung des französischen Konsuls Deval durch Dey Hussein –, unter Verfolgung sehr konkreter innen- und außenpolitischer Ziele gegen den nordafrikanischen Staat vorzugehen. Die Kolonisation begann, als die Hauptstadt Algier nach drei Jahre andauernden Blockademaßnahmen am 5. Juli 1830 vor den französischen Truppen kapitulierte. Wenige Jahre später siedelten bereits 110000 Europäer in Algerien. 1954 waren es 984000, von denen 80% bereits in Algerien geboren waren.

Die wechselvolle Geschichte des Kampfes der algerischen Bevölkerung gegen die Ausbeutung durch die Kolonialherren und für die Autonomie ihres Landes kulminierte im Ausbruch des offenen Aufstandes am 1. November 1954, der das Ende der französischen Herrschaft einleitete. Führer dieses Befreiungskampfes waren *Ahmed Ben Bella, Belkassem Krim* und andere, die die Organisation der ›Nationalen Befreiungsfront‹ (Front de Libération Nationale, FLN) ins Leben riefen.

Beginnend in ländlichen Regionen, verlagerten sich die Aktionen der Aufständischen im Mai/Juli 1956 verstärkt in die Städte. Die sogenannte ›Schlacht um Algier‹ kündigte sich im September 1956 mit Bombenanschlägen auf die ›Air France‹ und zwei von europäischen Jugendlichen frequentierte Lokale an. Am 7. Januar 1957 erhielt General Massu von der 10. Fallschirmjägerdivision uneingeschränkte Polizeigewalt in der Zone Algier. Nach einer Eskalation von terroristischen Aktionen auf der einen und brutaler militärischer Gewalt auf der anderen Seite gewann Massu unter Anwendung äußerster Brutalität die Kontrolle über Algier und beendete im September die bisher heißeste Phase der Unruhen.

L'Algérie, c'est la France

Der Algerienkrieg fand zur Zeit der Geschehnisse in den Kinos nicht statt, denn offiziell befand Frankreich sich nicht im Krieg. Algerien war französisches Territorium. Aufgabe des Militärs sollte daher sein, eine

Handvoll »rebellierender Terroristen« – so die offizielle Definition – und die Bevölkerung, Muselmanen wie Europäer, vor ihren Übergriffen zu schützen. Eine in Diên Biên Phu und in der Suezkrise gedemütigte Armee, die zudem hinter der Revolte eine subversive Taktik des Weltkommunismus wähnte, wollte nun ihre Effizienz beweisen, Algerien für Frankreich bewahren und eine wesentliche strategische Bastion der freien Welt gegen die kommunistischen Übergriffe schützen.

Die französische Regierung und ihre Zensur hatten somit vitale Interessen, eine über die politische Situation Nordafrikas ohnehin nur dürftig informierte Öffentlichkeit in bezug auf Algerien im dunkeln zu lassen. Wohldosierte Wochenschauen auf den Leinwänden und bis zur Unkenntlichkeit gefilterte Berichte im Fernsehen ließen die Zuschauer den ›Ereignissen in Algerien‹ gegenüber gleichgültig.

Der algerische Film selbst begann erst ab 1956, sich mit anfangs ärmlichen Mitteln zu entwickeln. Den französischen Filmemachern dieser Zeit fehlte das Bewußtsein, den Film als politisches Medium einzusetzen. Zudem verhinderte eine eifrige Zensur jegliche Neigung, den ahistorischen Elfenbeinturm zu verlassen. Ein Manifest der Epoche nennt das französische Kino »eines der dümmsten, der kraftlosesten, der feigsten der Welt«[3].

Die nordafrikanischen Kolonien waren bislang ein beliebter Ort romantischer Legionärsabenteuer gewesen. Einer der ersten Filme der Epoche, der die Realität streifte und Algerien sogar beim Namen nennt, ist der Kriminalfilm LES SUSPECTS (Regie: Jean Dréville, Frankreich 1956). Vor dem Hintergrund der Propaganda, Aufklärung und Agitation des FLN auf französischem Boden, welche die DST (Direction de la Surveillance du Territoire), eine der vier operativen Branchen der Polizei, als kriminelle Tatbestände verfolgt, spielt die Geschichte des Kommissar Perrache (Charles Vanel) von der DST, der die Affäre der ›Partisanen der Metropole‹ aufzuklären hat: Jeden Tag bringt ein Flugzeug einen Verdächtigen von Tunesien nach Italien, der zweifellos Agent der algerischen Revolution ist und über verschiedene Kontaktleute sowie durch eine Radiosendung in Frankreich Agitation betreiben soll. Perrache enttarnt ein weitverzweigtes Agentennetz.

1958 entstand ein ägyptischer Film über die Frauen der Revolution, DJAMILA L'ALGÉRIENNE (»Djamila, die Algerierin«, Regie: Youssef Chahine). 1960 findet der bundesdeutsche Kriminalfilm mitten im aufblühenden Edgar-Wallace-Boom Interesse an gewissen Aspekten des Themas. In Frankreich gesuchte FLN-Kämpfer wurden häufig nach Westdeutschland geschleust, wo sie im nicht anerkannten Exil lebten. Ihre Vertretung befand sich in der tunesischen Botschaft. Von deutschem Boden aus, un-

3 Jean-Pierre Jeancolas, Le Cinéma des Français, Editions Stock, Paris 1979, S. 158.

ter Beteiligung von Falschmünzern, Druckern, Exportkaufleuten etc., versorgten sie Algerien unauffällig mit Geld, Druckerzeugnissen und Waffen. Illegal wie sie fanden sich Geheimagenten einer Abteilung des ›Deuxième Bureau‹ ein, die als Terrororganisation ›Rote Hand‹ nach FLN-Leuten fahndeten, Waffenhändler mit Plastikbomben schreckten und im November 1958 den ›algerischen Botschafter‹ Ameziane Ait Acène vor der tunesischen Botschaft in Bad Godesberg erschossen – eines der ersten politischen Attentate in der Geschichte der Bundesrepublik.

Vor diesem Hintergrund reagierte der deutsche Film, ebenso wie der französische, politisch reaktionär und klitterte aus Versatzstücken einer säuberlich zurechtgerückten Realität ein exotisches Agentenmelodram: DIE ROTE HAND (Regie: Kurt Meisel, 1960) nimmt eine Serie von Attentaten (gegen Waffenhändler und Journalisten), deren gemeinsames Zeichen der Abdruck einer roten Hand ist, zum Ausgangspunkt. Hier endet die Übereinstimmung mit der Wirklichkeit, denn die Jagd nach dem Drahtzieher der Geheimorganisation vollzieht sich in ›braver‹ Kooperation zwischen französischen Behörden und dem ›Bundesschutzamt‹. Geheimagent Yves Varenne (Paul Hubschmid) entlarvt den hochangesehenen Konsul eines unbenannten asiatischen Landes. Mahora Khan (Hannes Messemer), als Urheber der Verbrechen, mit denen er Konkurrenten im Waffengeschäft ausschalten will. Statt politischer Zusammenhänge tritt eine Liebesromanze in den Vordergrund.

Volker Schlöndorffs erster Kurzfilm WEN KÜMMERT'S (BRD 1960) traf hingegen die Wirklichkeit zu genau. Er erzählt in elf Minuten »die Geschichte zweier Algerier, die sich der Front de Libération Nationale angeschlossen haben, sich auf einer Rheininsel versteckt halten und aufgespürt werden. Einer der Freunde wird dabei erschossen. Der Film (...) wurde von der FSK verboten, weil man diplomatische Konflikte mit Frankreich fürchtete, da der Film ›geeignet ist, gemäß den Grundsätzen der FSK II 1 C die Beziehung Deutschlands zu anderen Staaten zu gefährden‹. (Aus der Begründung der FSK).«[4]

Zur selben Zeit bearbeitete Claude Autant-Lara ein authentisches Ereignis aus dem Jahre 1948. Zwei Männer haben sich gleichzeitig vor demselben französischen Militärgericht zu verantworten: ein junger deutscher Geistlicher (Horst Frank), der während der Besatzung widerstrebend auf Befehl einen jungen Résistancekämpfer exekutieren mußte, und ein neunzehnjähriger französischer Wehrdienstpflichtiger (Laurent Terzieff), der den Militärdienst mit der Waffe verweigert. Der Deutsche wird freigesprochen, weil er einen Akt des Gehorsams geleistet habe. Der Franzose wird zu einem Jahr Gefängnis verurteilt mit der Auflage, nach

4 Rainer Lewandowski, Die Filme von Volker Schlöndorff, Olms Presse, Hildesheim 1981, S. 1.

Abbüßung der Strafe seinen Militärdienst endlich ordnungsgemäß abzuleisten. TU NE TUERAS POINT (»Du sollst nicht töten«) wurde zunächst von den Produktionsfirmen boykottiert. Autant-Lara produzierte ihn selbst im Ausland unter dem Titel L'OBJECTEUR (»Der Verweigerer«). Dieser Titel wurde verboten, weil er den im Gesetz nicht vorgesehenen Begriff der Wehrdienstverweigerung aus Gewissensgründen suggerierte.

Erst im Augenblick der Agonie des Kolonialregimes, im Jahre 1961, wagte ein Amerikaner in Frankreich, die soziale und politische Realität des Maghreb filmisch zu gestalten. LES OLIVIERS DE LA JUSTICE (»Die Ölbäume der Gerechtigkeit«, Regie: James Blue), gedreht nach dem Roman des ›pied-noir‹-Schriftstellers Jean Pelegri, erzählt die Geschichte eines jungen, in Paris lebenden Algerienfranzosen, der zu seinem sterbenden Vater in das Geburtsland zurückkehrt. Auf brutale Weise lernt er die seither eingetretenen Änderungen begreifen und entschließt sich zu bleiben. Der Sohn des den Algeriern positiv gegenüberstehenden Kolonisten, der das Land durch harte Arbeit für alle mitgeprägt hat, bleibt auch seinerseits den Muselmanen freundschaftlich verbunden. »Der Film, ehrlich und brüderlich, ernsthaft, ein seltsames Zeugnis, das die Freundschaft zwischen Muselmanen und ›pieds-noirs‹ evozierte, kehrt sich jedoch gegen seine Autoren: die Algerier sahen darin nur einen paternalistischen Film mehr, und viele Franzosen betrachteten ihn als ›defätistisches‹ Werk.«[5] Der Film kam allerdings erst nach der Unterzeichnung der Verträge von Evian, im Juli 1962, in die französischen Kinos.

Die Schlacht um Algier

Die erste umfassende, um Objektivität bemühte Darstellung der Realität des Algerienkrieges, eine algerisch-italienische Coproduktion, ist zum Klassiker der Filmgeschichte und des Polit-Thrillers geworden. Darüber hinaus stellt sie den eigentlichen Beginn des algerischen Films dar. »Es waren Bemühungen notwendig, gleichzeitig die kulturelle Leere der Jahre der Abhängigkeit auszufüllen, zu den Quellen der Authentizität zurückzukehren, um den Kontakt zum örtlichen Publikum herzustellen, und ein gewisses Echo im Ausland hervorzurufen.«[6] LA BATTAGLIA DI ALGERI (»Die Schlacht um Algier«, Regie: Gillo Pontecorvo, Algerien/Italien 1965) erfüllt all diese Erfordernisse in hervorragender Weise. Er erhält den Goldenen Löwen und den Preis der Kritik beim Festival von Venedig 1966.

5 Pierre Boulanger, Le cinéma colonial, Editions Séghers, Paris 1975, S. 222.
6 J. P. Brossard, L'Algérie vue par son Cinéma, Editions Festival du Film, Locarno 1981, S. 14.

Pontecorvo beschreibt in dokumentarisch gehaltener Rekonstruktion wichtige Etappen der Aktionen des FLN und des französischen Militärs in Algier zwischen 1954 und September 1957 – mit einem Nachspiel im Dezember 1960. Den Rahmen bildet die authentische Geschichte des ehemaligen Gauners und Zuhälters Ali la Pointe (Brahim Haggiag). Er tritt dem FLN bei, säubert die Kasbah von Prostitution und Drogen, um sie für den Widerstand bereit zu machen, arbeitet sich zu einem der Anführer des Aufstandes empor und wird am 24. September 1957 von französischen Militärs in seinem Versteck in die Luft gesprengt.

Wiewohl Pontecorvo über seine Sympathien keinen Zweifel läßt, liegt die Bedeutung des Films auch in seiner Objektivität: »Seine Lektion über Guerillakrieg und Guerillabekämpfung unter Großstadtverhältnissen rechnet den Terror der einen Seite nicht gegen die Foltern der anderen auf und rechtfertigt für keinen die Bedingungen des schmutzigen Krieges, demonstriert vielmehr, wie Geschichte sich abspielt und wie wenig sie nach Gerechtigkeit fragt.« (Urs Jenny, SZ vom 3./4. Sept. 1966)

Als der Film 1970 in den französischen Kinos anläuft, äußert sich Premierminister Chaban-Delmas, daß es besser gewesen wäre, man hätte noch ein, zwei Jahre damit gewartet. Eine Pressefehde wird entfacht, ein

FLN und französisches Militär bekämpfen einander in der SCHLACHT UM ALGIER

59

Skandal entsteht. Verbände von Algerienveteranen und ›pieds-noirs‹ protestieren, General Massu nennt die Aufführung ›inopportun und schädlich‹, Kinobesitzer werden bedroht. Präsident Pompidou nennt es einen weisen Beschluß, als der Film aus den Kinos zurückgezogen wird. Als ein politisches Magazin des französischen Fernsehens ORTF ein Interview mit einem Ausschnitt aus Pontecorvos Film illustrieren will, verhindert die französische Regierung die Auslieferung der Kopie. Der Leiter der Sendung, Olivier Todd, tritt aus Protest gegen diese Zensurmaßnahme spontan zurück.

Auch sieben Jahre später ist es in Frankreich für viele noch zu früh, über Algerien zu sprechen, wie die Aufnahme von LA QUESTION (Regie: Laurent Heynemann, Frankreich 1976) zeigt. Die Hauptfigur Charlègue (Jacques Denis) ist Henri Alleg, der 1950–1955 die Tageszeitung ›Alger Républicain‹ leitete, die als einzige für alle Tendenzen demokratischer und nationaler algerischer Meinung offen war. Sie wurde im September 1955 verboten. Nach vielfachen Vorstößen bei Verwaltung und Justiz zur Aufhebung des Verbotes mußte Alleg im November 1957 in den Untergrund gehen, um der Internierung zu entgehen. Die meisten seiner Mitarbeiter hatten sich ihr nicht entziehen können. Am 12. Juni 1957 wurde Alleg von den Fallschirmjägern Massus verhaftet und einen Monat lang in El-Biar verhört und schwer gefoltert, worauf man ihn in ein Lager abschob. Es gelang ihm, von dort eine Kopie seiner Klage, die er beim ›procureur général‹ von Algier gegen Folter und Folterknechte eingereicht hatte, nach Frankreich schmuggeln zu lassen. Auf dem gleichen Weg gab er ein schmales Buch über die Wochen in El-Biar, ›LA QUESTION‹[7], an die Öffentlichkeit, das im Februar 1958 bei den Editions de Minuit erschien. Die Klage und das Buch waren eine Sensation in der französischen und der internationalen Presse. Nachdem bereits 70000 Exemplare verkauft waren, zog die Zensur ›LA QUESTION‹ am 27. März 1958 ein. Der von Alleg angestrengte Prozeß wurde verschleppt.

Heynemann rekonstruiert diese Vorgänge nüchtern und zurückhaltend. Er verändert die Namen der Beteiligten, da die französische Regierung mittlerweile eine Generalamnestie erlassen hatte. Nunmehr zwanzig Jahre nach den Ereignissen wurden wiederum Kopien zerstört, Rauchbomben in Kinos geworfen und Filmtheaterbesitzer bedroht.

Die gleiche Epoche schildert LE VENT DES AURÈS (»Der Wind der Aurès«, Regie: Mohamed Lakhdar Hamina, Algerien 1966), in dem eine Frau von Lager zu Lager zieht, um ihren von den Franzosen verhafteten Sohn zu suchen. L'OPIUM ET LE BÂTON (Regie: Ahmed Rachedi, Algerien 1970) ist ein plakativer Kriegsfilm im Hollywood-Stil, der das Kampfgeschehen um ein Kabylendorf in Szene setzt. LOST COMMAND (»Sie fürchte-

7 »Die Folter«, Wien/München/Basel; K. Desch 1958.

ten weder Tod noch Teufel«, Regie: Mark Robson, USA 1965) zeigt das Kampfgeschehen um eine Gruppe französischer Fallschirmjäger, die bereits in Indochina gekämpft hatten und nun gemeinsam in Algerien eingesetzt wurden. AVOIR VINGT ANS DANS LES AURÈS (»Mit 20 im Algerienkrieg«, Regie: René Vautier, Frankreich 1971) schildert ebenfalls in Form des Kriegsfilms Operationen eines französischen Kommandos im Aurès-Gebirge. Im Mittelpunkt stehen die Krise des moralischen Selbstverständnisses junger Wehrpflichtiger und die Mechanismen, die aus normalen, friedfertigen Menschen Folterer machen.

Die Armee als repräsentativen Staat im Staate thematisiert der Film R.A.S. (Regie: Yves Boisset, Frankreich 1973). In einem Strafbataillon in Algerien lehnen sich drei pazifistische Wehrpflichtige gegen die menschenverachtenden Befehle der Militärs auf. Sie sind isoliert, ihre Auflehnung hat lediglich private Folgen, sie werden zwischen dem brutalen Zwang der Institution und dem Gehorsam der anderen Soldaten zerrieben.

MARSCHIER ODER KREPIER (Regie: Frank Wisbar, BRD/Spanien/Italien 1962) verdeutlicht, wie die Opfer eines Himmelfahrtskommandos von Fremdenlegionären in Algerien durch den wenig später einsetzenden Waffenstillstand sinnlos werden.

DÉCEMBRE (Regie: Mohamed Lakhdar Hamina, Algerien 1973) ist ein flammendes Pamphlet gegen General Massu und die Folter.

Algérie algérienne

Frankreichs IV. Republik, die nach der Befreiung 1944/1945 das parafaschistische Vichy-Regime abgelöst hatte, scheiterte am Algerienkrieg. Als am 31.1.1958 ein ›Rahmengesetz für Algerien‹ erlassen wurde, das den Autonomiebestrebungen geringfügig entgegenkam, führte dies am 13.5.1958 zur Auflehnung der Militärs, die in Frankreich die Staatskrise auslöste, durch die de Gaulle an die Macht kam. Entgegen den Erwartungen der Generäle ebnete dieser jedoch den Weg zu einer ›Algérie algérienne‹, einem algerischen Algerien.

Im September 1959 bot er der Kolonie die Selbstbestimmung an. Im Januar 1960 scheiterte in Algier ein Aufstand rechtsradikaler Franzosen, im April 1961 ein Putsch der Generäle Challe, Jouhaud, Zeller und Salan, die bereits im Untergrund die Terrororganisation OAS (Organisation de l'Armée Secrète) gegen die gaullistische Politik formiert hatten. Zwischen September 1961 und September 1962 erreichten die terroristischen Aktionen mit zahlreichen gescheiterten Attentaten auf de Gaulle ihre heißeste Phase. Im Mai 1961 begannen die offiziellen Verhandlungen zwischen Frankreich und der algerischen Exilregierung. Am 18.3.1962 regelte das Abkommen von Evian den Übergang zur Unabhängigkeit Algeriens, die Frankreich am 3. 7. 1962 anerkannte.

Der Dokumentarfilm LA GUERRE D'ALGÉRIE (Regie: Yves Courrière / Philippe Monnier, Frankreich 1972) illustriert die Epoche bis zum Putsch der Generäle. In seinem Fernsehfilm LES AVOCATS DU DIABLE (»Die Anwälte des Teufels«, Frankreich 1980) evoziert André Cayatte die gespannte Atmosphäre in Frankreich zwischen April 1958 und März 1962. Er schildert die Bedrohungen, Diskriminierungen und Intrigen, denen ein junger Rechtsanwalt (Laurent Malet), der Algerier gegen eine parteiliche, politisch ausgerichtete Klassenjustiz verteidigt, von seiten der Politiker ausgesetzt ist.

Ein Dokumentarfilm über Polizeieinsätze anläßlich einer Demonstration der Algerier in Paris am 17. Oktober 1961, OCTOBRE À PARIS, der 1963 in Studentenkinos läuft, zieht das Dekret vom 30. Juli 1964 nach sich, demgemäß alle öffentlich aufgeführten Filme von der Zensur freigegeben werden müssen.[8]

Schakale und kleine Soldaten

Seit 1958 hatte die ›Neue Welle‹ Produktions- und Erzählformen des Films schlagartig revolutioniert, nicht jedoch die Haltung gegenüber dem gesellschaftlichen und politischen Umfeld. Louis Malle (»Das Irrlicht«, 1963) und Jacques Rozier (»Adieu Philippine«, 1962) streifen das Thema Algerien am Rande. Alain Resnais gibt ihm in MURIEL (1963) eine psychologische Schlüsselstellung.

In LES PARAPLUIES DE CHERBOURG (»Die Regenschirme von Cherbourg«, Regie: Jacques Demy, Frankreich 1963) entwickelt sich ein Melodram aus der Abwesenheit des Automechanikers Guy, der seinen Wehrdienst in Algerien ableisten muß. Die Schritt für Schritt exakt datierte Entwicklung der Geschichte umfaßt die Jahre zwischen 1957 und 1963, in deren Verlauf sich das Leben aller Hauptpersonen schicksalhaft ändert – und nach denen auch Frankreich nicht mehr derselbe Staat ist wie zuvor. Offiziell existiert der Krieg nicht, aber dennoch prägt er in undramatischen Entwicklungen von banaler Alltäglichkeit die Menschen. Diese Veränderungen sind es, denen Demy in seiner musikalischen Inszenierung nachspürt.

Gérard Mordillat knüpft mit CHER FRANGIN (Frankreich / Belgien / Kanada 1988) an diese Perspektive an, indem er den 10jährigen, in Paris lebenden Marius im Jahre 1959 den Algerienkrieg aus den Briefen seines 20jährigen wehrpflichtigen Bruders Alain heraus nachvollziehen läßt. Ein Film

8 Vgl. Jeancolas, a. a. O., S. 40.

über die wehrlosen Opfer, denen sich das Grauen, in dem ihre Angehörigen leben müssen, zwischen den Zeilen zensurierter Briefe und durch die manipulierten Beiträge der Medien erst nach und nach erschließt.

Jean-Luc Godard stellt sich als einziger frontal dem Problem, das Frankreich auch innenpolitisch mehr und mehr zu spalten droht. LE PETIT SOLDAT (»Der kleine Soldat«, Frankreich 1960) soll ein Werk der Reflexion sein. Die ›Zeit des Handelns‹ erscheint in der Rückblende: Der Fotograf Bruno Forestier (Michel Subor) will die OAS verlassen, deren Agent er war. Man zwingt ihn mit Hinweis auf seine Desertion aus der Algerienarmee, in Bern einen FLN-freundlichen Radiokommentator umzubringen. Bevor es ihm gelingt, wird Bruno von einem FLN-Kommando gekidnappt und gefoltert. Er kann fliehen und verbirgt sich bei Véronica (Anna Karina), die dem FLN angehört, jedoch zu Bruno halten will. Nach dem Mord an dem Journalisten erfährt er, daß Véronica von OAS-Leuten umgebracht worden ist.

Die linke Kritik wirft Godard eine faschistische Haltung vor. Die Zensur verbietet den Film mit der Begründung: »Zu einem Zeitpunkt, da die ganze französische Jugend aufgerufen ist, in Algerien zu dienen und zu kämpfen, kann man schwerlich zulassen, daß das gegenteilige Verhalten dargelegt, illustriert und schließlich gerechtfertigt wird.«[9] Der Film wird 1963 freigegeben. jedoch mit der Auflage, in den Radionachrichten, die die Geschichte Brunos begleiten, alle Namen auf der Tonspur zu löschen.

LE COMBAT DANS L'ÎLE (»Der Kampf auf der Insel«, Regie: Alain Cavalier, Frankreich 1962) stellt Konflikte innerhalb einer Extremistengruppe dar. Der Industriellensohn Clément (Jean-Louis Trintignant) wird von Gruppenchef Serge (Pierre Asso) zu einem Attentat auf einen Abgeordneten der Linken in Paris angestiftet und daraufhin von Serge selbst bei der Polizei denunziert. Als Clément sich dafür rächen will, verliert er seine Frau Anne (Romy Schneider) an einen Pazifisten. Wenn auch die OAS nicht genannt ist, sind die Anklänge an das politische Klima der beginnenden 60er Jahre offensichtlich.

In L'INSOUMIS (»Die Hölle von Algier«, Regie: Alain Cavalier, Frankreich 1964) ist Alain Delon der aus Luxemburg stammende Fremdenlegionär Thomas. Nach dem Umschwenken der französischen Algerienpolitik desertiert er aus der Armee. Für die OAS entführt er in Algier die Anwältin Dominique Servet aus Lyon (Léa Massari), die zwei Algerier vor Gericht verteidigen und hohe französische Persönlichkeiten belasten soll. Als er Bedenken bekommt und ihr zur Flucht verhilft, wird er von seinen Komplizen angeschossen. Dennoch gelingt ihm mit Dominiques Hilfe die Flucht durch Frankreich und in seinen Heimatort.

9 Jean-Luc Godard, Hanser-Verlag, Reihe Film 19, München 1979, S. 99.

LA DÉNONCIATION (Regie: Jacques Doniol-Valcroze, Frankreich 1962) verbindet die Ereignisse um Aktionen der OAS mit Erinnerungen an die Résistance.

HOUSE OF CARDS (»Jedes Kartenhaus zerbricht«, Regie: John Guillermin, USA 1967) symbolisiert die politische Rechte Frankreichs im Bild einer Adelsfamilie, die ihren Großgrundbesitz in Algerien verloren hat und deshalb den gewaltsamen Umsturz plant. Guillermin läßt einen jungen Amerikaner (George Peppard) durch Zufall ins Zentrum des Komplotts geraten und wendet die Gefahr mit den Mitteln des amerikanischen Actionfilms von einem Frankreich ab, das mit der Realität nur noch einige Postkartenaufnahmen von Paris verbindet.

Showdown

Am 29. 5. / 1. 6. 1961 findet der Prozeß gegen die Putschgeneräle Challe und Zeller statt. Am 13. April 1962 wird das Todesurteil über General Jouhaud ausgesprochen, den de Gaulle im November desselben Jahres begnadigt. Am 24. Mai 1962 wird General Salan zu lebenslänglicher Haft verurteilt. Die nahezu zerschlagene OAS scheitert an einem ihrer spektakulärsten Attentate auf Charles de Gaulle am 22. August 1962 nahe Paris am Petit Clamart. Dieses Trommelfeuer auf das Auto des Staatspräsidenten ist minutiös am Anfang von THE DAY OF THE JACKAL (»Der Schakal«, Regie: Fred Zinnemann, England/Frankreich 1972, nach einem Roman von Frederic Forsyth) rekonstruiert. Was folgt, ist exakt verifizierte politische Fiktion. Von Wien und Rom aus planen drei hohe Militärs ein neues Attentat. Da die OAS aus eigener Kraft nach ihren Mißerfolgen dazu nicht mehr fähig ist, bezahlen sie einen Profikiller, den ›Schakal‹ (Edward Fox), dessen Vorbereitung und Durchführung der Tat Zinnemann minutiös schildert. Er konfrontiert sie mit der polizeilichen Kleinarbeit des Kommissar Lebel (Michel Lonsdale). Erst in letzter Minute stehen sich die zwei Männer nach einem spannenden Wettlauf gegen die Zeit gegenüber. De Gaulle hat es nur seinem Glück zu verdanken, daß ihn, wie mehrfach in der Realität, auch hier die Kugel um Millimeter verfehlt.

Ähnlich wie ›Der Schakal‹ geht LE COMPLOT (Regie: René Gainville, Frankreich/Italien/Spanien 1973) von einem eng an die Realität angelehnten hypothetischen Ereignis aus. Im April 1962 soll General Challe mit terroristischen Mitteln aus dem Gefängnis in Tulle befreit werden, die Regierung stürzen und schließlich Salan die Macht in Algerien übertragen. Die Verträge von Evian werden annulliert und der Kampf gegen den FLN wieder aufgenommen. Das Drehbuch stammt von dem Gerichtsreporter Jean Laborde, der an allen großen Verhandlungen über Algerienkrieg und OAS teilgenommen hatte und seine Vision folgerichtig aus von der Justiz beschlagnahmten Unterlagen der OAS entwickelte. LE COM-

Die Zielscheibe des Schakal – General de Gaulle am 14. Juli, dem Nationalfeiertag der Franzosen

PLOT ist der erste Versuch, ernsthaft die Seite der Putschisten zu analysieren und ihre Beweggründe verständlich zu machen, was dem Regisseur den unberechtigten Vorwurf der rechten Nostalgie und den Beifall der Extremisten eintrug.

Ein ähnliches Bemühen um Analyse und Verstehen liegt L'HONNEUR D'UN CAPITAINE (Pierre Schoendoerffer, Frankreich 1982) zugrunde. In einer Fernsehdiskussion zum 20. Jahrestag der Verträge von Evian wird der während des Algerienkrieges gefallene Capitaine Caron (Jacques Perrin) beschuldigt, ein Folterer und Verbrecher gewesen zu sein. Seine Witwe (Nicole Garcia) stellt Ermittlungen an und führt einen Prozeß wegen Verleumdung, in dessen Verlauf Augenzeugen die Ereignisse erneut aufleben lassen. Schoendoerffer, der den Algerienkrieg als Journalist miterlebt hat, will die üblichen Schwarz-Weiß-Darstellungen aufbrechen und diskutiert die Begriffe des Helden und des Verbrechers.

Ende der 70er und zu Beginn der 80er Jahre zeichnet sich mit einer jungen Generation von Filmemachern ein erneuerter Zugang zum Algerienproblem und seinen Folgen ab.

CERTAINES NOUVELLES (Jacques Davila, Frankreich 1979) erzählt vom Alltag unter der Bedrohung des Kriegsgeschehens im Sommer 1961 nahe der Stadt Oran.

In LIBERTÉ, LA NUIT (»Freiheit, die Nacht«, Regie: Philippe Garrel, Frankreich 1983) unterstützt ein Ehepaar, ohne voneinander zu wissen, die Partisanen. Erst als die Frau (Emmanuelle Riva) erschossen wird, entdeckt der Mann (Maurice Garrel) Facetten ihrer Persönlichkeit, von denen er nichts geahnt hatte. Das Porträt einer Jugend um 1959, die gegen ihren Willen in den politischen Kampf und in den Untergrund gedrängt wird, zeichnet LIBERTY BELLE (Pascal Kané, Frankreich 1983) in der Geschichte einer Schülerfreundschaft.

Alexandre Arcady gestaltet unterschiedliche Bereiche des Lebens der ›pieds-noirs‹ in seinen Filmen LE COUP DE SIROCCO (Frankreich 1979), LE GRAND PARDON (»Der Superboss«, Frankreich 1981) und LE GRAND CARNAVAL (Frankreich 1983). Mohamed Lakhdar Hamina, der Altmeister des algerischen Films, stellte einen offiziellen Beitrag Frankreichs beim Festival von Cannes 1986: LA DERNIÈRE IMAGE (1986) ist ein Bilderbogen, der in das Algerien vor dem Zweiten Weltkrieg zurückführt und das Klima der Epoche vor der großen Wende neu entstehen läßt.

Die sechziger Jahre

Politische Abstinenz, verordnete Friedhofsruhe und die Verunsicherung erwachender Staatsbürger in bezug auf nationale und internationale Widersprüchlichkeiten schufen großen Nachholbedarf an Information und ein Potential an Empörung. Der Mai 1968 stellte sich als Eskalation und offener Ausbruch dessen dar, was seit geraumer Zeit im verborgenen gebrodelt hatte.

Am 4.10.1958 hatte die Republik begonnen – mit einer neuen Verfassung, die die Befugnisse des Staatspräsidenten und seiner Regierung auf Kosten des Parlaments erheblich ausweitete. Im Dezember 1958 wurde de Gaulle mit 78,5 % der Stimmen gewählt und konnte seine Basis bis 1962 sogar noch verstärken. Er löste die Probleme, an denen die IV. Republik gescheitert war: Algerienfrage und Inflation. Bis zu den nächsten Wahlen allerdings änderte sich diese Situation grundlegend. Die Vernachlässigung sozialer Fortschritte zugunsten einer forcierten Atomrüstung und die volksferne, autoritäre Arroganz der Regierungsclique trugen dazu bei, daß de Gaulle im Dezember 1965 erst im zweiten Wahlgang 55 % der Stimmen erreichte. Zum gleichen Zeitpunkt erstarkte die Opposition durch den von François Mitterrand betriebenen Zusammenschluß der bislang zersplitterten Linken.

Staatlicher Absolutismus und spektakuläre Anfangserfolge überdeckten Probleme und Verunsicherungen zu Beginn der V. Republik. Doch die Ruhe war zu unnatürlich, als daß sie den spürbaren untergründigen Widersprüchlichkeiten auf die Dauer hätte standhalten können. Die Morde an den Brüdern Kennedy (22.11.1963 und 5.6.1968) und an Martin Luther King (4.4.1968) sowie die Affäre Ben Barka (1965) ließen zudem deutlich das Wirken undemokratischer Kräfte hinter den Kulissen spüren. Mit der Eskalation des Vietnamkrieges, der schließlich als französischer Feldzug begonnen hatte, wurden auch die Franzosen von der Vergangenheit eingeholt. Biafra und später die russischen Panzer in Prag schockierten die Weltöffentlichkeit. Die Bedürfnisse nach Information und Authentizität veränderten die Medien bis in den Unterhaltungsbereich hinein.

Der Film in den sechziger Jahren

Die Rückkehr de Gaulles hatte die Themen von Résistance und Okkupation kräftig aufleben lassen, die vor 1959 nur vereinzelt behandelt worden waren. Von BABATTE S'EN-VA-T-EN GUERRE (»Babatte zieht in den Krieg«, Regie: Christian-Jaque, Frankreich 1959) bis L'ARMÉE DES OMBRES (»Armee im Schatten«, Regie: Jean-Pierre Melville, Frankreich 1969) wird quer durch die Genres das Hohelied vom Widerstand gegen die Nazis angestimmt. Wenn es ein gaullistisches Kino gibt, dann ist es sicher hier zu finden.

Bernard Borderie und Michèle Mercier rühren das Publikum mit dem Schicksal Angéliques zu Zeiten Ludwigs XIV. und schließen damit eine ganze Welle von Mantel- und Degenfilmen ab.

Jean Girault und Louis de Funès füllen die Säle mit ihren GENDARME-Farcen. Die Mythen von Kriminal- und Gangsterfilm in der Tradition Jacques Beckers stehen hoch im Kurs.

Identifikationsfigur ist immer noch Jean Gabin; Ventura, Belmondo und Delon beginnen ihn abzulösen. Melville findet seinen individuellen Stil, gefolgt von José Giovanni.

O.S.S. 117 und COPLAN dümpeln als Serienhelden im Kielwasser James Bonds. Publikumsrenner sind ebenfalls Parodien auf Gangster-, Kriminal- und Spionagefilme. Das kommerzielle Kino, das sich in diesem Bereich des Unkritisch-Affirmativen, rein Unterhaltenden bewegt, läßt in seinem Verleihsystem nur wenige Ausnahmen zu, die kritisch auf Aktualität zielen.

Seit LE PETIT SOLDAT (»Der kleine Soldat«, Frankreich 1960) spiegelt Godard soziale und politische Realitäten. Mit ALPHAVILLE (»Lemmy Caution gegen Alpha 60«, Frankreich 1965) benutzt er bereits einen beliebten Helden (Eddy Constantine) des Trivialkinos und die Strukturen dieses Genres zur Kritik an der totalitär-technokratischen Gesellschaft. In MADE IN USA (»Made in USA«, Frankreich 1966) evoziert er den Mord an Kennedy und die Affäre Ben Barka. Die Verunsicherung der Intellektuellen thematisiert er durch die mehrfache Einblendung des Buchtitels »Die Linke im Jahre Null«. MADE IN USA ist ein Dokument der Hilflosigkeit, der Ohnmacht und als solches eine paradigmatische Erscheinung der Phase vor 1968. Im gleichen Jahr erscheint Resnais' und Semprúns LA GUERRE EST FINIE (»Der Krieg ist vorbei«, Frankreich 1966), in dem der intellektuelle und militante linke Spanienaktivist Diego (Yves Montand) an der Gültigkeit seiner bisherigen politischen Überzeugung zu zweifeln beginnt.

LA GUERRE EST FINIE wird als der erste wirklich politische französische Nachkriegsfilm bezeichnet. Zudem setzt er als erster jene protestierende Jugend in Szene, die im Mai 1968 und in den darauffolgenden Jahren in den Vordergrund tritt.

Godard und Resnais nehmen zusammen mit Joris Ivens, William Klein, Claude Lelouch, Agnès Varda und anderen 1967 an der kollektiven, von Chris Marker koordinierten Herstellung von LOIN DU VIETNAM teil. Der Film läuft in vier kommerziellen Kinos in Paris.[10]

In diesen Jahren beginnt Chabrol mit seinen gesellschaftskritischen Arbeiten und der beißenden Kritik am Bürgertum in der Form des an Hitchcock orientierten Thrillers.

Darüber hinaus existiert das parallele System der Ciné-Clubs und Programmkinos, in dem zum Teil illegal, jenseits der kommerziellen Verleihkanäle, für ein eingeweihtes Publikum militante Filme gezeigt werden.

Polit-Thriller und Kriminalfilm

Costa-Gavras' ›Z‹ ist es, der dem Polit-Thriller nicht nur in Frankreich als Genre und als kommerziellem Erfolgsprodukt die Türen öffnet.[11] Abgesehen von Vorläufern in Italien und den USA hatte es auch zuvor in Frankreich erste Versuche gegeben, Sozial- und Gesellschaftskritik und politische Inhalte in der Form populärer Unterhaltung zu präsentieren.

1964 konzipierte Pierre Kast den Kriminalfilm LE GRAIN DE SABLE (»Die Unmoralischen«, Frankreich/BRD/Italien) als »darwinistische Reflexion über die Machtverhältnisse«.[12] Nach dem Tod eines Edelstahlmagnaten

---

10 Vgl. S. 159
11 Siehe S. 24
12 Pierre Boiron, Pierre Kast, Paris 1985, Editions Lherminier, S. 76.

versuchen zwei Männer und eine Frau jeweils auf Kosten der beiden anderen gewaltsam die Macht über dessen Wirtschaftsimperium zu erlangen. Ein junger amerikanischer Diplomat, gezeichnet vom Kennedy-Mythos einer aufgeklärten Humanität, durchschaut die Verbrechen der drei Geschäftsleute, die »die Schwelle von der Konkurrenz zum bewaffneten Kampf überschreiten und die sich am Ende gegenseitig vernichten«.[13]

Konsequent die Interpretation Boirons: »So wie nach Carl von Clausewitz der Krieg nichts anderes ist als die Fortsetzung der Politik mit anderen Mitteln, so könnte man hier sagen, daß das Verbrechen nur die Fortsetzung der Wirtschaft mit anderen Mitteln sei.«[14]

Kast gestaltet anhand einer Parabel einen Aspekt der Wirtschaftskriminalität, der später in seinen politischen Dimensionen, basierend auf authentischem Material, häufig in den Vordergrund treten soll.

Noch vor den Ereignissen des Mai 1968 stellte Philippe Fourastié LA BANDE À BONNOT fertig, in dem die authentische Geschichte einer legendären Gruppe von Anarchisten und Gangstern aus dem Paris des Jahres 1911 nachgezeichnet wird. Bonnot (Bruno Crémer), für den »der Anarchismus seine Berufung, das Banditentum aber seine Zerstreuung war«[15], und Raymond-la-Science (Jacques Brel), ein Bakunin-Jünger, der wegen versuchter Agitation unter Arbeitern eine Gefängnisstrafe verbüßen mußte, revoltieren mit Traktaten, aber auch mit Banküberfällen gegen die etablierte kapitalistische Ordnung und ihre Repräsentanten.

Fourastié stellt Menschen dar, »die sich vielleicht geirrt haben, aber die in ihrem Inneren eine gewisse Reinheit besaßen... Es sind Unterdrückte, die sich zu schlagen versuchen, die erstickt werden, aber die immerhin schreien, bevor sie sterben; und sie schlagen sich immer für die anderen, niemals für sich selber.«[16]

Ein Publikum, das Unterhaltung und Action in einem Kostümfilm erwartete, sah sich mit einer subversiv dargebotenen Geschichte und Dialogen von ungewohnter Schärfe konfrontiert, welche die Aufrührer von 1911 mitten in das Jahr 1968 stellten:

»Die Arbeiter sind eine passive Herde«, oder »Ich habe niemals einen Menschen getötet. Nur einen Bullen und einen Bankier, und das sind keine Menschen«. Der Film zeigt darüber hinaus Polizeiaktionen von einer Ausdehnung und Brutalität, die bei seiner Erstaufführung gerade für den Pariser Zuschauer erlebte Gegenwart sind.

Jean-Pierre Mocky, Eklektiker von bisweilen zweifelhaftem Geschmack,

13 Ebd., S. 76.
14 Ebd., S. 36.
15 Fourastié zit. nach Guérif, Le Cinéma Policier Français, Editions Henri Veyrier, Paris 1981, S. 145.
16 Fourastié, ebd.

begründete in den 60er Jahren seinen Ruf als »Anarchist« des französischen Kinos. Hatte er 1968 in der Farce LA GRANDE LESSIVE einen Pariser Gymnasiallehrer (Bourvil) mittels einer Säure die Fernsehantennen auf den Dächern zerstören lassen, weil dieser das gaullistische Staatsfernsehen für die Verdummung und Konditionierung seiner Schüler verantwortlich machte, so stellt SOLO (»Die Brut der Gewalt«, Frankreich/Belgien 1969) einen Generalangriff auf das System dar. In Anlehnung an die Form des Thrillers aus der amerikanischen ›série noire‹ konfrontiert er in einer Flucht- und Verfolgungsgeschichte die junge Generation mit der korrupten und moralisch verrotteten Schicht des herrschenden, hochdekorierten Bürgertums. Die Polizei verfolgt eine Gruppe 16- bis 17jähriger, die in eine luxuriöse Villa des Pariser Vorortes Le Vésinet eingedrungen ist und die dort von alten Herren mit minderjährigen Mädchen zelebrierte Sexorgie durch ein Massaker beendet hat. In den Verfolgten will Mocky die nationale Jugend darstellen, die noch nicht politisiert ist, Menschen aus unterschiedlichen Milieus, die nur noch mit Gewalt auf den Schmutz reagieren können, den sie um sich herum wahrnehmen und der allenthalben geduldet wird. Ein Angriff auf diejenigen, welche sich kraft ihrer Privilegien, ihrer Stellung, ihres Vermögens, ihrer Ehrenlegion nach Lust bedienen und ihre Willkür von den Ordnungskräften durchsetzen lassen.

Mocky provoziert hemmungslos zu einem Zeitpunkt, als das Bürgertum, verschreckt durch die Eruption des Mai 1968, dem Gaullismus zu seinem letzten Triumph verhilft.

Die siebziger Jahre

Die Geschehnisse vom Mai 1968 und de Gaulles Rücktritt am 27. April 1969 beenden eine Ära des gleichsam absolutistischen Staatsverständnisses. Die Forderung der Bevölkerung nach mehr Freiheit und Information geht einher mit dem plötzlichen Fehlen der starken Persönlichkeit, deren direkte Nachfolge sich in Machtkämpfen und Skandalen zerfasert, die in bislang ungewohnter Form publik werden. Die Regierungszeit Georges Pompidous (1969–1974) ist eine Epoche der Politisierung von Medien und Rezipienten. Das militante, bis dato im verborgenen aktive Kino manifestiert sich ungehinderter, ohne jedoch das breite Publikum und die etablierten Verleihsysteme erreichen zu können. Der Polit-Thriller, der nun zum Genre wird, ist dagegen integraler Bestandteil der Unterhaltungsindustrie und konkurriert in der Gunst der Zuschauer mehr mit einem Louis de Funès als mit Godard oder Marker. Der Einzug der Aktualität in die Unterhaltungsbranche wird symptomatisch in der Klamotte L'EMMERDEUR (»Die Filzlaus«, Regie: Edouard Molinaro, Frankreich/Italien 1973) sichtbar. Ende 1972 veröffentlicht ein hoher Ministerialbeamter vertrauliche Dokumente, um französische Waffenlieferungen an Libyen zu denunzieren. Auf diese »Affäre Aranda« bezieht sich Molinaro unverkennbar in der reißerisch inszenierten Attentatsszene zu Beginn seines Films, die allerdings nur dazu dient, den Killer (Lino Ventura) auf den Plan zu rufen. Für die darauf einsetzende Komödienhandlung hat sie keinerlei Bedeutung mehr.

Ein Bulle sieht rot

Hatte Costa-Gavras die Schauplätze seiner Filme gegen Faschismus, Stalinismus und US-Imperialismus in Griechenland, der Tschechoslowakei und Uruguay angesiedelt, so ist Yves Boisset der erste, der das System des Polit-Thrillers auf die nationale Situation Frankreichs anwendet. Nicht zufällig thematisiert er 1970 die Gesetzlosigkeit einer Polizei, die den Machtmißbrauch der als korrupt angesehenen Führungsschicht brutal durchsetzt und ihrerseits durch die Politiker in ihrem Vorgehen gedeckt wird.

Direkt nach den Ereignissen des Mai 1968 konzipiert, in einer Zeit, in der zudem über ungeklärte Todesfälle in Untersuchungsgefängnissen und Foltermethoden bei Polizeiverhören berichtet wird (vgl. »Der Spiegel« Nr. 129/1971), bricht UN CONDE (»Ein Bulle sieht rot«, Frankreich/Italien 1970) mit einem von der Zensur bislang wohlgehüteten Tabu.

Die Handlung des Films folgt dem gleichnamigen Roman von Pierre Vial Lesou. Die Gangster Dan und Viletti wollen den Tod ihres Freundes Roger d'Assas rächen, der für den »Mandarin« Tavernier in seiner Bar kein Rauschgift mehr verkaufen wollte und deshalb von dessen Männern ermordet wurde. Es gelingt ihnen, Tavernier und seinen Buchhalter zu erschießen. Zufällig sind Favenin, der ›Condé‹ (Polizeibeamter im Argot) und Kommissar Barnéro am Tatort. Sie sehen die Täter für die Liquidierung Taverniers eher als »Wohltäter der Menschheit« an und nehmen nur zum Schein eine Verfolgung auf. Viletti erschießt dabei Barnéro, was Dan zu verhindern sucht. Favenin erhält die uneingeschränkte Leitung der Ermittlungen, die zum Rachefeldzug gegen den Mörder des Freundes werden. Im Alleingang tötet er einen Freund Dans und fingiert Beweise für diesen Mord gegen einen Dritten, den er damit erpreßt. Zeugen prügelt er brutal, um sie zu Aussagen zu zwingen. Er verhaftet Dan, obwohl er mittlerweile weiß, daß es Viletti war, der geschossen hat. Schließlich tötet er diesen und lastet die Tat den Leuten Taverniers an. Dan wird für den Polizistenmord, den er nicht begangen hat, zu einer Gefängnisstrafe verurteilt. Später bricht er aus dem Gefängnis aus, um sich an Favenin zu rächen, wird dabei allerdings von der Polizei, die darauf vorbereitet war, erschossen. Der Condé hat mittlerweile beim Staatsanwalt gegen sich

Nach der Ära der Vater- und Heldenfiguren – die Entlarvung des sadistischen Bürokraten. Michel Bouquet als Favenin

selbst Anzeige erstattet und die Vorgänge wahrheitsgemäß zu Protokoll gegeben. Ein Ermittlungsverfahren wird gegen ihn eingeleitet.

Boisset knüpft an Jean-Pierre Melvilles bis zur historischen Figur des François Vidocq (1775–1857) zurückreichenden Mythos der Parallelität zwischen Polizisten und Gangstern an, der er jedoch eine völlig neue Qualität verleiht.

Lesou hatte Favenin in seinem Roman noch die Züge des positiven, am amerikanischen Vorbild orientierten Helden verliehen: 36 Jahre alt, groß, mit atlethischer Figur, vital, blondes Haar. In Boissets Film hingegen gibt ihm Michel Bouquet Aussehen und Charakter eines verkniffenen Buchhalters mit machiavellistischem Machtverständnis und zynischer Gewalttätigkeit.

Tavernier betreibt ein Import-Export-Geschäft mit China und Spielclubs, hinter deren Fassade er den Rauschgifthandel organisiert. Aus der Algerienzeit hat er Freunde, die hohe politische Posten bekleiden, ihn schützen und von seinem Geld profitieren. Er selbst rechnet damit, in absehbarer Zeit Abgeordneter zu werden. In dieser Nebenrolle ist mit knappen Strichen jener Typus eines Geschäftsmannes und Politikers vorgeprägt, der in den 70er Jahren im französischen Kriminalfilm als Täterfigur oder graue Eminenz in den Mittelpunkt rückt.

Dan und Viletti verkörpern die klassischen Gangster in der Tradition Beckers und Melvilles, die bei allem ungesetzlichen Tun die Moral ihrer Freundschaft und Kameradschaft geradlinig aufrechterhalten. Ihre Rache üben sie logisch nachvollziehbar, ungeschützt und auf eigene Gefahr aus. Konsequenzen und Bestrafung kalkulieren sie bewußt ein. Den Kodex dieser Moral kann Favenin nicht in Anspruch nehmen. Ihm geht es keinen Moment lang darum, den Täter der demokratisch begründeten Instanz der Justiz zuzuführen, was seine verfassungsmäßig definierte Aufgabe wäre. Wie Dan und Viletti will er Rache, ohne jedoch die juristisch logischen Folgen einzubeziehen. Seine persönlichen Machenschaften umhüllt er mit der Amtsautorität, gedeckt durch die Hierarchie, die ihrerseits wiederum durch Politiker exculpiert wird, die ihre ureigenen Interessen kultivieren.

Voraussetzung für ein Funktionieren dieses Korruptionssystems ist die Unangreifbarkeit der Polizei gegenüber der Öffentlichkeit. Favenin repräsentiert den Typ des faschistischen Polizisten, der für die Ordnungsmacht unumschränkte Gewalt einfordert, hinter deren staatstragender Fassade jedoch jede Willkür geduldet wird. Daß er aus disziplinarischen Gründen bereits einmal strafversetzt wurde und sich am Ende einem Ermittlungsverfahren zu stellen hat, liegt keineswegs in seinen Handlungen begründet, sondern allein in der Tatsache, daß diese nicht mehr zu vertuschen waren.

Welch radikalen Neuansatz Boisset und sein Hauptdarsteller Bouquet in den französischen Kriminalfilm einbringen, zeigt deutlich der Vergleich mit Georges Lautners LE PACHA (»Der Bulle«, Frankreich/Italien 1967). Mit den gleichen Mitteln wie der ›Condé‹ rächt hier Kommissar Joss seinen ebenfalls von Gangstern getöteten Freund. Das Prinzip beider Geschichten ist das gleiche, ihre Ideologie jedoch ist diametral entgegengesetzt. Lautners Joss spielt Jean Gabin, dessen legendäres Image allein genügt, seine Rolle zu der des positiven Helden, der Identifikationsfigur zu stilisieren. Rechtsbeugungen und Gesetzesübertretungen erscheinen hier als Zorn eines Gerechten, der illegale Mittel anwendet, die der Zweck allemal heiligt.

Boisset respektiert die grundlegenden Gesetze des Kriminalfilms, wie sie Lautner als Epigone anwendet, kehrt jedoch ihre Aussage um. Die Zensur nimmt Anstoß an einzelnen Repliken des Dialoges und an der brutalen Verhörszene, der Innenminister verbietet die Aufführung. Was letztendlich bei der Kritik Skandal erregt, ist in Verbindung mit dem Bruch eines Tabus die populäre Form des Films, wie sie Boisset interpretiert: »... Bei uns existiert eine solch intellektuelle, außerordentlich schwerfällige Tradition, erdrückend, daß viele sich schämen, für das große Publikum zu arbeiten. Das ist sogar sehr seltsam im Fall der linken oder linksintellektuellen Cinéasten: sie wollen eben für die Arbeiterklasse Filme machen, die jedoch absolut undurchdringlich sind. Sie sind Sklaven einer literarischen Tradition. Ich meine, daß man in dieser aktuellen Stunde nur Filme machen sollte, die im ersten Angang verständlich sind, unmittelbar zu dechiffrieren, verankert in für das Publikum leicht zugänglichen Genres, und daß die Aussage oder die Frage, die man dem Publikum vorlegt, über ein leicht zu konsumierendes Schauspiel vermittelt werden muß.«[17]

Boisset hat mit UN CONDÉ einer Umwertung der gesellschaftlichen Rolle der Polizei im Kriminalfilm den Weg geebnet. In Jean-Pierre Mockys L'ALBATROS (»Der Albatros«, Frankreich 1971) tötet der Held in Notwehr einen Polizisten, als er in einem Polizeirevier mißhandelt wird. Auch hier sind die Ordnungshüter als Werkzeuge korrupter Politiker dargestellt. NADA (»Nada«, Claude Chabrol, Frankreich/Italien 1973) stellt den Staatsterrorismus, dessen ausführendes Organ die Polizei ist, auf eine Ebene mit den Aktionen einer Gruppe von Terroristen.

Die zwei Inspektoren in PLUS ÇA VA, MOINS ÇA VA (»Kommissar hoch zwei«, Regie: Michel Vianey, Frankreich 1977) tragen ihre faschistischen und rassistischen Ideologien offen zur Schau.

LA GUERRE DES POLICES (»Der Polizeikrieg«, Regie: Robin Davis, Frankreich 1979) stellt den mörderischen Konkurrenzkampf zwischen zwei unterschiedlichen Dienststellen der Pariser Polizei, der ›brigade territoriale‹ und der ›brigade anti-gang‹, in den Mittelpunkt, hinter dem die Verbrechensbekämpfung völlig ihre Bedeutung verliert.

In UNE ROBE NOIRE POUR UN TUEUR (»Eine schwarze Robe für den Mörder«, Regie: José Giovanni, Frankreich 1980) gelingt es der Anwältin Florence Nat, Beweise für die Unschuld eines zum Tode Verurteilten, Simon, beizubringen. Da diese jedoch die Polizei selbst und hochrangige Persönlichkeiten des öffentlichen Lebens belasten würden, sorgt eine Sonderkommission dafür, daß Florence und Simon keine Gelegenheit erhalten, die Wahrheit zu verbreiten.

Ein knappes Jahrzehnt nach dem CONDÉ modifiziert Boisset selbst sein Bild der Polizistenfigur, das inzwischen auch in Nebenrollen oft zum Klischee verkommen ist. »Es stimmt also, daß ich mich entwickelt habe, daß ich von ›alle Bullen sind Dreckskerle‹ über ›vielleicht ist es doch nicht so einfach‹ schließlich zu dem Gedanken gekommen bin, daß es nicht die Individuen sind, die sich als pervers erweisen, sondern der Gebrauch, den man von ihnen macht.«[18]

In LA FEMME FLIC (»Die Polizistin«, Frankreich 1979) zeigt er, ». . . wie eine ehrenwerte und sensible Frau im Inneren der Institution ihren Beruf als Polizistin nicht ehrenwert ausüben kann. Das Problem liegt also nicht mehr auf der Ebene des Individuums, sondern auf der Ebene der Institution, die es als ein Sandkorn in seinem Getriebe ansieht und sich seiner

17 Guérif, Le Cinéma Policier Français, Paris 1981, Editions Henri Veyrier, S. 151.
18 Boisset in: ›Revue du Cinéma‹, Nr. 390, Januar 1984, S. 55.

Eine engagierte Polizistin (Miou-Miou) scheitert an der Korruption in der eigenen Amtshierarchie

entledigt. Indem ich das Individuum rettete, klagte ich um so mehr das System an.«[19]

In einer französischen Provinzstadt gerät die junge Inspektorin Corinne Levasseur (Miou-Miou) in Konflikt mit der Hierarchie, als sie den Großindustriellen, von dessen Unternehmen der Ort lebt, als Hauptschuldigen in einer Affäre um Kinderprostitution entlarven will.

Die Demonstration der Abhängigkeit der Polizei und der Justiz von Kräften in Politik und Wirtschaft tritt in den 70er Jahren mehr und mehr in den Vordergrund.

Yves Boisset

Nach Anfängen als Journalist und Filmkritiker erlebt Boisset, Jahrgang 1939, den Umbruch von 1968 als Profi im Filmgeschäft, der den Augenblick gekommen sieht, seine Vorstellungen von Form und Inhalt mit eigenen Inszenierungen in die Tat umzusetzen. Als Assistent bei Robert Hossein, Yves Ciampi, René Clément, Jean-Pierre Melville, Vittorio de Sica, Riccardo Freda, Claude Sautet sowie, in den USA, bei Jewison und Hamilton, durch die Mitarbeit an mehreren James-Bond-Produktionen ist er in der Lage, Genregesetze zu beherrschen und publikumswirksam in Szene zu setzen. Er bringt die amerikanische Tonart in eines der für den französischen Film typischsten Genres, die klassische Kriminalgeschichte, ein und ist darüber hinaus entschlossen, formale und politische Tabus zu brechen. Zwischen UN CONDÉ (Seite 74) und LA FEMME FLIC

19 Ebd.

(Seite 74) erweist er sich als führender Vertreter des französischen Polit-Thrillers, der sich im Gegensatz zu Costa-Gavras aktueller innenpolitischer Themen annimmt und so zur bevorzugten Zielscheibe der Zensur wird. Er recherchiert mit den jeweiligen Drehbuchautoren die Hintergründe diverser Affären, so exakt es die Verschleierungstaktiken von Polizei, Geheimdienst und Politik zulassen. Auf dieser Basis inszeniert er keine Dokumentationen, sondern ordnet das Material der Realität und unterlegt es, immer deutlich identifizierbar, der Fiktion, die die Umwege und Tendenzen der Wirklichkeit kondensiert, durchschaubar und rezipierbar macht. Im nachhinein erwies es sich mehrfach, daß seine Szenarien bis in geringfügige Details hinein der Wirklichkeit näherkamen, als es im Bewußtsein des aktuellen Augenblicks denkbar schien und den Beteiligten lieb sein konnte. Typisches Beispiel: die Affäre um die Ermordung des marokkanischen Exilpolitikers El Mehdi Ben Barka, deren Bearbeitung Jorge Semprún kommentierte: »Es war notwendig, daß das Publikum des kommerziellen Kinos der Geschichte folgte, sich dafür interessierte, Material zum Nachdenken darin fand, Material zum Staunen und zur Empörung, ohne den Durchblick, die komplizenhafte oder zustimmende Verbindung zur Affäre Ben Barka nötig zu haben bzw. die Kenntnisse kleiner Kreise von Privilegierten der bürgerlichen Gesellschaft und Kultur...«[20]

Yves Boisset begründete seinerseits die gewählte Form so: »Frei das Spiel mit der Geschichte spielen, die man mit Hilfe von Stars erzählen kann«, um die Aufmerksamkeit des großen Publikums zu mobilisieren.[21]

Das Attentat

Jorge Semprún hatte als Drehbuchautor bei der Vorbereitung von Costa-Gavras' ›Z‹ das Privileg gehabt, über ein lückenlos dokumentiertes Dossier der Affäre Lambrakis (s. Seite 29) zu verfügen, das er kondensierte und in die Form fiktionaler Aussage brachte. Die Verfilmung eines der größten Skandale der V. Republik, die Entführung und Ermordung Ben Barkas, stellte ihn vor das umgekehrte Problem. Ben Barzman »hatte ein Drehbuch mit dem Titel ›L'Attentat‹ geschrieben, das sich vage an der Affäre Ben Barka inspirierte, aber ein richtiges amerikanisches Drehbuch war, (...das) ein paar Jahre früher für Losey, Dmytryk oder Brooks (hätte) sein können«[22]. Boisset jedoch ist an aktueller französischer Realität interessiert, so daß Semprún Barzmans Vorlage zu einem Zeitpunkt

20 Interview in: ›Le Nouvel Observateur‹ vom 16.10.1972.
21 Roland Lacourbe, La Guerre froide dans le cinéma d'espionnage, Veyrier, Paris 1985, S. 211.
22 Yves Boisset in: »La Revue du Cinéma«, Nr. 292, Januar 1975.

völlig überarbeitet, als die Wahrheit über die Affäre noch wie ein Staatsgeheimnis gehütet und verschleiert wird. Autor und Regisseur gelingt es dennoch, aus recherchierten Tatsachen eine Fiktion zu erstellen, die von der später im Laufe der Zeit durchsickernden Wahrheit kaum desavouiert wird.

El Mehdi Ben Barka, 1920 in Rabat geboren, Mathematiker, 1956–1958 Präsident der Beratenden Versammlung in Marokko, 1959 Mitbegründer der linksbürgerlichen »Nationalen Union der Volkskräfte«, lebte seit 1961 im Schweizer Exil. In Abwesenheit zum Tode verurteilt, wurde er als Führer der Opposition seines Landes zusammen mit Che Guevara und Ho Chi Minh zu einer der zentralen Persönlichkeiten in den Unabhängigkeitsbewegungen der Dritten Welt, dessen Politik unter anderem darauf zielte, den Einfluß der Vereinigten Staaten in diesem Bereich so weit wie möglich zu verringern; daher das amerikanische Interesse an der Neutralisierung seiner Aktivitäten. Kreise marokkanischer und französischer Politiker fürchteten seine Rolle als charismatischer Spitzenpolitiker eines progressiven Marokko nach der Absetzung König Hassans II.

Von einem Journalisten namens Bernier und einem Helfershelfer aus der Pariser Unterwelt, Figon, unter dem Vorwand der Teilnahme an einer Fernsehsendung über die Entkolonialisierung Marokkos nach Paris gelockt, wird Ben Barka am 29. Oktober 1965 vor der Brasserie Lipp am Boulevard Saint-Germain von den Polizeibeamten Louis Souchon vom Drogendezernat und Roger Voitot nach Vorweisen der Dienstausweise aufgefordert, ihren Dienstwagen zu besteigen. Ben Barka folgt ihnen ohne Widerspruch. Im Auto erwarten ihn Antoine Lopez, einer der leitenden Angestellten von Air France am Flughafen Orly und gleichzeitig Verbindungsperson des französischen Geheimdienstes SDECE, sowie Julien Le Ny, ein Krimineller. Sie bringen Ben Barka zu der außerhalb von Paris gelegenen Villa des Georges Boucheseiche, Mitglied der Bande Pierrot le Fous und mehrfach vorbestraft. Souchon und Voitot handelten ohne Wissen und Auftrag ihrer vorgesetzten Dienststelle. Bekannt ist hingegen, daß sie in ihrem Amt Kontakt zum Geheimdienst hatten und daß gegenseitige Amtshilfe auf offiziöser Ebene durchaus nicht ungewöhnlich ist.[23] Der SDECE benutzte bei dieser Aktion einerseits die Polizei als Erfüllungsgehilfen illegaler Handlungen, andererseits auch auf niederer Ebene Angehörige des SAC, der gaullistischen parallelen Polizei, die Zugriff hat auf Kriminelle der Pariser Unterwelt.[24]

23 Vgl. Pierre Ottavioli, leitender Beamter der Pariser Kriminalpolizei in unterschiedlichen Funktionen, in seinem Buch »Échec au Crime«, Paris 1985, Livre de Poche 6234, S. 179ff. sowie Lacourbe, La Guerre froide, a. a. O., S. 210ff., Patrice Chairoff, b... comme barbouzes, Editions Alain Moreau, Paris 1975.
24 Der SAC steht im Mittelpunkt von Boissets Film »Le juge Fayard...«. Nähere Informationen siehe dort, S. 83.

Am 30. Oktober ist Boucheseiches Villa Treffpunkt der Drahtzieher des Unternehmens. General Mohammed Oufkir, amtierender marokkanischer Innenminister und Chef des Geheimdienstes, hatte zuvor als Offizier in der französischen Armee gedient und als Verbindungsagent des französischen Geheimdienstes fungiert. Die Annäherung zwischen König Hassan II. und Ben Barka konnte ihm wie auch Kräften in der französischen und amerikanischen Regierung nicht recht sein, so daß er den Chef einer seiner Spezialabteilungen, Chtouki, mit der Ausschaltung des Oppositionsführers beauftragte. Chtouki nahm Kontakt mit Mittelsmännern in München auf, Otto-Karl Düpow und Friedrich Stoll, die der CIA nahestanden. Unter der Leitung Stolls sollte Ben Barka ursprünglich im September 1965 im Düsseldorfer Bismarck-Hotel in die Falle gelockt werden. Nach Aussage Düpows war es der CIA, der schließlich darauf bestand, die Aktion kurz vor den Präsidentschaftswahlen im Dezember 1965 in Frankreich durchzuführen. Stoll und Chtouki nahmen daraufhin Kontakt auf zu Georges Figon, der dem SAC nahestand, und zu Philippe Bernier und Antoine Lopez, die die Durchführung in Frankreich sicherten. Mit Oufkir sind dessen Stellvertreter in der Leitung des Geheimdienstes, Oberst Achmed Dlimi, Chtouki und Friedrich Stoll in Boucheseiches Villa anwesend.[25]

Georges Figon war es, der nach dem Verschwinden Ben Barkas ein Geständnis auf Tonband verbreitete, das in Teilen unter anderem von ›L'Express‹ veröffentlicht wurde. Außer der Beteiligung des französischen und des marokkanischen Geheimdienstes denunziert er darin die Folterung und Ermordung Ben Barkas durch Oufkir persönlich. Späteren Berichten zufolge soll der Gefangene von einem subalternen Beteiligten aus Unachtsamkeit getötet worden sein. Figons Geständnis machte die Affäre zum öffentlichen Skandal, »der de Gaulles Regime fast ebenso kompromittierte wie einst der Dreyfus-Skandal die III. Republik Frankreichs«[26]. Am 17. Januar 1966 dringt die Polizei in Figons Wohnung ein und findet ihn erschossen vor. Angezweifelt wird die offizielle Version eines Selbstmordes.

Boisset eröffnet seine Verfilmung mit dem Gespräch zwischen einem amerikanischen Agenten und einem französischen Politiker, das in der Realität zumindest so nie stattgefunden hat. In der Fiktion reduziert er ein sehr viel komplizierteres, untergründiges Procedere auf den Kern seiner Wahrheit und führt den Zuschauer in medias res. Der Amerikaner zeigt von Agenten gedrehte Filme, in denen Sadiel (Ben Barkas Rollenname im Film, gespielt von Gian Maria Volonté) mit Gesandten aus seinem Land sowie mit dem Cousin des Staatschefs zu sehen ist.

25 Diese Darstellung folgt im wesentlichen Chairoff, a. a. O., S. 319 ff.
26 »Der Spiegel«, Nr. 46, 1972.

Amerikaner: Es bleiben uns nur einige Wochen zum Handeln. Der Bericht läßt nicht den mindesten Zweifel: Sadiels Exil ist beendet. Zwischen Sadiel und dem Staatschef ist eine grundlegende Vereinbarung getroffen worden, wobei der Cousin den Vermittler gespielt hat.

Franzose: Warum sollte der Staatschef einen so gefährlichen Mann wie Sadiel zurückholen, zumal er ihn in Abwesenheit zum Tode verurteilt hat?

Amerikaner: Sadiel ist beim Volk sehr beliebt. Indem man ihm die Rückkehr gestattet, hofft man sicher, die Unruhen ersticken zu können. Und vergessen Sie nicht, bevor Sadiel in Ungnade fiel, war er einer der einflußreichsten Berater des Staatschefs.

Franzose: Und hat Sadiel für seine Rückkehr keine Bedingungen gestellt?

Amerikaner: Natürlich hat er das. Unter anderem enthält diese Vereinbarung zwei Punkte, die für die Vereinigten Staaten unannehmbar sind. Punkt 1: Colonel Kassar (Rollenname Oufkirs, gespielt von Michel Piccoli, Anm. d. Verf.) soll als Innenminister zurücktreten. Überdies soll er sogar völlig aus der Regierung ausscheiden. Außerdem, wollen wir uns doch nichts vormachen, sofort nach seiner Rückkehr wird Sadiel sein Land aus der amerikanischen Einflußsphäre herauskatapultieren. Und gerade das müssen wir auf jeden Fall verhindern, um jeden Preis. Aus diesem Grund ist es von größter Wichtigkeit, eine Begegnung zwischen Sadiel und Colonel Kassar zu inszenieren. Wir bleiben, wie immer, selbstverständlich im Hintergrund. Fällt Ihnen vielleicht eine Lösung ein? [27]

Der Lösungsansatz des Franzosen heißt Darien (Jean-Louis Trintignant). In dieser Rolle fließen die realen Personen Bernier und Figon zusammen. Der Journalist Darien ist ein alter Freund Sadiels. Er hatte während des Algerienkrieges für eine Hilfsorganisation des FLN und später als Polizeispitzel gearbeitet. Während einer Demonstration nimmt man ihn nun fest und setzt ihn unter Druck. Sein Anwalt Lempereur (Michel Bouquet), der im Auftrag des Geheimdienstes handelt, holt ihn aus dem Gefängnis. Als Gegenleistung muß er eine Fernsehsendung über die Probleme der Dritten Welt vorbereiten und Sadiel unter dem Vorwand der Mitwirkung nach Paris locken. Lempereur läßt den Journalisten über die Ziele der Aktion im ungewissen. Darien rechnet mit geheimen Absprachen über die Amnestie Sadiels und über seine Rückkehr in die offizielle Politik. Produzent der Fernsehsendung ist Pierre Garcin (Philippe Noiret), der von der realen Person des Air-France-Mitarbeiters Antoine Lopez inspiriert ist. Garcin ist der Polizei als Verbindungsmann des SDECE bekannt und beauftragt inoffiziell die Beamten Fleury und Melun (Souchon und

27 Mitschrift der Dialoge der deutschen Synchronisation.

Ben Barka-Sadiel (Gian Maria Volonté) und sein politischer Gegenspieler
General Mohammed Oufkir-Kassar (Michel Piccoli)

Sadiel nach Ankunft in Paris in die Villa des Antoine Acconetti (Georges
Boucheseiche, gespielt von Daniel Ivernel) zu bringen. Acconetti ist als
Bordellbesitzer und ehemaliger Gestapo-Kollaborateur charakterisiert.
Sadiel, der sich in einem Interview propalästinensisch äußert, geht auf
Dariens Pläne ein. Er ist sich bei einer Rückkehr in sein Land der Kraft-
probe mit der Armee und mit Führungskräften, die von Frankreich für
die Kolonialkriege ausgebildet worden waren, bewußt und will die Fernsehsendung nutzen, um der Weltöffentlichkeit seine Ziele zu unterbrei-
ten.
Sadiel kommt nach Paris. In seinem Szenarium der Entführung rekonstruiert Boisset exakt die Situation vor der Brasserie Lipp und gestaltet
das Zusammentreffen Kassar–Sadiel in der Villa. Er folgt der Darstellung Figons, Oufkir selbst habe Ben Barka umgebracht. Darien wird
Zeuge, wie Sadiel in Handschellen in den Keller gebracht wird. Der
Journalist stellt daraufhin Lempereur ein Ultimatum und bespricht ein
Tonband mit dem vollständigen Bericht über den Fall aus seiner Sicht.
Er bietet Lempereur das Tonband an – im Gegenzug für das Wieder-

auftauchen Sadiels. Andernfalls wolle er es an die Presse weitergeben. Der als amerikanischer Journalist getarnte CIA-Agent Michael Howard (Roy Scheider), der von Anfang an auf Darien angesetzt war, erschießt diesen in seinem Büro. Der französische Geheimdienst sorgt für die Tarnung als Selbstmord, requiriert das Tonband, dessen Existenz bekannt geworden war, und ersetzt es durch eine Fälschung. Der Sarg mit Sadiels Leiche verläßt Frankreich mit demselben Flugzeug wie Kassar.

Für das Fernsehen befragt Pierre Garcin in einer Pressekonferenz den zuständigen Minister, der bestätigt, daß Darien Selbstmord begangen habe und daß politische Motive an den Haaren herbeigezogen seien. Ein zu neugieriger Polizeikommissar (François Périer) wird vom Dienst suspendiert, Michael Howard kehrt zurück in die USA. Die letzte Einstellung zeigt, wie Sadiels Sarg in einem arabischen Land mit Erde bedeckt wird.

Für zahlreiche Punkte in der Inszenierung, vor allem was die Beteiligung der Amerikaner betrifft, werden Boisset und Semprún in der Presse heftig angegriffen. Spätere Erkenntnisse[28] belegen, daß sie sich zumindest tendenziell nicht geirrt haben, wenn auch Einzelheiten des Films den Genregesetzen des Kriminalfilms eher folgen als detailversessener Realitätswidergabe.

Interessant die bei Lacourbe dokumentierte Reaktion de Gaulles. Dieser »formulierte die Moral der Affäre im Laufe seiner Pressekonferenz vom 21.2.1966: ›Was geschehen ist, ist nur vulgär und subaltern‹. Was er jedoch vergessen hat zu erwähnen ist, daß Regierungen solche Handlungsweisen provozieren und rechtfertigen. De Gaulle schätzte Ben Barka und hat über den CNRS als Mittler seiner Bewegung Subventionen zufließen lassen. Das erklärt auch die verachtende Haltung der Erklärung. Und das läßt gleichzeitig vermuten, daß die Geheimdienste ohne sein Wissen gehandelt haben.«[29]

Im Vorfeld und während der Dreharbeiten wurde Boisset auf vielfältige Weise behindert. Banken blockierten erhebliche Geldsummen, die Vorzensur-Kommission monierte »Gewaltszenen« und einen im Manuskript festzustellenden »moralischen Zwang« – was immer man sich darunter vorzustellen haben mag. Dreherlaubnisse in Paris wurden verzögert, der Flughafen Orly verweigerte sie völlig in seinem Einzugsbereich. In der Schweiz durfte Boisset nicht vor den Gebäuden der Vereinten Nationen und der Nationalen Gesundheitsorganisation drehen.[30] Boisset selbst ist überzeugt, daß L'ATTENTAT nur deshalb entstehen konnte, weil die zehn

---

28 Vgl. Chairoff, a. a. O., S. 319 ff.
29 Ebd. S. 212 und 229.
30 Vgl. Lacourbe, a. a. O., S. 211 f.

am Film beteiligten Stars »eine Art Betonmauer gegen die Zensur bilde-ten«.[31]

Wie zuvor bei ›Z‹ kommentierte ein Teil der Presse über Zweifel an der Realitätsnähe hinaus negativ die gewählte Form der Auseinandersetzung mit der politischen Realität in einem Unterhaltungsmedium. Guy Allombert rechtfertigte Boissets Ansatz in einer für den Polit-Thriller exemplarischen Formulierung: »Ich finde, L'ATTENTAT ist ein positiver Film, denn es ist ein Film, über den man spricht, der notwendigerweise zur Affäre Ben Barka zurückführt. Alle Zeitungen haben darüber gesprochen, und dann ist das Problem abgelegt worden. Schließlich besitzt L'ATTENTAT den Vorteil, uns direkter zu betreffen als L'AVEU oder ›Z‹. Daß man Boisset auseinandernimmt, kann ich verstehen, wichtig ist aber, daß es L'ATTENTAT gibt und daß zum erstenmal seit langer Zeit in Frankreich dem großen Publikum ein politischer Film gezeigt wird. Das erlaubt ganz gewiß anderen, auch welche zu machen.«[32]

Boissets Ziel ist der »film d'intervention«, nach seiner Definition der Film für das »große Publikum«, der den Zuschauer »dazu führen soll, sich Fragen zu stellen, von denen offiziell gewünscht wird, daß sie nicht gestellt werden«. Er will »von Ereignissen in direktem Zugriff auf die augenblickliche Aktualität sprechen, wenn möglich sogar ein wenig im Vorgriff«. L'ATTENTAT ist ein typisches Beispiel für ihn, denn dieser Film beinhalte »Elemente, die heute historische Tatsachen sind, aber die zu seiner Zeit unbekannt – oder noch gar nicht geschehen waren«[33].

Als Musterbeispiel für dieses Konzept kann auch sein 1976 entstandener Thriller LE JUGE FAYARD DIT LE SHERIFF (»Der Richter, den sie Sheriff nannten«) betrachtet werden. Als Ausgangspunkt dient Boisset die Ermordung des Richters Renaud in der Nacht vom 2. zum 3. Juli 1975, die in ganz Frankreich viel Staub aufwirbelte, deren Hintergründe Justiz und Politik allerdings weitestgehend zu verschleiern suchten.

»Nach der Ermordung des Richters Renaud wollte ich einen Film machen, der von dieser Affäre inspiriert ist. Es handelt sich nicht um ein opportunistisches Vorgehen, um aus dem spektakulären Vorfall Profit zu ziehen, sondern um einen Film über die Justiz von heute. Ein Film über die Funktion, die Macht und Ohnmacht, die legalen und verborgenen Wege der Justiz; über die Hierarchie, die unsere Gesellschaft strukturiert und über die Probleme, die die jungen, frischgebackenen Richter erben... Die Renaud-Affäre diente nur als theoretische Plattform für das Drehbuch.«[34] Nichtsdestoweniger bleiben die Fakten, die der Film ver-

31 Revue du Cinéma, Nr. 390, Januar 1984.
32 »Table Ronde« über L'ATTENTAT in: Image et Son, Nr. 266, Dezember 1972.
33 Revue du Cinéma, Nr. 390, Januar 1984.
34 Zit. nach ZDF-Information zur Ausstrahlung des Films am 31. Mai 1986.

mittelt, authentisch und journalistisch exakt recherchiert. Daß sie in eine Fiktion transponiert werden, ändert nichts an ihrer Authentizität. So erscheint LE JUGE FAYARD gleichzeitig als folgenreiches Tribunal über die Machenschaften des SAC (Service d'Action Civique), der auch in die Ben-Barka-Affäre verwickelt war.[35]

Bereits in LE SAUT DE L'ANGE (»Kommando Cobra«, Frankreich/Italien 1971) hatte Boisset den SAC als kriminelle Vereinigung charakterisiert und ihren Kopf, einen Immobilienmakler und Abgeordneten mit privilegierten Verbindungen zu Präfektur und Polizei, als Hauptschuldigen an Morden und politischer Korruption eingesetzt. Steht in diesem Action-Thriller noch eine fiktive Rachegeschichte in einem fiktiven Marseiller Wahlkampf im Mittelpunkt, so zielt Boisset in LE JUGE FAYARD auf Tatsachen.

Die Wurzeln des SAC gehen auf die Gründung einer subversiven Gruppierung durch General de Gaulle im Jahre 1946 zurück. Seit 1948 über den Beginn des Kalten Krieges hinweg diente diese Gruppe als Stoßtrupp gegen kommunistische und andere linke Kräfte in der Gesellschaft und wurde auch als Druckmittel im Kampf um politische Macht eingesetzt – unter direkter Leitung des Generals. Seine Aktionsgruppen wurden von Industrie und Hochfinanz großzügig unterstützt, so daß sie über Waffen und Transportmittel verfügten. Ihr Einsatz stand in direktem Zusammenhang mit de Gaulles 1947 gegründetem ›Rassemblement du Peuple Français‹ (RPF). Die offizielle Gründung des SAC als Vereinigung erfolgte im Jahre 1958. An der Spitze standen unter anderem Jacques Foccard und Charles Pasqua, später Innenminister in der Regierung Jacques Chiracs.

Aus den Reihen des SAC gingen mehrere hohe Persönlichkeiten der Staatsführung hervor, aber auch notorische kriminelle Elemente, deren Geschäft Erpressung, Waffenschieberei, Drogen, politischer Mord und Wirtschaftskriminalität waren. Die Rolle des SAC bestand offiziell darin, Persönlichkeiten der gaullistischen Partei bei öffentlichen Auftritten zu schützen. Darüber hinaus fungierte er als ›groupe de choc‹. Seit 1958 wurde er gegen die FLN, nach 1960 gegen die OAS eingesetzt. Da das Kernpersonal für diese Aufgaben nicht ausreichte, wurden Kriminelle rekrutiert, denen man hohen Verdienst und Tilgung des Strafregisters zusagte. De Gaulles Innenminister Roger Frey (1961–1967) bediente sich dieser parallelen Polizei, die flexibler und wirkungsvoller einsetzbar war als die offiziellen Ordnungskräfte. Ihre para-legalen oder kriminellen Aktivitäten wurden von höchster Stelle gedeckt. Die Beteiligung an der Ben-Barka-Affäre stellte einen Wendepunkt im Bestehen des SAC dar und leitete die Phase seiner Auflösung ein. Einzelgruppen werden in der Folge von Industriellen als Objektschutz und Aktionseinheiten einge-

35 S. S. 67, 76f.

Patrick Dewaere als DER RICHTER, DEN SIE SHERIFF NANNTEN

setzt, auch Politiker bedienen sich illegal weiterhin ihrer Dienste. Unter dem Deckmantel des sporadischen halblegalen Status, ohne den offiziellen Nachschub an Finanzmitteln, agieren diese kleinen Gruppen in Verbindung mit dem Gangstermilieu. Die regierenden Gaullisten leugneten die Existenz ihrer parallelen Polizei und ließen ihre Diskriminierung als Verleumdung durch die Justiz ahnden. Die Ermordung des Richters Renaud steht in direktem Zusammenhang mit dem Wirken einzelner Folgegruppen des SAC, die in Verbindung mit dem kriminellen Milieu des Großraumes Lyon und interessierten politischen und industriellen Kreisen agierten.[36]

Mehrere Kriminalfälle sind es, die Boissets Richter Jean-Marie Fayard (Patrick Dewaere) auf die Spur enger Verbindungen zwischen Gangstern, Großunternehmern und Politikern im Raum Lyon bringen.

– Im Laufe von Ermittlungen über Arbeitsunfälle in der Firma Camus, die innerhalb von 3 Jahren 3 Tote forderten und zu Streiks führten, läßt Fayard den Firmenchef verhaften. Dieser ist eine bedeutende Persönlichkeit für die Wirtschaft der Region. Auf einen Wink des Justizministers hin ordnet der Staatsanwalt (Jean Bouise) Camus' Freilassung an. Fayard ermittelt weiter.

– Bei einem Überfall auf eine Tankstelle wird ein Angestellter der Ob-

36 Die Darstellung der Geschichte des SAC folgt im wesentlichen Patrice Chairoff, b... comme barbouzes, a. a. O., S. 12 ff.

jektschutzfirma ZERBERUS, Paulo (Roland Blanche), als Schuldiger verhaftet. Zwei Arbeitskollegen liefern Paulo ein Alibi. Als Fayard dieses zerpflückt, weisen die ZERBERUS-Angestellten SAC-Ausweise vor und drohen dem Richter im Falle weiterer Verhöre mit ernsthaften Konsequenzen.

- Auch der Chef des ZERBERUS, Marcheron (Daniel Ivernel), deckt Paulo. Marcheron ist ehemaliger Polizeibeamter, der in einer Prostitutionsaffäre wegen Beihilfe zur Kuppelei aus dem Dienst ausscheiden mußte. Danach gründete er mit Unterstützung des Abgeordneten Chalabert (Jean Turlier) die Firma ZERBERUS. Marcheron organisiert unter anderem den Saalschutz für politische Veranstaltungen und unterhält Klebekolonnen für den Wahlkampf Chalaberts. Fayard droht Marcheron mit mehreren zu den Akten gelegten Fällen. So war etwa bei einer Wahlkampagne ein Plakatkleber ermordet worden. Fünf Leute Marcherons standen unter Verdacht. Er selbst soll bei der Tat zugegen gewesen sein.

- Die Hartnäckigkeit, mit der Fayard gegenwärtige und vergangene Machenschaften Marcherons durchleuchtet, läßt den ZERBERUS-Chef für seine Hintermänner zu einer Gefahr werden. Joanno (Marcel Bozzuffi) bestellt ihn zu sich. Am nächsten Tag wird Marcheron erschossen aufgefunden.

- Joanno, auch Capitan genannt, lebt in einem gut gesicherten Château. Er firmiert als Weinhändler. Als Angehöriger einer Spezialtruppe war er bei Militäroperationen in Indochina, Algerien und Katanga im Einsatz. Aus dieser Zeit bleiben ihm Freundschaften und Verbindungen bis in die hohe Politik.

- Joanno befreit den ›Doktor‹ Simon Pradal (Michel Auclair) aus dem Gefängnis, der den minutiösen Plan für einen Überfall auf einen Geldtransport ausarbeitet, bei dem 850 Milliarden Francs erbeutet werden. Dabei wird einer der Wächter mit der gleichen Waffe erschossen, mit der auch Marcheron ermordet worden war. Ein bei dem Überfall schwer verletzter Gangster verweist Fayard auf den ›Capitan‹ und gesteht, Marcheron auf Befehl von ›M. Paul‹ erschossen zu haben. ›M. Paul‹ sei auch derjenige, der das Geld aus dem Überfall in die Schweiz transferiere. Als Fayard am Überfall beteiligte kleinere Gangster verhaftet, findet er SAC-Ausweise bei ihnen. Bei einer Hausdurchsuchung auf Joannos Besitz wird dieser erschossen und Pradal verhaftet.

- Unter dem Decknamen ›M. Paul‹ verbirgt sich der Industrielle Lucien Degueldre (Jean-Marc Bory). Er ist Chef der SOKOTRAV, einer Handels- und Wohnungsbaugesellschaft, und fungiert gleichzeitig als regionaler Leiter des SAC. Degueldre war wie Joanno Angehöriger einer Spezialtruppe, Held der Schlacht von Algier, und war an Einsätzen gegen die OAS beteiligt.

Die SOKOTRAV, zu deren Aktionären der Abgeordnete Chalabert gehört und in deren Verwaltungsrat der Staatssekretär für Bodenbewirtschaftung, Valentis (Jean Lemaître), als Vorsitzender amtiert, bezieht ihr Kapital aus der Schweiz. Fayard geht davon aus, daß das Geld aus dem Überfall in der Schweiz gewaschen wurde und daraufhin in legale Geschäfte, vielleicht sogar in die schwarze Kasse einer politischen Partei geflossen war.

– Fayard plant, gegen die SOKOTRAV eine Steuerfahndung anzustrengen und Chalabert und Valentis unter Aufhebung ihrer Immunität als Kronzeugen vorzuladen. Gegen Degueldre erhebt er Anklage.

– Auf Veranlassung des Justizministers entzieht der Staatsanwalt Fayard den Fall und versetzt ihn. Kurz darauf wird der Richter auf der Straße erschossen. Seine Aktentasche mit den belastenden Materialien verschwindet.

– Die alten Gebäude der Firma Camus werden zugunsten einer Produktionsstätte der SOKOTRAV abgerissen. Bei der Gründungsfeier, zu der außer Degueldre, Valentis, Chalabert und Camus auch der Staatsanwalt geladen ist, wird dieser von dem jungen Richter Davoust (Bernard Giraudeau), einem Freund Fayards, unter Druck gesetzt. Davous teilt ihm mit, Fayard habe ihm die Kopien der belastenden Materialien hinterlassen, die er nun an unterschiedliche Instanzen weiterzuleiten gedenke.

Eine gut ausgedachte Kriminalstory, könnte man denken. Doch findet jeder dargestellte Sachverhalt seine konkrete Referenz in der Realität der Lyoner Szene. Und Boisset bleibt dabei noch hinter der Tragweite nachgewiesener Tatbestände zurück.[37]

Die Figuren ›le Capitan‹ Joanno und ›M. Paul‹ Degueldre orientieren sich an Jean Augé, genannt ›Petit Jeannot‹, Jahrgang 1923, und Jean Schnaebelé, genannt ›M. Jean‹, Jahrgang 1922.

Augé betätigte sich während des Krieges als Gestapokollaborateur und vollzog gegen Ende der Besatzungszeit spektakulär eine Wende zur Résistance. In den 50er Jahren ist er ein Gangster mit notorischem Strafregister, etabliert sich in Lyon als Barbesitzer, gründet ein Unternehmen zur Fabrikation von Pastis und weitet als Geschäftsmann seine Verbindungen u. a. in die Schweiz aus. Er investiert in Immobilien und kontrolliert einen Teil des Marktes für Spielautomaten. Auf diesem Sektor gerät er 1963

37 Die Verbindung zwischen Unterwelt, Wirtschaft und Politik in der Lyoner Szene sind aufgeschlüsselt bei James Sarazin, m... comme milieu, éditions Alain Moreau, Paris 1977, S. 321 ff. Die Umstände der Ermordung des Richter Renaud sind auch beschrieben bei Philippe Madelin/Jean-Pierre Michel, j... comme justice, éditions Alain Moreau, Paris 1978, S. 230 ff. Die folgende Darstellung orientiert sich an diesen Publikationen.

gewälttätig mit seinem Konkurrenten Schnaebelé, dem ›Flipperkönig‹, aneinander. Später nähern sich beide geschäftlich an. Augés Erfolge werden durch Geheimdienstverbindungen und politische Freundschaften unterstützt und gesichert. Er arbeitet in Lyon 1958 für die Gaullisten bei ihrer Rückkehr an die Macht. Für den SDECE organisiert er Waffenschiebereien nach Algerien, mit dem Ziel, dort Rivalitäten oppositioneller Gruppen zu schüren. Als Mitglied einer Spezialtruppe unternimmt er Einsätze in Algerien, wo er sich auch auf besonders sadistische Weise an Folterungen beteiligt. Später gehört er zu jenen Anti-OAS-Agenten, die vor allem in der Unterwelt angeworben wurden. Daher auch seine Verbindung zum SAC, dessen Struktur er im Lyoner Bereich im Laufe von 10 Jahren zur bedeutendsten in ganz Frankreich macht. Augé und seine Freunde liefern das Personal zur Unterstützung der gaullistischen Kandidaten bei den Wahlkampagnen. Sein Strafregister wurde am 3. 8. 1959 für geleistete Dienste getilgt. Augé profitiert von den vielfältigen Aktivitäten und Verbindungen, um die Lyoner Unterwelt radikal zu reformieren. Erstmals in der französischen Kriminalgeschichte entsteht durch ihn eine effiziente Struktur des organisierten Verbrechens mit internationalen Verbindungen in den Bereichen Prostitution, Drogen, Waffen- und Finanzschiebereien. Geldtransaktionen wickelt er über die Schweiz ab. Seine Organisation ist eng mit dem Netz des SAC verknüpft.

Zusammen mit Pierre Blaise, einem Spezialisten für Safes, führt er zwischen 1963 und 1972 lukrative Überfälle auf französische Postämter durch, die ihm Summen in Höhe von mehreren Millionen Francs einbringen. Mit Claude Chavel organisiert er den Postraub in Chambéry vom Dezember 1970 und den spektakulärsten Überfall auf einen Geldtransport in Straßburg am 30. 6. 1971. Boisset faßt diese Überfälle in seinem Film zu einer einzigen Aktion zusammen. Blaise und Chavel stehen erkennbar Pate für seine Figur des ›Doktor‹ Simon Pradal, dessen minutiös ausgeklügeltem Filmüberfall ihre Inszenierungen in der Realität in keiner Weise nachstehen. Seit Beginn der Präsidentschaft Georges Pompidous gibt es verstärkte Anzeichen für die Auflösung des SAC. Augé aber bleibt weiterhin in Lyon eine bedeutende Persönlichkeit mit weitreichenden Verbindungen zur Polizei. Die Finanzschiebereien nach dem Straßburger Überfall kosten ihn bei einer Abrechnung im Milieu das Leben.

Jean Schnaebelé, ehemaliges Mitglied der Résistance, gehört ebenfalls zu den dominierenden Elementen des SAC in Lyon. Er ist befreundet mit André Jarrot, ehemals Minister ›de la Qualité de la Vie‹, Louis Joxe, unter de Gaulle Staatsminister für Algerienangelegenheiten (1960–1962), Abgeordneter des Département Rhône seit 1967, Justizminister bis 1968, sowie mit Gérard David, Kabinettschef im Justizministerium unter Louis Joxe. Schnaebelé ist spezialisiert auf das Geschäft mit Spielautomaten und mit der Prostitution und investiert immense Summen in Immobiliengeschäfte. Er soll die Beute des Straßburger Postraubes in seinem Privatflugzeug in die Schweiz geschafft haben. Eine Hausdurchsuchung in seiner Villa in Francheville-sur-Saône ist das Modell für Boissets Inszenierung der Durchsuchung von Joannos Châtelet.

Nach dem Tod Augés erfährt Richter Renaud durch Indiskretionen aus dem Milieu, daß sich aus der Beute der Überfälle von Mulhouse (Oktober 1972) und Straßburg Summen in Höhe von ca. 600 Millionen alter Francs ›in Luft aufgelöst‹ haben. Nach Augés Darstellung habe diese Summe dazu gedient, Schutz bei Politikern und der Polizei zu erkaufen, die Kassen des SAC zu füllen sowie Kriminelle u. a. für Aufgaben bei Wahlkampfeinsätzen zu bezahlen. Diese allerdings deckt die verschwundene Summe nicht ab. Der Substitut François Colombet aus Lyon macht diesbezüglich in einer am 7. 5. 1974 ausgestrahlten Fernsehdebatte die Aussage: »Ich hoffe, es wird nicht eines Tages herauskommen, daß das Geld aus dem Straßburger Postraub dazu gedient hat, die Kassen einer Partei zu füllen«[38].

In Boissets Film ist der Abgeordnete Chalabert bei der Übergabe der Beute an ein Schweizer Bankinstitut persönlich anwesend.

Auch die Figur des ›Kupplerflics‹ Marcheron, wie er im Film genannt wird, ist durchaus plausibel. Sowohl Augé als auch Schnaebelé kontrollieren die Lyoner Prostitution mit engen Verbindungen zur gesamten westeuropäischen Bordellszenerie. Im August 1972 stand Schnaebelé im Mittelpunkt einer Affäre um Hotelprostitution, in der man ihm allerdings nichts nachweisen konnte. Zahlreiche Polizeibeamte jedoch wurden der Korruption überführt. Das Justizministerium statuierte ein Exempel mit Entlassungen und Versetzungen, die einer Reorganisation des Polizeiapparates gleichkamen. Die Exekution Marcherons entspricht Beispielen der Problemregulierung in der Bandenszene Lyons.

Das Filmattentat auf Fayard entspricht bis auf Details dem Polizeibericht über den Mord an Renaud.

Die Affäre wirbelte unter anderem deshalb so viel Staub auf, weil es sich um die erste Ermordung eines Magistraten zu Friedenszeiten in den Annalen der französischen Justizgeschichte handelte. Über die Gründe des Attentats gibt es mehrere Versionen.[39]

Weder die Polizei noch die Justizbehörde in Lyon machen offensichtlich größere Anstrengungen, den Fall aufzuklären, obgleich Erkenntnisse über die wahren Hintergründe und sogar die Täter vorliegen. In einem Polizeibericht vom 2. 1. 1976 und in einer Pressekonferenz vom 12. 1. 1976 heißt es, man kenne die Namen der Täter und sogar die Summe, die sie für ihren ›Auftrag‹ erhielten. Jedoch, so Roger Chaix, Polizeipräfekt von

38 Sarazin, a. a. O., S. 364.
39 Vgl. Sarazin, a. a. O., S. 379 ff.

Lyon in eben dieser Pressekonferenz: »Die Affären, die von der Polizei geregelt werden, enden nicht immer vor der Justiz. So ist es durchaus denkbar, daß die Polizei im Fall Renaud die Schuldigen kennt, aber über keinerlei Mittel verfügt, sie zu überführen.«[40]
Renauds Sohn läßt im Jahre 1988 durch den Staranwalt Maître Vergès die Wiederaufnahme des Falles vor Gericht beantragen.
Führende Vertreter des SAC reichen gegen Boissets Film Klage ein. Am 12. Januar 1977 findet im Pariser Kino »Normandie« um 10 Uhr vormittags eine Sondervorstellung in Anwesenheit eines Vertreters der Justiz statt. Die Vorstellung ist um 12 Uhr beendet. Um 14 Uhr liegt das Urteil vor: Wenn immer der Name SAC im Film ausgesprochen wird, muß er durch einen Piepton ersetzt werden.[41] Valéry Giscard d'Estaing, seit 1974 Präsident der Republik, verfügt kurze Zeit später die definitive Auflösung des SAC. Eine Entscheidung, zu der die durch den Film in allen Medien und in der großen Öffentlichkeit hervorgerufene Diskussion mit Sicherheit beigetragen hat.
Für Boisset ist die Politik ein Sonderbereich der Moral, und er schließt sich damit der Definition Bergsons an: »...es ist ganz offensichtlich, daß meine Personen, selbst wenn sie in einem politischen Kontext stehen, eine Moral verkörpern: der *Shérif* ist weniger ein Untersuchungsrichter, der in politische Machenschaften verwickelt ist, als ein integrer Mensch, der seine Ehre und sein Leben in die Waagschale wirft, um die Werte zu verteidigen, an die er glaubt. Es ergibt sich, daß sein moralisches Problem zu einem politischen wird.«[42]

Kein Rauch ohne Feuer

Das Mißtrauen gegen Politik und Wirtschaft ist im Kino jener Zeit allenthalben greifbar.
In L'HERITIER (»Der Erbe/Der Draufgänger«, Regie: Philippe Labro, Frankreich/Italien 1972) greift ein pro-faschistischer italienischer Industrieller, der während des Krieges für die Deportation von Juden verantwortlich war, mittels Mord und Erpressung nach der Macht über einen französischen Trust. Jean-Paul Belmondo spielt in einem seiner besten Kriminalfilme den Sohn des ermordeten Firmenchefs, der den Tod des Vaters aufklären will und selber zum Opfer der Machtgier seines Gegners wird.

40 Nach Madelin/Michel, a. a. O., S. 231.
41 S. Madelin/Michel, a. a. O., S. 230, sowie Christian Dureau, Patrick Dewaere, PAC-Editions Paris 1985, S. 45.
42 Boisset in: La Revue du Cinéma, Nr. 390, Januar 1984.

André Cayatte zeichnet in IL N'Y A PAS DE FUMÉE SANS FEU (»Kein Rauch ohne Feuer«, Frankreich/Italien 1972) das Porträt eines politischen Skandals. Während des Wahlkampfes um das Bürgermeisteramt fädelt der derzeitige Amtsinhaber eine Verleumdungskampagne mit gefälschten Photos sexueller Verfehlungen ein, um seinen Gegner zu diffamieren.

DEFENSE DE SAVOIR (»Die Angst vor der Wahrheit«, Regie: Nadine Trintignant, Frankreich/Italien 1973) zeigt die Winkelzüge eines konservativen Politikers, der die Wahrheit über zwei Todesfälle verschleiern will und dabei bewußt in Kauf nimmt, daß eine Unschuldige vor Gericht gestellt wird. Rechtsanwalt Laubré (Jean-Louis Trintignant) gelingt es zwar, seine Mandantin freizubekommen; den Ränkespielen des Politikers allerdings ist er nicht gewachsen. Die Wahrheit bleibt der Öffentlichkeit verborgen, und Laubré steht als Verleumder da. Nadine Trintignant nimmt einen Tatbestand als Ausgangspunkt, von dem in der französischen Presse immer wieder einmal zu lesen ist und den der Film mehrfach aufnimmt: ein Plakatkleber wird während des Wahlkampfes von einem Anhänger der Gegenpartei ermordet – in diesem Fall vom eigenen Sohn des Politikers.

Auseinandersetzungen zwischen Bewohnern eines französischen Dorfes während eines Wahlkampfes thematisiert der Film IL PLEUT TOUJOURS OÙ C'EST MOUILLÉ (»Es regnet dahin, wo es naß ist«, Regie: Jean-Daniel Simon, Frankreich 1973).

Der Kampf gegen die Winkelzüge korrupter Politiker – Anwalt Laubré (Jean-Louis Trintignant)

Im Jahre 1974 verfilmt Alain Resnais nach einem Drehbuch Jorge Sempróns den größten Finanz- und Politskandal Frankreichs aus den 30er Jahren. Der Name STAVISKY (im Film Jean-Paul Belmondo) steht bis heute für korrupte Machenschaften zwischen Wirtschaft, Hochfinanz und Politik. Es ist kein Zufall, daß dieser Stoff Mitte der 70er Jahre an der Schwelle der Amtszeit Valéry Giscard d'Estaings von neuem Interesse findet.

Adieu Bulle

Nach dem Tode Georges Pompidous, des Erben de Gaulles, wird am 19. Mai 1974 der Technokrat Valéry Giscard d'Estaing zum Präsidenten der Republik gewählt. In Jeancolas' knapper Charakterisierung seiner bis 1981 andauernden Amtszeit deuten sich gleichzeitig Gründe für einen Wandel in der Funktion öffentlicher Kritik und medialer Angriffe auf staatliche Institutionen an: »Das Giscard-Frankreich hat absolut keine Ideologie mehr – es sei denn, man bezeichnet mit Ideologie den Kult des Geldes und die Unterwerfung unter die keineswegs unschuldigen Mechanismen des Kapitalismus«.[43]

Weniger aus Liberalismus als aus der Erkenntnis der Inopportunität verkündet Giscard wenige Tage nach seinem Amtsantritt das Ende der Zensur. Der ›Nouvel Observateur‹ in seiner Ausgabe vom 17.6.1974 kommentiert, der Präsident strebe eine Amerikanisierung Frankreichs an, eine Gesellschaft, in der man die Extreme – Pornographie, Kritik von rechts und links – in der Überzeugung toleriere, daß sie sich durch ihre Exzesse selbst neutralisierten. Die Ära Giscard entwickelt sich auf der Leinwand zur Ära der Pornographie. Der Polit-Thriller, der keine Zensur, aber noch immer subtile Formen der Behinderung vorfindet, entfaltet sich. Er trifft auf ein Publikum, dessen Militanz seit Ende der 60er Jahre verpufft ist, dessen Anforderungen in bezug auf substantielle Unterhaltung jedoch gestiegen sind. Die Aktualität und politische Schärfe der betreffenden Filme mobilisieren indes keine latente Empörung mehr, sondern werden als Spannungselemente konsumiert.

Überraschung ruft die Korruptheit der Politiker in dieser Zeit nicht mehr hervor. Allenfalls rüttelt die Unverfrorenheit auf, mit der vorgegangen wird und durch Mißbrauch der vom Volk verliehenen Macht schamlos Vermögen angeeignet wird; wenn nötig, werden die Gesetzesinstanzen, die vormals kritiklos hörig waren, überrollt.

In LES NOCES ROUGES (»Blutige Hochzeit«, Frankreich/Italien 1972) porträtiert Claude Chabrol einen gaullistischen Provinzbürgermeister

43 Jean-Pierre Jeancolas, Le cinéma des français, Paris 1979, Editions Stock, S. 240.

(Claude Piéplu), der das Liebesverhältnis seines politischen Gegners, eines sozialistischen Stadtrates (Michel Piccoli) mit seiner Ehefrau (Stéphane Audran) benutzt, um diesen zur Beihilfe bei einem Immobilienschwindel zu erpressen. Zu dieser Zeit setzt sich das Gesetz einer Moral, zumindest auf der Leinwand, noch wie von selbst durch. Der Bürgermeister wird von seinem Rivalen, unter Beihilfe der Ehefrau, brutal ermordet. Das Paar büßt die Tat wenig später vor Gericht.

Ganz anders geht es in einem drei Jahre später entstandenen Schlüsselfilm der 70er Jahre zu: ADIEU POULET (»Adieu Bulle«, Regie: Pierre Granier-Deferre, Frankreich 1975). In einer ungenannten Provinzstadt, erkennbar jedoch als Rouen, wird während des Wahlkampfes ein 20jähriger Plakatkleber von Anhängern der gegnerischen Partei ermordet. Auch ein Kriminalbeamter, der zufällig in der Nähe ist und eingreifen will, muß sterben. Der Vater des Plakatklebers besetzt mit Waffengewalt die Büros des Abgeordneten Lardatte (Victor Lanoux), den er letztendlich für den Mord für verantwortlich hält. Kommissar Verjeat (Lino Ventura), Vorgesetzter des getöteten Beamten, ist der gleichen Ansicht und ermittelt bereits gegen den als skrupellos bekannten lokalen Machtpolitiker und seine Schlägertrupps. Nachdem er Lardatte öffentlich bloßstellen konnte, schlägt dieser zurück: Verjeat wird befördert und in eine kleinere Stadt versetzt. Um den Fall beenden zu können, fingiert er zusammen mit seinem Assistenten Lefèvre (Patrick Dewaere) eine Korruptionsaffäre, in der er sich selbst belastet. So muß er einstweilen vor Ort bleiben und kann seine Arbeit, wenn auch am Rande der Legalität, fortsetzen. Doch schließlich wird ihm der Fall endgültig entzogen und die Versetzung rechtskräftig. Gleichzeitig spitzt sich die Situation für Lardatte lebensgefährlich zu. Der bedrohte Politiker selbst fordert in Anwesenheit der Polizeispitze den persönlichen Einsatz Verjeats, weil nur dieser die Lage entspannen kann. Verjeat jedoch ist lediglich als Zuschauer gekommen und macht Lardatte über Megaphon deutlich, daß er keine Amtsbefugnisse mehr habe und dreht dem Ort des Geschehens den Rücken. Der engagierte, aufrechte Polizist, der bereit ist, auch zu seinem persönlichen Schaden für das Recht zu kämpfen, scheitert vor der Korruption, die sein Amt und seinen Auftrag hinfällig macht. Sein Scheitern aber endet nicht in Resignation, sondern schlägt in Zynismus um. Jene Oberschicht, die sich der Ordnungskräfte immer wieder als Schutzschild gegen die Benachteiligten und Ausgebeuteten bediente, läßt Verjeat, der zu helfen imstande wäre, nun bis zum Hals im selbst angerührten Sumpf stecken...

Er versieht seinen Dienst – strikt nach Vorschrift, was in dieser Situation einer direkten Antwort auf den Zynismus im Verhalten Lardattes entspricht.

Folgt die Darstellung Lardattes durchaus tausendfach dokumentiertem Politikerverhalten in der Realität, so ist die Figur Verjeats-Venturas eher

einer Zeit verhaftet, als das Wünschen noch geholfen hat. Eine menschlich-allzumenschliche Heldenfigur, die die Identifikation leicht macht und
dramaturgisch so angelegt ist, daß die sie umgebende Korruption durch
ihre Aktionen Flagge zeigen muß. Dies ist nicht neu. Neu und überraschend dagegen, und typisch für die Stimmung des Jahrzehnts, ist Verjeats ganz spezifisches Scheitern. Läßt darüber hinaus der Polit-Thriller
generell die Bedrohung nach dem Ende des Films über dem Haupt des
Zuschauers schweben, so bleibt in diesem Fall das Damoklesschwert über
Lardatte und Konsorten in der Schwebe.

Klaus Kinski
und Alain Delon in
DER FALL SERRANO

In der Regel jedoch siegt die Korruption über das Recht. Nach einem
Roman Raf Vallets, der auch die Vorlage zu ADIEU POULET schrieb, entstand MORT D'UN POURRI (»Der Fall Serrano«, Regie: Georges Lautner,
Frankreich 1977). Hier geht es um eine brisante Akte, ein »Who-is-who
der Korruption, eine Anthologie der Verfilzung«[44] mit exakten Belegen
über die zweifelhaften Geschäfte korrupter Politiker. Um eben diese
Akte in die Hand zu bekommen, hat der Abgeordnete Philippe Dubai
(Maurice Ronet) den im Verteidigungsministerium amtierenden Abgeordneten Serrano getötet. Kurze Zeit später wird er selbst ermordet. Vorher konnte er die Unterlagen noch seinem Freund Xavier Maréchal
(Alain Delon) zuspielen, der den Mord aufdecken will. Xavier gerät zwischen die Fronten von Interessenverbänden, Politikern und der Polizei,
die alle weder vor Gewalt noch Mord zurückschrecken, um der Materialien habhaft zu werden und Mitwisser auszuschalten. Ein hoher Polizeibeamter erweist sich als schuldig am Tode Dubais, so weit kann Xavier
ermitteln. Doch vor dem Netz aus Korruption und Gewalt scheitert er.

44 Mitschrift aus der deutschen Synchronisation.

Die verbrecherischen Verbindungen zwischen Politik, Wirtschaft und Finanz prägen weiterhin das öffentliche Klima. Mehr Unterhaltungs- und Actionfilm als echter Polit-Thriller, mehr Kult des Delon-Mythos als Kreation einer glaubhaften Hauptfigur, nimmt Lautners Inszenierung dennoch Bezug auf authentische Geschehnisse, die die Medien Frankreichs lange in Atem hielten. Am 24. Dezember 1976 wurde Jean de Broglie, Bürgermeister einer Provinzstadt und Abgeordneter, in Paris von einem Profikiller erschossen. Überraschend schnell präsentierte sich die Polizei am Tatort. Broglie war, wie sich später herausstellte, in seiner Eigenschaft als Finanzberater einer Gruppe aus Politik und Wirtschaft durch sein Wissen bedrohlich geworden. Man wollte ihn ausschalten und kompromittierende Unterlagen neutralisieren. Eine schlüssige Aufklärung des Mordes indes gelang der Justiz nicht.[45]

Ein Bürgermeister und Honoratioren einer Stadt an der Côte d'Azur, die durch Mord ihre kriminellen Bauspekulationen durchsetzen und vertuschen wollen, erscheinen in BOULEVARD DES ASSASSINS (»Boulevard der Mörder«, Regie: Boramy Tioulong, Frankreich 1982). Realer Hintergrund ist ein Immobilienskandal, der die Stadt Nizza und ihren Bürgermeister in Verruf brachte.

Unspektakulär, eher im Sinne einer Dorfchronik, legt Etienne Périer in UN SI JOLI VILLAGE (»Mord in einem hübschen Dorf«, Frankreich 1978) Mechanismen bloß, die eine kapitalistische Gesellschaftsordnung im bereits dargelegten Sinne prägen. Stéphane Bertin (Victor Lanoux) hat seine Frau umgebracht. Untersuchungsrichter Noblet (Jean Carmet) ermittelt geduldig, bis er ihn überführt und inhaftiert hat. Doch daraufhin schließt der Angeklagte seine Gerberei, die 300 Menschen ernährt und ein Dorf am Leben hält. Die Justizmaschinerie gibt der Erpressung aus politischen Gründen nach und setzt den Prozeß aus. Dem Film liegt ein Roman des Gerichtsreporters der Zeitschrift ›Aurore‹ zugrunde, in dem eine Affäre aufgeschlüsselt wird, die in Frankreich Schlagzeilen machte. SPECIAL POLICE (»Die Verschwörung«, Regie: Michel Vianey, Frankreich 1985) führt in die Chefetagen der Konzerne in der Pariser Trabantenstadt La Défense. Von hier aus betreibt ein Syndikat aus Mitgliedern von Großkonzernen, dem Verteidigungsministerium und der Polizei Waffen- und Drogenhandel. Die Erlöse fließen zum Teil in die Parteienfinanzierung. Mitwisser – so auch ein Agent einer übergeordneten Polizeidienststelle, der Abhörprotokolle als Beweise gegen die Organisation erstellt hatte – werden ermordet. Mit diesem Toten nimmt der Kriminalfall seinen Anfang.

Im Laufe des Jahres 1986 prägen Praktiken des Waffenhandels europäi-

---

45 Näheres über die Affäre de Broglie bei Lothar Baier, Französische Zustände, Fischer Taschenbuch Verlag, Frankfurt am Main [2]1986, S. 43 ff.

scher Staaten mit Krisengebieten der Dritten Welt die Schlagzeilen in den Medien. LA RAISON D'ÉTAT (»Staatsraison«, Regie: André Cayatte, Frankreich/Italien 1978) faßt die dargestellten Fakten in einer fiktiven Handlung zusammen. Wiederum steht die illegale Verbindung von Wirtschaftsunternehmen, Politikern und Geheimdiensten im Mittelpunkt der Kritik.

Leroi (Jean Yanne), Leiter des französischen Rüstungsbeschaffungsamtes und Träger der Ehrenlegion, beliefert den afrikanischen Kleinstaat Tongo mit Waffen. Mit Hilfe des Geheimdienstchefs Jobin (Michel Bouquet) versorgt er gleichzeitig Tongos Kriegsgegner Zanine mit Rüstungsgütern. Der Biologe und Pazifist Marrot (François Périer) erhält Beweise für diesen Skandal, die er der Presse übergeben will. Auf dem Weg zur Pressekonferenz wird Marrot von Jobins Agenten ermordet. Die italienische Wissenschaftlerin Angela Ravelli (Monica Vitti), Kollegin des Pazifisten, besitzt Kopien seiner Akte und will nun ihrerseits Marrots Kampf fortsetzen. Auch sie fällt einem Komplott Lerois und Jobins zum Opfer.

Vorbild der Figur Marrots ist für die Drehbuchautoren Cayatte und Jean

Marrot (François Périer) und Angela Ravelli (Monica Vitti) unterliegen
im Kampf mit der unheiligen Allianz aus Rüstungskonzernen, Regierungsstellen
und Geheimdiensten

Curtelin der französische Wissenschaftler Jean Rostand, der sich mit seinem Kampf gegen Fabrikation und Verkauf von Rüstungsgütern einen Namen machte.

Cayatte greift direkt und erkennbar die französische Regierung an als einen der größten offiziellen Waffenlieferanten in Bereiche der Dritten Welt. Er denunziert darüber hinaus die illegalen Kanäle. Den Waffenverkauf an Zanine wickelt der Geheimdienst über Kontakte im italienischen Kriegsministerium ab. Die Ausschaltung der unbequemen Zeugin Ravelli erfolgt unter Beteiligung der CIA.

Ohne Datenschutz

Spätestens mit der Ermordung John F. Kennedys und durch die Affäre Ben Barka war es der französischen Öffentlichkeit bewußt geworden, daß Politik und Gesellschaft international durch im Untergrund wirkende Kräfte beeinflußt und manipuliert werden. In den siebziger Jahren verstärkt sich auf den Leinwänden das bedrückende Gefühl der Bedrohung des einzelnen durch anonyme Kräfte. Kräfte, die mit unidentifizierten Zielen Individuen vereinnahmen, die einer wahrhaft kafkaesken Wendung ihrer Schicksale wehrlos gegenüberstehen.

UN PAPILLON SUR L'ÉPAULE (»Mord in Barcelona«, Regie: Jacques Deray, Frankreich 1978) ist eine mustergültige und meisterhaft inszenierte Variation dieses Themas. Der Geschäftsreisende Roland Fériaud (Lino Ventura) entdeckt in seinem Hotel in Barcelona im Nebenzimmer eine Leiche. Von diesem Augenblick an ist er, offensichtlich als Folge einer Verwechslung, den Angriffen mehrerer rivalisierender Gruppen ausgeliefert, die es alle auf einen geheimnisvollen Koffer abgesehen haben. Die rationale Ordnung seiner Alltagswelt bricht von einem Moment auf den anderen zusammen, und Fériaud muß sich einer Welt archaischer, anonymer Bedrohungen, deren Sinn und Zusammenhang er nicht zu durchschauen vermag, unvorbereitet stellen.

Die Machenschaften, einen Unbeteiligten als Schuldigen zu konstruieren, um die Spuren des politischen Mordes an einem amerikanischen Staatssekretär zu verwischen und die wahren Täter zu decken, sind die Fakten, die eine Photoreporterin (Annie Girardot) ermittelt, die die Wahrheit über den angeblichen Unfalltod ihres Mannes herausfinden will. Spannend dargestellt in LE POINT DE MIRE (Regie: Jean-Claude Tramont, Frankreich 1977). Das Drehbuch schrieb Gérard Brach nach dem Roman ›Le Photographe‹ von Pierre Boulle. Die perfekte, ungewöhnlichste und erregendste Behandlung des Themas gelang Michel Deville mit DOSSIER 51 (»Ohne Datenschutz«, Frankreich/BRD 1978). Der französische Botschaftsrat Dominique Auphal (François Mathouret) wird auf die Schlüsselposition in einer Organisation delegiert, einer bedeutenden Schaltstelle zwischen der französischen Politik und den Entwicklungsländern. Der französische Geheimdienst will den integren, offensichtlich unangreifbaren Politiker für Agententätigkeiten benutzen. Um ein Druckmittel zu finden, wird sein Privatleben mit den raffiniertesten erkennungsdienstlichen Mitteln bis in die intimsten Details ausgeforscht, dann per Computer katalogisiert und analysiert. Als man keinen Ansatzpunkt findet, macht sich ein Team von Psychologen daran, eine bei den Nachforschungen aufgefallene latente Neigung zur Homosexualität, die Auphal selbst nicht bewußt ist, durch Manipulation zu aktivieren. Die Maßnahme gelingt, doch reagiert Auphal anders als vorhergesehen: der Familienvater und Ehemann erträgt die psychische Verwirrung nicht und begeht Selbstmord. Ein Nachfolger im Amt wird umgehend designiert. Und umgehend nimmt die Geheimdienstcrew ihre Arbeit an dem neuen Objekt auf.

Ungewöhnlich ist die Inszenierung deshalb, weil die Manipulateure nur als Stimmen aus dem Off erscheinen und Auphal stets Objekt bleibt. Devilles Film wirkt gespenstisch, weil sich eine komplexe Handlung streng aus den von Agenten ermittelten und gesammelten visuellen und auditiven Materialien gleich einem Mosaik konstruiert. Am Ende ist der Zuschauer selbst in der Rolle eines Mitgliedes der auswertenden Crew. Er nimmt hautnah an den Wegen und Umwegen der Manipulation teil.

Ein Unschuldiger, der unbewußt und durch Zufall zum Geheimnisträger und zum Gejagten der Schergen einer Rüstungsmafia wird – das ist Alain Delon in TROIS HOMMES À ABATTRE (»Killer stellen sich nicht vor«, Regie: Jacques Deray, Frankreich 1980). Deray schließt hier nicht an seine überlegene Inszenierung von UN FAPILLON an, sondern legt einen für den Hauptdarsteller typischen und streckenweise klischeehaften Actionfilm vor, der den Tod des Protagonisten als Scheitern vor den ungreifbaren Mächten als Topos für das spektakuläre Finale nutzt.

Die Unsicherheit durch das unaufgeklärte Attentat auf John F. Kennedy, das unkontrollierbare Wirken untergründiger Kräfte und ihre bedrohlichen Konsequenzen für die Demokratie, die manipulative Benutzung von Individuen stellt I... COMME ICARE (»I... wie Ikarus«, Regie: Henri Verneuil, Frankreich 1979) noch einmal exemplarisch und beeindruckend in den Vordergrund.

Präsident Jary ist ermordet worden. Die Heiniger-Kommission kommt zu dem Schluß, ein einzelner habe die Tat begangen. Für eine Verschwörung gebe es keine Anhaltspunkte. Bis hierher entspricht der Ansatz dem Kennedy-Mord und der Arbeit der Warren-Kommission. Verneuil läßt Generalstaatsanwalt Volney (Yves Montand) das Ergebnis der Kommission anzweifeln und neu ermitteln. Er findet Anhaltspunkte, daß der als Mörder Beschuldigte die Tat nicht begangen haben kann, sondern als Täter aufgebaut wurde. Als er den wirklichen Verschwörern, die sich aus

Generalstaatsanwalt Henri Volney (Yves Montand) muß stürzen, weil er, wie
Ikarus der Sonne, sich zu weit der Wahrheit nähert

hohen Persönlichkeiten der Staatsbürokratie und des Geheimdienstes re-
krutieren, auf die Spur kommt, wird er selbst Opfer eines Attentats. Wie
bei Deville stehen auch hier wissenschaftlich belegte Manipulationstech-
niken im Mittelpunkt, durch die normale Staatsbürger als Sündenböcke
zur Deckung der Machenschaften skrupelloser Machtpolitiker werden.
Machtpolitik der Wirtschaftsimperien und kriminelle Taktiken zur Kon-
kurrenzausschaltung analysiert Verneuil auch in dem Thriller MILLE
MILLIARDS DE DOLLARS (»Tausend Milliarden Dollars«, Frankreich
1981).[46]

Die achtziger Jahre

Politisch dominiert in den achtziger Jahren die Persönlichkeit des sozialistischen Staatschefs Mitterrand, Präsident seit 1981 und zeitweilig in ›co-
habitation‹ mit dem gaullistischen Ministerpräsidenten Jacques Chirac.

46 Dieser Film ist ausgiebig im Kapitel über die NEUEN HELDEN analysiert. Siehe
S. 313

Darüber hinaus tritt bis zum Ende des Jahrzehnts in wachsender Ausgeprägtheit der rechtsradikale Jean-Marie Le Pen mit seiner Nationalen Front (FN) in den Blickpunkt. Ein kräftiges Anwachsen der Fremdenfeindlichkeit, des Rassismus und des Antisemitismus ist zu verzeichnen. Verunsicherung und Ratlosigkeit der etablierten Politik vor diesen Phänomenen bleiben nicht aus.

Der Polit-Thriller entwickelt sich in Richtung des härter gestylten französischen Kriminalfilms, der zahlreiche Facetten des amerikanischen Actiongenres übernimmt, gleichzeitig jedoch spezifische Probleme der gesellschaftlichen Entwicklung Frankreichs aufnimmt. Schwerpunkt dabei sind Rassismus und Rechtsradikalismus.

Die Hunde

Das Thema des Rassismus verarbeitete erstmals Yves Boisset konsequent in DUPONT LAJOIE (»Monsieur Dupont«, Frankreich/Italien 1974). Es ist die Geschichte des Bistrowirtes Georges Lajoie (Jean Carmet) – Dupont ist der dem deutschen Müller und Meier entsprechende Allerweltsname des Durchschnittsfranzosen –, der im Urlaub in alkoholisiertem Zustand die Tochter eines Freundes zu vergewaltigen versucht und sie dabei ungewollt tötet. Um seine Tat zu vertuschen, transportiert er die Leiche zu einer nahe gelegenen Baustelle, auf der ausländische Gastarbeiter tätig sind. Der andersfarbige Ausländer oder auch Kolonialfranzose taucht hier erstmals als Sündenbock für die Verfehlungen des bodenständigen Bürgers auf. Eine Entwicklung. die in Frankreich in den achtziger Jahren zunehmend an Bedeutung gewinnt – verschärft durch soziale Probleme in Groß- und Trabantenstädten sowie die Unsicherheit der französischen Gesellschaft gegenüber der Fundamentalisierung der moslemischen Bevölkerung in ehemaligen Kolonialgebieten wie Algerien und ihre Auswirkungen auf das Bevölkerungsgemisch in Frankreich selbst.

LES CHIENS (»Die Hunde«, Regie: Alain Jessua, Frankreich 1978) analysiert die Angst des Bürgers innerhalb einer unwirtlicher werdenden Wohnfeldarchitektur. Ein Thriller, der die psychologische, soziale und politische Situation in jenen gesichtslosen Trabantenstädten, die seit den 60er Jahren überall aus dem Boden gestampft wurden, hellsichtig analysiert.

Der Arzt Féret eröffnet eine Praxis in solch einer Schlafstadt. Ihm fällt sehr bald auf, daß er hauptsächlich Hundebisse zu behandeln hat. Ein großer Prozentsatz der Einwohner besitzt scharfe Wachhunde, denn die Straßen sind vor allem nachts völlig menschenleer. Die allgemeine Frustration und Aggressivität führt bei den einen zu Gewalttaten, Triebvergehen und Kleinkriminalität, bei den anderen zu wachsender Angst und Selbstschutzmechanismen. Jugendliche und Ausländer gelten von vornherein als verdächtig. Der Stadtrat teilt sich hauptsächlich in zwei Fraktionen. Die eine sieht ihr Heil in dem Hundezüchter Morel (Gérard Depardieu), dem starken Mann, der mit seinen Schäferhunden dem Bürger Sicherheit und Ruhe gibt. Die andere ist eine Minderheit um den Bürgermeister, der Selbstjustiz und Law-and-Order ablehnt und die Hunde abschaffen will, weil sie zu einer allgemeinen Gefahr werden. Féret (Victor Lanoux) unterstützt diese Fraktion. Zusammen mit dem Bürgermeister beginnt er, Material über die Gefährlichkeit der Hunde und darüber hinaus über den Züchter Morel zu sammeln. Als der Bürgermeister daraufhin von einem Hund getötet wird, eskaliert die Gewalt in der Stadt. In konsequenter Symbolik stehen die Hunde für die Tendenz zu Rechtsradikalismus, Fremdenhaß, Rassenhaß und gewalttätigem Ausbruch jeder Art von Vorurteilen. Aber Jessua macht es sich keineswegs so einfach, nur das faschistoide Verhalten zu verurteilen. Er zeigt exakt Wurzeln und Beweggründe solcher Tendenzen und stellt verständnisvoll Angst und Verunsicherung dar, wie sie in einem unmenschlichen Lebensumfeld aufbrechen. Die Fülle akribisch dargestellter Einzelfälle, bei denen häufig die Grenze zwischen Opfer und Täter nur noch schwerlich auszumachen ist, deckt das Spektrum der Argumente ab. Ein Film, der durch die Erfolge Le Pens in den folgenden Jahren noch an Aktualität und Brisanz zugenommen hat.

Ticket zur Hölle

LA JAVA DES OMBRES (Regie: Romain Goupil, Frankreich 1983) zeigt den Geheimdienst nun einmal auf der ›richtigen‹ Seite, im Kampf gegen eine faschistische Untergrundorganisation namens ›Janus‹. In RONDE DE NUIT (Regie: Jean-Claude Missiaen, Frankreich 1983) suchen die beiden Polizisten Gu (Gerad Lanvin) und Léo (Eddy Mitchell) den Mörder eines Politikers und geraten dabei in das Milieu rechtsradikaler Agitatoren.

L'ARBALETE (»Der Linkshänder«, Regie: Sergio Gobbi, Frankreich 1984) ist die Geschichte des Undercover-Agenten Inspector Vincent (Daniel Auteuil), der in der Drogenszene ermittelt und feststellen muß, daß sein Vorgesetzter, der ehemalige Algerienkämpfer Falco (Marcel Bozzuffi) mit einer Dealergruppe, die sich aus Neonazis zusammensetzt, gemeinsame Sache macht, um einen Bandenkrieg zwischen Arabern, Vietnamesen und Schwarzen zu entfachen. Ziel ist dabei eine ›Endlösung‹ in bezug auf diese Gruppen. Gobbis aufgebauschte Actionregie überdeckt allerdings die in der Handlung verarbeitete aktuelle, im Lande kontrovers diskutierte Problematik, daß das Polizeicorps bis in die höchsten Ränge von rechtsextremen Kräften durchsetzt sei, die den Rassismus für ihre Ziele schüren. Zentrales Schlüsselwerk, das aktuelles Geschehen direkt aufnimmt und auf ein realistisches, erschreckendes Gesellschaftsbild zielt, ist TRAIN D'ENFER (»Ticket zur Hölle«, Regie: Roger Hanin, Frankreich 1984). Hanin bezieht sich auf ein Geschehen, das auch in der westdeutschen Presse große Aufmerksamkeit fand.

Am 14. November 1983 warfen drei junge Franzosen den 27jährigen Algerier Habib Grimzi aus dem Nachtzug Bordeaux – Ventimiglia, nachdem sie ihn zuvor brutal mißhandelt hatten. Als Begründung führte einer der Mörder bei seiner Verhaftung an, der Algerier habe ›einen aggressiven Blick‹ gehabt. Im Januar 1986 wurden zwei der Täter zu lebenslänglich Zuchthaus verurteilt. Der dritte bekam 14 Jahre Haft, da er zum Zeitpunkt der Tat betrunken war. Roger Hanin, Action-Star der 50er Jahre und Schwager François Mitterrands, stellt diesen Mord in den Mittelpunkt einer Kriminalgeschichte, die direkt auf die Wirklichkeit des Rassismus, der Fremdenfeindlichkeit und des Rechtsradikalismus im Alltagsleben der 80er Jahre, der Zeit Le Pens, abzielt.

URGENCE (»Das Attentat«, Regie: Gilles Béhat, Frankreich 1984) erzählt die Geschichte eines eher unpolitischen Sportjournalisten (Richard Berry), der auf die Spur einer neofaschistischen Gruppe kommt, die ein Bombenattentat auf einen farbigen Rockmusiker plant. Während eines Konzerts sollen er und eine möglichst große Anzahl seiner Fans sterben. Der Journalist kann dies im letzten Augenblick verhindern. Der Chef der Neonazigruppe, Lucas Schroeder (Bernard-Pierre Donnadieu), hat starken Rückhalt in den Reihen der Pariser Polizei. Selbstjustiz und gewaltsame Durchsetzung des Law-and-Order-Prinzips sind auch das Thema von NE REVEILLEZ PAS UN FLIC QUI DORT (»Der Panther II – Eiskalt wie Feuer«, Regie: José Pinheiro, Frankreich 1988). Hauptkommissar Scatti (Michel Serrault) und andere hochrangige Polizeibeamte haben eine geheime, illegale Zelle mit dem Namen »Fidélité Police« gegründet. Ihr Ziel: eine ihrer Ansicht nach uneffektive Justiz zu unterlaufen und die großen Kriminellen selbst auszuschalten. Scatti und seine Leute verrichten ihr mörderisches Hobby mit unglaublichem Sadismus. Kommissar Grindel (Alain Delon) wird von der Aufsichtsbehörde der Polizei beauftragt, »Fidélité Police« zu entlarven und ihren Aktivitäten ein Ende zu setzen.

Ein aktuelles Thema in Frankreich zur Zeit erheblicher Stimmenzuwächse der Rechtsradikalen, die das Funktionieren der staatlichen Institutionen in ihrer Effektivität gerade im Bereich der Strafverfolgung und Justiz in Frage stellen. Pinheiro allerdings kommt es weniger auf diese Problematik an als auf die spektakulären Actionelemente der Geschichte, die er mit zynischer Gewalttätigkeit inszeniert.

Ein Actionfilm mit ungewöhnlicher Personenkonstellation führt ins Zentrum der Vielfalt von Nationalitäten, Rassen, Kulturen und Religionen in der Millionenstadt Paris und direkt zum Kern der Probleme, die in Zu-

Die Hölle von Rassismus und Gewalt – TRAIN D'ENFER

kunft an Brisanz eher zunehmen werden. L'UNION SACRÉE (»Die Waffenbrüder«, Regie: Alexandre Arcady, Frankreich 1988) zeigt ein Team von
zwei Polizisten bei der Aufklärung terroristischer Attentate in Paris. Karim Hamida (Richard Berry) ist arabischer Herkunft, Simon Atlan (Patrick Bruel) ist Jude. Ihre persönliche Verbindung spiegelt die Rivalitäten
der Kulturen, denen sie entstammen. Doch ihre Arbeit hat das gleiche
Ziel, so daß sie aufeinander angewiesen sind. Dem Drehbuch liegen zwei
reale Geschehnisse zugrunde. Am 9. August 1982 feuerten zwei Männer
mit Maschinenpistolen in das jüdische Restaurant Jo Goldenbergs in der

rue des Rosiers. Das Attentat forderte 6 Tote und 22 Verletzte. Am 17. Juli 1987 brach Frankreich die diplomatischen Beziehungen zum Iran ab, als Teheran sich weigerte, die Vernehmung eines iranischen Botschaftsattachés im Rahmen polizeilicher Ermittlungen über eine Serie von Bombenattentaten zuzulassen. Die iranische Botschaft wurde von der Polizei abgeriegelt, um zu verhindern, daß der Attaché, dessen persönliche Beteiligung an den Verbrechen vermutet wurde, das Land verließ.

Simon und Karim ermitteln beide in einer Affäre um Drogen und brutale terroristische Attentate, die ihren Grund in religiösem Fanatismus haben. Der Hauptverdächtige ist Alim Radjani (Said Amadis), Kulturattaché in der Botschaft seines Landes. Arcady führt den Zuschauer in die jüdischen und arabischen Bereiche von Paris und charakterisiert die Bevölkerungsgruppen intensiv vor dem Hintergrund ihrer Religion, die den Alltag tiefer prägt, als es in westeuropäischen Kulturen üblich ist. Ein religiöser Thriller. Simon und Karim finden zu einer zwar problematischen, aber immerhin solidarischen Freundschaft. Ihr gemeinsamer Gegner sind fundamentalistische, radikale, fanatische Tendenzen in der Politik ihrer jeweiligen Kulturen und die daraus entstehende krasse Intoleranz. Positionen, die sich durchaus auf den Alltag in Paris auswirken, wo sich in den unterschiedlichen arabischen und jüdischen Bevölkerungsgruppen die ideologischen Kontroversen und der Krieg zwischen fundamentalistischen und gemäßigten Tendenzen, der im Nahen Osten tobt, fortsetzt. Gemeinsam sorgen die beiden Polizeibeamten dafür, daß Radjani, den sie am Ende rechtmäßig nicht der französischen Justiz zuführen dürfen, bevor er nach langem diplomatischem Tauziehen das Land verlassen darf, mit seinem Wagen explodiert. Die leichtfertige Lösung des Actiongenres amerikanischer Prägung mindert das Niveau eines Films, der sonst ein spannender Appell an die Menschenwürde und Toleranz ist.

Stiefkind Umwelt

Ein »Ticket zur Hölle« ganz anderer Art liegt in den Folgen von Umweltkriminalität. Ein Thema, das im Polit-Thriller der 80er Jahre noch spärlich auftaucht. Kurze Zeit nach der skandalösen Odyssee von 42 Fässern mit dioxinverseuchtem Schlamm aus Seveso, die auf ungeklärten Wegen zwischen Italien, Deutschland und Frankreich hin und her transportiert wurden, seit September 1982 als verschollen galten und im Mai 1983 in der französischen Ortschaft Anguilcourt-le-Sart bei Saint-Quentin auftauchten, entstand das Drehbuch zu ZONE ROUGE (»Death Town«, Robert Enrico, Frankreich 1986). Nahe dem im Rhônetal gelegenen Weiler Le Guilloz verunglückt ein Lastwagen, der in falsch deklarierten Farbfässern Dioxin in hoher Konzentration transportiert. Ein Faß verseucht das Trinkwasser des Dorfes. Die örtlichen Autoritäten versuchen mit Hilfe der Polizei und der privaten Objektschutzfirma CRES, die Umweltkatastrophe zu vertuschen. CRES fingiert die Explosion eines Tankwagens in Le Guilloz, das mitsamt seinen toten Bewohnern bis auf die Mauern niederbrennt und daraufhin mit Planierraupen dem Erdboden gleichgemacht wird. Claire Rousset (Sabine Azéma) aus Lyon, deren geschiedener Mann der Katastrophe zum Opfer fällt, und Jeff Montelier (Richard Anconina), ein subalterner Versicherungsdetektiv bei CRES, werden auf Ungereimtheiten bei den Untersuchungen über das vermeintliche Unglück aufmerksam und beginnen, der Wahrheit nachzuforschen. Sie lassen sich auf einen lebensgefährlichen Wettlauf gegen Staatsraison und Industrieinteressen ein. Enricos Drehbuch basiert auf einem Roman von G. J. Arnaud, der zur Zeit der Anti-Kernkraftdemonstrationen von Creys-Malville geschrieben wurde.

Das ›organisierte‹ Verbrechen:
Italien – Die Mafia im Kino

Die Tradition des italienischen Kriminalfilms ist intensiver als in jedem anderen Land mit der historischen und gesellschaftlichen Realität verknüpft. Selten ist so häufig wie hier dieses Genre Ort der Auseinandersetzung mit politischer Aktualität, ihren Wurzeln in der neuesten Geschichte und den Fragen zu ihren greifbaren Folgen.

Umgekehrt formuliert: ein Film, der sich einem gewissen Bereich gesellschaftlicher Realität stellt, wird in Italien fast zwangsläufig Elemente von Kriminalstory und Thriller beinhalten. »Die kriminalistische Erzählstruktur ist nicht mehr nur da, um das Interesse des Lesers (oder Zuschauers, Anm. d. Verf.) zu wecken, sie wird zu der am besten einer gewissen Gesellschaft voller untergründiger Gewalt angepaßten Form. Der Held unterscheidet sich mithin durch einen ›Kult der Opposition‹, den er mit dem Schriftsteller (oder Regisseur, Anm. d. Verf.), der ihn kreiert, teilt.«[1] Den soziologischen Grund dafür liefert Nando dalla Chiesa bündig in einem Satz: »Die qualvolle Geschichte Italiens, seiner Gesellschaft und seiner Politik in den vergangenen Jahren zeigt, daß man Gesellschaft und Machtstrukturen in diesem Land nicht ohne Berücksichtigung einer ganz spezifischen Besonderheit betrachten kann: Den Einfluß krimineller Mächte.«[2] Dalla Chiesa, Professor für Soziologie in Mailand, ist besonders berufen, dies zu formulieren. Sein Vater, Präfekt und Carabinieri-General, wurde ermordet, weil er den Verbindungen zwischen Politik, Wirtschaft und organisiertem Verbrechen besonders kompromißlos gegenübertrat.[3] Dalla Chiesas Analyse ist schlüssig: »Der Staat wurzelt in Italien nicht in einer bürgerlich-liberalen Kultur; denn in unserem Lande hat es nie eine bürgerliche Revolution gegeben. Aus dem nationalen Einigungsprozeß im vorigen Jahrhundert ging ein geiziger Staat ohne Verantwortungsbewußtsein hervor, ohne Orientierung hin zu Bürgerrechten, was zu einer Trennung von Staat und Volk führte. (...) Das vorhandene System verbraucht enorme Finanzmittel und schaltet Grundrechte des

---

1 Jacques Bonnet, Le culte de l'opposition, in: »Leonardo Sciascia«, L'ARC 77, S. 1.
2 Nando dalla Chiesa, Die mächtigen, unsichtbaren Feinde des Staates, Frankfurter Rundschau, 5. 10. 1988.
3 Siehe Seite 121.

Bürgers aus, indem es diese in Privilegien verwandelt, die als Belohnung für Treue und politische Hörigkeit verteilt werden.«[4]

Herrschende politische Parteien, die sich quasi absolutistisch mit dem Staat identifizieren, mächtige Gruppierungen, die sich wie jene legendäre ›Loge Propaganda 2‹, begründet von Politikern, hohen Militärs, Wirtschafts- und Finanzkapitänen sowie Vatikanbossen, als graue Eminenzen betätigen und festverwurzelte kriminelle Organisationen, allen voran die Mafia, konspirieren um Machtmonopole. Sie alle, vielfach ineinander verzahnt, haben die Institutionen von Macht, Wirtschaft und Finanz in Schlüsselpositionen durchdrungen und setzen ihre Interessen an den Schaltstellen der Politik durch. »Der Konflikt zwischen dem Rechtsstaat und dem kriminellen Netzwerk als Bedingungsfaktor der Macht steht auf der öffentlichen Tagesordnung.«[5]

Die armen Vettern aus dem Süden

Die komplizierte soziale und politische Struktur Italiens, die sich in chronisch instabilen Regierungsverhältnissen manifestiert, sowie das Nord-Süd-Gefälle als geographische und ökonomische Größe haben die Existenz einer Gesellschaft in der Gesellschaft – Mafia genannt – begünstigt.

Als arme Vettern wehrten sich Sizilien und Teile Süditaliens seit jeher gegen die Vorherrschaft und die Übergriffe sowohl der vormaligen Besatzungsmacht Frankreich als auch der Bourbonen vom nördlichen Festland. Eine rechtlose und auch vom eigenen Adel ausgesaugte bäuerliche Bevölkerung sah die vorrangig bürgerlichen Klassenkämpfer, die militanten Verfechter der Eigenständigkeit, die Saboteure der Verfügungen Roms in mythischem Licht. Daß das Volk seine Robin Hoods der Obrigkeit gegenüber durch eine Mauer des Schweigens und der Solidarität abschottete, folgt konsequent aus dem Bedürfnis nach Schutz und Trutz. Die andere Seite eben dieser Medaille ist die Akzeptanz von Ausbeutung und Erniedrigung durch die Macht, in die man alle Hoffnung legt. Denn die Mafiosi waren alles andere als Wohltäter des Volkes. Sie gehörten zu den Repräsentanten des Bürgertums, die den Adel ablösen wollten. Gegen ihn wurden sie zur ›Schutzmacht‹ der Bauern, welche sich jedoch durch die neue herrschende Klasse gleichermaßen unterdrückt sahen. Die »ehrenwerte Gesellschaft« setzte sich aus Familienclans zusammen, die für ihre Interessen über Leichen gingen, die Lohn und Strafe nach dem Nutzen oder Schaden bemaßen, die ein willig oder ungefragt rekrutierter Helfer ihnen einbrachte.

4 Nando dalla Chiesa, ebd.
5 Nando dalla Chiesa, ebd.

Ließ man sich mit der Mafia ein, waren Gewinn oder Sanktionen berechenbare Größen, die, minutiös einem ungeschriebenen Gesetz folgend, unweigerlich eintrafen. Kompromißlosigkeit und Zuverlässigkeit waren von Anfang an die Stärke einer Vereinigung, die auf familiären Prinzipien basiert und seit jeher streng ihre Anonymität wahrte. Sie dehnte ihre Fäden und Fangarme zunehmend in alle Bereiche des öffentlichen Lebens aus und war bald, ist es heute mehr denn je, als graue Eminenz wie selbstverständlich in den Chefetagen von Politik, Wirtschaft und Medien vertreten.

Der Marsch durch die Institutionen

Das Wirken der Mafia paßte sich flexibel den Wandlungen der Gesellschaft an.[6] Der grobe Klotz auf der Straße unterstützte dabei wirkungsvoll den Nadelstreifen auf seinen Schleichwegen an die Spitzen der Institutionen. Teilhabe an der politischen Macht und Kontrolle der kapitalträchtigen legalen und illegalen Unternehmungen sind gleichermaßen Mittel zum Zweck und Ziel. Gegenüber den Anfängen hat sich die Mafia konsequent verändert. Ihre Organe sind untrennbar mit gesellschaftlichen Instanzen wie Verwaltung, Parteien, Justiz und Polizei verzahnt und organisiert wie wirtschaftliche Imperien. Ihr Element sind politische Korruption, Wirtschaftsverbrechen, Waffen- und Drogenhandel etc. im nationalen und internationalen Bereich. Ihr Mythos allerdings ist geblieben, ja sogar ins Immense gewachsen, einerseits durch die Ausdehnung ihres Einflußbereiches in die USA, ihre umstrittene Beteiligung an historischen Prozessen des 20. Jahrhunderts – etwa die Landung der amerikanischen Truppen in Sizilien während des Zweiten Weltkrieges und durch so legendenumwobene Namen wie Lucky Luciano. Andererseits haben Sensationsberichterstattung und Vermarktung oder Polemik in den Medien viel zu diesem Mythos beigetragen. In den 80er Jahren trugen spektakuläre Massenprozesse gegen Mafiosi und zunehmender, nicht minder spektakulärer Widerstand der Bevölkerung, vorrangig durch Zusammenschlüsse von Frauen, dazu bei, das fatale Wirken der ›Ehrenwerten‹ ins Bewußtsein zu rücken.

6 Eine weitgespannte Darstellung des Phänomens Mafia mit ausführlicher Bibliographie in: Werner Raith, Die ehrenwerte Firma, Wagenbachs Taschenbücherei, Neuausgabe, Berlin 1986. 1990 erschien bei Beck, München, Peter Müllers »Die Mafia in der Politik«. Hier wird die historische Entwicklung mit der neuesten Aktualität weltweiter Realitäten verknüpft.

Die Mafia im Film

Der Mafia-Film stellt sich häufig als Sub-Genre des Gangsterfilms dar. Der amerikanische Film der 50er Jahre nimmt das Thema verstärkt auf, drückt sich jedoch fast immer um seine politische Dimension. Der Ermittler scheitert vor einer mächtigen anonymen Organisation, die sich durch unbedeutende Helfershelfer manifestiert, welche ihrerseits ebenfalls auf der Strecke bleiben. Oder aber die Geschichte verfolgt das Schicksal eines einzelnen Gangsters im Hierarchiegeflecht der Organisation. Renaissance und Erneuerung ist Coppolas THE GODFATHER (»Der Pate«, nach dem Bestseller von Mario Puzo, Teil I USA 1971, Teil II USA 1974), in dem die Geschichte eines Mafia-Clans als Familienchronik beschrieben ist.

Sieht man von minderwertigen Unterhaltungsproduktionen ab, so weist der italienische Film sehr viel differenziertere, auch kritischere Sichtweisen auf und stützt sich oftmals auf authentisches Material, das im Hinblick auf gesellschaftskritische oder gar politische Wirkung aufbereitet ist. Pietro Germis IN NOME DELLA LEGGE (»Im Namen des Gesetzes«, Italien 1948) gehört in seinem neoveristischen Ansatz zu den ersten analytischen Beschreibungen Siziliens und der Funktion der Mafia. Was ihn hauptsächlich von späteren Darstellungen unterscheidet, ist sein moralisch-appellhafter Schluß: der Mafiaboß, ein Großgrundbesitzer, unterwirft sich demonstrativ den Forderungen staatlicher Gesetze.

Leonardo Sciascia – Das exemplarische Beispiel

Der Sizilianer Leonardo Sciascia (1921–1989) war Lehrer bis 1969, als Unabhängiger auf der Liste der Kommunisten bis 1977 Stadtrat in Palermo, von 1979 bis 1983 Parlamentsabgeordneter für den Partito Radicale in Rom, Mitglied im Untersuchungsausschuß für den Fall Moro und seit Beginn der 50er Jahre Journalist, Kritiker, Schriftsteller und Dichter. Schon zu Lebzeiten galt er als Klassiker der sizilianischen Literatur, lediglich von einer bornierten professoralen Kritik und von seinen politischen Feinden abgetan als ein Autor, für den die Mafia zur fixen Idee geworden sei. Dies ist unschwer als Reaktion darauf zu erkennen, daß Sciascia in seiner Erzählhaltung den entscheidenden Stimulus »aus der konkreten Wirklichkeit und aus der von ihr hervorgerufenen Entrüstung« bezieht.[7]

»Leonardo Sciascia hat von Beginn an seine schriftstellerische Tätigkeit

7 Hans T. Siepe, Leonardo Sciascia, in: ›Kritisches Lexikon der romanischen Gegenwartsliteraturen‹, hg. von Wolf-Dieter Lange, Tübingen 1984ff., Seite 1. Hier findet sich auch eine ausführliche Bibliographie zu Sciascia.

ganz in den Dienst einer Aufklärung gestellt, welche sich auf zwei Themen konzentriert, die wiederum miteinander zusammenhängen: auf Sizilien und auf die Macht in ihren historischen und gegenwärtigen Erscheinungsformen. Beide Themenbereiche sind aber so eng miteinander verknüpft, daß Sizilien mit seinen Problemen und Widersprüchen auch als Metapher erscheint für die Situation Italiens, für einen gegenwärtigen Weltzustand.«[8]
Vier seiner Werke, in ihrer Struktur dem Kriminalroman nahestehend, verfilmt von drei der bedeutendsten Regisseure des Genres, wurden zu Klassikern des Polit-Thrillers auf der Leinwand.

Zwei Särge auf Bestellung

Elio Petri verstärkt in seiner Inszenierung von A CIASCUNO IL SUO (»Zwei Särge auf Bestellung«, Italien 1967) die kriminalistischen Elemente des 1966 erschienenen gleichnamigen Romans (dt.: Tote auf Bestellung). Seine Konzession an das Unterhaltungskino, dem Sciascias bisweilen aufblitzende satirische Haltung gut ansteht, läßt ein großes Publikum an der Entwicklung eines Gesellschaftsbildes teilhaben, in dem das Psychogramm mafiosen Verhaltens greifbar wird. Petri selbst spricht von einer »Art von Kriminalfilm, dessen Handlung jedoch zur Allegorie derzeitiger, nicht nur in Sizilien existierender menschlicher Daseinsbedingungen wird«.[9] Sizilien vergleicht er mit einem Seismographen, »vermittels dessen sich drängendste und umstrittenste Fragen unserer Gesellschaftsordnung registrieren lassen«.[10]
In einer sizilianischen Kleinstadt werden der Apotheker Manno (Luigi Pistili), der zuvor Drohbriefe erhalten hatte, und Dr. Roscio (Salvo Randone) ermordet. Wie die Bürger des Ortes schiebt auch die Polizei einen Racheakt wegen Mannos Liebesaffären vor und verhaftet Vater und Brüder von Mannos Dienstmädchen. Lediglich Professor Paolo Laurana (Gian Maria Volonté), ein intellektueller Idealist, zweifelt an dieser Version und stellt eigene Nachforschungen an. Er kommt zu der Überzeugung, daß in Wirklichkeit Dr. Roscio Ziel des Anschlags war, weil dieser öffentlich die korrupten Politiker des Ortes hatte zur Rechenschaft ziehen wollen, allen voran den einflußreichen Anwalt Dr. Rosello (Gabriele Ferzetti), den Cousin von Roscios Ehefrau Luisa (Irene Papas) und dessen Onkel, den Priester (Mario Scaccia). Laurana vertraut Luisa, der er sexuell verfallen ist, seine Erkenntnisse an. Diese lockt ihn in eine töd-

8 Hans T. Siepe, Leonardo Sciascia, ebd., Seite 1.
9 Elio Petri in: Unitalia 5/67.
10 Ebd.

liche Falle, bevor er Rosello gefährlich werden kann. Nachdem nun alle Hindernisse ausgeräumt und eine gewisse Frist verstrichen ist, heiraten Luisa und Rosello. Sie legitimieren damit ihr geheimes Verhältnis, von dem der ganze Ort – außer Ehemann und Laurana – wußte und Schweigen bewahrte. Zentrales Thema des Romans wie des Films ist der Intellektuelle, »ein Mann von Wissen und Bildung, der jedoch die Wirklichkeit, vor die er sich gestellt sieht, nicht begreifen kann, während alle anderen sie recht gut erfassen. Er begreift die Vergangenheit und die Zukunft, aber nicht die Gegenwart, und dadurch isoliert er sich selbst von der Umwelt.«[11]

Die politischen Mißbräuche der Mächtigen des Ortes – Anwalt und Pfarrer, die Drahtzieher im Hintergrund – stehen hier im Mittelpunkt, mitsamt der gemeinsamen Intrige gegen den Gatten Luisas, die passiv und billigend daran beteiligt ist. Sie sind durch die Bereitschaft zur Gewaltanwendung und eine Mauer des Schweigens in der Bevölkerung gedeckt. Die Polizei sucht statt der Schuldigen Sündenböcke. Dies sind die Wurzeln mafioser Strukturen in einer genau definierten Gesellschaft. Selbst Laurana ist von ihnen durchdrungen. Er zeigt seine Erkenntnisse nicht den Ordnungskräften an, sondern eröffnet sie naiv – Ironie intellektueller Blindheit – den Schuldigen.

Sciascia und Petri demonstrieren Mafia als eine Form mentaler Bedingtheit, die alle Figuren der Geschichte bis zu den Opfern hin prägt und die Nährboden des sozio-ökonomischen und sozio-politischen Phänomens Mafia ist.[12]

Der Tag der Eule

Sciascia gelang im Jahre 1961 der literarische Durchbruch mit jenem Werk, das ihn international berühmt machte und im Italien jener Zeit von einigem politischen Mut zeugte. Damiano Damiani setzte gegen zahlreiche Widerstände seine Leinwandversion des Stoffes durch. Wie in Frankreich hatte es der politische Kriminalfilm auch in Italien schwer, bevor Costa-Gavras mit ›Z‹[13] das Tabu effizient durchbrach und durch seinen Erfolg auch in Produzentenkreisen die Attraktivität des Genres auf breiter Ebene bewußt machte. Damiani realisierte IL GIORNO DELLA CIVETTA (»Der Tag der Eule«, Italien 1968), bevor ›Z‹ in die Kinos kam. Immerhin hatte Francesco Rosi vor allem mit SALVATORE GIULIANO (»Wer erschoß

11 Petri, Unitalia 5/67.
12 Vgl. auch Jean A. Gili (Hg.), Elio Petri, Faculté des Lettres et Sciences Humaines, Section d'Histoire, Nizza 1974, S. 52 ff.
13 Siehe Seite 24.

Salvatore G.«, Italien 1960/61) und LE MANI SULLA CITTÀ (»Hände über der Stadt«, Italien 1963) im Lande den Weg gewiesen. Waren diese beiden Filme vorrangig harte, aus dem journalistischen Stil und der Tradition des Neorealismus heraus entstandene soziale Studien, so kreierte Damiani parallel zu Costa-Gavras und Elio Petri, was wenig später zum Genre des Polit-Thrillers wurde. Er sicherte sich die Beteiligung zweier Stars, der bereits seit einem Jahrzehnt etablierten Claudia Cardinale und des seit 1966 durch die Rolle des ›Django‹ international bekannten Franco Nero, um Sciascias Werk, das keineswegs auf den durchschnittlichen Leser des Kriminalromans zielte, auch dem durchschnittlichen Kinopublikum nahezubringen.

In Sizilien wird ein Bauunternehmer von seinen mafiosen Konkurrenten ermordet, weil er·sich deren kriminellen Absprachen nicht fügen will. Hauptmann Bellodi aus dem norditalienischen Parma (Franco Nero), bei der örtlichen Polizei ein Außenseiter, ermittelt in dem Fall, der als Eifersuchtsdelikt kaschiert wird. Der Bevölkerung und den Zeugen gegenüber trifft er auf eine Mauer des Schweigens. Es gelingt ihm zwar, Verdächtige gegeneinander auszuspielen und die Fakten zu rekonstruieren. Doch die Verhaftung des Großgrundbesitzers und Unternehmers Don Mariano (Lee J. Cobb) als Hauptschuldigen kehrt sich gegen ihn selbst. Dieser verfügt über Verbindungen zu Parlamentsabgeordneten in Rom, so daß er bald wieder auf freiem Fuß ist. Bellodi wird seines Postens enthoben, da die Aufdeckung der Wahrheit höheren Ortes unerwünscht ist.

Sciascias »Tag der Eule« und Rosis »Salvatore Giuliano«, beide zu Beginn der 60er Jahre erschienen, markieren einen medialen Neubeginn nach einer Periode kultureller Unterdrückung und effizienter Zensur in den 50er Jahren, in denen Andreotti zeitweise als für kulturelle Belange zuständiger Staatssekretär und Mario Scelba als Innenminister Kritik an Polizei, Justiz, Armee, an den sensiblen Punkten der Macht zu unterbinden suchten. Daß Schriftsteller und Regisseure die entsprechenden Themen verstärkt in ihren Medien durchsetzten, zeugt wie in Frankreich[14] von einer politischen Wende, von einem kritischen Informationsbedürfnis der Bevölkerung, das auch in Italien auf die Eruption von 1968 hinzielt. Daß »Zwei Särge auf Bestellung« und »Der Tag der Eule« auf den Leinwänden erschienen, manifestiert, daß die Zeit für ein Engagement reif ist. »Dieses Bedürfnis nach einer Wende, diese Bemühung, im Kino die mehr oder weniger untergründigen Probleme der italienischen Gesellschaft darzustellen, besonders das Problem der Mafia, gehen von Sciascia und von der Verfilmung zweier seiner Romane aus.«[15] Diesen Filmen ist

14 Vgl. Seite 52f.
15 Jean A. Gili, Leonardo Sciascia, La Sicile et le Cinéma, in: Leonardo Sciascia, L'ARC 77, S. 58.

Rosa Nicolosi (Claudia Cardinale) weiß, wer ihren Mann ermordet hat.
Doch sie kennt die Gesetze der Mafia. Bellodi (Franco Nero) gelingt es nur
mühsam, ihr Schweigen zu brechen

es darüber hinaus zu verdanken, daß Sciascia – auch in der Quantität – heute eine Leserschaft findet, auf die er vorher nicht zählen konnte.

Die Macht und ihr Preis

Der Roman IL CONTESTO (»Tote Richter reden nicht«) erschien im Jahre 1971 und spielt, nach Sciascias Versicherung, »in einem absolut imaginären Land«.[16] Seine Erzählung gebe eine »paradoxe und parodistische Darstellung einer Macht (das ist nicht neu), der es gelingt, bis in die Kräfte hinein, die opponieren oder opponieren sollten, zu assimilieren, zu degradieren und zu korrumpieren«.[17] Sciascias Ermittler gerät in ein groteskes, undurchdringliches Komplott in höchsten Regierungskreisen, er wird Opfer eines Mechanismus, der unbegreiflich bleibt: eines »Komplotts der Macht gegen die Macht selbst«.[18] Nicht die Mafia ist hier angesprochen, sondern eine staatliche Macht, die »in einer obskuren Abfolge stillschweigender Einverständnisse annähernd die Form der Mafia annimmt«.[19] Seiler stellt den Charakter des Komplotts schlüssig dar: »Eben die Linke, gegen die es sich richtet, macht sich zu seinem Komplizen, denn würde sie es aufdecken, enthüllte sie zugleich ihre geheime Komplizität mit der Regierungsmacht, zu der sie offiziell in Opposition steht – und verlöre die Macht, die sie *als* Opposition hat.«[20]

Seiler formuliert auch den authentischen Hintergrund dieser Parodie: »Die Spitze der Waffe richtete sich – 1970/71 – deutlich gegen den reformistischen Flügel des PCI (Kommunistische Partei Italiens, Anm. d. Verf.), der die Beteiligung an einer Regierung des *Centro – Sinistra* anstrebte.«[21]

Die Absurdität der italienischen Politik spitzte sich in den folgenden Jahren zu, bis der PCI bei den Kommunal-, Provinzial- und Regionalwahlen im Juli 1975 große Gewinne errang und der Abstand zur Democrazia Cristiana außerordentlich gering wurde. Von Aldo Moro forciert, geriet der vielbeschriene historische Kompromiß in den Bereich des Möglichen. Der »kalkulierte Mord an Aldo Moro«[22] im Mai 1978 kam offensichtlich

16 Jacques de Pressac, »Aperçu« zur französischen Ausgabe, Le Contexte, folio 1074, Paris, April 1986, S. 9.
17 L. Sciascia, Douze réponses à ›Positif‹, Positif 181, Mai 1976, S. 35.
18 Michel Ciment, Le Dossier Rosi, Editions Stock, Paris 1976, S. 173.
19 Sciascia, zit. nach: Ciment, a. a. O., S. 166.
20 Alexander J. Seiler in: Francesco Rosi, Reihe Film 28, Carl Hanser Verlag, München Wien 1983, S. 145 f.
21 Ebd. S. 146.
22 Werner Raith, In höherem Auftrag – Der kalkulierte Mord an Aldo Moro, Wagenbachs Taschenbücherei, Berlin 1984.

für jene rechten Kräfte im richtigen Augenblick, die die Regierungsbeteiligung der Kommunisten verhindern wollten.[23]

In dieser Situation verfilmte Francesco Rosi Sciascias Roman unter dem Titel CADAVRES EXQUIS (»Die Macht und ihr Preis«, Italien/Frankreich 1975). Das ›absolut imaginäre Land‹ ist bei ihm nun unverkennbar Italien, eine Modifikation ganz im Sinne Sciascias: »Seit 1971 wurde das Bild, das das Buch vermittelte, nämlich eines Landes ohne Realität, in immer präziserer Form Italien ähnlich. Als er die Entscheidung traf, einen ›italienischen‹ Film zu machen, mußte Rosi die Ereignisse der vergangenen Jahre in Rechnung stellen.«[24]

Wiewohl auch der Film das Komplott selbst weitestgehend im Bereich des Ungreifbaren beläßt, ist Rosis Aussage konkreter als die seiner Vorlage.

Im Verlauf der Recherchen über eine Mordserie an italienischen Richtern kommt Inspektor Rogas (Lino Ventura) auf die Spur eines von Polizei, Justiz und Regierungsinstitutionen gedeckten Komplotts rechter Gruppierungen, der auf einen Militärputsch zielt. Bei einem Treffen mit dem Generalsekretär der Kommunistischen Partei, Amar (Florestano Vancini), wird dieser als Kopf der Opposition und Rogas als einer, der der Wahrheit zu nahe gekommen ist, erschossen.

Dennoch geht es auch Rosi nicht primär um den historischen Augenblick in einem konkreten politischen Gefüge: (Sciascia) »... spricht von der Macht auf der ganzen Welt. Und ich glaube, daß er recht hat, denn es gilt nicht nur für Italien, sondern für das ganze Universum, daß die Macht ein unauflösbarer Knoten mafioser Interessen und komplizenhaften Schweigens ist. Aber es wäre eine Dummheit, zu meinen, Italien sei in dem Buch und besonders in dem Film nicht wiederzuerkennen. (...) Die Gemeinsamkeit zwischen Sciascia und mir besteht in der Sensibilität und der staatsbürgerlichen Berufung. Wir teilen eine Art Verzweiflung gegenüber der von der Macht ausgeübten ungeheuer starken Repression, und gleichzeitig eine Hoffnung, die uns zu glauben und zu leben hilft, aber eine wachsame Hoffnung. Und ich mache in diesem Film eine lange Reise unter den Monstren und Monstrositäten der Macht.«[25]

Die seit Oktober 1990 sukzessiv aufgedeckte Affäre »Gladio« läßt Rosis gespenstische Darstellung der Vorbereitungen des Umsturzes im nachhinein als prophetische Realisierung einer Wahrheit erscheinen, welche weitaus makabrer ist als die ohnehin beunruhigende Fiktion.

23 Siehe in diesem Kapitel S. 121.
24 L. Sciascia, Douze réponses à ›Positif‹, Positif 181, Mai 1976, S. 35.
25 F. Rosi in: Ciment, Le Dossier Rosi, a. a. O., S. 166f. und S. 168.

...eine lange Reise unter den Monstren und Monstrositäten der Macht.
Lino Ventura in der Rolle des Inspektors Rogas

Todo modo

Der Titel ist einem Zitat des Ignatius von Loyola entnommen – »Mit allen Mitteln (todo modo)... den göttlichen Willen erkennen und erfüllen«. Die Spitzenpolitiker, Prälaten, Präsidenten und Topmanager, die sich in Sciascias 1974 erschienenen Roman TODO MODO (»Todo modo oder das Spiel der Macht«) in der luxuriösen Einsiedelei Zafer versammeln, suchen in ihren Exerzitien nur scheinbar den göttlichen Willen zu erkennen, von der Erfüllung ganz zu schweigen. In TODO MODO kämpfen jene »Machtmasken« allenfalls »mit harten Bandagen um Positionen und Pfründe«.[26] Während des Rosenkranzes wird ein Banker ermordet und später Don Gaetano, der diabolische Leiter Zafers, der die Hintergründe des Mordes als einziger hätte durchschauen können. Ein Mord, dessen Aufklärung das verfaulte System der Macht hätte zusammenbrechen lassen. Als Beobachter der Szenerie führt Sciascia einen Maler ein, der zufällig in Zafer logiert. Sciascias satirisch-philosophische Abrechnung mit staatstragenden gesellschaftlichen Gruppen, deren typische Vertreter er in einem *huis clos* zusammenführt, erscheint als konsequente Fortführung und Übersteigerung der Formen und Themen seiner früheren Werke. Die Kriminalstruktur ist nur noch vorgeschoben, um die Machen-

---

26 Peter O. Chotjewitz, Die wahre Chronik, Literaturmagazin Nr. 16, S. 95.

schaften der Repräsentanten der Macht in einem absurden Mysterienspiel zu spiegeln.

Elio Petri verändert die Vorlage in seiner gleichnamigen Verfilmung (Italien 1976), um mit großem Staraufgebot (Gian Maria Volonté, Marcello Mastroianni, Michel Piccoli, Mariangela Melato, Renato Salvatori) eine Breitseite gegen die Democrazia Cristiana abzufeuern.

»Ich wollte meinerseits einen Film gegen die Partei machen, die 30 Jahre lang Italien regiert und das Land in den kulturellen und politischen Schiffbruch getrieben hatte. Ein zusätzliches Komplizentum hatte sich im Laufe der vergangenen 30 Jahre konsolidiert, jenes zwischen Kirche und katholischer Partei, und genau darüber, sei es auch im Zeichen der Metapher, die Sciascia-Loyola mir anboten, wollte ich den Film erzählen lassen.

Ich nahm die ein wenig grausame Entscheidung auf mich, die Leitfigur des laizistischen Künstlers wegzulassen und sie durch einen christdemokratischen Politiker zu ersetzen, der gleichzeitig der erkennbarste und der sinnbildlichste von allen war. So kam eine neue Leitfigur ans Licht, M. (Gian Maria Volonté), in der sich die Persönlichkeit und das Gebaren Aldo Moros spiegelten.«[27] Sciascia verteidigte Petri gegen die heftigen Angriffe, die seinen Film nach der Erstaufführung von allen Seiten trafen: »TODO MODO ist ein Film nach Pasolinis Art: den Prozeß, den Pasolini gegen die führende Klasse der Democrazia Cristiana anstrengen wollte und nicht mehr führen konnte, den hat Petri nun eingeleitet.«[28]

Die Ermittler

Siepe charakterisiert Sciascia als Schriftsteller, der geprägt ist »von einer zutiefst moralischen, antifaschistischen und undogmatischen Grundhaltung, welche sich auf die Tradition der europäischen, vor allem aber der französischen Aufklärung beruft. (...) Aufklärung und Erhellung bedürfen in der geschichtlichen und gegenwärtigen Erfahrung von Inquisition und Folter, Bestechung und Korruption, Mafia, Justizskandal und politischen Affären der kritischen Vernunft des Intellektuellen und seiner Waffe als Schriftsteller.«[29]

Sciascia selbst verkörpert durch seine Werke die Figur des charismatischen Ermittlers, wie sie in ihrer oppositionellen Grundhaltung und ihrem demokratischen Selbstverständnis für den italienischen Polit-Thriller

27 Elio Petri, Brèves considérations, in: ›Leonardo Sciascia‹, L'ARC 77, S. 65 f.
28 Zit. nach: André Cornand, Todo modo, La Revue du Cinéma Nr. 315, März 1977, S. 116.
29 Hans T. Siepe, Leonardo Sciascia, a. a. O., S. 1.

in den Figuren seiner Polizisten und Richter typisch ist, die, verraten und desavouiert durch die eigene Hierarchie, dennoch pflichtbewußt und selbstmörderisch nach dem Kopf des Kraken fahnden, der seine Fangarme über das Land legt und es langsam erstickt.[30]

Kein nationales Kino kennt in dem Maße wie das italienische die anonyme Bedrohung durch verschleierte Koalitionen von Verbrechen und institutionaler Macht, mag sie den Namen einer Behörde, einer Partei, eines Ministeriums oder des Vatikans tragen. Der Polit-Thriller ist die Antwort der Autoren und Regisseure auf die neuere Geschichte und die aktuelle Politik im Lande. Die Stoffe liegen buchstäblich auf der Straße.

Notizen zu Regisseuren und Filmen des Genres

Damiano Damiani, geboren 1922 in Basiano, wandte sich bereits in seinem zweiten Film IL SICARIO (»Das bittere Leben«, Italien 1960; B: Cesare Zavattini, Damiani; D: Sergio Fantoni, Alberto Lupo, Belinda Lee) den sozialen Folgen wirtschaftlicher Korruption zu. Ein Bauunternehmer bezahlt einen Arbeiter für den Mord an einem Gläubiger. Die Folgen trägt der Arbeiter. Erst nach dem Umweg über den Italowestern mit Polit-Touch, QUIEN SABE? (»Töte Amigo«, Italien 1966, B: Salvatore Laurani; D: Gian Maria Volonté, Lou Castel, Klaus Kinski) findet er über die Lektüre Sciascias mit IL GIORNO DELLA CIVETTA (»Der Tag der Eule«, Italien/Frankreich 1968; B: Ugo Pirro, Damiani; D: Claudia Cardinale, Franco Nero, Lee J. Cobb, Serge Reggiani)[31] zum Genre des Polit-Thrillers, zu dessen Klassikern er gehört. Es folgt CONFESSIONE DI UN COMMISSARIO DI POLIZIA AL PROCURATORE DELLA REPUBBLICA (»Der Clan, der seine Feinde lebendig einmauerte«, Italien 1970; B: Salvatore Laurani, Damiani). Kriminalkommissar Bonavia (Martin Balsam) kommt den kriminellen Verbindungen zwischen dem mafiosen Bauunternehmer Lomunno (L. Lorcas) und Honoratioren der Stadt mit legalen Mitteln nicht bei. Als er sich entschließt, die Verbrecher mit ihren eigenen Waffen zu bekämpfen, gerät er in Konflikt mit dem aufrechten Staatsanwalt Traini (Franco Nero). Die beiden Männer verdächtigen einander der Korruption, angesteckt von der Atmosphäre des umfassenden Mißtrauens in der Stadt. Erst nach dem Tod Bonavias erkennt Traini die wahren Ausmaße der Korruption, an der Bonavia scheiterte und der auch er selbst machtlos gegenübersteht. Das Verhältnis von Kommissar und Staatsanwalt symbolisiert treffend die politische Lähmung Italiens. In

---

30 LA PIOVRA = »Der Krake« ist der Originaltitel von Damianis, Vancinis und Perellis erfolgreicher Fernsehserie »Allen gegen die Mafia«. Siehe Seite 120.
31 Siehe in diesem Kapitel S. 130f.

L'ISTRUTTORIA E'CHIUSA: DIMENTICHI (»Das Verfahren ist eingestellt: Vergessen Sie's«, Italien 1971; B: Dino Maiuri, Massimo de Rita, Damiani; D: Franco Nero, Georges Wilson, Riccardo Cucciolla) lernt ein wegen eines Verkehrsdeliktes in Untersuchungshaft genommener Architekt Korruption und Gewalt in der Gefängnisszene kennen. Deutlich trägt die Situation in der Haftanstalt Züge der sozialen Atmosphäre Italiens.

Das eigene Medium reflektiert Damiani in PERCHE SI UCCIDE UN MAGISTRATO? (»Warum mußte Staatsanwalt Traini sterben?/Der Terror führt Regie«, Italien 1974; B: Damiani, Fulvio Gicca, Enrico Ribulsi) Der Filmregisseur Giacomo Solaris (Franco Nero) hat in einem Polit-Thriller den amtierenden Oberstaatsanwalt Traini der Verbindungen zur Mafia bezichtigt. Traini, der gerade einen Prozeß gegen die Mailänder Kreditbank einleitet, wird kurz nach der Aufführung des Films ermordet. In Verdacht gerät der Abgeordnete Cellini, der Traini von den Ermittlungen gegen die Bank hatte abbringen wollen. Solaris findet die wahre Lösung: Frau Traini (Françoise Fabian) und ihr Liebhaber hatten die Empörung gegen den Staatsanwalt nach der Aufführung des Films und die Unruhe um den Prozeß gegen die Bank genutzt, um den Gatten zu beseitigen. Der Grund war das Kind, das die Frau erwartet. Traini hatte den Fehltritt bemerkt. Solaris bringt die Frau zur Polizei. Cellini ist inzwischen verhaftet worden. Ein Journalist will Solaris davon abhalten, gegen die Mörderin auszusagen. Ihm wäre Cellini als Schuldiger lieber. Die wahre Lösung des Falles sorgt für Erleichterung unter den Politikern, deren schmutzige Geschäfte bei einem Prozeß gegen Cellini unweigerlich aufgeflogen wären.

Damianis intelligente, zynische Spiegelfechterei stellt die Frage nach der Verantwortung des Künstlers/Ermittlers gegenüber der Wahrheit, ihren Trugbildern und Facetten. Hat er auch recht mit seinen Anklagen, was offensichtlich hier der Fall ist, bleibt das Problem der Reaktionen, die seine Art der Darstellung hervorruft (Filmfans zerstören Trainis Fenster mit Steinwürfen), und die Frage, wer sich seine Inszenierung mit welchen Zielen zunutze macht. Nicht zuletzt formuliert er auch, daß der Künstler Gefahr läuft, sich zum manipulierbaren Bestandteil der Szenerie zu machen, die er in seinem Werk – polemisch oder analytisch – beschreibt. Darüber hinaus präsentiert Damiani eine in all ihren Schichten heillos verfaulte Welt, der sein Regisseur Solaris wie ein Simplizissimus gegenübertritt. Der Polit-Thriller tendiert bisweilen zur zynischen Farce, was sich auch hier wie bei Sciascia als konsequent erweist.

IO HO PAURA (»Ich habe Angst«, Italien 1977; B: Damiani, Nicola Badalucco; D: Gian Maria Volonté, Erland Josephson, Mario Adorf) zeigt einen Staat, der vor den Intrigen seiner inneren Feinde und deren Nutznießern in der Politik kapituliert hat. Richter Cancedda (Erland Josephson) wird ermordet, weil er den Beziehungen zwischen neofaschistischen Terroristen, dem Verteidigungsministerium und dem Geheimdienst auf die Spur gekommen ist. Auch hier Zusammenhänge, die gleichsam prophetisch auf die 13 Jahre später aufgedeckte Affäre »Gladio« verweisen. Sein Bewacher, der sizilianische Polizist Graziano (Gian Maria Volonté), der als Mitwisser Canceddas auf der Abschußliste der Verschwörer steht, kämpft verzweifelt um sein Leben. In einem Staat, dessen Institutionen selbst zutiefst in das Verbrechen verstrickt sind, hat er keine Überlebenschance.

GOODBYE & AMEN (»Goodbye und Amen«, Italien 1978, B: Damiani, Nicola Badalucco; D: Tony Musante, Claudia Cardinale, John Forsyth) zeigt einen Agententrupp der CIA, welcher von Rom aus einen Staatsstreich in Afrika vorbereitet. Als ein ehemaliger Freiwilliger für Spezialeinsätze, auch als Fahrer für die italienische Botschaft tätig, aus Rache für seine Entlassung in einem römischen Hotel mehrere Menschen ermordet und Geiseln nimmt, droht der CIA-Operation die Enttarnung. Damiani bietet hier lediglich spannende Unterhaltung mit gesellschaftskritischem Hintergrund.

Ein Meisterwerk gelingt ihm hingegen mit UN UOMO IN GINOCCHIO (»Ein Mann auf den Knien«, Italien 1979; B: Damiani, Nicola Badalucco; D: Giuliano Gemma, Eleonora Giorgi, Michele Placido, Ettore Manni). Nino Peralta (Giuliano Gemma), ein vorbestrafter kleiner Gauner, der versucht, mit einem Getränkekiosk in Palermo ein ehrliches Leben zu beginnen, gerät unverschuldet in den Verdacht, in die Entführung der Frau eines Mafiabosses verwickelt zu sein. Nun steht er auf der Abschußliste des Clans. Der Versuch, sich freizukaufen, läßt ihn immer rettungsloser der Mafia verfallen.

L'AVVERTIMENTO (»Die tödliche Warnung«, Italien 1980; B: Damiano, Nicola Badalucco; D: Giuliano Gemma, Martin Balsam) nimmt das Thema von CONFESSIONE DI UN COMMISSARIO . . . noch einmal auf und formuliert das Klima von Mißtrauen, anonymer Bedrohung und Unsicherheit im italienischen Staat. Wiederum stehen zwei Polizisten im Mittelpunkt, die einander für korrupt halten, in Wirklichkeit jedoch die einzig Aufrechten sind, die das Verbrechen leidenschaftlich bekämpfen. So hat der Polizeipräsident seinen Kommissar für ein Werkzeug des Bankbosses und seiner Komplizen in Wirtschaft, Justiz, Polizei und Presse gehalten, die erst einen Polizisten bestechen und ermorden und dann Kommissar Barresi auf ihre Seite ziehen wollen. Der geht darauf ein, fahndet aber heimlich nach den Tätern.

PIZZA CONNECTION (»New York Connection«, Italien 1984; B: Damiani; D: Michele Placido, Marc Chase) schildert den Familienkonflikt eines Mafiakillers mit seinem jüngeren Bruder, der vor Korruption und Gewalt zurückschreckt und den älteren bekehren will.

Dalla Chiesa (Lino Ventura) tritt die 100 TAGE VON PALERMO an

Sein Konzept des Polit-Thrillers verwirklichte Damiani meisterhaft in der ersten Staffel der europaweit erfolgreichen Fernsehserie LA PIOVRA (»Allein gegen die Mafia«; eine Gemeinschaftsproduktion von RAI, ZDF und Channel 4, 1983; B: Ennio de Concini; D: Michele Placido, François Périer, Florinda Bolkan). Diese unter der Regie von Florestano Vancini und Luigi Perelli bis 1989 auf vier Staffeln herangewachsene Mammutserie kann als Anthologie der Themen des italienischen Kriminalfilms betrachtet werden. Die Presse feierte die Serie als einen neuen »Angriff auf das Gewissen der Fernsehzuschauer«, die von einem »dramatischen und spannenden Schauspiel gefesselt werden, das nicht auf grausamen Bildern basiert, sondern auf der Wucht menschlicher, sozialer und psychologischer Konflikte«.[32]

In einem zweistündigen Dokumentarfilm über die Mafia, IL SEPARATISMO SICILIANO (Italien 1981) recherchierte Damiano in der Realität, was er in seinen Spielfilmen immer wieder formulierte: wie das organisierte Verbrechen in die soziale Verelendung führt und das Alltagsleben eines ganzen Staates lähmt und der Agonie nahebringt.

---

32 Zit. nach: Schäfer/Schwarzer, Der Teufelskreis von Terror und Gewalt – Hintergründe und Umfeld des Fernsehfilms »Allein gegen die Mafia«, in: Weiterbildung und Medien 1/1987.

Giuseppe Ferrara, geboren 1932, arbeitet hauptsächlich für das italienische Fernsehen. Mit zwei Kinofilmen gesellte er sich zu den Klassikern des Polit-Thrillers.

CENTO GIORNI A PALERMO (»Die hundert Tage von Palermo«, Italien/Frankreich 1983; B: Giorgio Arlorio, Piergiovanni Anchisi, Ferrara; D: Lino Ventura, Giuliana de Sio, Lino Troisi).

Im Mai 1982 wurde Carabinieri-General Carlo Alberto dalla Chiesa nach seinen Erfolgen im Kampf gegen die Roten Brigaden zum Präfekten in Palermo ernannt. Seine Aufgabe sollte es sein, ebenso effizient gegen die Mafia vorzugehen. Am 3. September 1982 starb er dort zusammen mit seiner Frau bei einem Attentat. Der Mord wurde der Mafia zugeschrieben. Es gibt Anzeichen dafür, daß die wahren Gründe des Anschlags in dalla Chiesas Wissen um die Hintergründe des Mordes an Aldo Moro und den Skandal um die Loge P2 liegen.[33]

Ferrara rekonstruierte mit dokumentarischer Akribie die 100 Tage, die dalla Chiesa in Palermo verblieben, um seine Ermittlungen mit dem ihm eigenen Pflichtbewußtsein, in diesem Maße jedoch mit letztendlich unerwünschter Effizienz, zu beginnen.

IL CASO MORO (»Die Affäre Aldo Moro«, Italien 1986; B: Robert Katz, Armenia Balducci, Ferrara; D: Gian Maria Volonté).[34]

Am 16. März soll im italienischen Parlament darüber abgestimmt werden, daß die PCI in eine »neue Mehrheit der nationalen Solidarität« einbezogen werden möge. Der Mann, der diesen historischen Kompromiß zustande gebracht hatte, Aldo Moro, Vorsitzender der Christdemokraten und eine der zentralen politischen Größen des Landes, wird an diesem Morgen kurz vor der Parlamentssitzung von Angehörigen der »Roten Brigaden« entführt. Am 9. Mai 1978 wird seine Leiche in einem roten R4 in der Via Gaetani in Rom gefunden. Was in den dazwischenliegenden 55 Tagen geschah, ist nie offiziell aufgeklärt worden, wenngleich am 24. Januar 1983 der Moro-Prozeß mit der Verurteilung der beteiligten Brigadisten endete.

Giuseppe Ferrara hält sich in seinem Film eng an das vorhandene dokumentarische Material und hütet sich, allein die kriminalistischen Elemente in den Vordergrund zu spielen. In realistischer Nachzeichnung der bekannten Tatsachen formuliert er acht Jahre nach der Tat die offengebliebenen Fragen neu und löst damit im italienischen Parlament heftige Debatten aus. Warum verschleppten Politiker aller Parteien und beson-

---

33 Vgl. Werner Raith, In höherem Auftrag – Der kalkulierte Mord an Aldo Moro, Wagenbachs Taschenbücherei, Berlin 1984.
34 Vgl. Werner Raith, In höherem Auftrag – Der kalkulierte Mord an Aldo Moro, Wagenbachs Taschenbücherei, Berlin 1984. Seit Bekanntwerden der Affäre »Gladio« im Oktober/November 1990 häufen sich Spekulationen um die Beteiligung von CIA und NATO an der Ermordung Aldo Moros.

Aldo Moro (Gian Maria Volonté) in der Gewalt der Roten Brigaden

ders die Spitzen der Regierung die Rettung Aldo Moros? Waren sie an seinem Tod mehr interessiert als an seiner Befreiung? Warum ermittelte die Polizei so geschickt an der Aufklärung des Falles vorbei? Welche Rolle spielten die Geheimdienste befreundeter Nationen bei den unnötig hinhaltenden Taktiken der italienischen Behörden? Inwieweit nahm die rechtsradikale Geheimloge P 2, zu der hohe Persönlichkeiten aus Militär, Politik, Wirtschaft und Klerus gehören, auf die Entscheidungen Einfluß?

Fragen, die einen nationalen Skandal wieder aufführen, der von den Beteiligten bis heute aus gutem Grunde totgeschwiegen werden soll. Auch wo Ferrara teilweise auf Spekulationen angewiesen ist, inszeniert er mit exemplarischem Verantwortungsbewußtsein und äußerster Diskretion. Aldo Moro hatte aus der Gefangenschaft zahlreiche Briefe an Persönlichkeiten des öffentlichen Lebens und an Angehörige seiner Familie geschrieben. Aus ihrem Inhalt, unterstützt von zahlreichen Interviews auch mit den Entführern, entwickelt der Regisseur zusammen mit dem großartigen Gian Maria Volonté, weit entfernt von jeder Attitüde eines Helden oder Märtyrers, das eindringliche Porträt eines Menschen in höchster Gefährdung und hebt seinen Film damit weit über die Ebene des Dokumentarspiels hinaus.

Giuliano Montaldo, geboren 1930 und ursprünglich Schauspieler, realisierte er ab 1960 eine vergleichsweise kleine Anzahl von Filmen. Sein Debüt war dem Thema der Résistance gewidmet: TIRO AL PICCIONE (1961). Es folgten Filme mit sehr unterschiedlichen Themenstellungen, darunter historische Biographien und Gesellschaftskritik sowie Kriminalfilme. Einen Klassiker des Polit-Thrillers schuf er mit SACCO E VANZETTI (»Sacco und Vanzetti«, Italien/Frankreich 1970; B: Fabrizio Onofri, Montaldo; D: Gian Maria Volonté, Riccardo Cucciolla, Cyril Cusack). Eine um getreue Wiedergabe der zeitgenössischen Atmosphäre des Amerika vom Beginn der 20er Jahre bemühte Rekonstruktion der Hintergründe von Verurteilung und Hinrichtung der beiden italienischen Einwanderer Nicolo Sacco und Bartolomeo Vanzetti. Ein Fall, dessen flagrante Ungerechtigkeit zu seiner Zeit die öffentliche Meinung in der ganzen Welt mobilisierte, ohne allerdings die amerikanischen Behörden zum Einlenken zu bewegen.
Wie weit Wissenschaft im Atomzeitalter mit Testpersonen gehen darf, wem außer der Bauindustrie die Konstruktion von Atombunkern nützt – diese und ähnliche Fragen stellt Montaldo in CONTROL (»Control«, Italien/Kanada/Frankreich 1987; B: Piero Angelo Montaldo, Brian Moore; D: Burt Lancaster, Ben Gazzara, Ingrid Thulin, Erland Josephson, Andrea Ferréol).

Elio Petri, 1929–1982, erwies sich in seinen Filmen als scharfer Kritiker der italienischen Gesellschaft, die er auch mit den Mitteln des Polit-Thrillers analysierte: Zum Thema gehören die beiden nach Romanen Leonardo Sciascias gedrehten Filme A CIASCUNO IL SUO (»Zwei Särge auf Bestellung«) und TODO MODO.[35]
Zu Petris zentralen Werken gehört auch INDAGINE SU UN CITTADINO AL DI SOPRA DI OGNI SOSPETTO (»Ermittlungen gegen einen über jeden Ver-

---

35 Siehe in diesem Kapitel S. 109f. und 115f.

dacht erhabenen Bürger«, Italien 1969; B: Petri, Ugo Pirro; D: Gian Maria Volonté, Florinda Bolkan, Salvo Randone). Diese mit internationalen Preisen und Auszeichnungen bedachte Arbeit ist ein Film über den Mißbrauch und die Korrumpierung der Macht, über die Doppelbödigkeit gesellschaftlicher und moralischer Werte und über die Repräsentanten einer staatlichen Ordnung, die – in diesem Zusammenhang – über ›jeden Verdacht erhaben‹ sind.[36]

Francesco Rosi. Zentrales Thema im Werk Rosis, geboren 1922 in Neapel, ist die komplizierte Gesellschaftsstruktur des Mezzogiorno. Der überwiegende Anteil der 15 Filme, bei denen er seit 1957 Regie führte, setzt sich mit der Geschichte und der Aktualität des benachteiligten italienischen Südens auseinander. Rosi analysiert die überkommenen wirtschaftlichen und sozialen Strukturen, indem er Praktiken der Machtausübung politischer Instanzen entschleiert und ihre Auswirkung auf die tägliche Realität in den unterschiedlichen Gesellschaftsschichten darstellt.

Der Inszenierungsstil Rosis steht in der Tradition des Neorealismus. Er verbindet journalistisch recherchierte Tatsachen, Detailtreue und sozialkritisches Engagement mit Einflüssen des amerikanischen Kinos, besonders der Filme Elia Kazans. Seine Darstellung vermeidet plakative Schwarzweißmalerei zugunsten umsichtiger Argumentation und exakter Präsentation von Fakten und Personen. In den 80er Jahren wird sein Stil poetischer, ohne daß er an Genauigkeit eingebüßt oder an Aktualität verloren hätte. Seine wichtigsten Filme zum Thema[37]:

LA SFIDA (»Die Herausforderung«, Italien 1957; B: Rosi, Suso Cecchi d'Amico; D: José Suarez, Rosanna Schiaffino)

SALVATORE GIULIANO (»Wer erschoß Salvatore G.«?, Italien 1961; B: Rosi, Suso Cecchi d'Amico, Franco Solinas; D: Salvo Randone, Frank Wolff)

LE MANI SULLA CITTÀ (»Hände über der Stadt«, Italien 1963; B: Rosi, Raffaele La Capria; D: Rod Steiger, Salvo Randone, Guido Alberti)

IL CASO MATTEI (»Der Fall Mattei«, Italien 1971; B: Rosi, Tonino Guerra; D: Gian Maria Volonté)

LUCKY LUCIANO (»Lucky Luciano«, Italien 1972; B: Rosi, Tonino Guerra; D: Gian Maria Volonté, Rod Steiger, Edmond O'Brien)

CADAVERI ECCELENTI (»Die Macht und ihr Preis«, Italien 1975; B: Rosi,

---

36 Eine ausführliche Besprechung des Films in: Engelhard, Schäfer, Schobert (Hg.), 111 Meisterwerke des Films, Fischer Taschenbuch Verlag, November 1989, S. 235 ff.
37 Eine umfassende Darstellung der Filme Rosis mit ausführlicher Bibliographie in: ›Francesco Rosi‹, Reihe Film 28, Carl Hanser Verlag, München Wien 1983.

Die Mafia der Bauunternehmer profitiert von der Not der unteren Schichten in
der Bevölkerung. HÄNDE ÜBER DER STADT

Gian Maria Volonté als Enrico Mattei

Tonino Guerra; D: Lino Ventura, Alain Cuny, Charles Vanel, Max von Sydow, Fernando Rey, Renato Salvatori, Marcel Bozzuffi)[38]
CRISTO SI E FERMATO A EBOLI (»Christus kam nur bis Eboli«, Italien 1978; B: Rosi, Tonino Guerra; D: Gian Maria Volonté, Alain Cuny, Lea Massari, Irene Papas)
TRE FRATELLI (»Drei Brüder«, Italien 1980; B: Rosi, Tonino Guerra; D: Charles Vanel, Philippe Noiret, Vittorio Mezzogiorno, Michele Placido, Andréa Ferréol)
DIMENTICARE PALERMO (»Palermo vergessen«, Italien 1989; B: Rosi, Gore Vidal, Tonino Guerra; D: James Belushi, Mimi Rogers, Joss Ackland, Philippe Noiret, Vittorio Gassman)

Pasquale Squitieri, geboren 1939 in Neapel, analysiert in seinen niveauvollen gesellschaftskritischen Actionfilmen häufig die soziale Szenerie Neapels. Im Mittelpunkt steht die örtliche Mafia, Camorra genannt, und ihre Verbindung zu den Spitzen von Politik, Justizverwaltung und Wirtschaft der Region.
LA CAMORRA (»Omerta – Reden heißt sterben«, Italien/Frankreich 1972; B: Squitieri; D: Fabio Testi, Jean Seberg, Raymond Pellegrin, Charles Vanel). Ein junger Krimineller arbeitet sich in der Camorra-Hierarchie nach oben, scheitert aber in der Auseinandersetzung mit dem Chef des Clans.

38 Siehe in diesem Kapitel S. 113f.

I GUAPPI (»Gesetz der Gesetzlosen«, Italien 1974; B: Squitieri, Ugo Pirro; D: Franco Nero, Claudia Cardinale, Fabio Testi, Raymond Pellegrin). Der Konflikt eines jungen Revolutionärs, der Rechtsanwalt werden will, mit dem korrupten, brutal seine Macht durchsetzenden Camorra-Chef im Neapel der Jahrhundertwende.

L'AMBIZIOSO (»Harley Riders – Sie kannten kein Erbarmen«, Italien 1974; B: Squitieri; D: Joe Dallessandro, Raymond Pellegrin). Rom und Neapel sind die Schauplätze des Machtkampfes zwischen einem jungen Gangster, der auf eigene Faust ins Rauschgiftgeschäft einsteigen will, und der etablierten Mafia.

CORLEONE (»Der Aufstieg des Paten/Corleone – Boß der Bosse«, Italien 1977, B: Squitieri, Orazio Barrese, Massimo de Rita, D: Giuliano Gemma, Claudia Cardinale, Francisco Rabal). Der Landarbeiter und Schwarzmarkthändler Vito steigt zum Mafia-Boß auf und legt sich mit einer Organisation amerikanischer Drogenhändler an.

IL PREFETTO DI FERRO (»Der eiserne Präfekt«, Italien 1977, B: Squitieri, Ugo Pirro, Arrigo Petacco; D: Giuliano Gemma, Claudia Cardinale, Francisco Rabal). Sizilien in der zweiten Hälfte der 20er Jahre. Ein von der italienischen Regierung eingesetzter Stadthalter soll in Sizilien die Mafia bekämpfen. Als er sein Amt zu rigoros ausführt, wird er von Rom abserviert. Mussolinis Regierung war widerstrebend auf Spitzenleute der Mafia angewiesen, die die bestehende politische und soziale Ordnung der Insel garantierten.

IL PENTITO (»Der Denunziant«, Italien 1985; B: Squitieri; D: Franco Nero, Eric Estrada, Tony Musante, Max von Sydow). Squitieri greift hier mit vollen Händen in die italienische Aktualität, die ihm alle Versatzstücke der Geschichte liefert: man erinnert sich aus den Schlagzeilen der Presse an Namen wie Sindona, den ›Bankier des Papstes‹, Buscetta, den Kronzeugen etc. Die sizilianische Mafia wird durch den betrügerischen Bankrott des Bankiers Spinola und seine Verhaftung in New York in Mitleidenschaft gezogen. Ihre Konten sind gesperrt, ihre Geldwaschanlage funktioniert nicht mehr. Der junge Hitzkopf Don Salvo eröffnet den Krieg gegen die alten Generäle der ›ehrenwerten Gesellschaft‹, weil ihr Vertrauen in Spinolas Geschäfte auch ihn um den Gewinn bringt. Nach blutigen Massakern, unter denen auch die Familie Vanni Ragusas, Spinolas Mann in Sizilien, zu leiden hat, läßt sich Ragusa von Richter Falcone scheinbar dazu bewegen, als Kronzeuge gegen die Mafia auszusagen. Falcone, der dem organisierten Verbrechen damit eine entscheidende Niederlage beizubringen glaubt, muß schließlich erkennen, daß er lediglich dazu benutzt worden ist, Ragusas Feinde aus dem Weg zu räumen.

Florestano Vancini, geboren 1926, machte sich in den 50er Jahren einen Namen als Dokumentarfilmer. Er beschäftigte sich in seinen Filmen vorrangig mit den Verhaltensmustern, die den italienischen Faschismus ermöglichten.

In seinem ersten Spielfilm, LA LUNGA NOTTE DEL 43 (»Die lange Nacht von 43«, Italien 1960; B: Ennio de Concini, P. P. Pasolini, Vancini nach einer Erzählung von Giorgio Bassani) steht im Mittelpunkt die Ermordung von elf Bürgern in Ferrara am 16. 12. 1943 und das Verhalten eines der Schuldigen in der italienischen Gesellschaft vom Ende der 50er Jahre.

LA VIOLENZA: QUINTO POTERE (»Gewalt – Die fünfte Macht im Staat«, Italien 1972, B: Massimo Felisatti, Fabio Pittorru, Vancini, nach einem Theaterstück von Giuseppe Fava; D: Enrico Maria Salerno, Mario Adorf, Riccardo Cucciolla) führt einen sizilianischen Schauprozeß gegen 16 Anführer rivalisierender Mafia-Clans vor, der wegen hochrangiger Verbindungen der Angeklagten und der Angst, die ihre Macht und Skrupellosigkeit bei den Beteiligten hervorruft, im Sande verläuft.

Zentrales Werk Vancinis ist IL DELITTO MATTEOTTI (»Der Mordfall Matteotti«, Italien 1973; B: Lucio M. Battistrada, Vancini; D: Mario Adorf, Franco Nero, Riccardo Cucciolla, Vittorio de Sica, Damiano Damiani). Der auf Mussolinis Befehl am 30. 5. 1924 ermordete Abgeordnete Giacomo Matteotti erscheint in der fast dokumentarischen Inszenierung als Opfer eines Systems, das sich Justiz, Kirche, Militär und Polizei hörig macht.

Vancini führte auch die von Damiani begonnene Fernsehserie »Allein gegen die Mafia« in der zweiten Staffel fort.

Weitere Filme zum Thema

IL BOSS (»Der Teufel führt Regie«, Italien 1973, R/B: Fernando di Leo; D: Henry Silva, Richard Conte). Actionfilm um die mörderischen Machenschaften dreier Bauunternehmer und ihrer Clans in Palermo.

CACCIA ALL'UOMO (»Agent 0-1-7 auf heißer Spur«, Italien 1961; R: Riccardo Freda; B: Dino de Palma, Marcello Coscia; D: Eleonora Rossi-Drago, Yvonne Furneaux, Umberto Orsini). Mafiamorde in Sizilien, Rauschgiftaffären in Rom.

IL CAMORRISTA (»The Professor«, Italien 1986; R: Giuseppe Tornatore; B: Massimo de Rita, Tornatore; D: Ben Gazzara, Laura del Sol). Tornatore schildert anschaulich die Wurzeln der neapolitanischem Camorra; einerseits ist da die materielle Verelendung breiter Bevölkerungsschichten innerhalb einer schwachen und chaotisch geführten Wirtschaftsstruktur, andererseits baut sie ihre Kraft auf Politiker, die aus ihren Reihen stammen, sowie auf politische Verbindungen, die durch Abhängigkeit, Erpressung und Korruption von hochrangigen Polizeioffizieren, Richtern, Abgeordneten und Senatoren entstehen. IL CAMORRISTA ist weniger ein Polit-Thriller als das Porträt eines Camorra-Paten, der die Abhängigkeit seiner Eltern von rücksichtslosen Großgrundbesitzern kennengelernt hat. Diese Erniedrigung sowie das Beispiel zynischer Menschenverachtung bei den Besitzenden, die auch vor Mord nicht zurückschrecken und sich dabei sogar des jungen Rafele als Tarnung bedienen, prägen seine Kindheit. Vom Gefängnis aus organisiert er die ›Neue Camorra‹ nach dem Konzept modernen Managements, wobei er durch bewußt soziales Wirken die Bevölkerung auf seine Seite zu ziehen weiß. Die alte Camorra schaltet er auf blutige Weise aus und schließt sich den Geschäftsverbindungen der New Yorker ›Cosa Nostra‹ an. Authentisches Vorbild des ›Professor‹ ist der neapolitanische Unterwelt-König Rafele Cutolo.

COLPO DI STATO (»Staatsstreich«, Italien 1968; R: Luciano Salce; B: Ennio de Concini, Salce; D: Steffen Zacharias, Dimitri Tamarov). Scharfe Science-fiction-Satire über politische Wahlen in Italien.

UN COMPLICATO INTRIGO DI DONNE, VICOLI E DELITTI (»Camorra«, Italien 1985; R/B: Lina Wertmüller; D: Angela Molina, Francisco Rabal, Harvey Keitel). In ihrem unnachahmlichen Stil erzählt Lina Wertmüller vom Aufbegehren der neapolitanischen Frauen gegen die Camorra. Der authentische Hintergrund und die aktuelle Form der zunehmenden Aktionen unterschiedlicher Zusammenschlüsse von Frauen sind in Birgit Kienzles Dokumentarfilm in FRAUEN GEGEN DIE MAFIA eindrucksvoll wiedergegeben.

I CONSIGLIORI (»Im Dutzend zur Hölle«, Italien 1973; R: Alberto de Martino; D: Tomas Milian, Martin Balsam, Francisco Rabal). Konflikt zwischen Mafia-Boß und seinem ›Patensohn‹, der ihm den Dienst quittieren will.

CORRUZIONE AL PALAZZO DI GIUSTIZIA (»Korruption im Justizpalast«, Italien 1974; R: Marcello Aliprandi; D: Franco Nero, Fernando Rey, Martin Balsam, Gabriele Ferzetti, Umberto Orsini). Querelen zwischen Richtern, die mehr um ihre Karriere als um Gerechtigkeit bemüht sind, vor dem Hintergrund von Wirtschaftsverbrechen im italienischen Staat.

FRAUEN GEGEN DIE MAFIA, Dokumentarfilm von Birgit Kienzle, unter Mitarbeit von Sonja Balbach und Maria Teresa Galluzzo, nach einer Idee von Werner Raith. Eine Produktion des Südwestfunks Baden-Baden 1988. Das Buch: Birgit Kienzle / Maria Teresa Galluzzo »Frauen gegen die Mafia« erschien in der Reihe rororo-aktuell im September 1990.

GENTE DI RISPETTO (»Werkzeug der Mächtigen«, Italien 1975; R: Luigi Zampa; B: Leo Benvenuti, Piero de Bernardi, Zampa; D: Jennifer O'Neal, Franco Nero, James Mason). Eine engagierte Lehrerin wird auf Sizilien ungewollt zum Werkzeug eines korrupten Grundstücksspekulanten.

HERZ AUS STEIN (Internationale TV-Produktion von RAI-UNO/Polyphon/ARD/Antenne 2 [Paris]/TVE [Madrid]; R: Stefano Vanzina; B: Lucio de Caro, Steno; D: Carlo Giuffré, Massimo Ranieri, Sophie Duez, Marcel Bozzuffi, Raymond Pellegrin; Ausgestrahlt im ARD, Juni/Juli 1988). Mehrteilige TV-Serie über die neapolitanische Camorra.

DER MAFIAKRIEG – Von der ›Ehrenwerten Gesellschaft‹ zum Drogensyndikat. Dokumentarfilm von Tim Shawcross und Christopher Oligati; TV-Coproduktion von BBS und CBS. Ausgestrahlt am 9. Juni 1989 in WEST 3.

LA MANO SPIETATA DELLA LEGGE (»Das Blut der schwarzen Schlange«, Italien 1974; R: Mario Gariazzo; D: Philippe Leroy, Klaus Kinski, Adolfo Celi, Fausto Tozzi, Cyril Cusack). Duell zwischen einem Polizisten und einem Mafia-Killer.

MORTE IN VATICANO (»Das Vatikan-Komplott«, Italien 1982; R: Marcello Aliprandi; B: Aliprandi; D: Terence Stamp, Gabriele Ferzetti). Der Tod Papst Johannes Pauls I. gab zu mancherlei Gerüchten und Spekulationen Anlaß. Aliprandi illustriert in seinem Thriller die Mordtheorie, nach der eine Allianz aus Politikern, Militärs, Industriellen und Würdenträgern des Vatikan (die bekannte Zusammensetzung der rechtsradikalen Loge P2) die deklarierte Politik des progressiven Papstes durch Mord verhindern wollte.

LA ONORATA FAMIGLIA (»Eine ehrenwerte Familie«, Italien 1973; R: Tonino Ricci; D: Raymond Pellegrin, Simonetta Stefanelli). Mörderischer Konkurrenzkampf einiger Clans von Bauunternehmern auf Sizilien.

LA POLIZIA INCRIMINA, LA LEGGE ASSOLVE (»Tote Zeugen singen nicht«, Italien/Spanien 1973; R: Enzo G. Castellari; B: Tito Carpi, Gianfranco Clerici, Castellari; D: Franco Nero, Fernando Rey). Der Kampf gegen einen Rauschgiftring in Genua, dessen Köpfe in den Spitzen der Gesellschaft zu suchen sind.

LA POLIZIA RINGRAZIA (»Das Syndikat«, Italien/BRD 1971; R: Stefano Vanzina; B: Lucio de Caro, Steno; D: Enrico Maria Salerno, Mario Adorf, Mariangela Melato). Ein Polizist scheitert an der Aufklärung der Machenschaften einer rechtsradikalen Gruppierung in Italien.

POLIZIOTTI VIOLENTI (»Blutiger Schweiß«, Italien 1976; R/B: Michele Massimo Tarantini; D: Antonio Sabato, Ettore Manni, Henry Silva). Komplott in den höchsten militärischen und politischen Kreisen. Actionfilm.

PROCESSO ALLA CITTÀ (»Das Lied vom Verrat«, Italien 1952; R: Luigi Zampa; B: Ettore Giannini, Zampa; D: Amadeo Nazzari, Silvana Pampanini, Paolo Stoppa). Korruption in der Gesellschaft Neapels.

SCACCO ALLA MAFIA (»Schach der Mafia«, Italien 1970; R/B: Warren Kiefer; D: Victor Spinetti, Pier Paolo Capponi, Maria Pia Conte). Ein amerikanischer Agent, die italienische Polizei und ein New Yorker Mafioso suchen in Rom eine verschwundene Rauschgiftlieferung.

THE SALAMANDER (»Kennwort Salamander«, USA 1981; R: Peter Zinner; B: Robert Katz nach dem Roman von Morris L. West; D: Franco Nero, Martin Balsam, Anthony Quinn, Claudia Cardinale, Christopher Lee). Hohe Militärs faschistischer Couleur bereiten einen Komplott zum Sturz der Regierung in Italien vor.

SBATTI IL MOSTRO IN PRIMA PAGINA (»Knallt das Monster auf die Titelseite«, Italien/Frankreich 1973; R: Marco Bellocchio; B: Sergio Donati, Bellocchio; D: Gian Maria Volonté, Laura Betti). Rufmordcampagne einer Boulevardzeitung gegen eine linke Partei Italiens.

SEQUESTRO DI PERSONA (»Die Mafia-Story«, Italien 1968; R: Gianfranco Mingozzi; D: Franco Nero, Charlotte Rampling, Frank Wolff). Eindringlicher Film über das Banditentum auf Sardinien.

THE SICILIAN (»Der Sizilianer«, USA 1987; R: Michael Cimino; B: Steve Shagan, nach dem Roman von Mario Puzo; D: Christopher Lambert, Terence Stamp, Giulia Bosci, Joss Ackland). Abenteuerfilm, der die Legende um den sizilianischen Banditen Salvatore Giuliano in den Vordergrund stellt. Francesco Rosi realisierte 1962 seine dokumentarische Version des Stoffes mit »Wer erschoß Salvatore G.« (Siehe Seite 110f.).

SKANDAL IN VERONA (Dreiteilige TV-Serie von Ennio de Concini und Silvana Buzzo; R: Alberto Lattuada; D: Massimo Ghini, Larry Lamb, Cyrielle Claire, William Berger, Gabriele Ferzetti). Mafia und Umweltverbrechen.

TONY ARZENTA E BIG GUNS (»Tödlicher Haß«, Frankreich/Italien 1973; R: Duccio Tessari; B: Franco Verucci, Ugo Liberatore; D: Alain Delon, Richard Conte, Umberto Orsini, Carla Gravina, Roger Hanin). Ein Mafia-Killer will eigenmächtig den Dienst quittieren und wird selbst zur Zielscheibe seiner einstigen Auftraggeber.

UN UOMO DA BRUCIARE (»Gebrandmarkt«, Italien 1962; R: Vittorio Taviani; B: Paolo Taviani; D: Gian Maria Volonté). Ein junger Reformer auf Sizilien scheitert am brutalen Widerstand der örtlichen Mafia.

Spotlight 2:
Die gelbe Gefahr durch die Rotchinesen – Feindbilder über die Volksrepublik China

Die im Oktober 1949 gegründete Volksrepublik China wurde von den Vereinigten Staaten, die im Regime Tschiang Kai-scheks auf Formosa die rechtmäßige Vertretung Chinas sahen, nicht anerkannt. Die Konfrontation der beiden Mächte während des Koreakrieges[1] und die antikommunistische Politik des McCarthyismus[2] schufen in den USA und ihren verbündeten Staaten ein China-Bild, das von Vorurteilen und Klischees bestimmt war. Die Kampfansage Maos an den US-Imperialismus, die ideologischen Auseinandersetzungen mit der Sowjetunion über deren Führungsanspruch und die innenpolitischen Probleme des Landes wie beispielsweise der volkswirtschaftliche Mißerfolg des ›Großen Sprungs nach vorn‹ führten zu einer fast zwanzigjährigen Isolierung des Landes, die eine differenzierte Betrachtung und Darstellung erschwerte.

Die von Mao und den Roten Garden Mitte der 60er Jahre ausgelöste ›Kulturrevolution‹ und deren Folgen – beginnend mit dem Sturz Lin Piaos im September 1971 – hatten die Strukturen von Partei und Staat grundlegend verändert. In vielen Bereichen der Innen- und Außenpolitik setzte ein ›neuer Kurs‹ ein. Es kam zu einer Öffnung gegenüber dem Westen und zu geheimdiplomatischen Verhandlungen mit den Vereinigten Staaten. Die Entspannungspolitik von Präsident Nixon und seines Sicherheitsberaters Henry A. Kissinger wollte zwar ›Kommunikation statt Konfrontation‹, war aber auch nicht ganz frei von taktischen Erwägungen gegenüber der Sowjetunion. Mit dem Besuch Nixons in China im Februar 1972 endete die lange Ära der nordamerikanischen und europäischen Filme über die ›Rotchinesen‹: zahlreiche Abenteuer-, Kriegs- und Spionagegeschichten mit überwiegend antikommunistischer Tendenz.

Der Wilde Osten

Der klassischen Vorlage einer abenteuerlichen Postkutschenfahrt durch den Wilden Westen gleicht die Reise einer Handvoll Menschen, die in PEKING EXPRESS (Regie: William Dieterle, USA 1951) mit dem Zug von

---

1 Siehe S. 142.
2 Siehe S. 142.

Shanghai nach Peking unterwegs sind und überfallen werden – eine zeitgemäße Variation von SHANGHAI EXPRESS (Regie: Josef von Sternberg, USA 1932). Joseph Cotten spielt einen amerikanischen Arzt im Dienste der Vereinten Nationen. Zu seinen Reisegefährten zählen u. a. eine französische Spionin, ein irischer Geistlicher, ein als Geschäftsmann getarnter Partisanenführer und ein junger chinesischer Kommunist, der seine Mitreisenden auf unangenehme Art doktriniert. So konfus wie die Handlung bleibt auch die antikommunistische Position des Films, der die Überlegenheit der amerikanischen Weltanschauung gegenüber der kommunistischen Ideologie verdeutlichen sollte. Er zählt nicht zu den besten Arbeiten von William Dieterle, seit 1937 amerikanischer Staatsbürger und in der McCarthy-Ära dem Ruf ausgesetzt, potentieller Kommunist zu sein. In diesen Jahren hatte Dieterle nur begrenzte Arbeitsmöglichkeiten und wurde von Hal B. Wallis, an den er vertraglich gebunden war, wahrscheinlich nicht ohne Nebenabsichten (Rehabilitierung) mit der Regie dieses Films beauftragt.

In BLOOD ALLEY (»Der gelbe Strom«, Regie: William A. Wellman, USA 1955) ermöglicht ein amerikanischer Seefahrer den Bewohnern eines Dorfes die Flucht mit einer uralten Fähre über die Formosa-Straße (genannt: Blood Alley) nach Hongkong.

In diesem Film werden die Rotchinesen als verbrecherische Organisation dargestellt, zu deren Überlistung John Wayne in der Rolle des draufgängerischen Kapitäns das richtige Konzept besitzt. Auch in APOCALISSE SUL FIUME GIALLO (»Die Hölle am Gelben Fluß«, Regie: Renzo Merusi, Italien 1959) ist ein Amerikaner in politisches Geschehen verwickelt. Hier handelt es sich um einen heruntergekommenen trunksüchtigen Fotoreporter (Georges Marchal), der von der Absicht der Kommunisten erfährt, aus strategischen Gründen und ohne Rücksicht auf die zahlreichen Menschenopfer den Staudamm am Gelben Fluß zu sprengen. Die Bemühungen einer sich auf der Flucht befindenden amerikanischen Ärztin, ihn zur Aufdeckung und Verhinderung des Plans zu bewegen, kommen zu spät. Der nicht mehr aufzuhaltenden Katastrophe fallen der sensationslüsterne Reporter und der chinesische Sprengmeister zum Opfer. In diesem Film ist die verworrene innenpolitische Situation Chinas vor der Staatsgründung 1949 der blutige Rahmen für eine melodramatische Abenteuer- und Liebesgeschichte, in der Handlung und Personen unglaubwürdig bleiben.

Ebenfalls zu dieser Zeit und vor dieser Kulisse spielt THE DEVIL NEVER SLEEPS (»China Story«, Regie: Leo McCarey, USA/England 1962), der nach einem Roman von Pearl S. Buck entstand und das Schicksal einer von Kommunisten bedrängten katholischen Missionsstation schildert. Obwohl die literarische Vorlage ein differenzierteres China-Bild erlaubt hätte, übernehmen Buch und Regie die Klischeefiguren ihrer Vorgänger.

Treffpunkt Hongkong

Wie kaum eine andere Stadt eignet sich Hongkong als magischer Ort und faszinierender Hintergrund für in China spielende Abenteuer-, Action- oder Spionagefilme. In HONG KONG (Regie: Lewis R. Foster, USA 1951) ist ein amerikanischer Ex-Soldat (Ronald Reagan) mit einem kleinen Chinesenjungen vor den Kommunisten auf der Flucht nach Hongkong, was mit Hilfe einer Amerikanerin, die ein Flugzeug gechartert hat, auch gelingt. Clark Gable verkörpert in SOLDIER OF FORTUNE (»Treffpunkt Hongkong«, Regie: Edward Dmytryk, USA 1955) einen zwielichtigen Deserteur, der einer Amerikanerin bei der Suche nach ihrem von Kommunisten gefangenen Mann, einem Fotoreporter, behilflich ist. Unter Einsatz seines Lebens gelingt ihm die Befreiung des Ehemannes, was mit der Liebe der Gattin belohnt wird. An einer anderen Befreiungsaktion ist ebenfalls ein Amerikaner beteiligt: AGENTE Z 55 MISSIONE DESPERATA (»Die Chance ist gleich Null«, Regie: Robert M. White, das ist: Roberto Bianchi Montero, Italien 1955) handelt von einem Atomphysiker, der von japanischen Gangstern entführt wurde und an die Rotchinesen ausgeliefert werden soll, was ein amerikanischer Geheimagent, mit den dazu erforderlichen Mitteln ausgestattet, verhindern kann.

Auch diese Filme, die nicht direkt in der Volksrepublik China, sondern in Hongkong spielen, bekräftigen das Bild vom machtgierigen, brutalen und skrupellosen Rotchinesen. Sie sind Teil einer politischen Strategie, die sich nicht nur des Kinos in den Vereinigten Staaten, sondern auch des europäischen Kinos zu bedienen wußte.

Grausame Jobs

Für die vor dem Hintergrund der antikommunistischen Politik der 50er und 60er Jahre in den USA und Europa entstandenen »Fernostfilme« war die Volksrepublik China wegen ihres exotischen Ambientes geradezu der ideale Schauplatz für Agenten- und Spionagefilme. In THE SHANGHAI STORY (»Hotel Schanghai«, Regie: Frank Lloyd, USA 1954) wird eine Gruppe der Spionage verdächtigter Personen unterschiedlicher Nationalität vom Polizeichef der Stadt Shanghai in einem Hotel festgehalten und verhört. Mit Hilfe einer jungen Frau, die gute Verbindungen zu beiden Seiten unterhält und ein doppeltes Spiel treibt, können die Gefangenen fliehen und gelangen wichtige Dokumente zu den Amerikanern. Etwas jünger als »die schöne Rita« ist die »kleine Candy«, Protagonistin des Films THE CANDY WEB (»Kennwort Kätzchen«, Regie: William Castle, USA 1962). Sie ist die sechzehnjährige Tochter eines amerikanischen Botschafters, betätigt sich in der rotchinesischen Gesandtschaft auf eigene

Faust als Amateur-Spionin, verblüfft die Profis beider Seiten und kann am Ende nur mit viel Glück einem Spiel, aus dem blutiger Ernst wurde, entkommen. Das Bild, das von den chinesischen Botschaftsangehörigen gezeichnet wird, diffamiert diese als widerliche Agenten, denen die diplomatische Immunität wegen permanenten Mißbrauchs entzogen werden müßte.

Nicht ganz so voller Klischees und Vorurteile ist PEAU D'ESPION (»Der grausame Job«, Regie: Edouard Molinaro, Frankreich/BRD/Italien 1966). Mit Hilfe eines glücklosen Roman-Autors, Kampfgefährte aus dem Algerienkrieg, kann ein französischer Geheimdienstmann verhindern, daß sich ein französischer Laser-Experte mit Hilfe chinesischer Agenten nach Peking absetzt; der Patriotismus des Wissenschaftlers erweist sich als stärker als seine pro-kommunistischen Sympathien.

Wissenschaftliche Erkenntnisse, die der Gegenseite nützen oder schaden, sind bevorzugtes Schmuggelgut in Agenten- und Spionagefilmen mit politischen Untertönen. In THE CHAIRMAN (»Der gefährlichste Mann der Welt«, Regie: J. Lee-Thompson, England 1969) kann ein amerikanischer Biochemiker und Nobelpreisträger mit lebensgefährlichem Einsatz aus China die sensationelle Formel für einen Wachstumsregulator herausschaffen, mit dem man dem Hunger in der ganzen Welt – und nicht nur in China – ein Ende setzen kann. Der Film spielt zur Zeit der Kulturrevolution, zeigt einen »Vorsitzenden« beim Tischtennis-Spiel und die Überlegenheit westlicher Geheimdienste, die in diesem Falle mit ihren sowjetischen Kollegen kooperieren. Die Produktion will die veränderte politische Großwetterlage (Pakt mit den Russen gegen die Chinesen) zur Aufrechterhaltung der »gelben Gefahr« ausnutzen, wirkt aber besonders in der groben Darstellung innerchinesischer Verhältnisse lächerlich und politisch instinktlos.

Lasset hundert Blumen blühen

Das bis Ende der 60er, Anfang der 70er Jahre auf westliche Leinwände projizierte China-Bild wurde erst 1972 durch den Dokumentarfilm eines europäischen Spielfilm-Regisseurs korrigiert: CHUNG KUO (»Antonionis China«, Regie: Michelangelo Antonioni, Italien 1972). Antonioni, der seit mehr als zwanzig Jahren nicht mehr dokumentarisch gearbeitet hatte, war zu diesem Projekt vom chinesischen Fernsehen eingeladen worden, womit eine jahrzehntelange Kontaktsperre gegenüber Fremden aufgehoben worden war. Die chinesische Kinematographie war in schwere Turbulenzen geraten; von den Verdikten und Verboten waren vor allem die progressiven Filmschaffenden betroffen. »Künstlerisch und ideologisch wertvolle Filme . . . wurden als ›Giftkraut‹ bezeichnet. Viele Filmemacher und Schauspieler, Autoren und Filmschaffende wurden verfolgt, verhaftet, verhört und mißhandelt. Prominente Regisseure und Schauspieler... kamen ums Leben.«[3]

Bis zu diesem Zeitpunkt waren in der Volksrepublik China viele Filme zu politischen Themen hergestellt worden. Das seit den 20er und 30er Jahren traditionelle Spektrum der Produktionen (Opern- und Klassikerverfilmungen, historische Stoffe, Abenteuerfilme und Melodramen) wies nur wenige Filme mit gesellschaftskritischen Ansätzen auf und wurde erst unter Mao Tse-tung erweitert um Filme, die sich mit Geschichte und Gegenwart Chinas befaßten. Bevorzugt wurden dabei Stoffe, die den Weg der chinesischen Revolution glorifizierten oder an den Widerstand gegen die Japaner erinnerten.[4]

Nach dem Sturz der ›Viererbande‹ 1976 wurde die bis dahin fast brachliegende Filmproduktion wiederaufgenommen. Die unmittelbar danach entstandenen Filme standen noch unter der Doktrin strenger ideologischer Auflagen und Zielvorgaben. Erst später, in Rückbesinnung auf die Kulturpolitik der 50er Jahre »Lasset hundert Blumen blühen«[5] wurden den Filmschaffenden größere Freiheiten bei der Themenauswahl und deren Umsetzung eingeräumt. Die ›Abziehbilder‹ vom positiven Helden – meist Parteifunktionären – wurden durch realistischere Darstellungen abgelöst. Zu den bevorzugten Themen zählen bis heute auch Filme, die vor reaktionären und revisionistischen Einflüssen und vor ausländischen Agenten und Saboteuren warnen.

Agenten, Rote Garden und Funktionäre

Auf grobe Feindbilder, wie sie früher in fast allen Spielfilmen zu Geschichts- und Gegenwartsthemen üblich waren, wurde in den Produktionen nach 1976 verzichtet. So wird beispielsweise der ausländische Agentenring, der sich Dokumente über Luftschutzanlagen verschafft hat und den ein erfahrener Abwehr-Spezialist auffliegen läßt, in dem Film DREI SCHWARZE DREIECKE (Regie: Liu Chunlin und Chen Fangqian, Volksrepublik China 1978)[6] nicht näher bezeichnet. Dieser spannende Agenten-

---

3 Ting-I Li, »Politik und Film«, in: »Der chinesische Film«, Materialien zur Retrospektive der XXXI. Internationalen Filmwoche Mannheim 1982, S. 65 f.

4 Bereits ab Anfang der 40er Jahre wurden in den nicht von Japanern okkupierten Gebieten Filme hergestellt, die den Widerstand gegen die Japaner unterstützten, während in den von den Japanern besetzten Studios Propagandafilme gedreht wurden, die für die Freundschaft der beiden Völker und den Kampf gegen gemeinsame Feinde plädierten.

5 Nach Maos Devise »Lasset hundert Blumen blühen und hundert Schulen miteinander wetteifern«.

6 Von der ARD am 25.5.1979 ausgestrahlt. Der Originaltitel ist in den Programmunterlagen nicht aufgeführt.

film lehnt sich auch in der Rolle des Helden mehr an die ausländischen Muster dieses Genres an als die bis dahin übliche Darstellungsweise, wo ideologische Festigkeit kriminalistischen Spürsinn ersetzte.

Auch in den Filmen, die sich geschichtlichen Ereignissen widmen, werden nun andere Töne angeschlagen. Li Jun, der zur Generation der älteren Regisseure zählt und während der Kulturrevolution nicht arbeiten durfte, erzählt in GUI XIN SHI JIAN (»Sehnsucht nach Rückkehr«, Volksrepublik China 1979) von einem Kompanieführer, der 1940 in japanische Gefangenschaft gerät, dann aber fliehen und sich nach Hause durchschlagen kann. Dort gerät er in einen schweren Konflikt, weil er sich zwischen seinem soldatischen Pflichtgefühl und der Liebe zu einer Frau, der Sehnsucht nach einem Heim, entscheiden muß. Das Recht auf privates Glück wird in diesem Film beinahe gleichberechtigt gegenüber den kollektiven Verpflichtungen behandelt. Individuelle künstlerische Aussagen und Darstellungen treten an die Stelle holzschnittartiger Propaganda.

Mitten in die 50er Jahre, in die Zeit von Maos »Großem Sprung nach vorn«, führt der Film TIANYUNSHAN CHUANQI (»Die Legende vom Tiannayun-Gebirge«, Regie: Xie Jin, Volksrepublik China 1981). Auch was diese Ära angeht, gilt es, Irrtümer einzugestehen, Fehler zu korrigieren und die Opfer zu rehabilitieren. Dies geschieht hier exemplarisch am Beispiel eines jungen Wissenschaftlers, der als ›Rechtsabweichler‹ diffamiert wurde und seine Forschungsergebnisse erst zwanzig Jahre später veröffentlichen kann.

Zentrales Thema der Filme nach 1976 war die Abrechnung mit der Kulturrevolution, mit den Roten Garden und der ›Viererbande‹; zuerst noch in Schwarzweißmanier und erst später in Form differenzierter Auseinandersetzung. Wurden die Rotgardisten lange Zeit als brutale Kriminelle dargestellt, so zeigen in BASHAN YEYU (»Nächtlicher Regen in den Bergen von Sichuan«, Regie: Wu Yonggang, Volksrepublik China 1980) zwei von ihnen Verständnis und Mitleid für die von ihnen Verfolgten. Je mehr sie von den schmerzlichen Folgen der Kampagne gegen die ›Abweichler‹ und ›Revisionisten‹ erfahren, desto heftiger zweifeln sie am Sinn ihres Handelns.

Von der allgemeinen Umorientierung, der Abwendung von überkommenen Klischees blieb auch die Figur nicht ausgenommen, die jahrelang als ›Positiver Held‹ Protagonist und Identifikationsfigur in den politischen Filmen den Mittelpunkt bildete: der unermüdliche, allen Anfechtungen standhaltende Parteifunktionär, der wahre Freund des Volkes und unnachgiebige Feind aller Schädlinge und Volksverderber. Gehörten aber früher Eigensucht und Korruption zu den Erscheinungen, die in Betrieben und anderswo bekämpft werden mußten, so recherchieren die Nachfolger dieser Funktionäre heute oft innerhalb des Parteiapparates und haben dabei alle Hände voll zu tun. Nun sind es nicht die kapitalistisch gesinnten Ausbeuter, sondern habgierige Parteigenossen, die sich auf Kosten des Volkes bereichern – so beispielsweise in LEIHEN (»Eine Spur von Tränen«, Regie: Li Wenhua, Volksrepublik China 1979). Einem jungen Parteisekretär, der in die Provinz geschickt wurde, gelingt es, eine parteiinterne Verschwörung gegen ein notwendiges Bewässerungsprojekt und somit die Ursachen für die Armut des Landstrichs herauszufinden. Nicht viel anders verhält es sich in LINJU (»Unter Nachbarn«, Regie: Zhen Dongtian und Xu Guming, Volksrepublik China 1981), wo sich Parteifunktionäre Luxusappartements bauen lassen und dafür ein Wohnbauprojekt für Menschen, die in drangvoller Enge zusammenleben müssen, gestoppt wird.

Wenn es auch heute nicht mehr darum geht, korrupte Funktionäre zu entlarven, so ist der Kampf gegen Bürokratie und Dogmatismus in den Parteikadern ebenso aktuell wie der gegen überholte Vorschriften und mangelnde Kompetenzen. Da sich für dieses Anliegen die Mittel der Satire und der Ironie besonders gut eignen, bedient sich Huang Jianxin in HEI PAO SHI JAN (»Der Zwischenfall mit der schwarzen Kanone«, Volksrepublik China/BRD 1986) eines beißenden Sarkasmus, um Schwachstellen aufzuzeigen, Vorurteile abzubauen und für Flexibilität im Umgang mit Neuem und Ungewohntem zu werben. Weil ein fähiger Dolmetscher für technische Arbeiten wegen eines falschen Verdachtes (seine ›schwarze Kanone‹ ist keine Waffe, sondern eine Schachfigur) von der Arbeit suspendiert wird, muß sich ein deutscher Ingenieur, der in einem Industriekombinat die Montage einer großen Anlage überwacht, mit einem Mitarbeiter begnügen, der bislang nur Touristen betreut hat. Mangelnde Einsicht der Verantwortlichen, die lieber ihre kleinkarierten Ermittlungen fortsetzen, als sich zu einer Revision ihrer Entscheidung durchzuringen, führt zu zeitraubenden Auseinandersetzungen zwischen Parteikader und Betriebsleitung. Die fehlerhaften Übersetzungen verursachen Mißverständnisse und Pannen, die sich zu einem kostspieligen Fiasko kumulieren. Der Film war der erste in einer Reihe von geplanten deutsch-chinesischen Koproduktionen, zu denen auch eine großangelegte ARD-Serie über die Erlebnisse eines deutschen Technikers in China gehört. Der lange Marsch, der von den Feindbildern der ›Roten Gefahr am gelben Fluß‹ über viele Irr- und Umwege zur künstlerischen Zusammenarbeit und offiziellen Arbeitskontakten führte, wurde im Juni 1989 durch den brutalen Panzereinsatz gegen demonstrierende Studenten auf dem ›Platz des himmlischen Friedens‹ in Peking erneut unterbrochen.

Bernardo Bertoluccis Mammutwerk über Pu Yi, den ›letzten Kaiser‹ von China, das an Originalschauplätzen gedreht wurde[7], ist eines der prä-

---

7 THE LAST EMPEROR, Regie: Bernardo Bertolucci, Großbritannien 1987; Fischer Film Almanach 1988, S. 196.

gnantesten Beispiele dafür, wie aufgeschlossen sich die chinesische (Film-)
Politik Mitte der 80er Jahre gegenüber der Zusammenarbeit mit ausländischen Regisseuren und Produzenten zeigte. Diese Entwicklung hätte
mehr als jede andere zum Abbau von Feindbildern beitragen können.
Doch schon 1987 sah sich die Regierung angesichts der zunehmenden
Zahl der selbstkritischen Filme zu der Anweisung veranlaßt, eine unge-
stüme Entwicklung zu bremsen: Es durften keine Filme mehr gedreht
werden, in der die Rolle der kommunistischen Partei in Frage gestellt
wurde. Parallel zu dieser Entscheidung entstand THE STAND-IN von Huang Jianxin. Der Film zeigt einen Wissenschaftler, der einen ihm ähnlich
sehenden Roboter konstruiert. Dieser wird zu einem pflichtbewußten
Parteimitglied, das sich an die Vorschriften klammert, weil sie seine Existenz sichern. Wie der Film »durch die Kontrolle der Zensoren schlüp-
fen konnte, ist den Zuschauern ein Rätsel. Denn dieser Film sei nicht
weniger kritisch als das vorangegangene Werk des Produzenten, das
sechs Monate zurückgehalten und anschließend lediglich in einigen wenigen Kinos gezeigt wurde. Die Zuschauer sind der Ansicht, daß der
zwischen dem mittlerweile frei denkenden Wissenschaftler und dem Roboter entstehende Kampf das wahre Verhältnis zwischen Intellektuellen
und verbohrten Parteibürokraten widerspiegelt, die sich von der unabhängigen Denkweise bedroht fühlen. In seinem Film liefert Huang immer wieder Hinweise darauf, daß die Bemühungen der Partei, ihre Bürokratie zu begrenzen, einen aussichtslosen Kampf darstellen.«[8] Zwei
Jahre später bestätigte die politische Führung der Volksrepublik China
in der Realität das Scheitern der Reformbestrebungen.

8 Eine afp-Meldung, abgedruckt in der Frankfurter Rundschau vom 13. August 1987.

Vietnamkrieg und Vietnamfilme: Teufelskerle in Fernost

Vorbemerkung

Ein Teil der Filme über den Krieg in Vietnam und dessen Auswirkungen und Spätfolgen für die Vereinigten Staaten und ihre Verbündeten haben das traditionelle Genre des »Kriegsfilms« gesprengt und sind dem Polit-Thriller und seinem Umfeld zuzuordnen. Nicht mehr das *Kriegsgeschehen* an sich – die Kämpfe und die harten Männer in ihrer Bewährungsprobe fürs Vaterland und die Ideologie – stehen im Mittelpunkt, sondern die *Verurteilung* des Krieges, die Frage nach seiner Rechtfertigung, der Umgang mit seinen Opfern und die Anklage gegen die verantwortlichen Politiker und Militärs. Diese Vietnamfilme von »Apocalypse Now«, »Killing Fields«, »Coming home« und »Taxi Driver« bis hin zu »Full Metal Jacket« und »Born on the Fourth of July« idealisieren nicht den Einsatz der Amerikaner in Vietnam; zu unterschiedlichen (Produktions-)Zeiten haben sie sich auf die Seite der Kriegsgegner und -opfer geschlagen und über ihre Identifikationsfiguren den Krieg verurteilt oder seine direkten und indirekten Folgen aufgezeigt. Sie richteten sich an eine Öffentlichkeit, die das Vietnamthema zu verdrängen suchte, von ›Trauma‹ und ›Syndromen‹ nichts mehr wissen wollte und wieder nach »positiven Helden« Ausschau hielt. Denn die absolute Mehrheit der Vietnamfilme bilden nicht die mit einem kritischen Ansatz, sondern die Produktionen, die den Krieg in pyromanischen Spektakeln, Vietnam-Veteranen-Action oder Söldnerstories vermarkteten; Filme, die als »Rambo«manie treffend charakterisiert werden können.

Um die dem Genre des Polit-Thrillers zuzuordnenden Filme davon zu unterscheiden und voneinander abzugrenzen, muß die gesamte Bandbreite aller Filme aufgezeigt werden; erst so wird verständlich, inwieweit die Polit-Thriller über Vietnam über die vielen Vietnam-Kriegsfilme hinausgehen.

Die Entstehungsgeschichte dieser besonderen Form des Genres beginnt mit den Filmen über den Koreakrieg, die in dem Kapitel *Die heiße Zone des kalten Krieges* skizziert werden – wie in allen nachfolgenden Abschnitten auch vorab mit einer kurzen Einleitung in die geschichtlichen Fakten. Das Kapitel *Sieg der roten Flagge mit dem gelben Stern* geht dann auf die

Filme ein, die die Zeit vom I. Indochinakrieg – die Hölle von Dien Bien Phu – bis zum II. Indochinakrieg – die Intervention der Amerikaner – behandeln. *Vietnam-Kommandos* listet dann die Filme auf, die im wesentlichen als Kriegsfilme über Vietnam angesehen werden können, die den Krieg begleitend unterstützen, seinen Helden heroisieren und auf ihre Weise am Krieg verdienen. Mit *Die Ohnmacht der Supermacht* beginnen dann die Filme über die Zeit nach der Tet-Offensive, das Ende und die Folgen.

Das Kapitel *Fremde im eigenen Land* zeigt die Veteranen als Vehikel des Billigstfilms: als Horrorgestalten, Exterminators und Freedom-Fighters in Filmen, die aus ›kaputten Helden‹ blutrünstige Zombies werden ließen. Mit wenigen Ausnahmen werden hier die Filme genannt, die den Krieg verherrlichen, Gewalt legitimieren und sich an der Fledderei seiner Opfer beteiligen. Das gilt für fast alle der bis dahin behandelten Filme – mit Ausnahme von »Killing Fields«, der aus chronologischen Gründen zu diesem Zeitpunkt eingeordnet werden mußte. Mit dem Kapitel *Das Vietnam-Trauma* folgen die Titel, die sich gegen den Krieg wenden; »Coming home« und die Nachfolgefilme setzen sich dann für die Interessen der Veteranen ein, indem sie ihre Isolation und gesellschaftliche Außenseiter-Rolle thematisieren.

Die »MIA-Missing in Action«-Filme als typisches Produkt der Reagan-Ära unterstützen die willkommenen und geschickt geschürten Gerüchte darüber, daß es in Vietnam noch amerikanische Kriegsgefangene gibt, die es zu befreien gilt. Verlorengegangene Schlachten sollten im nachhinein mit einer Serie von einzelnen Siegen – der Befreiung von Gefangenen – ausgeglichen werden. Als Gegenbewegung dazu entstanden zehn Jahre nach Kriegsende noch einmal Filme, die an die unrühmlichen Seiten des Krieges erinnerten und Kriegsverbrechen als solche bezeichneten. *Fürs Vaterland zu sterben* geht auf die *neuen* Vietnamfilme ein (von Oliver Stone, Stanley Kubrick u. a.), die zu dieser Zeit entstanden, und schließt ab mit Filmen über die ›Kinder des Krieges‹ und die auf Agent Orange zurückzuführenden Spätfolgen.

Fünfzehn Jahre nach Kriegsende entstehen dann weitere Filme (von Stone, de Palma), die das fast als abgeschlossen geltende Thema wieder aufgriffen und um neue Variationen bereicherten. Diese *aktuellen* Filme werden in dem Abschnitt *Seitenwechsel und neue Perspektiven* vorgestellt. Als Abschluß der Polit-Thriller über Vietnam und als Überleitung zu einem weiteren zentralen Thema dieses Buches – den »Medienhelden« – dient das Kapitel *Die neuen Helden*, in denen nicht mehr die am Krieg unmittelbar beteiligten Soldaten, Militärs, Politiker, Veteranen und Kriegsgegner, sondern deren Augen- und Ohrenzeugen, die Journalisten, Kriegsberichterstatter und Fotoreporter die Protagonisten sind. Was mit »Killing Fields« begann und mit »84 Charlie MoPic« vorläufig endete, ist nicht frei von schnellen, billigen Nachahmungen, und auch auf solche Beispiele hinzuweisen, gehört mit zu der Absicht dieses Schlußteils.

Die heiße Zone des Kalten Krieges – der Koreakrieg

Nach dem Ende des Zweiten Weltkrieges wurde Korea im Zuge der Ost-West-Konfrontation geteilt und der 38. Breitengrad als willkürliche Grenze festgelegt. Im Norden errichtete Kim Il-Sung eine kommunistische Volksdemokratie; im Süden stand Syngman Rhee an der Spitze einer Diktatur, die sich lediglich formal an westliche Staatsformen anlehnte. Ihre Verbündeten fanden beide Regime jeweils in den Weltmächten UdSSR und USA, wobei die halbherzige Wiedervereinigungspolitik von dem beiderseitigen Führungsanspruch geprägt war.

Dem Abzug der Besatzungstruppen folgten 1949/50 kleine militärische Konflikte, die zum Ausbruch eines Krieges führten, als die Nordkoreaner im Juni 1950 die Grenze überschritten. Streitkräfte der Vereinten Nationen leisteten den Südkoreanern Hilfe. Nachdem die Vereinigten Staaten schon miterleben mußten, daß China kommunistisch wurde, wollten sie nun zumindest ihren Einfluß auf ganz Korea erstreckt sehen. Ihre Truppen unter General Douglas MacArthur übernahmen die militärische Führung der aus 15 Nationen bestehenden UN-Armee. Als sie sich der Mandschurei näherten und die – noch junge – Volksrepublik Krieg auf ihre Grenzen zukommen sah, griffen chinesische ›Freiwillige‹ in das Geschehen ein. Ihre Intervention zugunsten der Nordkoreaner offenbarte latentes Konfliktpotential: die historische Abhängigkeit Koreas von chinesischer Kultur und Politik. Dem Wunsch von General MacArthur, mehr Vollmachten im Kampf gegen die Chinesen zu bekommen, kam US-Präsident Truman nicht nach, da er einen neuen Weltkrieg befürchtete. Der General wurde abgelöst.

Der wechselvolle Kriegsverlauf stabilisierte sich mit einer Front in Höhe des 38. Breitengrades, die später nach Abschluß des Waffenstillstandsabkommens im Juli 1953 mit einigen Änderungen die Grenze des zweigeteilten Landes wurde. Eine Friedenskonferenz in Genf im Frühjahr/Sommer 1954 blieb erfolglos.

Innenpolitisch wirkte sich der Koreakrieg in den Vereinigten Staaten mit auf den hysterischen ›Kalten Krieg‹ gegen die Kommunisten aus. Es war die Ära, der Senator Joseph McCarthy seinen Namen gab. Erst viele Jahre später wurde diese Zeit in einigen politisch engagierten Filmen aufgearbeitet.[1] Polit-Thriller über Ereignisse dieser Zeit gibt es nicht. Die

1 Siehe S. 132.

amerikanischen Filme über den Koreakrieg sind jedoch – aus heutiger Sicht – klima- und stilbildend für die Vietnamfilme und für die Klischees der antikommunistischen Filme, die bis heute beibehalten und nur geringfügig verändert und aktualisiert wurden. Aus diesem Grunde ist eine kurze Rückschau auf den Koreakrieg im Spiegel der US-Filme angebracht.[2]

Die Hölle von Korea; 1950 – 1953

Die unmittelbar während des Krieges gedrehten Filme folgen den gängigen Sujets des Kriegsfilm-Genres: Propaganda für die eigene Politik und Verteufelung des Gegners, Rechtfertigung und Verklärung eigenen Handelns und Verherrlichung des Männlichkeitskultes. Zu diesen Filmen zählen:

THE STEEL HELMET (»Die Hölle von Korea«)
Regie: Samuel Fuller, USA 1951 (auch Drehbuchautor und Co-Produzent). Ein draufgängerischer Sergeant und das Schicksal einer Patrouille, die von einem unerfahrenen Offizier kommandiert wird.

SUBMARINE COMMAND (»U-Kreuzer Tigerhai«)
Regie: John Farrow, USA 1951. Ein Offizier, der unter dem Trauma leidet, im Krieg gegen die Japaner versagt zu haben, findet durch eine Heldentat neues Selbstbewußtsein.

ONE MINUTE TO ZERO (»Korea«)
Regie: Tay Garnett, USA 1952. Robert Mitchum in der Rolle eines wagemutigen Colonels, der sich einer großen Übermacht und einer attraktiven UN-Delegierten erwehren muß.

RETREAT, HELL! (»Feuerschutz für Stoßtrupp Berta«)
Regie: Joseph H. Lewis, USA 1952. Durchhaltefilm. Ein Bataillon Marineinfanterie wird beim Rückzug im ersten koreanischen Kriegswinter fast völlig aufgerieben.

SABRE JET (»Jagdstaffel z.b.V.«)
Regie: Louis King, USA 1953. Heldenlied auf die Piloten der Düsenflugzeuge, die von einem japanischen Flugplatz aus ihre Einsätze in Nordkorea starten und angsterfüllte Frauen zurücklassen müssen.

2 Filme vergleichbaren Inhalts, wenn auch von anderer Qualität, wurden auch auf der ›Gegenseite‹ gedreht. In »Mächtige Schwingen«, Regie: Im Tschun Ho, wird ein koreanischer Pilot über feindlichem Hinterland abgeschossen. Auf dem Weg zu seiner Truppe kann er noch eine Panzerstellung vernichten. Den Folterungen während seiner Gefangenschaft hält er stand, bis die Flucht gelingt. Nach seiner Rückkehr wird er als Jagdflieger weiterkämpfen.

CEASE FIRE! (»Die letzte Patrouille«)
Regie: Owen Crump, USA 1953. Die letzten Kämpfe der UNO-Truppen
vor der Unterzeichnung des Waffenstillstands-Abkommens.

Von Schema und Klischees dieser Filme weichen zwei ab: In BATTLE ZONE
(»Schlachtzone Pazifik«, Regie: Lesley Selander, USA 1952) stehen nicht
Soldaten, sondern Kriegsberichterstatter im Mittelpunkt; und in BATTLE
CIRCUS (»Arzt im Zwielicht«, Regie: Richard Brooks, USA 1952) wird
gezeigt, wie sich der Krieg von einem Feldlazarett aus betrachtet darstellt. Humphrey Bogart spielt einen Militärarzt, der sich in eine mutige
Krankenschwester verliebt. BATTLE CIRCUS nimmt weder in der Filmographie des Regisseurs noch in der seines Hauptdarstellers einen bedeutenden Platz ein. In Erinnerung ist nur sein whiskydurchtränkter Satz: »Das
hört nie auf, wir gehören zu einer verrückten Generation. Drei Kriege in
einem Leben – was für ein Dreck!«

Männer – hart wie Eisen

Nach dem Waffenstillstandsabkommen von Panmunjom und der Teilung
des Landes ruhten die Waffen nur in Korea, nicht in den Studios. Die
USA hatten mit Südkorea einen Sicherheitspakt geschlossen. Sie gaben
dem Land Wiederaufbauhilfe und moralische Unterstützung im Kampf
gegen den Kommunismus, der auch innenpolitisch zu einem zentralen
Thema und von Senator Joseph McCarthy – bis 1954 im Amt – mit inquisi-
torischen Methoden geschürt wurde. Die fanatische Jagd nach Beteiligten an ›antiamerikanischen Umtrieben‹ bestimmte lange Zeit die Politik
Eisenhowers.[3] Zu ersten Kurskorrekturen kam es erst Ende der 50er
Jahre mit der Reise Vizepräsident Nixons in die UdSSR und dem Besuch
Chruschtschows in den Vereinigten Staaten im September 1959. Es sollte
aber noch bis 1962 dauern, bevor der Koreakrieg in den Produktionsplä-
nen der Filmindustrie nicht mehr auftauchte. 1962 war nicht nur das Jahr
der Kubakrise, sondern auch das Jahr, in dem die Anzahl der US-Militärberater in Südvietnam drastisch erhöht wurde.
Die nachfolgende Aufstellung der »Teufelskommandos« (Koreafilme aus
den Jahren von 1954 bis 1962) zeigt, wie die amerikanische Filmbranche
noch lange Zeit nach Beendigung der Kampfhandlungen den Krieg in den
Studios fortsetzte und das Kino in den Dienst der antikommunistischen
Propaganda stellte. Die Filme lagen in diesen Jahren noch im Trend der
Regierungspolitik. Eine kritische Aufarbeitung, wie sie beispielsweise

---

3 Der politische Kurs gegen die Kommunisten manifestierte sich in der sogenannten
  Eisenhower-Doktrin.

nach dem Vietnamkrieg einsetzte, hat es in den 60er Jahren nicht gegeben. Die Ursachen hierfür sind auch in der Struktur der Filmbranche begründet. *Noch* war es die Zeit der großen Studios, und *noch* gab es keine unabhängigen Produzenten, die dagegenhalten konnten.

Teufelskommandos

MEN OF THE FIGHTING LADY (»Verwegene Landung«)
Regie: Andrew Marton, USA 1954. Ein Heldenstück nach tatsächlichen Begebenheiten, in dem ein bei einem Angriff erblindeter Düsenjägerpilot durch eine technisch perfekte Aktion an Bord eines Flugzeugträgers zurückgeholt wird.

DRAGONFLY SQUADRON (»Kampfstaffel Feuerdrachen«)
Regie: Lesley Selander, USA 1954. Schicksal einer Fliegerstation kurz vor Ausbruch des Krieges. Ein US-Major ist für die Ausbildung von koreanischen Piloten verantwortlich und gerät in Gefahr. Eine Staffel amerikanischer Schlachtflieger kommt in letzter Sekunde zu Hilfe.

THE BRIDGES AT TOKO-RI (»Die Brücken von Toko-Ri«)
Regie: Mark Robson, USA 1954. Aufwendiger Kriegsfilm über amerikanische Kampfflieger, die von einem Flugzeugträger aus strategisch wichtige Brücken zerstören. Am Heldenlied beteiligt: William Holden, Mickey Rooney, Fredric March und Grace Kelly.

TARGET ZERO (»Sperrfeuer auf Quadrat 7«)
Harmon Jones, USA 1955. Ein versprengter Spähtrupp alliierter Soldaten schlägt sich zu einem kriegswichtigen Ort durch und verteidigt ihn gegen eine nordkoreanische Übermacht.

BATTLE TAXI (»SOS Flieger nach vorn«)
Regie: Herbert L. Strock, USA 1954. Unter abenteuerlichen Begleitumständen retten Hubschraubereinheiten verwundete Soldaten und abgestürzte Piloten.

HOLD BACK THE NIGHT (»Teufelskommando«)
Regie: Allan Dwan, USA 1956. Heldentaten eines amerikanischen Kampffliegers an der chinesischen Grenze, den sein Talismann – eine Flasche Whisky – vor allen Gefahren schützt.

A HILL IN KOREA (»An vorderster Front«; US-Titel: HELL IN KOREA)
Regie: Julian Amyes, Großbritannien 1956. Eine kleine britische Patrouille behauptet sich gegen eine Übermacht chinesischer Soldaten. Dieser *englische* Film unterscheidet sich qualitativ nicht von den gängigen amerikanischen Produktionen.

MEN IN WAR (»Tag ohne Ende«)
Regie: Anthony Mann, USA 1956. Gegen Kriegsende wird eine kleine Einheit amerikanischer Soldaten bis auf ein paar Männer aufgerieben. Ein Film mit leisen kritischen Untertönen gegenüber allzu lautem Heldentum.

BATTLE HYMN (»Der Engel mit den blutigen Flügeln«)
Regie: Douglas Sirk, USA 1957. Ein amerikanischer Pilot, der während des Zweiten Weltkrieges versehentlich ein deutsches Waisenhaus zerbombt hatte, kümmert sich in Korea um die Rettung koreanischer Kinder.

TIME LIMIT (»Wenn Männer zerbrechen«)
Regie: Karl Malden, USA 1957. Um seine Kameraden vor einem Racheakt zu schützen, wird ein amerikanischer Offizier in koreanischer Gefangenschaft zum Verräter und stellt sich für antiamerikanische Propaganda zur Verfügung. Der Fall wird später vor einem Kriegsgericht verhandelt. Hauptdarsteller Richard Widmark ist gleichzeitig auch Co-Produzent.

JET ATTACK (»Kampfgeschwader Totenkopf«)
Regie: Edward L. Cahn, USA 1957. Düsenjägerpiloten befreien mit Hilfe antikommunistischer Partisanen einen Wissenschaftler aus Feindeshand.

TANK BATTALION (»Panzerspähtrupp Totenkopf«)
Regie: Sherman A. Rose, USA 1957. Vier Panzersoldaten bewähren sich an der Front und bei einer Barsängerin.

THE HUNTERS (»Kampfflieger«)
Regie: Dick Powell, USA 1958. Der Krieg als rasantes Abenteuer: Junge, heroische Flieger auf stählernen Schwingen gegen schlitzäugigen Abschaum – der »TOP GUN«-Film [4] der Eisenhower-Doktrin.

PORK CHOP HILL (»Mit Blut geschrieben«)
Regie: Lewis Milestone, USA 1958. Kurz vor Waffenstillstand führen amerikanische und chinesische Soldaten aus Prestigegründen einen sinnlosen und verlustreichen Kampf um einen unbedeutenden Hügel am 38. Breitengrad. Obwohl realistischer und nicht so kriegsbejahend wie die anderen Koreafilme, kann Lewis Milestone nicht die Wirkung seines Antikriegsfilms »Im Westen nichts Neues« (USA 1930) erreichen.

OPERATION DAMES (»Im Todeskessel von Kusong«)
Regie: Louis Clyde Stouchen, USA 1958. Kriegsgeschehen mit Unterhaltungswert. Amerikanische Soldaten beschützen ›Truppenbetreuerinnen‹ auf sehr ›männliche‹ Art.

---

4 »Top Gun – Sie fürchten weder Tod noch Teufel«, Regie: Tony Scott, USA 1985.

BATTLE FLAME (»Den Letzten beißen die Hunde«)
Regie: R.G. (Bud) Springsteen, USA 1959. Ein kleiner Trupp schlägt sich durch; ein Offizier liebt eine Krankenschwester.

ALL THE YOUNG MEN (»Und der Herr sei uns gnädig«)
Regie: Hall Bartlett, USA 1960. Eine Patrouille kann im Kriegswinter 1951 unter schweren Bedingungen eine Stellung im Feindesgebiet so lange halten, bis die Truppe zu Hilfe kommt. Abweichend vom Klischee anderer Filme ist es hier ein Farbiger (Sidney Poitier), der die Männer anführt; aber Rassenvorurteile werden in diesem Film nicht thematisiert, sondern in ein Melodrama verpackt und damit versteckt.

WAR HERO (»Marschbefehl zur Hölle«)
Regie: Burt Topper, USA 1960. Auf dem Rückzug vor den Nordkoreanern schmückt sich ein rücksichtsloser Offizier mit falschen Heldentaten.

WAR HUNT (»Hinter feindlichen Linien«)
Regie: Denis Sanders, USA 1961. Im Alleingang schleicht sich jede Nacht ein psychopathischer Soldat hinter feindliche Linien und tötet koreanische Posten. Im Lager kümmert er sich liebevoll um einen verwaisten Jungen. Es spielen u. a. mit: Robert Redford und Sidney Pollack.

THE YOUNG AND THE BRAVE (»Stahlhagel«)
Regie: Francis D. (Pete) Lyon, USA 1962. Vier aus der Gefangenschaft entflohene Amerikaner schlagen sich mit einem koreanischen Waisenkind zu ihrer Truppe durch. Der Film will zeigen, daß Soldaten nicht nur töten, sondern auch human handeln können, kann aber wegen einer zu rührseligen und unglaubwürdig wirkenden Handlung nicht überzeugen.

THE HOOK (»Männer – hart wie Eisen«)
Regie: George Seaton, USA 1962. Amerikanische Soldaten auf einem neutralen Handelsschiff sollen einen koreanischen Gefangenen töten. Der Waffenstillstand beendet das Für und Wider des Befehls. Die Konfliktsituation einer Befehlsverweigerung – deren Rechtmäßigkeit – wird nicht überzeugend dargestellt, da die Gewichte ungleichmäßig zuungunsten schwächlicher Idealisten verteilt sind.

SERGEANT RYKER (»Hängt den Verräter«)
Regie: Buzz Kulik, USA 1963. Ein Sergeant sieht sich dem Vorwurf der Spionage ausgesetzt, weil er einen Geheimauftrag, der ihn hinter feindliche Linien führte, nicht mehr beweisen kann. Dank dem Engagement eines couragierten Offiziers wird drohendes Unrecht verhindert.

Nach mehr als dreißig Jahren Waffenruhe und zwanzig Jahren Abstand von den amerikanischen Korea-Kriegsfilmen müssen die ›Toten wieder auf ihre Plätze‹. Unverständlich bleibt, warum das alte Schlachtfeld mit dem Film FIELD OF HONOUR (»Schlachtfeld der Ehre«, Regie: Hans Scheepmaker, Niederlande 1986) neu belebt wird. Geschildert wird das Schicksal eines holländischen Soldaten, der als Angehöriger der UN-Truppen den Krieg mitmacht. Nach bewährtem Muster geht es auch hier um eine Handvoll Menschen, die sich durch eine Frontverschiebung plötzlich ›hinter den Linien‹ in Feindesland befinden und sich zu den eigenen Leuten durchschlagen müssen. Produziert wurde der Film – mit holländischen Geldern – von Menahem Golan und Yoram Globus.

Von gleichem Zuschnitt ist THE RESCUE (»The Rescue – Ein Stoßtrupp geht zu weit«, Regie: Ferdinand Fairfax, USA 1988): eine den 80er Jahren gemäße Variation des Themas, daß von Kommunisten immer noch gefangengehaltene amerikanische Soldaten durch Einzelkämpfer, Söldnertrupps oder Angehörige des Familien- und Freundeskreises befreit werden. Der Film spielt im Jahre 1953. Nach dem Ende des Koreakrieges sind amerikanische Soldaten damit beauftragt, an der Grenze zwischen Nord- und Südkorea den Frieden zu sichern. Von einem Stützpunkt aus starten einige Männer zu einem geheimgehaltenen Kommando. Sie werden jedoch von den Nordkoreanern festgenommen und der Spionage bezichtigt. Die Absicht der Militärs, die Gefangenen zu befreien, scheitert an dem Votum der Politiker. Die auf dem Stützpunkt lebenden Kinder der Soldaten machen sich auf eigene Faust auf den Weg, ihre Väter zu retten. Vier Jugendliche, darunter ein Mädchen und ein 10jähriger Junge, führen den Operationsplan durch, der mit der Befreiung der Gefangenen und der geglückten Flucht zur heimischen Rollbahn endet.

THE RESCUE mischt das in den Vietnamfilmen bewährte Thema der Gefangenenbefreiung mit dem Abenteuerspaß von Teenie-Komödien: Die ›kleinen Rambos‹ übertölpeln mit List und Feuerwerkskörpern die »dummen« kommunistischen Koreaner. Über den Koreakrieg sagt dieser Film ebensowenig aus wie die vergleichbaren Vietnamfilme. Gemeinsames Motiv ist die Unschlüssigkeit der Politiker, hart durchzugreifen. Mit diesen Filmen werden unterschwellige Revanchegelüste geschürt und politischen Reaktionären zugearbeitet. Wenn zwei amerikanische Generationen sich in diesem Punkte einig sind – so der Tenor des Films –, dann hat der Feind keine Chance – auch der in den eigenen Reihen nicht.

Das lustige Leben in der Etappe

Über den Koreakrieg sind nicht nur Propaganda-, Durchhalte- und Heldenverehrungsfilme entstanden, sondern auch – mit einigem Abstand vom aktuellen Geschehen – Komödien, Satiren und ... Klamotten. Ein

Beispiel für diese Art Leichenfledderei ist MARINES LET'S GO (»Teufelskerle in Fernost«, USA 1961). Regie führte Raoul Walsh, ein Spezialist
für Kriegsstoffe, dessen Erzählung auch die Vorlage für das Drehbuch zu
diesem Film bildete. Helden, die sich an der Front durch Tapferkeit und
Mannesmut bewähren, haben Probleme im Umgang mit den ›Damen‹,
bei denen sie sich regenerieren möchten. Walshs hohes Lied auf die amerikanischen Marines ist nicht mehr als ein lautstarkes Spektakel, das sich
auf unterstem Landser-Niveau bewegt. Einem (verdrängten) Krieg werden billige Scherze abgewonnen, das Geschehen der Lächerlichkeit preisgegeben. Leiden und Opfer sind vergessen. Was bleibt, ist die Erinnerung
an eine ›tolle‹ Zeit.

Die Grenzen zwischen Militärschwank und Kriegssatire sind eigentlich
eindeutig, doch mitunter fällt es schwer, einen Film richtig einzuschätzen
und zu bewerten. Robert Altmans Film M·A·S·H (USA 1970) ist einer dieser Grenzfälle, obwohl vom Autor als Satire auf die soldatischen Tugenden Tapferkeit und Kameradschaft gedacht: Während des Koreakrieges
sind amerikanische Ärzte damit beschäftigt, verwundete und verstüm-
melte Soldaten wieder zusammenzuflicken. Das ist ein harter Job für
Männer mit starken Nerven, der durch Alkohol, Sex und Sport kompen-
siert werden muß. Was vom Regisseur blasphemisch und provokant angelegt ist, geht im puren Vergnügen über grelle Scherze unter. Der Film geht
nicht unter die Haut, er erzeugt Lachsalven und nicht den gewünschten
›Anti‹-Effekt. 1970, als US-Präsident Nixon mit dem stufenweisen Abzug
der US-Truppen die ›Vietnamisierung‹ des Vietnamkrieges betrieb, hat
mit M·A·S·H die Erinnerung an das ›lustige Leben‹ in Korea dazu beigetragen, den Schrecken über die realen Bilder aus Vietnam zu verdrängen
und auf reinen Unterhaltungswert zu reduzieren.

Invasion USA

Der Kampf gegen die Kommunisten wurde von den Amerikanern nicht
nur auf dem Schlachtfeld in Korea, sondern auch auf eigenem Grund und
Boden geführt; mit anderen Mitteln zwar, aber nicht minder heftig und
unerbittlich als in Fernost. Neben den Filmen, in denen die Kämpfe
direkt im Mittelpunkt stehen, gibt es folglich auch solche, die das Kriegsgeschehen in Korea in seinen Auswirkungen auf das Leben der amerikanischen Familien widerspiegeln. Die Tendenz dieser Filme ist von dem
gleichen Patriotismus beseelt, mit dem die Kriegsfilme die offizielle Regierungspolitik stützten.[5]

---

5 Während des Koreakrieges ergriff in den Vereinigten Staaten eine Gruppe von Amerikanern asiatischer Herkunft die Initiative, dem Feindbild, das die amerikanischen
  Medien von den Asiaten zeichneten, entgegenzuwirken. Daraus entstand in der Fol-

Kurz nach Ausbruch des Krieges kam I WANT YOU (»Im Sturm der Zeit«, Regie: Mark Robson, USA 1951) in die Kinos. Er handelt von der Einberufung zum Militärdienst und den Folgen für Familie und Beruf. Diejenigen, die mit unlauteren Mitteln ihre Freistellung erreichen wollen, werden angeprangert.

INVASION USA (»Invasion gegen USA«, Regie: Alfred E. Green, USA 1952) entstand ein Jahr später als der ›Einberufungs‹-Film und geht von einem fiktiven Angriff ›unbekannter‹ Gegner auf die USA aus, denen das Land zum Opfer fällt. Die Unbekannten werden zwar nicht näher bezeichnet, aber es ist klar, woher sie kommen, denn »Lieber tot als rot« lautet die Devise. Auch wenn hier die Invasion als Alptraum daherkommt, so ist sie doch dazu da, den Kampf gegen den Kommunismus mit Schreckensbildern zu untermalen und den Wehrwillen zu stärken.

Ähnlich wie TIME LIMIT[6] handelt auch THE RACK (»Anklage: Hochverrat«, Regie: Arnold Laven, USA 1956) vom Verrat eines US-Offiziers, der sich in koreanischer Gefangenschaft befand. Diesmal ist nicht eine Konfliktsituation der entscheidende Punkt, sondern die Folgen der Folter, der sich ein Captain ausgesetzt sah und dem nun nach seiner Heimkehr in die Vereinigten Staaten der Prozeß gemacht wird. Den Vorwurf, für den Gegner Propagandaarbeit geleistet zu haben, kann er durch den Verweis auf die erlittenen Torturen nicht überzeugend entkräften, da seine Biographie einige ›Schwachstellen‹ aufweist. Ein paar Jahre später wird in dem Film THE MANCHURIAN CANDIDATE (»Botschafter der Angst«, Regie: John Frankenheimer, USA 1962) eine ähnliche Ausgangssituation zum Anlaß genommen, einen Reißer zu drehen. Ein Sergeant, der als Held aus dem Krieg zurückkehrt, ist in Wahrheit das Opfer einer Gehirnwäsche, der ihn die Russen während einer kurzen Gefangenschaft unterzogen haben. In den Staaten soll er durch posthypnotischen Einfluß dazu gebracht werden, einen Präsidentschaftskandidaten zu ermorden, was der clevere US-Geheimdienst allerdings zu verhindern weiß. Nahtlos fügt sich auch dieser Film mit Starbesetzung und ambitionierter Regie in die Reihe der Filme ein, die vor der allesumfassenden ›kommunistischen Verschwörung‹ warnen wollen.

In diesen Zusammenhang paßt auch der Tenor eines Films, der die schuldzuweisende These »Kriege werden nicht durch Militärs, sondern durch Politiker verloren« am Beispiel des Schicksals von General MacArthur erhärtet. Nicht ohne Grund wird mit MACARTHUR THE REBEL GENE-

---

gezeit auch eine Filmproduktion, die Filme als ›Gegeninformation‹ herstellte. Zu diesen zählt u. a. »Hito Hata – Ein Banner hissen«, Regie: Robert A. Nakamura und Duane Kubo, USA 1980: Er zeigt u. a. den konfliktreichen Alltag der japanischen Emigranten in den USA während der Zeit des Krieges mit den Japanern.
6 Siehe S. 146.

RAL (»MacArthur – Held des Pazifik«, Regie: Joseph Sargent, USA 1977) ein unkritisches und verklärtes Bild des Generals gezeigt. Trumans Entscheidung, den Krieg nicht mit Waffen, sondern am Verhandlungstisch zu beenden[7], wird hier melodramatisch aus der Sicht der Militärs kommentiert. Eine Einmischung in die aktuelle Diskussion über die Parallelen zur ›unrühmlichen‹ Beendigung des Vietnamkrieges sind mit Sicherheit beabsichtigt und nicht rein zufälliger Natur.

Sieg der roten Flagge mit dem gelben Stern – Der I. Indochinakrieg 1946 – 1954

Die seit 1887 bestehende Indochinesische Union war ein Verbund der Königreiche Kambodscha und Laos und eines ›dreigeteilten‹ Vietnam (Cochinchina mit der Hauptstadt Saigon, Tonking mit der Hauptstadt Hanoi und das Kaiserreich Annam mit der Hauptstadt Hué) unter französischer Kolonialmacht. Bis zur japanischen Besetzung während des Zweiten Weltkrieges war ein dem Kolonialministerium in Paris unterstellter Generalgouverneur mit dem Sitz in Hanoi der Oberste Verwaltungsbeamte. Nach der Kapitulation Japans am 2. September 1945 wurden diese Länder zunächst wieder assoziierte Staaten einer französischen Union, der ein französischer Hochkommissar für Indochina in Saigon vorstand.
Im September 1945 wurde außerdem von Ho Chi Minh die unabhängige Demokratische Republik Vietnam proklamiert, und der Vietminh, eine 1941 gegründete Befreiungsbewegung, übernahm die Macht in Hanoi. Frankreichs Einigungspolitik wurde von Admiral Thierry d'Argenlieu, Hoher Kommissar in Saigon und Vertrauter General de Gaulles, unterlaufen. Er war gegen eine Unabhängigkeit Vietnams und wollte mit der eigenmächtigen Gründung einer Provisorischen Regierung von Cochinchina den alten Kolonialzustand wiederherstellen. Die Regierung unter Nguyen Van Thing war in starkem Maße von Frankreich abhängig und wurde vom Volk nicht getragen. Thing sah sich sehr bald von den Franzosen getäuscht und verübte im November 1946 Selbstmord. In diesem Monat kam es in Haiphong zu schweren Kämpfen zwischen den Franzosen und den Vietminh-Truppen, die sich Vietnamesische Volksarmee nannten. Die Kämpfe griffen schnell nach Hanoi über, was einen acht Jahre dauernden Krieg auslösen sollte.

7 Siehe S. 142.

Fische im Wasser

Die französischen Truppen (Mutterlandsfranzosen und Fremdenlegionäre) hatten kein wirksames Rezept gegen die von General Vo Nguyen Giap, dem Kampfgefährten Ho Chi Minhs, befehligten Vietminh-Einheiten, die den Kampf nach Maos Devise führten: »Die kommunistische Guerilla soll sich im Volk bewegen wie der Fisch im Wasser.« Ab 1949, dem Jahr, in dem Exkaiser Bao Dai aus dem Exil nach Vietnam zurückkehrte, wurde die Vietnamesische Volksarmee in zunehmendem Maße von der Volksrepublik China militärisch unterstützt. Die Demokratische Republik war von der Volksrepublik und der UdSSR anerkannt worden; die USA nahmen diplomatische Beziehungen zur Bao-Dai-Regierung auf. Präsident Eisenhower setzte zunächst die von Truman begonnene militärische und wirtschaftliche Hilfe fort, weil er damit entsprechend seiner ›Domino‹-Theorie die Expansion des Kommunismus in Asien zu verhindern glaubte. Er änderte 1953 mit dem Ende des Koreakrieges und den immer aussichtsloseren Hoffnungen auf einen Sieg der Franzosen seine Politik, da er keine Militäraktionen durchsetzen konnte. Dies war nicht zuletzt der Haltung von Churchill zu verdanken, der sich an einer gemeinsamen Intervention in Vietnam nicht beteiligen wollte.

Nach der endgültigen Niederlage der Franzosen mit der Kapitulation ihrer strategisch wichtigen Dschungel-Festung Dien Bien Phu am 7. Mai 1954 begann in Genf eine Außenministerkonferenz, deren Ergebnisse nach 75 Verhandlungstagen das unwiderrufliche und wehmütige Ende der kolonialen Vergangenheit Frankreichs in Asien bedeutete. Die rote Flagge mit dem gelben Stern löste die Trikolore ab. Mit dem Verlust Indochinas wurde auch die Auflösung der Kolonien in Afrika eingeleitet. Im November 1954 sollte der Algerienkrieg[8] beginnen. Der Sturz der IV. Republik war eingeleitet.

Mit den Genfer Vereinbarungen wurde die Unabhängigkeit der beiden Königreiche Kambodscha und Laos bekräftigt und Vietnam durch eine Demarkationslinie entlang dem 17. Breitengrad geteilt. Hanoi und Saigon erhielten die Auflage, zur Wiedervereinigung des Landes innerhalb von zwei Jahren gesamtvietnamesische Wahlen durchzuführen. Nordvietnam begann mit Hilfe kommunistischer Staaten den Wiederaufbau des Landes und orientierte sich politisch vorübergehend an der Volksrepublik China. In Südvietnam wurde Ngo Dinh Diem der neue Machthaber; zunächst noch als Ministerpräsident unter Bao Dai, den er später im Oktober 1955 nach einer Volksabstimmung für abgesetzt erklärte. Diem, nun erster Präsident der Republik Vietnam, brach die Kontakte zu Frankreich ab und führte mit amerikanischer Unterstützung das Land wie ein

---

8 Siehe S. 55.

Diktator. Er mußte sich des kommunistischen Widerstands erwehren, eine Meuterei in der eigenen Armee bekämpfen und ging gnadenlos gegen die von ihm unterdrückten buddhistischen Sekten vor.

Die Hölle von Dien Bien Phu

Während der Zeit des Indochinakrieges war es in Frankreich nicht möglich, Filme über dessen Hintergründe und Verlauf zu drehen. Eine starke Zensur verhinderte kritische Ansätze, und zu glorifizierenden Werken bestand wahrlich kein Anlaß. So versuchte Marcel Camus, u. a. Regieassistent bei Jacques Becker und Luis Buñuel seit 1951, den antikolonialistischen Roman »Mort en fraude« von Jean Hougron zu verfilmen. Erst drei Jahre nach Kriegsende konnte er dieses Projekt realisieren und in Vietnam drehen. MORT EN FRAUDE (»Das Halbblut von Saigon«, Frankreich 1957) spielt im Saigon des Jahres 1950. Ein junger Angestellter aus Marseille gerät in Saigon in eine lebensgefährliche Schmuggelaffäre, aus der ihn ein Mischlingsmädchen befreit, indem sie ihn im Dorf ihrer Eltern versteckt, das in einem von Vietminh besetzten Gebiet liegt. Hier stößt er auf Menschen, die von den Leiden und Opfern des Krieges gezeichnet sind. Der Franzose versucht, ihnen durch die Beschaffung von Lebensmitteln und Medikamenten zu helfen. Schließlich setzt er sein Leben aufs Spiel, um durch einen militärischen Alleingang das Dorf zu retten. Dabei gerät er zwischen alle Fronten und wird erschossen.
Der Film ist alles andere als das Hohe Lied auf die Zeit der Franzosen in Indochina. Er steht auf seiten der indochinesischen Bauern und deutet die Ursachen an, die zur Niederlage der Franzosen führen mußten. Hierzu gehört u. a. auch die Arroganz der Behörden in Saigon, die es nicht für nötig hielten, sich ernsthaft der Probleme des Landes und der Menschen anzunehmen.
Der 1961 gedrehte Film LES DIMANCHES DE VILLE D'AVRAY (»Sonntage mit Sybill«, Regie: Serge Bourguignon, Frankreich) nähert sich dem Thema aus anderer Sicht. Er zeigt das Schicksal des Jagdfliegers Pierre, der über Indochina abgeschossen wurde, das Gedächtnis verlor und nun als Halbinvalide in einer französischen Kleinstadt in gesellschaftlicher Isolation lebt. Er freundet sich mit der 12jährigen Sybill an, was in ihm Bilder hervorruft von einem koreanischen Mädchen, das von den Schüssen aus seinem Flugzeug tödlich getroffen wurde. Die ›Sonntage mit Sybill‹ werden von den verständnislosen Nachbarn falsch gedeutet. Gerüchte und Spekulationen führen dazu, daß Pierre infolge eines Mißverständnisses von der Polizei erschossen wird. Niemand außer Sybill war bereit, sich des ›Kriegsopfers‹ anzunehmen und auf ihn einzugehen. Für den Versuch der Annäherung mußte ein hoher Preis gezahlt werden. Der

Film von Serge Bourguignon, der zuvor als Dokumentarfilmer im Fernen Osten gearbeitet hat, besticht durch subtiles Einfühlungsvermögen und überzeugende Charaktere – etwas, was nicht zutrifft auf die französisch-italienisch-spanische Gemeinschaftsproduktion LES PARIAS DE LA GLOIRE (»Bis unter die Haut«, Regie: Henri Decoin, 1963). Ein deutscher Pilot trifft im Indochinakrieg auf einen Franzosen, dessen Bruder er im Zweiten Weltkrieg erschossen hat. Der gemeinsame Feind läßt die Vergangenheit nach ein paar handfesten Auseinandersetzungen vergessen. Von tödlichen Kugeln getroffen umarmen sich zwei Männer, die durch den Krieg zu Kameraden geworden sind. Curd Jürgens in der Rolle des Fliegers wird allen Klischees vom stolzen und todesmutigen deutschen Offizier gerecht. Er verbreitet ein Deutschtum, das mit zu seinen peinlichsten Darbietungen zählt.

Ein verzerrtes Bild von Indochina zeichnet auch CHARLIE BRAVO (»Strafkommando Charlie Bravo«, Regie: Claude Bernard-Aubert, Frankreich 1980), ein Kriegsabenteuer kurz vor dem Waffenstillstand. Eine Gruppe französischer Fallschirmjäger befreit eine Rotkreuz-Schwester aus vietnamesischer Gefangenschaft und hinterläßt dabei eine blutige Spur von eingeäscherten Dörfern. Die angeblich authentische Geschichte ist nach Äußerungen des Regisseurs als Anti-Kriegsfilm gedacht. Er setzt jedoch zuviel vordergründiges Gemetzel und eine zu spektakuläre Brutalität ein, um diesen Anspruch zu belegen. Mit dem Rückgriff auf den ›eigenen‹ Krieg in den 50er Jahren muß sich der Film dem Verdacht aussetzen, lediglich auf der Welle der Vietnam-Action-Filme mitschwimmen zu wollen.

Die kriegsentscheidende Schlacht um die Festung Dien Bien Phu ist in JUMP INTO HELL (»Die Hölle von Dien Bien Phu«, Regie: David Butler, USA 1955) der grelle Hintergrund für das Porträt von vier jungen Offizieren, die sich freiwillig für diesen Einsatz verpflichten ließen. Der Episodenfilm bietet aber nicht die Studie von überzeugenden Charakteren, sondern die fragmentarische Biographie von Männern, die sich beweisen wollen und erst im aussichtslosen Kampf gegen eine große Übermacht ihre Erfüllung im Heldentum finden. Überzeugender ist die unpathetische Schilderung einer Episode, die zeitgleich zu JUMP INTO HELL spielt, fragwürdiges Heldentum aber nicht hochstilisiert, sondern decouvriert. LA 317^E SECTION (»Die 317. Sektion«/»Zug 317«, Frankreich 1964) von Pierre Schoendoerffer, einem ehemaligen Kameramann bei der französischen Armee, der in Indochina eingesetzt war und Dien Bien Phu miterlebte, handelt von einem Außenposten in Nord-Laos, der im Mai 1954 während der Genfer Verhandlungen den Befehl erhält, sich zu einem südlicher gelegenen Stützpunkt durchzuschlagen. Der Marsch bedeutet das Ende der Einheit. Schoendoerffer bedient sich eines semi-dokumentarischen, reportagehaften Stils (Kamera: Raoul Coutard), konzentriert sich auf Handeln und Haltung der Personen und verzichtet auf überflüssiges Kriegsgetümmel. Vorlage des ohne Stars auskommenden Films sind Schoendoerffers aufgezeichnete Erinnerungen, die dem Geschehen einen authentischen Anstrich geben. Er wurde mit Unterstützung von Staatschef Prinz Sihanouk in Kambodscha gedreht.

Der II. Indochinakrieg – Die Intervention der Amerikaner

1957, nachdem Präsident Ngo Dinh Diem die in Genf beschlossenen Wahlen zur Wiedervereinigung abgelehnt hatte, verstärkten sich die Aktionen der Vietcong gegen das pro-amerikanische Regime. Unterstützung erhielten die Vietcong, meist ehemalige südvietnamesische Kommunisten, die in Nordvietnam zu Guerillas ausgebildet worden waren, durch den Beschluß Nordvietnams vom September 1960, zur Wiedervereinigung des Landes eine Volksfrontorganisation zu schaffen. Diese Entscheidung führte in Südvietnam im Dezember 1960 zur Gründung der Nationalen Befreiungsfront NLF. Als Gegenmaßnahme zur Guerillataktik der Vietcong entwickelte die Regierung eine Strategie von Wehrdörfern und vertraute auf die Selbstschutzbereitschaft der Bauern.

Die USA, die den Waffenstillstandsvertrag in Genf nicht mitunterzeichnet hatten und 1961/62 unter Präsident Kennedy die Anzahl der US-Militärberater für das Diem-Regime kontinuierlich erhöhten, schickten Vortrupps der Special Forces nach Vietnam und wurden somit immer stärker in den Krieg einbezogen. Der durch buddhistische Massendemonstrationen (Selbstverbrennungs-Aktionen gegen die katholische Alleinherrschaft) ausgelöste Militärputsch Anfang November 1963, bei dem auch der amerikanische Geheimdienst seine Hand im Spiel hatte, endete mit der Ermordung Diems. Ein Staatsstreich folgte dem anderen. Das Land geriet angesichts der unhaltbaren politischen und militärischen Verhältnisse an den Rand des Zusammenbruchs. Die Partisanen fügten den Regierungstruppen immer größere Schlappen zu. Zu dem Erbe, das Johnson nach der Ermordung Kennedys im November 1963 von seinem Vorgänger übernehmen mußte, gehörte auch der Vietnamkonflikt, in den sich die Amerikaner immer stärker verstrickten.

Im August 1964, nachdem im Golf von Tongking angeblich amerikanische Zerstörer von nordvietnamesischen Schnellbooten angegriffen worden waren – was sich später als eine Pentagon-Inszenierung herausstellen sollte –, übten die Amerikaner einen Vergeltungsschlag gegen Nachschubbasen in Nordvietnam. Angesichts einer drohenden Niederlage waren die USA gewillt, ihr militärisches Engagement in Vietnam zu steigern, was zu einer Eskalation des Krieges führte und die Gefahr eines weltweiten Konfliktes hervorrief. Da die Militärregierung unter dem Flieger-

General Ky nicht in der Lage war, die Situation im Lande in den Griff zu bekommen, mußten sich die Amerikaner immer stärker engagieren. Einen Vietcong-Angriff auf ihren Luftwaffenstützpunkt Pleiku im Februar 1965 nahmen sie zum Anlaß, nordvietnamesische Stellungen nördlich des 17. Breitengrades zu bombardieren. In der Folgezeit erhöhte sich die Anzahl der Truppen von 125000 (August 1965) auf mehr als 500000 GIs (1967). Doch Hubschrauberstaffeln und Bombenteppiche blieben letztlich wirkungslos gegenüber einer Guerillataktik mit Partisanenkämpfen aus einem unterirdischen Tunnelsystem heraus.

Mit der Tet-Offensive am buddhistischen Neujahrsfest (Tet) im Februar 1968 begannen die Vietcong an allen strategisch und politisch wichtigen Orten mit einer kriegsentscheidenden Großoffensive, die Kämpfe in Saigon, Hué und Khe Sanh auslöste. Der sich immer optimistisch und selbstsicher gebende Oberbefehlshaber General Westmoreland mußte stark zurückstecken. Nur unter ungeheuerem Kraft- und Materialaufwand konnten die Amerikaner die von den Kommunisten eroberten Provinzstädte zurückerobern. Der Sieg war teuer erkauft, denn die amerikanische und westeuropäische Protestbewegung nahm immer stärkere Formen an.

Söhne der Sonne – Die Legionäre

An dieser Stelle müssen aus Gründen der Chronologie und der Vollständigkeit kurz die Fremdenlegionärsfilme angesprochen werden.[9] Zu den wenigen *amerikanischen* Legionärsfilmen über Indochina zählt CHINA

---

9 König Louis-Philippe gründete 1831 zur Zeit der Eroberung Algeriens eine für den Einsatz außerhalb Frankreichs bestimmte Söldnertruppe, die sich aus politischen und kriminellen Flüchtlingen, Deserteuren und Abenteurern aller Nationalitäten rekrutierte. Sie wurde zur Sicherung des Kolonialbesitzes in Nordafrika eingesetzt, nahm aber auch am Krimkrieg (1854–1856), bei der französischen Intervention in Mexiko (1862–1867) und am Indochinakrieg teil. Besondere Bedeutung kam ihr dann im Algerienkrieg (1954–1962) zu. Die ehemals 10000 Mann starke Truppe ist heute auf 8000 Söldner reduziert, die in Südfrankreich, auf Korsika und in den französischen Überseegebieten stationiert sind. Die Legionäre kommen heute insbesondere in den aktuellen Krisengebieten Afrikas zum Einsatz. Die französische Regierung bestätigte zuletzt 1982, daß sie auf die immer wieder heftig kritisierte Einheit nicht zu verzichten bereit sei.
Es existiert nur eine verschwindend kleine Anzahl von Filmen, die sich kritisch mit der Institution der Fremdenlegion auseinandersetzen. Der Legionär stand besonders zwischen 1926 und 1940 als romantischer Held mondäner Melodramen im Mittelpunkt des Publikumsinteresses. Zu diesen Filmen zählen u. a.:
LES FILS DU SOLEIL von René Le Somptier, Frankreich 1921; BEAU GESTE von Herbert Brennon, USA 1926; MOROCCO von Joseph von Sternberg, USA 1930; LE GRAND JEU von Jacques Feyder, Frankreich 1934; LE SERGENT X von Wladimir Strichenwskij, Frankreich/Deutschland 1932; LA BANDERA von Julien Duvivier, Frankreich 1935, und LES HOMMES SANS NOM von Jean Vallée, Frankreich 1937.

Warren Hsieh und Gene Barry in CHINA GATE

GATE (»China-Legionär«, USA 1957) von Samuel Fuller; er ist gleichzeitig
auch einer der ersten amerikanischen Vietnamfilme und stellt somit die
Kontinuität zwischen den (alten) Legionärsfilmen und den mit den Vietnamfilmen aufgekommenen Söldnerfilmen her. Die Handlung spielt im
Jahre 1954. Französische Fremdenlegionäre helfen einem vietnamesi-
schem Dorf im Kampf gegen Guerillas und rotchinesische Soldaten. Der
Marsch zu einem feindlichen Munitionslager, das in die Luft gesprengt

Nach der Schreckensbilanz des Zweiten Weltkrieges konnte die unkritische Legio-
närsmythologie mit ihrer fast religiösen Heldenverehrung nicht ungebrochen weiter-
bestehen. Der Film über die Fremdenlegion ist nur noch ein Relikt, das zum Teil aus
Remakes alter Stummfilme und Kassenfüllern aus den dreißiger Jahren am Rande
eines aufgebauschten Abenteuergenres vegetiert. Hauptsächlich französische, amerikanische und italienische Produktionen bieten mit Staraufgebot Groschenabenteuer
für Anspruchslose. Die Politik, die hinter dem Einsatz der Legionäre steht, ist für
keinen dieser Filme ein Thema. Unpolitisch sind sie indes keineswegs, da die Kolo-
nialpolitik in den meisten Filmen als undiskutierbares Faktum im Raume steht und die
Darstellung der Kolonialvölker unverhüllt rassistisch ist.

werden soll, wird für die hartgesottenen Männer zu einem Himmelfahrtskommando. Die Legionäre werden dabei als Abenteurer oder Idealisten
dargestellt. Ihre Anwesenheit und ihr Handeln sind aus Sicht des Autors
und Regisseurs Samuel Fuller voll gerechtfertigt.

Klischees über Sendungsbewußtsein, Aufopferungsbereitschaft und Heldentum, die die Legionärsfilme verbreiten, werden von den Vietnamfilmen, die in den nachfolgenden Kapiteln genannt werden, vielfach übernommen und auf eine neue Situation zugeschnitten. Die ›Söhne der
Sonne‹, die Legionäre, sterben nicht aus.

Stille und häßliche Amerikaner

Zu dem verzerrten Vietnam-Bild, das amerikanische Spielfilme in den
50er und 60er Jahren verbreiteten [10], gehören THE QUIET AMERICAN
(»Vier Pfeifen Opium«, Regie: Joseph L. Mankiewicz, USA 1957) und
THE UGLY AMERICAN (»Der häßliche Amerikaner«, Regie: George Englund, USA 1962). Beide Filme handeln von Amerikanern, die sich – auf
unterschiedliche Art – im Indochinakonflikt politisch engagieren. ›Der
stille Amerikaner‹ – so auch der gleichnamige Titel des dem Film zugrun-
deliegenden Romans von Graham Greene – bemüht sich in Saigon um
einen ›dritten Weg‹, um eine Politik, die sich zwischen Kolonialismus und
Kommunismus bewegt. Seine nicht näher begründeten idealistischen
Ideen von einer ›nationalen Demokratie‹ sind das Ergebnis theoretischer
Studien; er scheitert in seiner selbstgewählten Mission und darüber hinaus auch im privaten Bereich an seiner Beziehung zu einer Vietnamesin,
deren Freund, ein englischer Korrespondent, sein erbitterter Widersa-
cher wird. Die kritischen Töne gegen das amerikanische Sendungsbewußtsein, die in Greenes Roman enthalten sind, werden im Film entschärft. In seiner Mission scheitert auch der ›häßliche‹ Amerikaner
(Marlon Brando), seines Zeichens US-Botschafter in dem Film-Phanta-
sie-Land ›Sarkhan‹, das aber unübersehbare Parallelen zu dem zweigeteilten Vietnam aufweist. Die freundschaftlichen Kontakte des Botschafters zu einem Nationalistenführer, der im Widerstand zu der von den
USA abhängigen Regierung steht, werden von Freunden und Gegnern
mißverstanden. So wird sein Plan einer bis zur Nordgrenze führenden

10 Zu diesen Filmen zählen auch Kriegs- und Abenteuerfilme rassistischer und antikommunistischer Tendenz, in denen keine *Amerikaner* auftreten. Ein Beispiel dafür
ist FIVE GATES TO HELL (»Fünf Tore zur Hölle«; Regie: James Clavell, USA 1959).
Eine von Franzosen geführte Krankenstation im indonesischen Dschungel wird von
bestialischen Partisanen überfallen; das Personal wird entführt. Nach einer Aus-
bruchsaktion, bei der die Ärzte getötet werden, bringen sich die Krankenschwestern
und die Partisanen in einem blutigen Gemetzel gegenseitig um.

Dschungelautobahn, die bessere Kontakte zum Nachbar-Regime ermöglichen soll, von den Kommunisten als militärisches Projekt angesehen und sabotiert. Der Film endet mit der Ermordung des Oppositionellen und dem Ausbruch eines Bürgerkrieges. Der Appell des Botschafters zu Mäßigung und Verständigung bleibt ungehört.

Vietnam-Kommandos

Filme wie THE QUIET AMERICAN und THE UGLY AMERICAN, die angesichts der politischen Lage in Vietnam einen dritten, vermittelnden Weg propagieren oder ihn zumindest andeuten, weichen sehr bald solchen, die tendenziell und parteilich immer stärker der Sichtweise der ›Falken‹ im Pentagon entsprachen und deren Bilder projizierten.[11] In A YANK IN VIETNAM (»Kommando in Vietnam«, Regie und Hauptdarsteller: Marshall Thompson, USA 1964) ist es noch das rührselige Melodram um die Rettung eines südvietnamesischen Arztes aus den Händen der Vietcong, angereichert um die Liebesromanze zwischen dem amerikanischen Flieger-

11 Parallel dazu entstanden Mitte der 60er Jahre ein paar Dutzend offizieller Propagandafilme, deren Auftakt »Why Vietnam?« (1965) bildete. In Anlehnung an die berühmte Filmserie aus dem Zweiten Weltkrieg »Why We Fight«, siehe S. 51, wird hier aus der Sicht des Verteidigungsministeriums die Geschichte Vietnams dargestellt und die Notwendigkeit des amerikanischen Eingreifens begründet: Eine große Nation hat die Pflicht, dem kleinen Volk im Kampf gegen die ›Roten‹ beizustehen.
Zeitgleich dazu wurden die ersten Dokumentarfilme gedreht, die eine andere Sichtweise als die der amerikanischen Politiker verbreiteten. Hierzu gehören u. a. »Le ciel, la terre« (1965), der Beginn einer Trilogie über den Vietnamkrieg von Joris Ivens, »Loin du Vietnam« (1967) von Chris Marker mit Episoden von Godard, Ivens, Klein, Lelouch, Resnais und Varda, und den aus vier Filmen bestehenden Zyklus der DDR-Dokumentaristen Walter Heynowski und Gerhard Scheumann »Piloten im Pyjama« (1967/68); vgl. Anmerkung S. 254. In dem ›Tagebuch‹ »Heynowski & Scheumann – Filmen in Vietnam« (Henschelverlag Berlin 1976, Reihe ›dialog‹) wird die Situation in Vietnam und die Arbeit der Filmdokumentaristen authentisch vermittelt.
Ausführlich sind diese und weitere ›Dokumente aus Vietnam‹ beschrieben in »Der Vietnamkrieg und seine Darstellung im internationalen Film« von Galina Dolmatowskaja, Schriftenreihe der Hochschule für Film und Fernsehen der DDR, Nr. 3/1984, und »Der Dokumentarfilm seit 1960« von Wilhelm Roth, Bucher Verlag München 1982, S. 54 ff. In der Studie von Galina Dolmatowskaja, die am Allunionsforschungsinstitut für Filmkunst für den UdSSR-Verlag ›Iskusstwo‹ geschrieben wurde, sind auch die vietnamesischen Spielfilme über den Krieg enthalten: von »Ein Sturm bricht los« (1966), S. 154, bis »Wenn Mama nicht zu Hause ist« (1980), S. 173.
In den ›Selbstzeugnissen‹ »Dokumentaristen der Welt« (herausgegeben von Hermann Herlinghaus, Henschelverlag Berlin 1982) befinden sich über Vietnam folgende Beiträge: »Vietnam-Tagebuch« von Jane Fonda (USA 1974), »Baut die Straßen zum Vorwärtsschreiten« von To Cuong (Sozialistische Republik Vietnam 1975) und »Vietnam muon nam« von Peter Ulbrich (DDR 1981).

helden und der attraktiven Tochter des Arztes. Der Film drückt die politischen Hintergründe auf das Niveau eines reinen Kriegsfilms und setzt sich nicht ernsthaft mit den angeschnittenen Problemen auseinander. Klar wird, daß nur die Amerikaner in der Lage sind, brenzlige Situationen zu lösen und die Ordnung im Lande wiederherzustellen.

Noch deutlicher gibt sich da TO KILL A MAN (»Kugelregen«, Regie: Vincent McEveety, USA 1964). Ein US-Leutnant wird bei einem geheimen Einsatz angeschossen. Mit Hilfe einer aufopferungsbereiten Vietnamesin, die den Verwundeten pflegt, kann er sich wieder erholen und seinen vietnamesischen Freund, der sich als kommunistischer Agent erweist, erschießen. Teilnahme am Krieg gleicht hier einem eher gefahrlosen Einsatz. Die angenehme Seite des Heldentums – der Soldat wird durch die Liebe einer schönen Frau für seine Strapazen reichlich entschädigt – wird ebenso herausgestellt wie die Warnung vor den falschen (vietnamesischen) Freunden und Verbündeten. Es erscheint besser, sich nicht auf sie zu verlassen.

Die vorgenannten Beispiele zeigen, daß sich mit den Mitteln des Spielfilms die großen politischen Zusammenhänge gut auf ein systemgerechtes Format mit kleineren privaten Geschichten reduzieren lassen. In der Verkürzung liegt eine Vereinfachung der Positionen und Vergröberung der Argumente. Um die Wehrbereitschaft der Amerikaner zu stärken, gab es viele solcher Filmhandlungen, die Einzelschicksale mit der wahren patriotischen Gesinnung herausstellen. Auf mehr oder weniger geschickte Art will MARINES BATTLEGROUND (»Marinedivision Feuerdrache«, Regie: Man-Li Lee, USA 1965) den Koreakrieg mit dem Vietnamkrieg verknüpfen. Einem amerikanischen Kriegsberichterstatter in Saigon erzählt eine koreanische Krankenschwester, deren Familie ein Opfer der Kommunisten wurde, ihr Leben und von ihren Motiven für die Arbeit in Vietnam. Das in diesem Film gezeichnete Feindbild von koreanischen und vietnamesischen Kommunisten ist austauschbar. Nicht patriotische Aufrichtigkeit, sondern ein blindwütiger Antikommunismus übernimmt die abgestandenen Klischees. Eine Spekulation auf schemenhaftes Erinnerungsvermögen eines Publikums, das sich mehr auf altvertraute Bilder verläßt, als neue Zusammenhänge einer vorgespielten Wirklichkeit kritisch hinterfragt.

In diesen Zusammenhang ist auch der Film THE SEVENTH DAWN (»Beim 7ten Morgengrauen«, Regie: Lewis Gilbert, USA 1964) zu stellen. Schauplatz ist Malaya (Malaysia) im Jahre 1953. Der Held, ein seit dem Kriegsende friedlich lebender amerikanischer Farmer, behauptet sich gegen kommunistische Aufständische. Handlung und Beziehungsgeflecht zwischen dem Amerikaner und früheren Kampfgefährten, deren Wege in entgegengesetzte Richtungen gingen, lassen sich problemlos auf Vietnam übertragen. Parallelen zwischen dieser historischen Begebenheit und der aktuellen Situation liegen auf der Hand.

Die grünen Teufel greifen ein

Vielen der bis 1967 gedrehten Filme ist gemeinsam, daß ein einzelner, und sei er noch so motiviert und engagiert, auf Dauer nicht in der Lage ist, auf die Verhältnisse in Vietnam so einzuwirken, daß sie sich dem amerikanischen Wunschdenken entsprechend gestalten. Da der Feind immer mächtiger, die Vietcong immer bösartiger und hinterlistiger werden, reicht der Einsatz von Botschaftern, Journalisten und Einzelkämpfern nicht mehr länger aus. Da müssen harte Männer her; am besten solche, die man schon kennt und denen man vertraut.

John Wayne, schlachterprobter Held vieler Western-, Abenteuer- und Kriegsfilme, ist als Regisseur und Hauptdarsteller genau die richtige Identifikationsfigur für die Leitung eines Sonderkommandos der US Special Forces (Green Berets), das in Vietnam einen Landeplatz für die Amerikaner anlegen und ihn gegen Angriffe der Vietcong verteidigen muß. THE GREEN BERETS (»Die grünen Teufel«, USA 1968) ist die erste Hollywood-Produktion, die die amerikanische Intervention vorbehaltlos unterstützt. Ihr Initiator und Held Wayne, der als Leinwandstar immer für das aufrichtige, saubere Amerika stand, hat sich freiwillig für Propagandazwecke ›dienstverpflichten‹ lassen. Der Film wurde vom Pentagon unterstützt, das darin eine sinnvolle Investition von Steuergeldern sah. Hierzu paßt auch die Besetzung der Rolle des skeptischen Kriegsberichterstatters mit einem weiteren prominenten Schauspieler: David Janssen. Er ist zunächst gegen den Krieg, wird aber an Ort und Stelle durch den Colonel eines Besseren belehrt und ändert seine Meinung. Damit soll auch den kritischen Stimmen zu Hause suggeriert werden, daß die Medien kein richtiges Bild von der Situation in Vietnam vermitteln. Da ist es besser, sich auf die Sicht der Generäle zu verlassen.[12]

Im Dschungel der Apocalypse

Unmittelbar nach THE GREEN BERETS, dessen Vorführung in amerikanischen, japanischen und westeuropäischen Ländern Proteste und Demonstrationen auslöste, wurden nur wenige Filme über den Vietnamkrieg produziert. Der Krieg war täglich in den Medien gegenwärtig. Bilder von den Kämpfen im fernen Vietnam kamen – anders als bei den Kriegen

---

12 Dieser entsprach voll und ganz die Auftragsproduktion »Vietnam! Vietnam!« (1968 begonnen, Regie: Sherman Beck); ein Propagandafilm der Informationsagentur USAI, der unter der Supervision von John Ford entstand, aber nur eine kleine Öffentlichkeit fand, da er erst 1971 fertig wurde und die Stimmung in den Staaten über das Anliegen der Produzenten hinweggegangen war.

John Wayne als Regisseur...

zuvor – direkt über das Fernsehen in die Wohnzimmer der amerikanischen Familien. Mit dieser Aktualität und Authentizität konnte und brauchte das Kino nicht Schritt zu halten. Für Filme *gegen* die amerikanische Politik war es noch zu früh. Im Kino waren dafür so fürchterliche Geschichten zu sehen wie beispielsweise THE LOSERS (»Verdammt, verkommen, verloren«, Regie: Jack Starrett, USA 1970), ein Film, in dem

...und Hauptdarsteller

Hippies und Rocker in Vietnam auf eine besonders perfide Art anarchistische Gelüste austoben.
Die Welle der bis heute anhaltenden und sogar ansteigenden Produktionen über den Vietnamkrieg setzte ungefähr ab 1977 – mit einigem Abstand von der politischen, militärischen und moralischen Niederlage der Amerikaner – ein.[13] Den meisten dieser Filme dient der Krieg lediglich als Kulisse für genretypische Stories, in denen tollkühne Männer mit der richtigen Haltung alleine oder in Gruppen mit einer Überzahl minderwertiger Gegner fertig werden. Vor dem Hintergrund dieser verlogenen

13 Die ersten kritischen Ansätze kamen aus dem Bereich des Dokumentarfilms. Der Amerikaner Frederick Wiseman drehte 1971 in Ford Knox einen Film über die achtwöchige Grundausbildung junger Rekruten, BASIC TRAINING, und entlarvt in ihm das hohle Pathos der Ausbildungsziele. Zeitgleich entstand die Pseudodokumentation PUNISHMENT PARK (»Strafpark«, USA 1971) des Engländers Peter Watkins. Junge Leute, die sich dem Einberufungsbefehl widersetzen oder gegen den Krieg demonstrieren, werden von einem Scheintribunal verurteilt und haben die Wahl, ihre Strafe in einem Staatsgefängnis abzusitzen oder sich im Punishment-Park – einem Stück Wüste, wo sie von Polizei und Nationalgarde gejagt werden – zu bewähren.

›Aufarbeitung‹ kommt den wenigen Filmen, die sich der Realität annähern oder eine kritische Position beziehen, eine besondere Bedeutung zu. Um den Stellenwert dieser Filme zu verdeutlichen, werden nachfolgend zunächst einige der exemplarischen Beispiele für die Produktionen aufgeführt, die – mehr oder weniger – spektakuläre Kriegsgeschichten mit verlogener Moral, fragwürdigem Heldentum und rassistischem Gehabe verkaufen:

THE BOYS IN COMPANY C (»Die Boys von Kompanie C«)
Regie: Sidney J. Furie; Hongkong/USA 1977. Junge Rekruten werden von menschenschindenden Ausbildungsoffizieren in brutale Kampfmaschinen verwandelt und verlieren durch die Schuld unfähiger Militärs ihr Leben.

GO TELL THE SPARTANS (»Die letzte Schlacht«/»Das tödliche Kommando«)
Regie: Ted Post, USA 1978. Vietnam 1964. Eine Spezialeinheit, die sich als ›militärischer Berater‹ bezeichnet, erhält den Auftrag, ein von den Franzosen verlassenes Dorf einzunehmen, um dort eine Garnison aufzubauen. Angeführt werden die Männer von einem Major (Burt Lancaster), der sich bereits im Koreakrieg auszeichnen konnte. Gegen die Übermacht der Vietcong kommen sie nicht an; die Gruppe wird fast völlig aufgerieben.
Am Rande wird in diesem Film deutlich, wie die US-Army ihre vietnamesischen Verbündeten behandelt: Sie werden als minderwertig angesehen, und entsprechend geht man mit ihnen um. Die amerikanischen Soldaten verstehen weder ihre Sprache noch ihre Kultur.

L'ULTIMO CACCIATORE (»Jäger der Apocalypse«)
Regie: Anthony M. Dawson (= Antonio Margheriti), Italien 1980. Ein amerikanisches Spezialkommando zerstört einen Propagandasender des Vietcong.

HOW SLEEP THE BRAVE (»Dschungel der Apocalypse«)
Regie: Lyndon James Swift, USA 1981. Unter der Führung eines patriotischen Captain will eine US-Infanteriegruppe zur Weihnachtszeit ein Waffenlager des Vietcong in die Luft sprengen – ein Unternehmen, bei dem niemand überlebt.

A RUMOR OF WAR (»Stoßtrupp durch die grüne Hölle«)
Regie: Richard T. Heffron, USA 1981. Ein junger US-Leutnant verliert an der Front allen Idealismus und wird zu einem blindwütigen Killer, der Dörfer niederbrennen und Zivilisten als angebliche Vietcong-Sympathisanten erschießen läßt.

HELL TRAIN (»Camp der verlorenen Frauen«)
Regie: Cirio H. Santiago, Philippinen 1982. Einer von den vielen Filmen, die auf Brutalität, Sadismus und Sex setzen. In einem nordvietnamesischen Lager werden Frauen mittels Gehirnwäsche zu Tötungsmaschinen programmiert, die gegen US-Offiziere eingesetzt werden sollen.

INTRUSION CAMBODIA (»Sonderkommando ›Wild Cat‹«)
Regie: Jun Gallardo, Philippinen 1982. Ein US-Sonderkommando jagt in Kambodscha dort operierenden Nordvietnamesen einen geheimen Aufmarschplan ab.

TORNADO (»Im Wendekreis des Söldners«)
Regie: Anthony M. Dawson, Italien 1983. Kurz vor Kriegsende schickt ein sadistischer Captain seine Männer in ein aussichtsloses Unternehmen.

PURPLE HEARTS / A LONG WAY HOME (»Einmal Hölle und zurück«)
Regie: Sidney J. Furie, USA 1983 Fronteinsätze als Hintergrund für eine melodramatische Liebesgeschichte zwischen einem jungen Militärarzt und einer reizvollen Krankenschwester; »gewidmet den 347309 Amerikanern, die für ihre in Vietnam erlittenen Verwundungen mit dem ›Purple Hearts‹-Orden ausgezeichnet wurden.«

FORGOTTEN WARRIOR (»Commander Rainbow«)
Regie: Nick Cascas und Charlie Ordonez, USA/Hongkong 1985. Ein verwundeter GI, der zurückbleibt, während sich andere absetzen, schließt sich nach seiner Genesung den Guerillas an und kämpft gegen böse Kommunisten und verräterische Landsleute.

CROSSBONE TERRITORY (»Special Force USA«)
Regie: Danny Catreira, USA 1985. GI-Kommando vernichtet im feindlichen Gebiet eine strategisch wichtige Radaranlage. Nur zwei Männer kehren von dem Einsatz zurück.

STRIKE COMMANDO (»Cobra Force«)
Regie: Vincent Dawn, USA/Italien 1985. Ein rassistischer Elite-Soldat im ›Rambo‹-Look kämpft im Alleingang gegen Vietcong und russische Verschwörer.

IN LOVE AND WAR (»P.O.W. – Prisoner of War«)
Regie: Paul Aaron, USA 1986. Ein 1965 über Nord-Vietnam abgeschossener Pilot wird in einem Gefangenenlager gefoltert und gequält, weil er sich über Jahre hinweg der Absicht der Vietcong widersetzt, ihn für Propagandazwecke ›umzudrehen‹.

DOG TAGS (»Platoon to Hell«)
Regie: Romano Scavolini, USA/Italien 1985. Aufrichtige GIs, durch ge-

fährliche Einsätze zermürbt, sehen sich plötzlich Kriegsverbrechern gegenüber, die sich mit einer aus Schmuggel- und Rauschgiftgeschäften erworbenen Millionenbeute absetzen wollen.

FIREBIRD CONNECTION
Regie: Vittorio de Romero, USA/Philippinen 1985. Vor Ende des Krieges erhält ein Offizier der US-Marines den Auftrag, einen südvietnamesischen Agenten außer Landes zu bringen. Er soll im Besitz von Geheimdokumenten sein, an denen verschiedene Organisationen einschließlich CIA und KGB interessiert sind. Da sich die Feinde auch in den eigenen Reihen befinden, bedarf es vieler Gemetzel, bevor das Ziel erreicht ist.

POW – THE ESCAPE (»P.O.W. – Die Vergeltung«)
Regie: Gideon Amir, USA 1986. Kurz vor dem Rückzug der Amerikaner kann ein US-Offizier unter Ausnutzung der Geldgier eines sadistischen Lagerkommandanten gefangene GIs befreien und in Sicherheit bringen.

ORDER OF THE BLACK EAGLE (»Black Eagle«)
Regie: Matthew Mallison, USA 1987. Eine Spezialeinheit der US-Army kämpft gegen Vietcong und eine Verbrecherbande, die von einem drogensüchtigen Deserteur angeführt wird.

STRIKE SHOCK (»War Shock«)
Regie: Mark Phillips, USA/Philippinen 1987. Eine Spezialeinheit der US-Army verteidigt ein Dorf gegen eine Übermacht der Vietcong.

EYES OF THE EAGLE (»Jungle Force«)
Regie: Cirio H. Santiago, USA 1987. Eine Spezialeinheit erhält den Auftrag, eine Gruppe desertierter GIs aufzuspüren, die ein vietnamesisches Dorf tyrannisiert.

FINAL REPRISAL (»Platoon Without Return«)
Regie: Tedd Hemingway, USA 1987. Drei befreundete junge Amerikaner melden sich freiwillig nach Vietnam, wo sie mit der Realität des Krieges konfrontiert werden. Einer von ihnen wird von den Vietcong gefangengenommen und kehrt als psychisches Wrack zu seinen Kameraden zurück. Die Konflikte eskalieren.

JUNGLE RATS (»Dschungelratten«)
Regie: Irvin Johnson, USA 1987. Eine Spezialeinheit der US-Army befreit mit Hilfe einer übergelaufenen Vietcong gefangengehaltene GIs aus einem Straflager.

WHITE GHOST
Regie: B. J. Davis, USA 1987. Ein amerikanischer Leutnant bleibt nach Kriegsende im Dschungel zurück und lehrt als ›weißer Geist‹ die Vietna-

mesen das Fürchten. Ein US-Kommandeur, der ihn in die Staaten zurückholen soll, sieht in ihm einen Verräter, der zu liquidieren ist.

NAM, TOUR OF DUTY (»Zeit der vergessenen Helden«)
Regie: Bill L. Norton, USA 1987. Vietnam 1967. GIs einer Luftlande-Kompanie sollen das versteckte Hauptquartier der nordvietnamesischen Armee zerstören. Das Unternehmen erweist sich als Himmelfahrtskommando, bei dem nur wenige überleben können. »Zeit der vergessenen Helden« ist der Pilotfilm der US-TV-Serie TOUR OF DUTY, die 1989 von RTL plus unter dem Titel »Operation Vietnam« ausgestrahlt wurde. TOUR OF DUTY zeigt in 20 Folgen Episoden aus dem Vietnamkrieg, die sich um eine Gruppe von Männern ranken, deren Hauptcharaktere jeweils das Thema und die Handlung einer Folge bestimmen. Alle sind sie mehr oder weniger gut funktionierende, austauschbare Helden; ihre Individualität hat lediglich einen serien-dramaturgischen Hintergrund. Da gibt es den kriegserfahrenen, stahlharten und aufrichtigen Anführer, den jungen, unerfahrenen Lt. Goldman, der sich erst beweisen muß, den eigenwilligen Pvt. Horn und Anderson, der als Kriegsdienstgegner nur widerstrebend seiner Pflicht nachkommt und sich dann davon überzeugen läßt, daß die Freiheit Amerikas tatsächlich in *Vietnam* verteidigt werden muß. Außerdem wirken mit: halbwüchsige Rekruten, die von der Bronx aus direkt in den Dschungel kamen, Schwarze, die sich diskriminiert fühlen, Amerikaner asiatischer Herkunft, die sich mit den Latinos nicht vertragen usw. Alle sorgen sie mit- und untereinander für verbale Konflikte und mitunter sogar handgreifliche Auseinandersetzungen. Der ›Feind von außen‹, der Vietcong, schweißt diese Individuen zusammen, macht sie zu Kameraden und stärkt ihren Kampfgeist.
Bill L. Norton, Co-Executive-Producer der Serie (eine New World International-Produktion, created von L. Travis Clark und Steve Duncan), schrieb für einige der Folgen das Buch und führte mehrfach Regie. Weitere Regisseure: Aaron Lipstadt, Reynaldo Villalobos, James L. Conway, Robert Iscore und Bill Duke.
TOUR OF DUTY wurde mit Unterstützung der US-Army gedreht. Die jeweiligen Folgen beginnen mit einer kurzen, leitmotivartigen Information, die eine Beziehung zur Realität herstellen und den quasi-dokumentarischen Anspruch der Serie unterstreichen soll. Die nachfolgend aufgeführten Beispiele stehen stellvertretend für die Gesamtkonzeption der Serie:

    Geschichten aus dem Untergrund
      »Von 1963 bis 1967 begingen mehr als 20 buddhistische Mönche
      Selbstmord, um gegen die Unterdrückung in Südvietnam zu protestieren.«
Die GIs sollen ein Dorf, das Teil eines landwirtschaftlichen Entwick-

lungsprogramms ist, vor Angriffen schützen. Buddhistische Mönche geraten – zu Unrecht – in den Verdacht, dem Feind mit Informationen zu helfen.

Bis aufs Blut

»Mit der Befehlsanordnung No. 9981 wurden 1948 durch Präsident Truman die Rassenschranken in der US-Army aufgehoben.«

Weiße und schwarze GIs prügeln sich in einer Bar. Später gerät die Gruppe in einen Hinterhalt, und durch den Fehler eines Weißen stirbt ein Schwarzer. Die rassistischen Provokationen nehmen zu. Eines Nachts wird ein Weißer getötet; der Verdacht fällt auf einen Schwarzen. Es kommt zu einem Verfahren, bei dem sich Schwarze und Weiße mit Waffen gegenüberstehen. Als Mörder kann in letzter Sekunde der vietnamesische Fährtensucher überführt werden.

Leben ohne Chance

»Es wird angenommen, daß während des Vietnamkrieges mehr als 1 Million Kinder zu Obdachlosen oder zu Waisen wurden.«

Die Vietcong haben in einem Dorf unter der Zivilbevölkerung ein Massaker angerichtet. Drei GIs, die einen Hubschrauberabsturz überleben und sich zu ihrer Einheit durchschlagen müssen, nehmen ein neugeborenes Baby mit, dessen schwerverwundete Mutter die Geburt nicht überlebte. Sie werden von Vietcong angegriffen und müssen viele Risiken eingehen, um das Baby zu retten. Ihre selbstaufopfernde Tat war vergebens: das Baby wird von einem Vietnamesen erschossen.

Tod eines Helden

»1967 waren 486000 Mann in Vietnam im Einsatz.«

Ein wegen Trunkenheit und Aufsässigkeit vorbestrafter Sergeant erhält von einem alten Kumpel eine Bewährungschance; früher war er ein vorbildlicher Soldat, aber seine Zweifel an der amerikanischen Politik haben ihn verbittert. Er macht einen Fehler, der zu einem ernsten Zwischenfall führt. Ein Kriegsgerichtsverfahren droht. Durch einen heldenmutigen Alleingang, der ihm den Tod bringt, kann sich der Soldat rehabilitieren.

Einmal Soldat, immer Soldat

»40% der Soldaten, die in Vietnam getötet wurden, starben in den ersten drei Monaten ihrer Dienstzeit.«

Ein GI, dessen Dienstzeit beendet ist, gibt an, mit miesen Tricks dazu überredet worden zu sein, freiwillig als Berufssoldat zu bleiben. Seine Kameraden helfen ihm und arrangieren seine Rückkehr. In Wirklichkeit aber hat er gelogen. Reumütig kehrt er zurück, weil er in seiner Einheit seine Familie und sein Zuhause gefunden hat.

Korsisches Gold
>>Zwischen 1961 und 1971 wurden mehr als 45000 Montagnards von Spezialeinheiten der US-Army ausgebildet.<<
Eine Gruppe GIs gerät in einen Hinterhalt, aus dem sie von einem mit Pfeil und Bogen kämpfenden Eingeborenenstamm befreit wird. Im Dorf bahnen sich Freundschaften an; die Amerikaner beschützen die Bewohner sogar vor Übergriffen ihrer eigenen Verbündeten, den südvietnamesischen Soldaten. Das friedliche Zusammenleben endet durch einen Angriff von außen, der alles zerstört. Zur Dorfgemeinschaft gehört auch ein Green Beret, der nach ehrenhafter Entlassung nicht in die Staaten zurückkehrte, sondern es vorzog, mit den Montagnards zu leben. Für ihn sind seine Landsleute >>...wie große Kinder. Ihr kommt her und macht alles kaputt. Danach können andere den Dreck wegmachen<<.

Der Hügel
>>Wie sollen wir es rechtfertigen, daß wir unsere Jungs ein dutzendmal oder mehr einen Hügel stürmen lassen, bis sogar die Soldaten den Wahnsinn dieser Aktion hinterfragen?<< (Senator Edward M. Kennedy, Mai 1969)
In einem sinnlos erscheinenden Unternehmen müssen GIs unter großen Verlusten einen freiwillig aufgegebenen und nun von den Vietcong besetzten Hügel zurückerobern. Bei einem Soldaten regt sich Widerstand, er weigert sich, den Befehl auszuführen. Später schließt er sich doch dem Kommando an, weil er seine Kameraden nicht im Stich lassen will. Er vollbringt dabei sogar eine Heldentat, wird aber schwer verwundet. Für ihn ist der Krieg zu Ende. Mit der Erkenntnis, >>die Armee gibt Befehle, aber keine Antworten<<, kehrt er aus Vietnam zurück.

TOUR OF DUTY ist eine perfekt inszenierte und mit großem Aufwand produzierte TV-Serie, die weltweit vermarktet wird. Sie dient der Verbreitung und Verhärtung eines nachgeformten und zurechtarrangierten Geschichtsbildes, das die historischen Begebenheiten durch politischwillfähriges Wunschdenken ersetzt.

VIETNAM WAR STORY (>>Lost Heroes<<)
Regie: Kevin Hooks / Ray Danton, USA 1987. Drei Kurzgeschichten aus dem Vietnamkrieg: Zwei GIs geraten bei einem Bordellbesuch mit dem Vietcong aneinander; ein Soldat löst den Kontakt einer Tretmine aus und muß so lange starr darauf stehen bleiben, bis der Suchtrupp kommt; abschließend Szenen aus einem Rehabilitationsheim für schwerverletzte GIs.

EASTERN CONDORS

Regie: Samo Hung, Hongkong 1987. Ein Jahr nach Beendigung des Krieges macht sich ein Militärkommando auf den gefahrvollen Weg, ein unentdecktes Waffenlager zu sprengen, damit es nicht den Vietnamesen in die Hände fällt.

HELL ON THE BATTLEGROUND (»Battleground«)

Regie: David A. Prior, USA 1987. Zwei erfahrene Frontkämpfer werden mit einer Gruppe von Rekruten bei einem Routinespähtrupp eingekesselt. Gegen einen zahlenmäßig weit überlegenen Feind haben sie praktisch keine Chance. Nur zwei Soldaten überleben das Massaker: ein Feigling, der sich im Busch versteckt, und einer der beiden Einzelkämpfer, der sich heldenhaft zu den eigenen Linien durchkämpft, um Hilfe zu holen.

MISSION TERMINATE

Regie: Anthony Maharaj, USA 1987. Mitglieder einer US-Marine-Einheit, die in Nordvietnam gewütet haben, werden Jahre später das Opfer eines Rachefeldzuges, für den ein ehemaliger Vietcongführer verantwortlich ist.

MOVIE IN ACTION (»Wartime«)

Regie: Ted Johnson; USA 1987. Mitten im Dschungel, nahe der kambodschanischen Grenze, dreht eine Filmcrew einen Actionfilm. Während der Dreharbeiten wird die Hauptdarstellerin des Films gekidnappt und nach Kambodscha entführt. Dem Filmteam gelingt es, den Star zurückzuholen und den profitgierigen Produzenten als Hintermann der Entführung zu entlarven.

SEARCH & DESTROY/KILLER INSTINCT (»Killer Instinkt«)

Regie: Cirio H. Santiago, USA 1987. Eine Einheit wird auf der Suche nach vermißten Kameraden gefangengenommen. Den Friedensmeldungen keinen Glauben schenkend, kämpfen sie weiter, finden die Kameraden und exekutieren deren Verräterin, die Geliebte ihres Anführers.

OFF LIMITS (»Saigon«)

Regie: Christopher Crowe, USA 1987. Der Film ist eine Mischung aus Kriegs- und Polizeifilm; er spielt in Saigon 1968. Zwei Sergeants der CID (Criminal Investigation Department) fahnden nach einem sadomasochistischen Prostituiertenmörder, der aus den Kreisen hochdekorierter US-Offiziere kommen muß. Ihre Ermittlungen stoßen bei der vietnamesischen Polizei und bei den eigenen Leuten auf Widerstand. Unbeirrt verfolgen die beiden Militärpolizisten eine Spur, die sie in Spelunken, Bordelle, unterirdische Tunnelanlagen, durch den Dschungel und auf Schlachtfelder führt. Dank der Hilfe einer attraktiven, aufopferungswilligen *Nonne* und der *Vietcong* können sie den entscheidenden Beweis zur Überführung des Killers finden.[14]

SAIGON COMMANDOS
Regie: Clark Henderson, USA 1988. Saigon 1970. Ein Militärpolizist geht gegen einen von vietnamesischen Politikern gedeckten Drogenring vor.

PLATOON LEADER (»Platoon Leader – Der Krieg kennt keine Helden«)
Regie: Aaron Norris, USA 1988. Der junge, unerfahrene Lieutenant Jeff bekommt bei seinem ersten Kommando in Vietnam den Spott und die Ablehnung der erfahrenen Soldaten zu spüren. Besonders durch den abgeklärten Sergeant McNamara erfährt er, daß die Theorie der Militärakademie für den Krieg nichts taugt. Jeff versagt bei seiner ersten Patrouille. Er kann später, gehärtet durch einen Lazarettaufenthalt, das Vertrauen seiner Männer gewinnen. Bei einer Großoffensive der Vietcong stellt er seinen Mut und sein Können unter Beweis. Jeff und McNamara werden verwundet; im Lazarett schließen sie (Männer-)Freundschaft. Wenig später treffen sie sich in ihrer Stellung wieder: Der Kampf geht weiter. Der Film konserviert bewährte Klischees: Die Vietcong sind grausam und heuchlerisch gegenüber ihren eigenen Leuten, und die Amerikaner scheuen keine Gefahren und Opfer, um kleine Kinder zu retten.

LAST PLATOON (»Bye Bye Vietnam«)
Regie: Paul D. Robinson, Italien/USA 1988. Ein ehemaliger City-Cop übernimmt als GI den gefährlichen Spezialauftrag, hinter feindlichen Linien eine Eisenbahnbrücke zu sprengen, um Nachschubwege des Vietcong zu unterbrechen. Er gerät in einen Hinterhalt und verliert die meisten seiner Männer. Mit Hilfe seiner Ex-Freundin kann er den Auftrag trotzdem durchführen. Der Preis dafür ist, daß sie dabei schwer verwundet wird und in seinen Armen stirbt.

HELL'S HEROES (»Die Ledernacken«)
Regie: Max Steele, USA 1988. Ein Sergeant einer Elitetruppe überlebt als einziger eine Auseinandersetzung mit den Vietcong und wird zu Unrecht der Fahnenflucht verdächtigt. Der fünfjährigen Haft in einem Arbeitslager entkommt er durch die Flucht, die zu einem gefährlichen Marsch quer durch den Dschungel wird.

AMERICAN MISSION
Regie: Philip Ko, Hongkong 1988. Eine amerikanische Elitetruppe unter-

14 »Nachdem Bangkok bereits als Drehort feststand, erhielt das Team übrigens eine offizielle Einladung aus Vietnam mit der Erlaubnis, an Originalschauplätzen in Ho Chi Minh City, dem früheren Saigon, zu drehen. Dies zu realisieren war aufgrund der bereits begonnenen Dreharbeiten zwar unmöglich, doch können Crowe und sein Team für sich beanspruchen, die ersten gewesen zu sein, die jemals eine solche Einladung erhielten.« (CBS-FOX-Presseinformation).

stützt eine vietnamesische Widerstandstruppe im Kampf gegen Nordvietnamesen. Durch Verrat geraten die Soldaten in eine ausweglose Situation. Ein kampferprobter GI, Spezialist für solche Fälle, kommt seinen Leuten zu Hilfe, bevor sie der erdrückenden Übermacht zum Opfer fallen.

EXPENDABLES (»Platoon ohne Rückkehr«)
Regie: Cirio H. Santiago, USA 1988. An einem gefährlichen Spezialkommando nehmen ein paar Männer teil, die sich wegen diverser Vergehen bewähren müssen. Ihr Captain schweißt die Truppe zusammen. Trotz großer Verluste kann das Unternehmen erfolgreich beendet werden. Zum Lohn winkt ein Abstecher ins Bordell.

COMMANDER (»The Last American Soldier«)
Regie: Paul D. Robinson, Italien 1988. Ein ehemaliger US-Sergeant führt in Südostasien an der Spitze einheimischer Terrortrupps einen Privatkrieg gegen sowjetische Militärs.

KIA – EYE OF THE EAGLE II (»Verraten in Vietnam«)
Regie: Carl Franklin, USA 1988. Ein junger GI, der unter dem brutalen Vorgehen der amerikanischen Soldaten leidet, geht ein Verhältnis mit einer Vietnamesin ein, die ihn aus einer lebensbedrohenden Situation gerettet hat. Er wiederum rettet sie vor seinen Landsleuten, die sie durch Drogen zur Prostitution zwingen wollen. Mit gefälschten Pässen gelingt ihnen die Flucht nach Kanada. Vorher allerdings finden einige der korrupten Soldaten und ihre Helfershelfer die verdiente Strafe.

NAM ANGELS (»Hell's Angels in Vietnam«)
Regie: Cirio H. Santiago, USA 1988. Ein kampferprobter Lieutenant befreit mit Hilfe einiger harter Hell's Angels gefangene Kameraden aus einem nordvietnamesischen Lager. Lohn der Tat ist ein Millionen-Goldschatz, hinter dem auch ein Ex-Nazi her ist, der mit Hilfe einiger Eingeborener den Dschungel zu seinem neuen Herrschaftsgebiet auserkoren hat.

PHANTOM SOLDIERS (»Phantom Soldiers – Armee im Schatten«)
Regie: Iving Johnson, USA 1987. An der nordvietnamesischen Grenze geht eine mysteriöse Truppe mit bestialischen Methoden gegen die Zivilbevölkerung vor. Ein Leutnant der Green Berets, der die Hintergründe aufklären will, wird von den ›Phantom Soldiers‹ gefangengenommen. Sein Bruder, ein amerikanischer Geheimagent, befreit ihn aus dem Lager, das sich als geheimes CIA-Unternehmen tarnte. In Wahrheit aber handelt es sich um KGB-Leute, die sich als Amerikaner ausgaben. In diesem Punkte bekommt der Film eine zynische Variante: Für das Gemetzel in den vietnamesischen Dörfern sind nicht die Amerikaner verantwortlich, sondern die Russen, die sich als US-Soldaten getarnt haben.

FATAL COMANDO (»Vietnam Warrior«)
Regie: Victor Sears, USA/Philippinen 1988. Super-US-Agent kämpft im Alleingang gegen den Vietcong, den KGB und korrupte Militärs in den eigenen Reihen.

LEATHERNECKS
Regie: Paul D. Robinson, USA/Italien 1988. US-Spezialeinheit im Kampf gegen Vietcong und Waffenschieber.

BATTLE RATS (»Kampfratten«)
Regie: Benjamin Briggs, Sr., USA/Hongkong 1989. Eine Spezialeinheit unter dem Kommando eines fanatischen Antikommunisten soll das weitverzweigte Tunnelsystem der Vietcong sprengen, um deren Transportwege für den Waffennachschub zu zerstören. Da der Gegner in den Besitz der Angriffspläne gerät, laufen die ›Battle Rats‹ ins offene Messer.

LAST STAND AT LANG MEI (»Blutiges Lang Mei«)
Regie: Cirio H. Santiago, USA 1990. Major Verdun ist bei seinen Männern beliebt und bei den Vietcong gefürchtet. Wegen seiner eigenwilligen Methoden bekommt er Schwierigkeiten mit seinen Vorgesetzten und wird infolge falscher Anschuldigungen arrestiert. Er kann rechtzeitig entkommen, um seinen Leuten beim Kampf gegen einen übermächtigen Gegner beizustehen.

Kameradschaft auf amerikanisch

Von den vorgenannten Filmen unterscheidet sich THE IRON TRIANGLE (Regie: Eric Weston, USA 1988) dadurch, daß hier ein Vietcong den Part eines gleichwertigen Gegenspielers einnimmt; der Feind bleibt nicht länger unsichtbar, sondern wird mit Gestalt, Namen und Charakter ausgestattet. Erstmals besitzt in einem amerikanischen Vietnamfilm die Figur des Vietcong eine Identität und ein Profil.
Vietnam 1969. Kampf im ›Iron Triangle‹, einer Region zwischen Saigon, Ku Chie und der Tainin-Provinz. Bei einem Einsatz wird Major Keene von dem 17 Jahre alten Vietcong Ho gefangengenommen; kurz zuvor hätte der Amerikaner die Gelegenheit gehabt, den Jungen zu erschießen. Doch da ihn Ho an seinen eigenen Sohn erinnerte, brachte er das nicht fertig.
Ho ist – so zeigt es der Film – wegen seines Patriotismus, seiner Tapferkeit und seiner Aufrichtigkeit eine Ausnahmeerscheinung unter den Vietcong. Er ist auch ohne ideologische Anleitung fest dazu entschlossen, sein Land zu befreien, und steht dabei auf der Seite der Bauern, die den falschen Versprechungen der südvietnamesischen Propaganda ebensowenig glauben wie den Parolen der nordvietnamesischen Kommunisten, die in

173

doktrinären Formeln verkrusten. Argwöhnisch beäugt wird Ho von seinem direkten Vorgesetzten, dem Funktionär Khoi, der die Verdienste des Jungen für sich in Anspruch nimmt und ihn bei Kommandeur Tuong[15] ausspielt. Trotz innerer Auflehnung gegen diese Ungerechtigkeit bleibt Ho ein folgsamer Soldat und führt den Befehl aus, eine südvietnamesische Propagandaagentin und ihren Leibwächter umzubringen. In einer entscheidenden Situation bringt er es aber nicht fertig, Keene zu töten, wie Khoi es von ihm verlangt. Er betrachtet den Amerikaner als seinen persönlichen Gefangenen, rettet ihn aus der Hand Khois, um ihn in das Lager von Tuong zu überführen. Dafür wird er von Khoi als Verräter beschuldigt und verfolgt. Bei dem Marsch durch den Dschungel kommen Keene und Ho einander näher; sie respektieren sich als Soldaten, bleiben aber Gegner. Die Situation ändert sich, als sie in einen Angriff der Amerikaner geraten. Keene kann dem verwundeten Ho das Leben retten und ihn in ein Lager bringen lassen. Sie sehen sich nie wieder.

Nach den Angaben im Vorspann des Films beruht die Handlung auf dem Tagebuch eines unbekannten Vietcong, das Co-Drehbuchautor John Bushelman von einem amerikanischen Soldaten erhielt. Das Geschehen wird auch aus der Sicht des jungen Ho erzählt. Der Film ändert insofern die traditionelle Perspektive, aber nicht die amerikanische Sichtweise: Das Feind-Freund-Verhältnis zwischen Keene und Ho gestaltet sich nach den Regeln sportlicher Fairneß, die südvietnamesischen Verbündeten sind nach wie vor grausam gegenüber ihren Landsleuten und werden daher äußerst unsympathisch dargestellt, und der französische Fremdenlegionär mit Indochina-Vergangenheit – dargestellt von Johnny Hallyday – ist und bleibt ein sadistischer Killer. Ho – seine Figur und seine Geschichte – ist eine Ausnahme – nicht mehr als eine kurze Unterbrechung, die das in dem überwiegenden Teil der Vietnamfilme verbreitete Geschichtsbild samt ihrer Klischees von den Vietcong nicht trübt.

Die Ohnmacht der Supermacht

Die amerikanische Kriegsführung litt nach der Tet-Offensive[16] unter mangelnder politischer Überzeugungskraft. Für den ›schmutzigen Krieg‹ fehlte die moralische Legitimation; die inneramerikanische Opposition sprach von einem ›Legionärs‹-Krieg. Die GIs in Vietnam fühlten sich hintergangen. Die Sucht nach Betäubungsmitteln aller Art wuchs.

---

15 Gespielt wird diese Rolle von Haing S. Ngor, der für seine Leistung in »The Killing Fields«, siehe S. 180f., 1984 mit dem Oscar für die beste männliche Nebenrolle ausgezeichnet wurde.
16 Siehe S. 241f.

Einen drastischen, nicht mit Präsident Hgyen van Thieu (dem Nachfolger Kys) abgesprochenen Kurswechsel der amerikanischen Politik gab es mit dem Ende der Johnson-Ära. Am 31. März 1968 verzichtete Johnson auf eine erneute Kandidatur und erklärte die amerikanische Bereitschaft zu Friedensverhandlungen. Sein Nachfolger Präsident Nixon und dessen Sicherheitsberater Henry Kissinger wollten den ›falschen Krieg am falschen Platz‹ so schnell wie möglich beenden. Die im Mai 1968 in Paris begonnenen und zunächst geheimgehaltenen Vorverhandlungen zwischen den USA und Nordvietnam führten zur Einstellung der Bombenangriffe auf Nordvietnam und zu offiziellen Friedensverhandlungen, die im Dezember 1968 aufgenommen wurden. Im Juni 1969 gründete die NLF eine Provisorische Revolutionsregierung, und im September 1969 kündigte Präsident Nixon den stufenweisen Abbau der US-Truppen an. Diese hatten die Hauptlast des Krieges getragen; man sprach von 40 000 Toten. Die ›Vietnamisierung‹[17] des Krieges begann, aber er war für die Amerikaner damit noch lange nicht beendet, da die südvietnamesischen Truppen nur mit ihrer Hilfe verstärkt werden konnten. Die Antikriegsstimmung in den Staaten erreichte ihren Höhepunkt, als der schockierten Öffentlichkeit die Einzelheiten des Massakers von My Lai bekannt wurden. Eine allgemeine Empörung breitete sich aus; die Resignation griff auf die Militärs über und demoralisierte auch den Rest der in Vietnam verbliebenen GIs.

Das Ende und die Folgen

Nach dem Fehlschlag der amerikanischen Politik in Kambodscha[18] kam es in Vietnam im März 1972 noch einmal zu einer die Friedensverhandlung gefährdenden Situation, als eine nordvietnamesische Offensive mit Panzern und schwerer Artillerie nur durch massive Bombeneinsätze der US Air Force gestoppt werden konnte. Die amerikanischen Bodentruppen griffen aber schon nicht mehr in den Kampf ein. Die Verhandlungen in Paris schleppten sich seit drei Jahren hin, da wegen des Verbleibs nordvietnamesischer Truppen in Südvietnam keine Einigung erzielt werden konnte. Als Präsident Nixon im Februar 1972 von seinem Besuch in Peking zurückkehrte, beschleunigte er den Fortgang der Verhandlungen durch direkte Gespräche zwischen Kissinger und dem nordvietnamesischen Unterhändler Le Duc Tho.
Am 27. Januar 1973 trat das in Paris unterzeichnete Waffenstillstandsab-

---

17 Damit sind gemeint die Kampfhandlungen in Vietnam *ohne* Beteiligung der Amerikaner.
18 Siehe S. 178f.

kommen in Kraft. Die letzten US-Truppen zogen ab; amerikanische Kriegsgefangene wurden aus nordvietnamesischer Haft entlassen. Der Krieg war damit immer noch nicht beendet. Es gab keine feste Grenzziehung. Hanoi erkannte nur die Provisorische Revolutionsregierung an und führte den Kampf um ein Vietnam unter kommunistischer Herrschaft weiter. Nach zweijähriger Vorbereitung in Hanoi begannen Mitte Dezember 1974 die letzten entscheidenden Kämpfe, die im März 1975 ihren Höhepunkt erreichten. Das endgültige Ende des Krieges und der Republik Südvietnam zeichnete sich ab. Am 21. April 1975 trat Staatschef General Thieu, der sich von den Amerikanern hintergangen fühlte, zurück und flüchtete ins Exil; am 30. April 1975 kam es zur bedingungslosen Kapitulation. Mit der hektischen Flucht der letzten Amerikaner aus Saigon – die Bilder von der dramatischen Hubschrauberevakuierung der US-Bürger gingen um die ganze Welt – marschierten die kommunistischen Truppen in Saigon ein. Ein ›Militärischer Revolutionsausschuß‹ unter dem nordvietnamesischen General Tran Van Tra übernahm die Macht. Damit hatte sich das Testament – die Wiedervereinigung des Landes unter kommunistischer Führung – des im September 1969 verstorbenen Ho Chi Minh, Vater der vietnamesischen Revolution und Idol der protestierenden westlichen Jugend, erfüllt.

Das Land sollte nicht zur Ruhe kommen. Der III. Indochinakrieg wurde ausgelöst, als mit Hilfe der Vietnamesen in Kambodscha die von der Volksrepublik China gestützten Roten Khmer besiegt wurden.[19] Eine von China als Strafaktion unternommene Großoffensive an der Nordgrenze Vietnams im Februar 1979 fügte beiden Seiten schwere Verluste zu. Die ehemaligen Verbündeten stehen sich auch heute noch feindlich gegenüber. In Kambodscha führen die Roten Khmer als Partisanen einen ›Stellvertreterkrieg‹ gegen die Vietnamesen.

Verrat und Preisgabe – Das Ende einer Bündnispolitik

Die Lage in Vietnam und Kambodscha in den Jahren 1973 bis 1975 ist Ausgangspunkt und Thema zweier englischer Filme, die sich auf sehr unterschiedliche Weise der tatsächlichen politischen und militärischen Situation annähern: SAIGON – YEAR OF THE CAT (»Saigon – im Jahr der Katze«, Buch: David Hare, Regie: Stephen Frears, 1982) und THE KILLING FIELDS (»Killing Fields – Schreiendes Land«, Regie: Roland Joffé, 1984).[20] Der Film von David Hare und Stephen Frears wurde in Bangkok gedreht und erzählt in authentisch wirkenden Bildern die Ereignisse aus der Sicht einer 40jährigen englischen Bankangestellten in Saigon, die sich

19 Siehe S. 179.
20 Ausführliche Beschreibung ab S. 180.

in einen amerikanischen CIA-Mann verliebt. Sie steht dem Thieu-Regime kritisch gegenüber. Durch den Umgang mit dem Amerikaner gerät sie in dessen gesellschaftliche Kreise und erfährt mehr von den Absichten der amerikanischen Beamten in Saigon. Ihnen geht es nur darum, mehr Geld zur Unterstützung der augenblicklichen Regierung zu bekommen, was aber vom Kongreß abgelehnt wird. Die Feinde sitzen also nicht nur vor den Toren der Stadt, sondern auch in den eigenen Regierungskreisen. Die Situation in Saigon wird immer bedrohlicher; Chaos und Panik breiten sich aus. Mit den letzten Hubschraubern können die Engländerin und der Amerikaner rechtzeitig, aber getrennt voneinander, die Stadt verlassen. Der Film verzichtet auf die Darstellung des Kriegsgeschehens um das eingeschlossene Saigon. Er beschränkt sich auf die Auswirkungen des Kriegsendes auf die Bewohner Saigons und rekonstruiert die letzten Tage der Stadt. Im Mittelpunkt steht ein unrühmliches Kapitel der amerikanischen Vietnam-Politik, das am Beispiel des CIA-Mannes exemplarisch aufgedeckt wird, der gegen seinen Willen nach Vietnam geschickt wurde und an der Richtigkeit der Politik seiner Vorgesetzten zweifelt. Zu seinen Aufgaben zählt der Kontakt zu vietnamesischen Verbindungsleuten. Er erfährt frühzeitig von dem bevorstehenden Generalangriff auf Saigon. Die leitenden Beamten wollen das nicht wahrhaben; es paßt nicht in das Bild, das sie Washington vermitteln sollen. Viel zu spät setzt die Evakuierungsaktion ein. Vor und in der Botschaft spielen sich dramatische Szenen ab, weil in den Hubschraubern nicht genug Platz vorhanden ist. Die Order aus dem Weißen Haus lautete, nur die wichtigsten Leute mitzunehmen. Der Botschafter nimmt die Flagge von der Wand und eilt hastig aufs Dach zum Abflug. An den vereinbarten Sammelpunkten warten Tausende vergeblich auf die von den Amerikanern versprochenen Maschinen, die sie vor den Vietcong retten sollen. Sie werden preisgegeben. Mit diesen erschütternden Bildern endet der Film – eine Anklage gegen die Politik der US-Botschaft in Saigon, die durch ihr Verhalten die Sicherheit und das Leben der Amerikaner und ihrer vietnamesischen Verbündeten aufs Spiel setzte und verlor.

Der Autor David Hare verbrachte Mitte der 70er Jahre einige Monate in Saigon. Seine Erlebnisse sind die Vorlage für den Film: »Ich glaube, Amerikaner stürzen sich in Dinge mit der besten Absicht und beanspruchen daher das Recht auf ihrer Seite. Aber wenn etwas schiefläuft, erwarten sie von jeglicher Schuld freigesprochen zu werden, weil sie ja nur das Beste wollten. Es ist unredlich zu sagen, die Motivation war gut, wenn alles im schrecklichen Chaos endet, wie in Vietnam. Da wird Nachsicht verlangt, die man nicht gewähren sollte.«[21]

21 TV-Times, London, Nov./Dez. 1983; zitiert nach der ARD-Fernsehspiel-Broschüre April – Juni 1985, S. 95.

Der Verrat an General Thieu

Wie man historische Ereignisse in ihr Gegenteil verkehren kann und auch vor plumpen Fälschungen und Lügen nicht zurückschreckt, um mit kostspieligen Mitteln primitive Feindbilder aufzubauen, zeigt RAIDERS OF THE DOOMED KINGDOM (»Cobra Man«, Regie: Sumat Saichur, 1985). Eine in der Form eines aufwendig gestalteten und ausgestatteten ›Easterns‹ in jeder Hinsicht unglaubwürdige und unverständliche Geschichte um General Thieu, der in Wirklichkeit kurz vor der Kapitulation zurückgetreten und ins Exil geflüchtet war. Eine Gruppe thailändischer Söldner, zu einer Eliteeinheit zusammengefaßt, erhält nach dem Fall Saigons den Auftrag, General Thieu aus der Gefangenschaft der Vietcong zu befreien und ihn nach Thailand zu bringen. Der Aufbau der Filmhandlung läßt nicht daran zweifeln, daß das der kleinen Gruppe unter ihrem Anführer ›Cobra‹ auch gelingen wird. Nachdem die Amerikaner schmählich das Land verlassen haben, sind nur sie es noch, die die alten Werte wie Pflichtgefühl, Aufopferungsbereitschaft und Antikommunismus aufrechterhalten. Als sie nach vielen Gefahren und endlosen Kämpfen der Rettung nahe sind, wird General Thieu von den US-Marines als unliebsamer Zeitzeuge ermordet.

Die verworrene Handlung allein wäre nicht erwähnenswert, würde der Film nicht etwas ganz anderes bezwecken. Thieu wird als Jammerlappen dargestellt, die Amerikaner sind Feiglinge, die Vietcong Mörder und die Thais Helden. Es wird unterstellt, daß der Vietcong auch nach der Beendigung des Krieges mit dem Töten nicht aufhören kann und plant, Thailand zu unterwandern. Die Kommunisten sind Feinde der Freiheit, die sinnlos morden, Frauen vergewaltigen, Überläufer erschießen und Wehrlosen und Kranken die Köpfe abschlagen. Um dieses Feindbild zu erhärten, wird die Filmhandlung mit authentischem Dokumentarmaterial (von den Selbstverbrennungen der Buddhisten) und rekonstruierten Situationen (die Flucht der Boat-People) angereichert, was mehr ist als der Mißbrauch von Dokumenten und die verfälschte Darstellung geschichtlicher Abläufe. Ein so hetzerischer Propagandafilm, der zur Unterstützung einer politischen Richtung solche verleugnerischen Mittel einsetzt, sagt viel über die Produzenten und ihre Auftraggeber.

Stationen eines Völkermordes

1954 hatte die Genfer Außenministerkonferenz die Unabhängigkeit Laos' und Kambodschas von Frankreich garantiert.[22] Im Gegensatz zu Laos, wo es zum Kampf zwischen Regierungstruppen und den von Nordviet-

22 Siehe S. 152.

nam unterstützten Pathet Lao kam, konnte Kambodscha bis Mitte der 60er Jahre – mit dem Aufkommen kommunistischer Guerillas – auf eine lange Zeit friedlichen Zusammenlebens mit den Nachbarn zurückblicken. Durch die Existenz des ›Ho-Chi-Minh-Pfades‹ und seiner Verlängerung, der sogenannten ›Sihanouk-Piste‹ – ein Netz von Dschungelwegen, das den Norden mit dem Süden verband, sich durch Laos und Kambodscha zog und von Nordvietnam mit Hilfe der Pathet Lao für Nachschub-Transporte nach Südvietnam genutzt wurde –, weitete sich der Krieg Anfang der 70er Jahre unausweichlich auch auf Kambodscha aus.

Prinz Sihanouk, eigenwilliger und extrovertierter Alleinherrscher des Landes, hatte bis zu diesem Zeitpunkt fast 30 Jahre lang eine erfolgreiche Neutralitätspolitik zwischen Ost und West betrieben. Wegen seines feudalen Gehabes forderte er allerdings zunehmend die Opposition der Intellektuellen und der Jugend seines Landes heraus. Er stand nun der Politik Nixons im Wege, der das Vietnam-Abenteuer so schnell wie möglich beenden wollte. Unter CIA-Regie wurde Sihanouk gestürzt; nach einem Militärputsch im März 1970 floh er nach Peking, wo er eine Exilregierung bildete.

1972 wurde General Lon Nol Präsident des Landes, das unter seiner Amtszeit in Korruption und Chaos verfiel. Er war nicht in der Lage, die verschiedenen Kräfte des Landes zu einigen, und mußte immer mehr Provinzen an die ›Roten Khmer‹ abtreten, die ihn aus dem Dschungel heraus bekämpften.

Die Roten Khmer (›Khmer Rouges‹), seit Jahren im Urwald lebende Revolutionäre, orientierten sich ideologisch an einer Art ›Steinzeit‹-Kommunismus, der jede Form westlicher Zivilisation verneinte und radikale Gesellschaftsveränderungen und Umerziehungsprogramme vor allem für die in den Städten lebende Bevölkerung vorsah. Da sie in den Vietnamesen ihre traditionellen Erbfeinde sahen, waren die von der Volksrepublik China unterstützten Roten Khmer auch gegen die Anwesenheit nordvietnamesischer Eliteverbände in ihrem Land. Im April 1975, zeitgleich mit dem Ende Saigons, besetzten die Roten Khmer nach zweijähriger Belagerung die Hauptstadt Pnom Penh. Da in Laos der Pathet Lao die Macht übernommen hatte, war nun das ganze ehemalige französische Indochina kommunistisch geworden.

Die Roten Khmer riegelten Kambodscha von der Außenwelt ab, um innenpolitisch die gesellschaftliche und religiöse Revolution mit Gewalt voranzutreiben – in einem Land, das ohnehin schon wegen der von amerikanischen Bomben zerstörten Reisfelder kaum lebensfähig war. Die neuen Machthaber gingen mit blutigem Terror und unvorstellbaren Grausamkeiten gegen die Bevölkerung vor; es begann mit der Evakuierung der Einwohner von Pnom Penh und endete mit der völligen Zerstörung von Traditionen und Familienstrukturen. Fast zwei Millionen Menschen sollen diesem Vernichtungsfeldzug zum Opfer gefallen sein.

Zu Beginn des Jahres 1979 rückte die Sozialistische Volksrepublik Vietnam mit 200000 Soldaten in das ›Demokratische Kampuchea‹ ein und bereitete der Schreckensherrschaft der Roten Khmer ein Ende. In Pnom Penh wurde ein provietnamesisches kommunistisches Regime installiert; die Roten Khmer zogen sich in die unzugänglichen Grenzregionen zu Thailand zurück. Für ihr eigenmächtiges Handeln wurde Vietnam von der Volksrepublik China mit einer begrenzten Militäraktion bestraft.[23]

Felder des Todes

THE KILLING FIELDS (»Killing Fields – Schreiendes Land«, Regie: Roland Joffé, Großbritannien 1984) ist *der* Film über den Bürgerkrieg in Kambodscha. Die Filmhandlung geht zurück auf authentische Erlebnisse – und eine Artikelserie – des Südostasienreporters der ›New York Times‹ Sydney Schanberg. Zusammen mit seinem einheimischen Verbindungsmann und Freund Dith Pran berichtete er zwischen 1973 und 1975 über die Ereignisse im Lande.

Der Film beginnt mit einem Vorfall im August 1973. Die Amerikaner haben begonnen, die Grenzgebiete Kambodschas zu bombardieren, um die Nachschubwege der Vietcong zu zerstören. Wegen eines Navigationsfehlers hat ein B-52-Bomber die dichtbevölkerte Stadt Neak Luong bombardiert. 150 Menschen wurden getötet und mehr als 250 verwundet. Die US-Botschaft will den Vorfall geheimhalten und erklärt die Stadt zum Sperrgebiet. Auf abenteuerlichem Wege gelingt es Schanberg und Pran, in die Stadt einzudringen und Bilder von den Verwüstungen aufzunehmen. Ihre Arbeit wird von den amerikanischen Dienststellen behindert; sie machen konkrete Erfahrungen mit der Pressestelle der Botschaft, die Auskünfte und Zusammenarbeit verweigert, Nachrichten filtert und zurechtbiegt. Der Einsatz der beiden Reporter ist nicht ungefährlich. Mit ihrer Arbeit begeben sie sich zwischen die Fronten, und sie werden von keiner Seite gedeckt. Trotz dieser Widerstände gelingt es ihnen, die Öffentlichkeit über das Ereignis zu informieren.

Zwei Jahre später hat sich die Situation im Lande zugespitzt. Die Roten Khmer dringen in die Hauptstadt Pnom Penh vor. Auf den Straßen wird gekämpft, und in der amerikanischen Botschaft werden überhastet die letzten Vorbereitungen zum Rückzug getroffen. Mit der Machtübernahme der Roten Khmer verbindet sich die Angst vor einem Blutbad. Schanberg verhilft Prans Familie noch zu einem Platz in einem Hub-

23 Siehe S. 176.

Sydney Schanberg (Sam Waterston) und Dith Pran (Haing S. Ngor) in der Gewalt der Roten Khmer

schrauber, der sie in Sicherheit bringt. Pran bleibt zurück, weil Schanberg auf seine Hilfe angewiesen ist. In der Botschaft kommt es zu dramatischen Szenen. Die Bilder gleichen denen der fast parallel laufenden Räumungsaktion der Botschaft in Saigon.[24]

In der Stunde Null herrscht eine unheilvolle Stille wie im Zentrum eines Hurricans. Die alten Machthaber haben die Stadt verlassen und die Eroberer ihren Platz noch nicht eingenommen. Als sie eintreffen, werden sie als Befreier enthusiastisch begrüßt. Es kommt zu pathetischen Verbrüderungsszenen; aus Gegnern werden Freunde. Die Waffen ruhen, und eine allgemeine Euphorie breitet sich aus.

Aber dieser Zustand hält nicht lange an. Die Stimmung schlägt in dem Maße um, wie sich die Roten Khmer der Stadt bemächtigen. Den Hauptanteil der Soldaten bilden aufgehetzte Kinder und Jugendliche unter 15 Jahren. Sie gehorchen blind den Kommandos ihrer Führer und bringen

24 Siehe S. 176f.

alles um, was sich ihnen in den Weg stellt. Im Urwald herangezogen und ausgebildet, sind sie mit den Lebensbedingungen einer Stadt nicht vertraut. Alles Fremde ist feindlich; Haß, Fanatismus und Terror stehen am Anfang des neuen Abschnittes in der Geschichte Kambodschas. Die Metropole Pnom Penh wird zwangsevakuiert. Hunderttausende müssen fluchtartig die Stadt verlassen. Säuberungsaktionen setzen ein, wobei die Roten Khmer brutal vorgehen. Sie sind nicht in der Lage, differenzierte Entscheidungen zu treffen, da ihnen viele Zusammenhänge unbekannt sind und sie von ihren Vorgesetzten nicht ausreichend informiert werden. Oft kommt es zu gegenläufigen und widersprüchlichen Kommandos. Als Schanberg und Pran mit ein paar anderen Journalisten zusammen festgenommen werden, wird diese Verworrenheit besonders deutlich; sie sollen als Kollaborateure erschossen werden. Pran kann mit dem Einsatz seiner letzten Kräfte – mit Bitten und Demut, List und Geschick – die Männer aus dieser Lage befreien und ihnen das Leben retten. Die Journalisten suchen Zuflucht in der französischen Botschaft, wo sich noch alle Ausländer mit einem gültigen Paß aufhalten dürfen, bevor auch sie das Gebäude räumen müssen. Pran hat keine Papiere, und seine Freunde versuchen, für ihn einen Ausweis zu fälschen, was aber mißlingt. Er muß die Botschaft verlassen und sieht einem ungewissen Schicksal entgegen; als Mitarbeiter eines ausländischen Journalisten ist er aufs höchste gefährdet. Schanberg bleibt ohne ihn zurück und verläßt kurz darauf mit den anderen Ausländern das Land.

Bis zu diesem Zeitpunkt ist Schanberg die Hauptfigur des Films. Während er von den Staaten aus nach dem Schicksal Prans forscht und alle möglichen Stellen um Auskünfte und Mitarbeit bittet, folgt die Handlung nun dem Schicksal Prans unter dem Regime der Roten Khmer. In einem Arbeitslager wird er gemeinsam mit anderen ausgemergelten und mißhandelten Männern einem Umerziehungsprogramm unterzogen. Sie lernen den Haß der Kinder auf die Erwachsenen kennen. Alle religiösen und familiären, traditionellen und politischen Bindungen der Menschen sollen ausgelöscht werden. Vor allem die Intellektuellen werden schonungslos verfolgt. Öffentliche Schuldbekenntnisse retten nicht vor Sanktionen. Pran gibt sich als Landarbeiter und früherer Taxifahrer aus. Er muß seine Identität leugnen, um nicht aufzufallen; nur als ›Stummer‹ kann er überleben, die Folter überstehen und Kräfte für seine Flucht sammeln. In einem günstigen Augenblick entzieht er sich der Bewachung und flieht in den Dschungel. Auf dem Fluchtweg zur thailändischen Grenze steht er plötzlich unvorbereitet mitten in den ›Killing Fields‹ – weite Felder eines sumpfartigen Gebietes, die mit den Gebeinen der Opfer der Roten Khmer übersät sind.

Pran schafft es, sich eine neue Identität aufzubauen. Als Jahre später die Roten Khmer den Vietnamesen weichen müssen, nutzt er das Durcheinander für den letzten Teil seiner Flucht, die ihn nach vielen gefährlichen Stationen in ein Flüchtlingslager in Thailand führt.

Sydney Schanberg hatte nie daran gezweifelt, daß Pran noch lebt. Als er mit einem Pulitzer-Preis für ›internationale Reportagen unter höchstem persönlichen Risiko‹ ausgezeichnet wird, spricht er die Hälfte des Preises seinem Freund zu. Als Journalist sieht sich Schanberg nun im Mittelpunkt des öffentlichen Interesses. Er nutzt diese Gelegenheit aus und analysiert in seiner Dankesrede die amerikanische Politik in Kambodscha, wobei er schonungslos ihre Fehler offenlegt. Insgeheim wird er von Selbstzweifeln gequält, da er sich für das Schicksal Prans verantwortlich fühlt und die Ungewißheit ihn nicht zur Ruhe kommen läßt. Am 9. Oktober 1979 erreicht ihn die Nachricht von der Rettung Prans; kurz darauf kann er in dem Grenzlager in Thailand seinen Freund wieder in die Arme schließen.

Der in Thailand gedrehte Film[25] schildert die Situation in Kambodscha mit beeindruckender Detailgenauigkeit und einem erschütternden Realismus, der aber nie – auch da nicht, wo grausame und spektakuläre Szenen gezeigt werden – ästhetisierender Selbstzweck ist. Die Szenen vom Krieg, vom Terror der Roten Khmer und auch die schockierenden Bilder von den Leichenfeldern haben an keiner Stelle den spekulativen Beigeschmack des Aufgesetzten. »Killing Fields« ist kein Horror- oder Kriegsfilm, sondern ein Film über Krieg und Horror. Er hält sich weitestgehend an die historischen Fakten und an den Erlebnisbericht der beiden Journalisten. Als Protagonisten und Identifikationsfiguren des Films werden sie realistisch und überzeugend dargestellt und nicht zu Helden stilisiert.[26]

THE KILLING FIELDS wurden zu einer Methapher für das Schicksal des kambodschanischen Volkes unter der Herrschaft der Roten Khmer. Der Film hält den Überlebenskampf eines Volkes unter unmenschlichen Bedingungen für alle Zeiten fest[27]; er ist gleichzeitig eine überzeugende und

---

25 Der Schauspieler und Performance-Künstler Spalding Gray, der in dem Film nur eine kleine Rolle als Mitarbeiter der US-Botschaft spielt, hat seine Erlebnisse bei den Dreharbeiten zu einer eigenwillig-autobiographischen Ein-Mann-Show verarbeitet. Die Aufführung von »Swimming to Cambodia« wurde 1987 von Jonathan Demme abgefilmt und unter dem gleichnamigen Titel herausgebracht. Der Film war 1987 beim Münchner Filmfest zu sehen, fand aber in der BRD keinen Verleiher. Der Text der Performance liegt allerdings in deutscher Sprache vor und wurde vom Kiepenheuer & Witsch Verlag (Köln 1988) veröffentlicht.

26 Die Situation der Kriegsberichterstatter greift einige Jahre später der Film SHOOTER (Regie: Gary Nelson, USA 1988) noch einmal auf. Im Nachspann »allen Berichterstattern gewidmet, die in Vietnam ihr Leben ließen«, zeigt er das Schicksal eines Journalisten, der sich auch durch ein karriereträchtiges Angebot nicht davon abbringen läßt, die Wahrheit über den Vietnamkrieg zu berichten.

27 Im September 1989 wurde THE KILLING FIELDS erstmals in Kambodscha gezeigt. Wie die amtliche kambodschanische Nachrichtenagentur SPK berichtete, sei der Film zu-

wirkungsvolle Anklage gegen die amerikanische Indochina-Politik und die Mitschuld Nixons am Verlauf des kambodschanischen Bürgerkrieges, dem – von einer Bevölkerung von 7 Millionen – 3 Millionen Menschen zum Opfer fielen.[28]

Einer Verhöhnung dieses Leidensweges kommt es gleich, wenn das Land und seine Geschichte heute als Kulisse für schnelle und billige Filme mißbraucht werden. Ein exemplarisches Beispiel dafür ist TIGER JOE (»Höllenkommando zur Ewigkeit«, Regie: Anthony M. Dawson, Italien 1982); hier geht es um skrupellose Händler, die Aufständische mit Waffen versorgen. Eine Annäherung an die Wirklichkeit ist hier ebensowenig beabsichtigt wie in WAR WITHOUT END (»Wild Weasel – Kommando ohne Wiederkehr«, Regie: Teddy Page, USA 1986). Der Film spielt in Kambodscha 1982. Über dem Dschungel wird eine amerikanische Phantom-Militärmaschine abgeschossen, die das neue Raketenabwehrsystem ›Wild Weasel‹ erproben soll. Ein amerikanischer Suchtrupp findet das Flugzeug, wird aber von kambodschanischen Soldaten angegriffen. Der Anführer, ein kampferprobter Captain, kann fliehen und sich mit einigen Leuten durch das Land schlagen, um ›Wild Weasel‹ zu retten.

Sein Weg zur thailändischen Grenze ist mit Leichen gepflastert; am Ende hat er alle Begleiter verloren und sich in eine Ein-Mann-Kampfmaschine verwandelt. Er mußte nicht nur Soldaten, Partisanen und andere Feinde umbringen, sondern auch noch die Verräter in der US-Botschaft in Thailand, die mit Waffenschmugglern und KGB-Agenten zusammenarbeiteten. Der Film deutet einen nebulösen politischen Hintergrund an, wobei er ein paarmal US-Beamte zeigt, die immer ein Ronald Reagon-Foto in ihrer Nähe haben. Das wirkt unfreiwillig komisch in einem pyrotechnischen Spektakel, in dem wieder einmal ein einsamer Superheld im Rambo-Look aufräumen muß, um amerikanische Ideale vor dem Verfall zu bewahren.

Von diesem Zuschnitt ist auch die Rambo-Mutation, die in SLASH (»Ranger – Einer gegen alle«, Regie: John Gale, USA 1984) im Alleingang die Frau eines verbündeten vietnamesischen Generals und einen Koffer mit Geheimakten aus einem Lager der Roten Khmer holt. Das Material beweist, daß der General und ein hoher CIA-Beamter für die Kommunisten gearbeitet haben. Dieses grobschlächtige und unverdauliche Stück aus Geschichtsfälschung, Rassismus, politischer Diffamierung und sinnloser

nächst in Pnom Penh vorgeführt worden, um im Hinblick auf die Kambodscha-Konferenz in Paris »die Welt daran zu erinnern, daß die Roten Khmer für den Tod von drei Millionen Kambodschanern verantwortlich sind«. Anschließend soll der Film auch in kambodschanischen Provinzen gezeigt werden. (Frankfurter Rundschau, 8. 9. 1989)

28 Aus der Sicht der Betroffenen heraus wird dieser Krieg geschildert in: KAMPUCHEA – THE UNTOLD STORY, Regie: Toranog Srichua, Thailand 1987.

Zerstörungswut argumentiert einmal mehr, daß der Krieg verloren wurde, weil die Polit-Schwächlinge in Washington den kommunistischen Verschwörern in den eigenen Reihen zugearbeitet haben.

Fremde im eigenen Land

Mit 19 zogen sie in den Krieg: dem Ruf folgend, die Freiheit zu verteidigen, aus purer Lust am Abenteuer oder nur die Gelegenheit nutzend, von zu Hause abzuhauen. Zurück kamen sie als ›alte Männer‹: gebrochen, demoralisiert und desillusioniert. 15 Kriegsjahre kosteten die Vereinigten Staaten nicht nur 150 Milliarden Dollar, sondern auch 58 000 Tote (gegenüber ca. 1 500 000 toten Vietnamesen). Die meisten der ca. 3½ Millionen amerikanischen Soldaten, die aus Vietnam zurückkehrten, hatten sich ihre Ankunft anders vorgestellt. Konfettiparaden wie nach dem Zweiten Weltkrieg, als ihre Väter die Nazis und Japaner besiegt hatten, gab es für sie nicht. Dafür wurden sie von Demonstranten empfangen, die sie als ›Babykiller‹ beschimpften. Nicht ›Helden‹, sondern ›Loser‹ kehrten heim. Das war neu für eine siegesgewohnte Nation, die noch nie eine Niederlage verkraften und verarbeiten mußte. Das stolze und selbstbewußte Image der Streitkräfte war beschmutzt und angeknackst. Die Heimkehrer mußten für das büßen, was Politiker und Militärkommandos angezettelt hatten. Ca. 300 000 Soldaten waren körperlich versehrt. Weitaus mehr – über 500 000 – trugen psychische Schäden davon; ebenso viele wurden Drogenabhängige oder Alkoholiker. Die meisten GIs gewöhnten sich bereits in Vietnam an die Drogen; vor ihrem Heimflug wurden sie mit darauf spezialisierten Hunden auf Rauschgiftpäckchen untersucht.
Ebensowenig wie diese Veteranen erhielten auch die psychisch gestörten von ihnen eine ausreichende Betreuung durch staatliche Stellen. Die Gesellschaft war nicht daran interessiert, sich ihrer Probleme anzunehmen. Nach dem Krieg verübten mehr Veteranen Selbstmord, als Soldaten in Vietnam gefallen sind; eine genaue Zahl läßt sich nicht ermitteln, da die Kausalität nicht immer erkennbar ist. Arbeitslosigkeit und zerrüttete Familienverhältnisse machten viele Veteranen zu Außenseitern der Gesellschaft, zu Kriminellen und Gewalttätern. Einige Männer, die in jungen Jahren nur das Töten gelernt hatten, verpflichteten sich als Söldner in Südamerika, Asien oder Afrika; andere zogen sich in unwegsame Gegenden in Arizona oder Alaska zurück – nicht mehr fähig oder bereit, eine zivile Umwelt zu ertragen. Ca. 1000 von ihnen leben heute auf Distanz zu anderen Menschen im Gebiet der Wildnis auf der Halbinsel Olympic im US-Staat Washington. Von ihren Familien, Freunden und Nachbarn fühlen sie sich ausgestoßen; nur zu Männern mit ähnlichen Schicksalen haben sie Kontakt. Sie leben weiterhin nach dem Gesetz des Dschungels und des Krieges: Töten und Überleben!

Solche ›kaputten Helden‹ sind aber nicht nur in den Wäldern, sondern auch in den Metropolen untergetaucht. Auch sie leben als Außenseiter nach eigenen Gesetzen. Da sie sich von allen verraten fühlen, haben sie auch keine Skrupel, ihr ›Recht‹ höher zu setzen als die staatliche Ordnung.

Aus dieser Situation zieht die Filmindustrie – die amerikanische vor allem, aber auch die internationale – ihre Profite, indem sie das Schicksal der Vietnamveteranen in zahlreichen Action- und Brutalofilmen mit primitivem Handlungsgerüst und fragwürdigem Heldentum ausbeutet.[29] Der psychische Zustand und die gesellschaftliche Isolation der Rückkehrer ist seit Anfang der 70er Jahre Gegenstand von Filmen unterschiedlicher Qualität und Machart, in denen ihre Schicksale zum Klischee erstarren und als Hintergrund und Motiv für Gewalt, Verbrechen und Selbstjustiz herhalten müssen. In diese Filme schleichen sich ab Anfang der 80er Jahre auch politische Untertöne ein, die auf öffentliche Meinungsmache spekulieren: die Söhne des Landes seien von den Politikern im Weißen Haus und im Pentagon verraten und im Stich gelassen worden. In Wirklichkeit seien die Veteranen keine unrühmlichen Figuren, sondern aufrichtige und wahre Helden; es sei an der Zeit, sie zu rehabilitieren. Dort, wo die Öffentlichkeit das noch nicht akzeptiert, müßten sie sich auf eigene Faust Recht und Gehör verschaffen. Private Rachefeldzüge gegen jedermann seien legitimiert. Von den Dutzenden dieser Produktionen, deren Anzahl in den letzten Jahren explosionsartig angestiegen ist, seien nachfolgend nur einige Beispiele aufgeführt, die einen Eindruck davon vermitteln sollen, was diese Filme beinhalten bzw. beabsichtigen.[30]

SUBMISSION (»FUCK – Free Underground Cinema Kids«)
Regie: Allen Savage, USA 1970. Ein Vietnamveteran kommt bei einem Racheakt gegen die Frau seines ehemaligen Vorgesetzten ums Leben.

STANLEY
Regie: William Grefé, USA 1971. Ein Vietnamveteran züchtet in den Sümpfen Floridas Giftschlangen, mit denen er ihm mißliebige Menschen umbringt.

CLAY PIGEON (»Ein Mann greift zur Waffe«)
Regie: Tom Stern/Lane Slate, USA 1971. Ein Vietnamveteran wird

---

29 An der bis heute anhaltenden Vermarktung dieses Themas beteiligen sich außer der Filmbranche auch andere Medien: diverse TV-Serien, spezielle Zeitschriften im ›Landser‹-Stil und zahlreiche Publikationen von Kriegserinnerungen.
30 Die Filme, die sich ernsthaft und engagiert dieses Themas annehmen, werden in dem Abschnitt »Coming Home«, siehe S. 216 f., dargestellt.

ohne sein Wissen von der Drogenpolizei in ein Komplott verwickelt und bringt die Mitglieder eines Händlerringes nacheinander um.

OPEN SEASON (»Open Season – Jagdzeit«)
Regie: Peter Collinson, USA 1974. Drei Vietnamveteranen üben Selbstjustiz und machen auf zynische Art Jagd auf Menschen.

BORN FOR HELL / DIE HINRICHTUNG (auch: »Für die Hölle geboren«)
Regie: Denis Heroux, BRD/Frankreich/Italien/Kanada 1975. Ein psychisch gestörter Kriegsheimkehrer macht bei seiner Rückkehr in die Staaten in Belfast Station und ermordet acht Schwesternschülerinnen – angeblich nach einer wahren Begebenheit.

THE ZEBRA FORCE
Regie: Joe Tornatore, USA 1975. Ein Vietnamveteran im Kampf gegen die Mafia.

SPECIAL DELIVERY (»Der lange Kalifornier«)
Regie: Paul Wendkos, USA 1976. Vietnamveteranen überfallen eine Bank. Der Coup mißlingt, aber einer von ihnen entkommt mit der Beute.

ROLLING THUNDER (»Der alte Mann mit der Stahlkralle«)
Regie: John Flynn, USA 1977. Ein hochdekorierter Vietnamveteran wird von Gangstern überfallen. Seine Frau und sein Sohn werden dabei umgebracht. Mit Hilfe ehemaliger Kriegskameraden geht er auf eigene Faust gegen die Verbrecher vor.

GOOD GUYS WEAR BLACK (»Black Tiger«)
Regie: Ted Post, USA 1977. Während der Friedensverhandlungen 1973 in Paris wird eine Spezialeinheit bei einem riskanten Unternehmen – sie sollen Kameraden aus nordvietnamesischer Gefangenschaft befreien – aus taktischen Gründen preisgegeben. Die Überlebenden werden später in Kalifornien als unliebsame Zeugen umgebracht. Der ehemalige Kommandant der Männer kämpft sich bis zu dem Drahtzieher vor: ein hoher Beamter, der um seine Karriere fürchtet.

WOLF LAKE (»Amok-Jagd«)
Regie: Burt Kennedy, USA 1978. Vietnamveteranen treffen bei der Jagd in den kanadischen Wäldern auf einen Deserteur. Aus dem Konflikt wird ein Kampf um Leben und Tod.

SEARCH AND DESTROY (»Der Mann, der aus dem Dschungel kam«)
Regie: William Fruet, USA 1978. Ein Vietnamese, der auf seiten der Amerikaner kämpfte, rächt sich nach Kriegsende an ehemaligen Kameraden, die ihn bei einem gegnerischen Angriff im Stich ließen.

GORDON'S WAR (»Gordons Rache«)
Regie: Ossie Davis, USA 1978. Ein farbiger Vietnamveteran geht mit
Unterstützung ehemaliger Kriegskameraden auf eigene Faust gegen Dro-
genhändler in Harlem vor.

RUCKUS
Regie: Max Kleven, USA 1980. Ein verhaltensgestörter Vietnamveteran
wird von den Bürgern einer amerikanischen Kleinstadt gejagt und gequält.

THE PURSUIT OF D.B. COOPER (»Die Jagd«)
Regie: Roger Spottiswoode, USA 1981. Vietnamveteranen verfolgen
einen ehemaligen Kameraden, der mit einer Flugzeugentführung Geld
erpreßt hat.

KILL SQUAD (»Das Söldnerkommando«)
Regie: Patrick G. Donahue, USA 1981. Ein Vietnamveteran gibt sich als
Opfer von Verbrechern aus, die er mit Hilfe ehemaliger Kameraden suchen will. In Wirklichkeit bringt er aus Rachemotiven einen nach dem
anderen aus seiner alten Truppe um.

FORCED VENEGEANCE (»Kalte Wut«)
Regie: James Fargo, USA 1982. Ein ehemaliger Vietnamkämpfer (Chuck
Norris) rechnet in Hongkong mit einem Gangstersyndikat ab.

THE FIGHTER (»Superchamp«)
Regie: David Lowell Rich, USA 1982. Ein sportgestählter Vietnamveteran wird Amateurboxer und trifft auf einen alten Freund, der im Ring
schwer verletzt wird. Er springt für ihn ein, gewinnt den Kampf und über-
gibt das Preisgeld der Familie seines Freundes.

Ein Mann schlägt zurück

Auf geradezu exemplarische Art verdichten sich in FIRST BLOOD
(»Rambo«, Regie: Ted Kotcheff, USA 1982) alle Versatzstücke der Ac-
tionfilme, in denen Vietnam-Veteranen im Mittelpunkt stehen: Enttäuschung von der Gesellschaft, ungerechte Behandlung, Einzelgängertum
gegenüber einer riesigen Übermacht sowie Anwendung von Gewalt gegenüber den Repräsentanten der staatlichen Ordnung, für die man seinerzeit im Krieg den Kopf hinhalten mußte und die sich später nicht als
dankbar erwiesen. Die Motive des eigenen Handelns werden legitimiert
durch grausame Erlebnisse an der Front, die Alpträume verursachen und
die man nicht mehr aus dem Gedächtnis löschen kann.
John Rambo, ehemals Mitglied einer Eliteeinheit und mit einer Tapfer-
keitsmedaille ausgezeichnet, will im kalten Norden der Staaten einen

ehemaligen Kampfgefährten besuchen, doch dieser ist an den Spätfolgen des Krieges gestorben. In der Stadt, wo ein energischer Sheriff für Sauberkeit, Ruhe und Ordnung sorgt, wird er als unerwünschter Fremder betrachtet, und man drängt ihn, die Gegend zu verlassen. Rambo widersetzt sich der rauhen Behandlung; er wird wegen Landstreicherei und unerlaubten Waffenbesitzes festgenommen und brutal mißhandelt. Die Situation erinnert ihn an Vietnam, wo er Gefangener der Vietcong war und gefoltert wurde.

Rambo flieht in die Berge, verfolgt von den Männern des Sheriffs, die ihn jagen wie ein wildes Tier. Hier hat Rambo allerdings den Vorteil auf seiner Seite. Mit den Bedingungen des Guerilla-Kampfes vertraut, nutzt er geschickt die Vorteile des Dickichts, um seine Gegner nach und nach außer Gefecht zu setzen. Da einer der Verfolger, ein Freund des Sheriffs, dabei umkommt, gibt es kein Zurück mehr. Rambo, der ›keinen Krieg wollte, da ihn die Leute nicht begreifen können‹, nimmt den Kampf auf und schlägt zurück.

In der Zwischenzeit haben auch Presse und TV von dem Vorfall erfahren, der in der Öffentlichkeit auf großes Interesse stößt. Ein Colonel trifft ein. Er war Rambos ehemaliger Kompanieführer und Ausbilder. Nun soll er die Leute des Sheriffs vor Rambo schützen. Seine Vermittlungsversuche bleiben ohne Erfolg.

Staatspolizei und Nationalgarde kommen zu Hilfe. Mit immer mehr Männern und stärkeren Waffen wird Rambo gejagt. Er kann die Umzingelung durchbrechen und einen Armeetransporter mit Waffen erbeuten. In der Stadt richtet er ein Chaos an, indem er eine Tankstelle und ein Waffengeschäft in die Luft sprengt. Der Sheriff erklärt den Notstand. In dem verwüsteten Polizeiquartier kommt es zu einem Zweikampf zwischen Rambo und dem Sheriff, den Rambo gewinnt. Er tötet seinen Gegner nicht, weil der Colonel ihn bedrängt, den ›Einsatz‹ zu beenden.

Rambo bricht ab, gibt auf und läßt sich abführen. Vorher schleudert er dem Colonel noch seine Verbitterung ins Gesicht und führt die Gründe an, die ihn zum Außenseiter werden ließen: die grausamen Kriegserlebnisse, die Demonstranten bei seiner Rückkehr, die ihn als Babymörder und Vergewaltiger beschimpften, und die Tatsache, daß ihm niemand einen Job geben will.

FIRST BLOOD setzt durch Spannung, Action und perfekte Inszenierung Maßstäbe für die nachfolgenden Filme. Durch die Besetzung der Hauptrolle mit Sylvester Stallone – der auch am Drehbuch mitarbeitete – wird ein Held neuen Typs, eine Identifikationsfigur geschaffen, die die bislang bekannten Klischees der Veteranen-Filme durchbricht. Der Zuschauer steht voll auf seiner Seite, leidet mit an den Ungerechtigkeiten, die man ihm zufügt, und hat am Ende Verständnis für sein Handeln. Gewaltanwendung und persönliche Rache werden durch einfache Erklärungsmuster

und billige Vorwände legitimiert, die ein Millionen-Publikum nachvollziehen kann, das Action will und keinen Wert auf differenzierte Aufarbeitung der Hintergründe legt. Das Selbstjustiz-Motiv lehnt sich dabei an die
vielen artverwandten filmischen Vorläufer an, die mit und in der Nachfolge von DEATH WISH (»Ein Mann sieht rot«, Regie: Michael Winner,
USA 1974 – mit Charles Bronson in der Hauptrolle) entstanden: der
scheinbar ohnmächtig der Gewalt ausgelieferte Bürger nimmt das Recht
in die eigenen Hände und wird zum erbarmungslosen Killer. Heraufbeschworen wird hier das in der amerikanischen Tradition begründete ›Ideal
der Selbstverteidigung‹. Das einst handlungsbestimmende Thema vieler
Western wird auf die Gesellschaft von heute adaptiert und von der Prärie
in die City verlagert. Gab es früher einen quasi gesetzlosen Zustand mit
dem Recht des Stärkeren, so ist es nun die staatliche Justiz- und Polizei-
bürokratie, die den einzelnen friedliebenden Bürger nicht mehr ausreichend schützen kann. Was Charles Bronson in der Rolle des racheüben-
den Architekten für den Durchschnittsbürger verkörpert, übernimmt
Stallone als ›Rambo‹ für die vielen Vietnam-Veteranen, die sich ebenso
schutzlos und verraten fühlen. FIRST BLOOD und DEATH WISH rufen unver-
hohlen zur Selbstjustiz auf und leisten dabei den reaktionären Forderungen nach einem stärkeren Polizeistaat Vorschub. FIRST BLOOD ergreift
zusätzlich Partei für die Politik der Reagan-Regierung, die das Vietnam-
Trauma verdrängen und die Armee rehabilitieren will.

Die Rambos

Der Erfolg von RAMBO löste eine bis heute andauernde Serie von Nachfolg-
gefilmen aus, in denen Selbstjustiz legitimiert wird und Vietnam-Veteranen private Rachefeldzüge gegen die Mörder von Familienangehörigen
oder Freunden führen oder in denen sie alten Kriegskameraden in solchen Fällen selbstlos zur Seite stehen. Die nun folgende, nicht vollständige Auflistung dieser Filme hat mit dem Genre des Polit-Thrillers nichts
gemein; es ist jedoch in diesem Zusammenhang wichtig, einen Blick auf
jene Filme zu werfen, die von RAMBO stilbildend geprägt wurden: auf die
Schwemme von Produktionen, die das Thema »Veteranen-Schicksale«
rücksichtslos ausbeuten und die quantitativ den größten Teil der Vietnamfilme ausmachen. Sie sind insofern wichtig, weil sie die Bedingungen
und das Umfeld für solche Filme bestimmen, die sich ernsthaft mit den
Ursachen und Folgen des Vietnamkrieges auseinandersetzen und zur allgemeinen gesellschaftspolitischen Aufarbeitung beitragen wollen.[31] Die
»Rambo«-Nachfolge traten u. a. an:

31 Auf diese Filme wird in den Abschnitten ab »Das Vietnamtrauma«, hier insbesondere »Coming Home«, eingegangen.

THE A-TEAM (Produzenten: Stephen J. Cannell und Frank Lupo, Regie: Rod Holcomb u. a. m., USA 1983). Helden dieser in den USA überaus erfolgreichen TV-Serie von MCA (»No one admits liking it, but everyone watches it«) sind vier Vietnamveteranen, die sich zu einer Söldnertruppe zusammengeschlossen haben; vier hartgesottene Typen, die als moderne Robin Hoods für alle Entrechteten und Schwachen eintreten.

Die Vorgeschichte dieser »glorreichen Vier« beginnt 1975 in Hanoi, wo sie als Agenten einer Spezialeinheit einen Bankraub verüben und dafür von der Army bestraft werden, obwohl sie sich auf einen Befehl berufen konnten. In den Wirren der letzten Kriegsmonate wurden die Unterlagen, die ihre Unschuld beweisen, vernichtet. Nach ihrer Flucht aus dem Staatsgefängnis in Kalifornien tauchen sie ab in den Untergrund von Los Angeles, wo sie bald erkennen müssen, daß sie alles andere als Helden sind. Doch sie nutzen ihre im Krieg erworbenen Fähigkeiten, um auf eigene Rechnung für Recht und Ordnung zu kämpfen. Gegenspieler sind dabei u. a. korrupte Gesetzeshüter, Drogenhändler, Mafiosi und Terroristen. Bei ihren Einsätzen haben sie es nicht nur mit diesen Feinden zu tun; da sie nach wie vor steckbrieflich gesucht werden, müssen sie auch der ihnen geltenden Verfolgung durch die Militärpolizei entgehen. Das A-Team sieht in den selbstgewählten Aktionen eine Chance, sich eines Tages rehabilitieren zu können. Unterstützt werden sie dabei von einer selbstbewußten, couragierten Reporterin, die über die einzelnen Einsätze berichtet und für die öffentliche Anerkennung des Teams sorgt.[32]

FIREBACK
Regie: Teddy Page, USA 1983. Die Ehefrau eines aus der Gefangenschaft befreiten GIs wurde von Killern ermordet.

FINAL MISSION
Regie: Ciro H. Santiago, USA 1984. Die Familie eines Veteranen wird von dessen ehemaligem Kriegskameraden umgebracht.

STEEL JUSTICE (»Stahl-Justiz«)
Regie: Robert Boris, USA 1986. Ein Veteran rächt den Tod eines vietnamesischen Kriegskameraden. Gegenspieler ist ein vietnamesischer General, der Jahre später in den Staaten zum Rauschgifthändler wird.

NO SAFE HAVEN (»Clint Harris – Mit dem Rücken zur Wand«)
Regie: Ronnie Rondell, USA 1986. Ein Veteran rächt die Ermordung seiner Mutter und seiner beiden Brüder.

---

32 Zusammenschnitte einzelner Folgen wurden im Kino und auf Video ausgewertet und auch in der Bundesrepublik gezeigt (z. B. »Das A-Team – Judgement Day«; Regie: David Hemmings, USA 1985). Die deutsche Fassung der TV-Serie startete mit 70 Folgen im Mai 1990 bei RTL plus.

HEAT

Regie: Jerry Jameson, USA 1986. Ein Veteran rächt die Vergewaltigung seiner Freundin durch einen Sex-Gangster.

FEAR/FLASHBACK (»Black Scorpion«)

Regie: Robert A. Ferretti, USA 1987. Die Familie eines Veteranen wird von einer Bande ehemaliger Strafgefangener bedroht.

BORN KILLER

Regie: Kimberly Casey, USA 1988. Ein Veteran rächt die Vergewaltigung und Ermordung junger Frauen durch entflohene Kettensträflinge.

TRAINED TO KILL

Regie: H. K. Dyle, USA 1988. Ein Veteran wird von Heroinhändlern getötet. Seine Söhne – einer davon aus einer Beziehung mit einer Kambodschanerin – nehmen Rache.

AMERICAN EAGLE

Regie: Robert J. Smawley, USA 1989. Ein Veteran hilft einem Kriegskameraden, dessen Schwester entführt wurde. Gegenspieler ist ein Freund-Feind aus alter Zeit.

BLIND FURY (»Blinde Wut«)

Regie: Philip Noyce, USA 1988. Ein im Krieg erblindeter, von Vietnamesen als reaktionsschneller Schwertkämpfer ausgebildeter Veteran räumt mit Killern und Drogenhändlern auf, die es auf die Familie eines Kriegskameraden abgesehen haben.

VIETNAM TEXAS (»Du sollst nicht töten«)

Regie: Robert Ginty (auch Produzent und Hauptdarsteller), USA 1988. Schauplatz ist ein vietnamesisches Viertel – ›Little Saigon‹ genannt – in Houston/Texas. Ein Veteran, der heute als Priester arbeitet, will alte Rechnungen begleichen und legt sich dabei mit dem Boss einer Drogenmafia an. Getötet wird dabei auch seine Ex-Ehefrau, die er eigentlich aus diesem Milieu befreien wollte.

Es sind aber nicht nur die amerikanischen Firmen – wie beispielsweise ›Canon-Film‹, die mit der Vermarktung dieses Themas ihre Geschäfte machen –, die europäischen und asiatischen Produzenten mischen kräftig mit an der Herstellung von Kriegs- und/oder Actionfilmen groben Zuschnitts und einfachster Machart, die das Schlüsselwort ›Vietnam‹ dazu benutzen, menschenverachtende und zynische Gemetzel und Massaker auf die Leinwand zu bringen und die Motive entsprechend zu legitimieren. Aus Hongkong stammen beispielsweise COMMANDER LAWIN (»American Commando«, Regie: Eddi Nicart, 1985) – ein auf den Philippinen lebender Veteran rächt die Ermordung seiner Familie – und RAGING THUNDER (»Karate Tiger 2«, Regie: Corey Yuen, 1987) – ein Veteran hilft einem Freund, dessen vietnamesische Verlobte von sowjetischen Agenten in den kambodschanischen Dschungel entführt wurde. COBRA THUNDERBOLT (»Cobra Battle Truck«, Regie: Tano Rich, Hongkong 1985) kreiert unter all den »Rambo«-Nachbildungen einen besonderen Typ der ›Kampfmaschine‹: ein verkrüppelter, beinamputierter Vietnamveteran rüstet seinen Rollstuhl in einen unbezwingbaren Panzerwagen um und muß sich mit Hilfe seiner Erfindung gegen den Zugriff skrupelloser Politiker verteidigen.

STRIKE FORCE 2 (»Heroin Force«, Regie: Vincent Dawn = Bruno Mattei, Italien 1987) ist typisch für die vielen italienischen Produktionen, die auf einen neuen Aufschwung analog der früheren Italo-Western setzen und auf der Vietnamwelle mitschwimmen. Hier geht es um einen reaktivierten Vietnamkämpfer, der gegen ein als Lager getarntes Drogenlabor der Vietnamesen vorgehen soll und dabei feststellt, daß sein ehemaliger Vorgesetzter Boss einer Drogenbande ist.

Äußerst eigenwillige und ausgefallene Variationen des Veteranenthemas bieten Schweden und die UdSSR an. In WARDOG (Regie: Björn Carlstroem und Daniel Hübenbecher, Schweden 1986) sollen in einem geheimgehaltenen Militärcamp in den Staaten unter der Anleitung faschistoider Vietnamveteranen mit Hilfe von Drogen perfekt funktionierende Soldaten gezüchtet werden; in ODINOSCHNGE PLAVANIE (»Im Alleingang«, Regie: Michail Tumanischwili, UdSSR 1986) heuern amerikanische Rüstungsbosse und ausgesprochene Feinde der Entspannungspolitik einen Vietnamveteranen an, der die friedliebenden Sowjets provozieren soll. Damit der politische Konflikt geschürt und weiter aufgerüstet werden kann, müßte ein harmloses Passagierschiff von einer angeblich russischen Rakete vernichtet werden. Doch das Manöver mißlingt.

Daß auch Australien seine Vietnamerfahrungen besitzt, unterstreicht ROBBERY (»Robbery – Ein mörderischer Coup«, Regie: Michael Thornhill, Australien 1985) und demonstriert dabei, wie gut ausgebildet und gedrillt die australischen Elitesoldaten sind. Veteranen einer Spezialeinheit in Vietnam schließen sich aus Frust über mangelnde gesellschaftliche Anerkennung zu dem großen Coup zusammen und rauben aus einem Wettbüro sechs Millionen Dollar. Ihre militärische Präzision und ihre strategische Überlegenheit lassen sie im Kampf gegen eine Verbrecherbande und die Polizei als Sieger hervorgehen.

Regulators, Exterminators und Annihilators

Der Typ des ›recht- und gesetzlosen‹ Veteranen, dessen Talente und Fähigkeiten als perfekte Kampfmaschine nicht ungenutzt bleiben dürfen, eignet sich hervorragend zum Einsatz gegen gesellschaftliche Randgruppen und Außenseiter, gegen die sich der Polizei- und Justizapparat bekanntlich recht schwertut. Für die Veteranen bedeutet das eine mehr oder weniger willkommene Verlängerung ihrer Militärzeit; sie können sich durch entsprechende Leistungen wieder rehabilitieren und einen – wie die Filme es darstellen – wertvollen Beitrag für die Gesellschaft leisten, da ihnen die Sympathien des Publikums sicher sind, wenn sie den ›Schmutz und Unrat‹ von den Straßen fegen. Die Rechtmäßigkeit derartiger Einzelaktionen wird weder problematisiert noch hinterfragt; ein gut ausgebildeter, vom Ausgang des Krieges enttäuschter einzelgängerischer Veteran zu sein genügt vollends, um Gewalt, Brutalität und Mord zu legitimieren. Filme dieser Art gibt es, seitdem die ersten Soldaten aus dem Krieg in die Staaten zurückgekehrt sind. Im Verlaufe der Jahre wurde der Typ dieses Veteranen komplexer und »Rambo« vergleichbarer; die Handlung der Filme nahm dementsprechend an Action und Gewalt zu. Beispiele für solche Veteranen in dem dazugehörenden Umfeld finden sich u. a. in folgenden Filmen:

BORN LOSERS (»Der Regulator«)
Regie: T. C. Frank, USA 1967. Ein Veteran bekämpft eine Rockerbande, die eine amerikanische Kleinstadt terrorisiert.

CHROME AND HOT LEATHER (»Chrom und heißes Leder«)
Regie: Lee Frost, USA 1971. Ein Veteran und seine Freunde machen einer Rockergang den Garaus, weil sie nicht nur die Verkehrsregeln überschreiten.

MACHO TRIP
Regie: Thomas J. Schmidt, USA 1978. Ein Veteran bekämpft eine Hippie-Clique, die zu einer Gefahr für friedliebende Bürger geworden ist.

THE EXTERMINATOR
Regie: James Glickenhaus, USA 1980.

und EXTERMINATOR II
Regie: Mark Buntzman, USA 1984. Der Vietnamveteran betätigt sich als Exterminator (d. h. ›Auslöscher‹) gegen jugendliche Straßenbanden.

THE ANNIHILATORS (»City Commando«)
Regie: Charles E. Sellier jr., USA 1984. Eine Gruppe von Veteranen schützt Bürger gegen Straßenbanden.

SAVAGE DAWN (»Die Hyänen«)
Regie: Simon Nuchtern, USA 1984. Zwei Veteranen gehen gegen eine Motorradgang vor, die eine Kleinstadt dem Erdboden gleichmachen will.

THOU SHALT NOT KILL, EXCEPT... (»Du sollst nicht töten, außer...«)
Regie: Josh Becker, USA 1985. Der Veteran nimmt es mit brutalen Rok-
kern, Freaks und anderem ›Abschaum‹ auf.

DAY OF THE SURVIVALIST (»Masterblaster II«)
Regie: William H. Humphrey, USA 1985. Ein Veteran bekämpft eine
Gruppe radikaler Einzelkämpfer, die sich auf Grund diffuser Wahnvor-
stellungen und Zukunftsvisionen abgekapselt hat und zu einer Gefahr für
Andersdenkende geworden ist.

EYE FOR THE TIGER
Regie: Richard C. Sarafian, USA 1986. Der Veteran befreit eine Stadt
von einer Rockerbande.

CODE NAME: ZEBRA
Regie: Joe Tornatore, USA 1986. Ein aus dem Gefängnis entlassener Ma-
fiakiller und eine Gruppe von Vietnamveteranen befinden sich im gnadenlosen Kampf.

COMBAT SHOCK
Regie: Buddy Giovinazzo, USA 1986. Für den GI Frankie Dulan geht
gleich nach seiner Rückkehr aus Vietnam der Krieg in den Straßen von
New York weiter. Er gerät auf die schiefe Bahn und wird drogenabhängig.
Die Liebe zu einer Prostituierten motiviert ihn noch einmal zum Kampf
für die Gerechtigkeit.

GHETTOBLASTER
Regie: Alan L. Stewart, USA 1988. Ein Veteran, der nur seine Mutter in
LA besuchen wollte, muß das Viertel von einer brutalen Gang befreien.

Allein gegen die Mafia

Veteranen, die den Cops die Dreckarbeit abnehmen und den Cliquen,
Gangs und Banden einen gnadenlosen Kampf ankündigen, denen Polizei
und Justiz mit legalen Mitteln nicht gewachsen sind, machen sich um ihr
Vaterland verdient. Ihr Negativ-Image wird auf diese Art und Weise be-
reinigt: wer heute unter Einsatz seines Lebens amerikanische Familien
vor dem Bösen schützt, kann früher kein Feigling, Versager oder Babykiller gewesen sein.[33] Den Feind stöbert man dabei nicht mehr im fernen

---

33 Die Produktion derartiger Filme beschränkt sich nicht nur auf die Vereinigten Staaten. Schablonen und Absichten für solche Veteranen-Rehabilitierungen haben sich
so bewährt, daß sie auch in anderen Ländern genutzt werden. Ein Beispiel dafür ist
OPALENNYJE KANDAGAROM (»Die Brandwunden von Kandagar«, Regie: Juri Sabi-
tow, Usbekfilm 1989). Ein Hauptmann, der in Afghanistan gekämpft hat, nimmt
nach seiner Rückkehr in die Heimat den Kampf mit einer gut organisierten Bande
auf.

Dschungel, sondern direkt vor seiner Haustür auf, wo er vielfältig präsenter und bedrohlicher ist. Bei diesen Einsätzen handelt es sich nicht nur um private Rachefeldzüge oder individuelle Maßnahmen zur Gefahrenabwehr oder Notwehr. Männern diesen Zuschnitts bedient sich auch der Staatsapparat, wenn es darum geht, mit unkonventionellen Methoden gegen Korruption, organisiertes Bandentum usw. vorzugehen. Zu den Filmen dieser Kategorie zählen u. a.

HANGMAN
Regie: J. Christian Ingvordsen, USA 1986. Ehemaliges hochdekoriertes Mitglied der Special Force in Vietnam übernimmt den Auftrag, einer Gruppe von einflußreichen, korrupten CIA-Agenten das Handwerk zu legen.

THE PRESIDIO
Regie: Peter Hyams, USA 1988. Ein Vietnamveteran und ein junger Cop decken Korruption und Gangstermachenschaften in der militärischen Hierarchie auf.

TERROR IN BEVERLY HILLS
Regie: John Myhers, USA/Israel 1988. Die Tochter des amerikanischen Präsidenten wird von arabischen Terroristen entführt. Ein ehemaliger Kriegsheld, der noch eine private Rechnung gegen den Anführer der Geiselgangster offen hat, geht allein gegen die Bande vor.

NO DEAD HEROES (»Geheimcode Leopard«)
Regie: J. C. Miller, USA 1986. Ein Ex-Spezialkämpfer in Vietnam wird von Terroristen mittels eines implantierten Mikrochips zum Killer umgerüstet und mit einem gefährlichen Auftrag in die USA geschickt. Der CIA ist scharf auf den Chip und setzt einen ehemaligen Vietnamkameraden auf den Gehirnmanipulierten an.

FEAR/FLASHBACK (»Black Scorpio«)
Regie: Robert A. Ferretti, USA 1987. Ein paranoider Vietnamveteran metzelt seine Familie nieder und wird zum Amokläufer. Ein anderer, ›normaler‹ Veteran kann ihn stoppen, bevor noch mehr seiner Angehörigen zu Opfern des Wahnsinnigen werden.

RIVERBAND
Regie: Sam Firstenberg, USA 1989. 1966 in den Südstaaten: drei schwarze Vietnamveteranen, die sich weigerten, auf Zivilisten zu schießen, entziehen sich der drohenden Kriegsgerichtsverhandlung durch Flucht und geraten in eine Kleinstadt, deren schwarze Bewohner von einem rassistischen Sheriff terrorisiert werden. Es gelingt ihnen, die Öffentlichkeit und die Medien auf die Ungerechtigkeiten und Diskriminierungen aufmerksam zu machen.

Bestien der Wollust, der Alpträume und des Horrors

Daß der Vermarktung des Vietnamtraumas keine Grenzen – auch nicht die des Geschmacks – gesetzt sind, beweisen zahlreiche Horror-, Massaker- und Zombie-Filme, denen der ›verkommene Veteran‹ als billigstes Erklärungsmuster für Blut- und Gewaltorgien dient:

THE RAVAGER (»Bestie der Wollust«)
Regie: Charles Nizet, USA 1969. Ein Veteran sprengt Liebespaare in die Luft.

CANNIBAL APOCALYPSE (»Asphaltkannibalen«)
Regie: Anthony M. Dawson, Italien 1979. Veteranen treten als Kannibalen und Zombies auf.

DON'T PLAY WITH FIRE (»Söldner kennen keine Gnade«)
Regie: Tsui Hark, Großbritannien 1981. Massaker zwischen kriminellen Jugendlichen und einer Veteranen-Gangsterbande.

HOUSE
Regie: Steve Miner, USA 1986. Für die Arbeiten an einem Vietnamroman zieht sich Bestsellerautor Cobb in jenes Haus zurück, in dem sein Sohn verschwand und seine alte Tante sich erhängte. Bald bemerkt er, daß er von Monstern umgeben ist, die ihn alle in das alte Kampfgeschehen zurückzerren. Zum Show-down muß er sich einem riesigen Krieger-Zombie stellen, der im Horror-Traum-Vietnam auch Cobbs Sohn gefangenhält. In diesem Film kramt das Team der Serie »Freitag der 13.« Monster und Horroreffekte aus der Mottenkiste aus und hängt ihnen in kruder Symbolik Alpträume und Traumata des Vietnamkrieges an.

THE SCORPIO FORCE
Regie: Gilberto De Anda, USA/Mexiko 1987. Ein Veteran dreht durch und will das Trinkwasser der Hauptstadt eines lateinamerikanischen Landes mit Nervengift verseuchen.

BACKFIRE (»Final Night – Die letzte Nacht«)
Regie: Gilbert Cates, USA 1987. Horrorvisionen um einen alptraumgeplagten Vietnamveteranen.

MOON IN SCORPIO (»Blood Moon«)
Regie: Gray Graver, USA 1987. Die Segelpartie zweier Vietnamveteranen und ihrer Ehefrauen wird durch eine mysteriöse Mordserie zum Horrortrip.

OPERATION: PARATROOPER (»Helden USA 3«)
Regie: Frank de Palma, USA 1988. Ein amerikanischer Veteran bildet in Norditalien Rekruten aus und arbeitet dabei sein Trauma ab.

TWICE UNDER

Regie: Dean Crow, USA 1989. Ein Vietnamveteran und seine Familie werden zur Zielscheibe eines psychopathischen Killers, der schon als ehemaliger Kamerad des Veteranen in Vietnam durch besondere Grausamkeiten aufgefallen war.

Freedom Fighters

Die Vietnamveteranen in der ›Rambo‹-Nachfolge haben das Spektrum der Filmhelden um einen neuen, besonderen Typ erweitert; ihre Gegenspieler sind austauschbar: persönliche oder öffentliche Feinde, Jugendbanden, Drogenbosse, Terroristen u. ä. Die Einsatzorte – die Schauplätze des Geschehens – beschränken sich nicht nur auf das Gebiet der Vereinigten Staaten. Die »Du-sollst-nicht-töten-außer ...«-Mentalität ist schon dann gefragt, wenn die Freiheit der Amerikaner vermeintlich von Nachbarstaaten oder anderen Ländern aus bedroht wird. Grenzüberschreitende Einsätze werden in den Handlungen solcher Filme meist als Präventivmaßnahmen gerechtfertigt und schon gar nicht als Einmischung in die inneren Angelegenheiten eines anderen Landes empfunden. Allein oder in kleinen Gruppen bewegen sich die Veteranen als Söldner, Agenten oder im Auftrag diffuser staatlicher Geheimkommandos auf realen oder fiktiven Schauplätzen in aller Welt; bevorzugt werden dabei – weil *naheliegend* – die mittel- und südamerikanischen Länder. Beispiele dafür finden sich u. a. in folgenden Filmen:

MISSION KILL (»Mission Cobra«)
Regie: David Winters, USA 1984. Ein Veteran schließt sich vorübergehend einer Volksfront-Bewegung an, um in einem mittelamerikanischen Staat einen Diktator zu stürzen.

INFERNO IN DIRETTA (»Cut and Run«)
Regie: Ruggero Deodato, Italien 1984. Ein Veteran schlägt sich auf die Seite eines südamerikanischen Indianerstammes und bekämpft Kokainhändler.

BLACKFIRE
Regie: Teddy Page, USA 1986. Ein Veteran amerikanisch-japanischer Abstammung wird in einem lateinamerikanischen Inselstaat als Militärberater eingesetzt und deckt einen Waffenschmuggel auf.

BROTHERS IN BLOOD
Regie: Tonino Valerii, Italien/USA 1986. Vietnamveteranen befreien im Dschungel von Guatemala Geiseln aus dem Lager von Terroristen.

G.I. EXECUTIONER
Regie: Joel M. Reed, USA 1984. Einsatzort ist Singapore.

HIT MAN/AMERICAN COMMANDOS (»Jäger der Apokalypse 2 –
Zurück ins Inferno«)
Regie: Bobby A. Suarez, USA 1984. Einsatzort ist das »Goldene Drei-
eck«; Gegner sind Rauschgifthändler.

THE DELTA FORCE
Regie: Menahem Golan, USA 1985. Veteranen bei einem Einsatz gegen
Flugzeugentführer auf dem Flughafen in Beirut.

DOUBLE TARGET (»Der Kampfgigant«)
Regie: Vincent Dawn (= Bruno Mattei), Italien/USA 1986. Veteranen
im Kampf gegen Terroristen, die amerikanische Militärbasen in Südostasien angreifen.

COMMANDER (»The Last American Soldier«)
Regie: Paul D. Robinson, Italien 1988. Schauplatz ist wieder Vietnam:
von Thailand aus führt ein Veteran an der Spitze einheimischer Terrortrupps einen Privatkrieg gegen Vietnamesen und sowjetische Militärs.

TIGER SHARK (»Kommando Tiger Shark«)
Regie: Emmett Alston, USA 1986. Schauplatz sind die Philippinen; Gegner sind kommunistische Partisanen.

LET'S GET HARRY (»Holt Harry raus!«)
Regie: Alan Smithee, USA 1986. Ein amerikanischer Ingenieur und der
US-Konsul in Kolumbien werden von der Drogenmafia gekidnappt. Sie
will damit die US-Behörden unter Druck setzen und gefangengehaltene
Dealer freipressen. Da die zuständigen Dienststellen nichts unternehmen, stellt der Bruder des Ingenieurs eine kleine Truppe Freiwilliger zusammen, die unter Anleitung eines Vietnamveteranen das Problem an
Ort und Stelle lösen. Durch seine Story (Mark Feldberg und Samuel Fuller) und die Besetzung (Robert Duval u. a.) müßte sich dieser Film von
den anderen dieser Serie abheben. Auch wenn es sich hier nicht um über-
mächtige ›Rambo‹-Typen handelt, die in einem Privatkrieg aushelfen,
sondern um Freunde aus der Nachbarschaft, ändert sich nichts am Tenor
des Films, ein Plädoyer entweder auf mehr Härte des Staates oder für das
Hinwegsetzen über Recht und Gesetz. Peinlich in diesem Film außerdem,
wie verzerrt die Verhältnisse in Lateinamerika dargestellt werden.

HEARTBREAK RIDGE
Regie: Clint Eastwood, USA 1986. Der alternde Held von Korea und
Vietnam (Clint Eastwood) bildet Rekruten aus und unternimmt mit ihnen einen lebensgefährlichen Einsatz auf einer Karibikinsel gegen mit
russischen Waffen ausgerüstete kubanische Solaten.[34]

34 Schauplatz ist Grenada; in der deutschen Fassung wird der Name nicht genannt.

MERCENARY FIGHTERS/FREEDOM FIGHTERS (»Freedom Fighters – Söldner für die Freiheit«)
Regie: Riki Shelach, USA 1986. Vietnamveteranen haben sich zu einer Söldnertruppe zusammengeschlossen. Sie unterbrechen ihre Arbeit für die Contras in Nicaragua und helfen dem Diktator eines zentralafrikanischen Staates bei einem Staudammprojekt, das von Rebellen boykottiert wird. Als die Söldner erfahren, daß es nicht um das Bauvorhaben allein, sondern um die Ausrottung eines feindlichen Stammes geht, wechseln einige von ihnen die Seiten, um den Vernichtungsfeldzug erfolgreich zu durchkreuzen.

WAR BIRDS
Regie: Ulli Lommel, USA 1988. Ein Veteran kommandiert ein US-Bomberkommando, das ein Scheichtum vor kommunistischen Rebellen schützen soll.

PHANTOM RAIDERS
Regie: Ronny Sanders und Dan Harvey, Hongkong 1988. Veteraneneinsatz in Vietnam gegen einen übergelaufenen Colonel, der sich an der Ausbildung von asiatischen Terroristen beteiligt.

RAMBO III
Regie: Peter MacDonald, USA 1988. John Rambo (Sylvester Stallone) im Einsatz in Afghanistan.

Daß ›Freedom Fighters‹ an ihrem Sendungsbewußtsein zweifeln, ihre Figuren eine Entwicklung durchmachen, die sie ihre Mission hinterfragen läßt oder sie zu einem Seitenwechsel veranlaßt, ist in all den vorgenannten Filmen kein Thema. Es gibt bislang nur einen Film, der anders an diese ›All-American-Heroes‹ herangeht und sich um eine unverzerrte und klischeefreie Darstellungsweise bemüht: LATINO von Haskell Wexler, USA 1985. Im Mittelpunkt der Handlung steht der 34 Jahre alte Chicano – in Lateinamerika geborener US-Bürger – Eddie Guerro. Er ist Vietnamveteran, Major der Green Berets und lebt in Los Angeles. Ein geheimgehaltenes, als Manöver getarntes Kommando führt ihn im Sommer 1982 nach Honduras, wo er Contras auf Einsätze in Nicaragua vorbereiten soll. Ziel eines Überfalls ist eine Landwirtschafts-Kooperative, die angeblich ein militärischer Stützpunkt der Kubaner sein soll.

Durch die Beziehung zu einer Frau, die aus Nicaragua stammt und in Honduras lebt, erfährt Eddie mehr von der wirklichen Situation in Nicaragua. Seine Zweifel an der Legalität seines Auftrages verstärken sich, als er erfährt, daß die US-Soldaten bei dem Angriff auf die Farm keine Erkennungsmarken tragen dürfen. Eddie widersetzt sich dem Befehl. Es gelingt den Contras nicht, die Getreidesilos zu sprengen. Eddie wird gefangengenommen und abgeführt und ist ein Beweis dafür, daß amerikanische Soldaten an diesem Überfall beteiligt waren.

Was Haskell Wexler mit LATINO erzählt, ist kein ›Söldner‹-Film nach gängigem Schema; Kampfgeschehen und Pyrotechnik spielen nur eine untergeordnete Rolle. Viel mehr Wert wird auf die Charakterisierung eines US-Berufssoldaten gelegt, der sich mit der amerikanischen Politik nicht länger identifizieren kann, aber den Absprung nicht mehr rechtzeitig schafft. Der ohne Unterstützung der großen US-Filmfirmen in Nicaragua gedrehte Film besticht durch die genaue Strukturierung der Hintergründe und des Umfeldes der Handlung: das vom CIA unterstützte Ausbildungslager der Contras sowie den Arbeits- und Verteidigungswillen der Kooperative-Mitglieder. Das alles wirkt nicht inszeniert, sondern dokumentarisch. Haskell Wexler – international bekannter Kameramann und Regisseur des Films »Medium Cool«[35] – versteht seinen Film als »ein Flugblatt, das den Menschen in den USA erklärt, was in ihrem Namen in Nicaragua geschieht«. In einem Interview hat er deutlich gegen die »Rambo«-Mentalität Position bezogen: »Das amerikanische Kino durchlebt jetzt eine schwere Zeit: philosophisch, ideologisch, auch in bezug auf die Stories. Auf der Leinwand haben wir eine Menge Gewalt, Sex, hohle Aktionen. Viele Filme lassen sich von der Idee einer Vergeltung leiten. Protagonisten dieser Idee sind Figuren, denen einmal etwas Schlechtes widerfuhr

---

35 »Medium Cool«, USA 1968, problematisiert anhand der Geschichte eines Fernsehreporters die Wirkung der Massenmedien auf die amerikanische Gesellschaft.

Fiktive und reale Erscheinungsbilder der FREEDOM FIGHTERS vermischen sich in dieser Agenturmeldung: POSTER INFURIATES CONTRAS – A Nicaraguan woman known only as »Maria« is seen in this poster distributed by the Miami-based Democratic Nicaraguan Youth. The photo, which was shot in the Florida Everglades has been called »inauthentic« by a spokeswoman for the U.S. supported Federation of Democratic Nicaraguans. (AP)

– und nun zeigt man, wie sie zurückschlagen. Denken Sie an Clint Eastwood und Charles Bronson. Normalerweise sind diese Figuren keine Gesetzeshüter, sondern Privatdetektive, entlassene Polizeioffiziere, Ex-CIA-Männer. Sie nehmen das Recht in ihre eigenen Hände, weil sie meinen, das Gesetz sei zu langsam, zu konservativ. Viele Filme und noch mehr Fernsehproduktionen haben dies als thematischen Hintergrund. Ich denke, das ist kein Zufall. Diese Art von Gewalt repräsentiert in gewisser Weise auch eine Art von Außenpolitik. Die Filme sagen: Die anderen sind schlecht. Wir haben das Recht, uns dagegen zu wehren, und zwar mit einer Gewalt, wie wir sie wollen. Wir sind die guten Burschen, die anderen die Bösen. Ich kann Ihnen aber versichern: Dies ist nicht der traditionelle amerikanische Weg. Der nämlich besteht in Fairness und in Respekt vor den Gesetzen.«[36]

Oliver North – Ein Veteran macht Politik

Der auf dem Tatsachenbericht von Ben Bradlee jr. beruhende Film GUTS AND GLORY – THE RISE AND FALL OF OLIVER NORTH (»Gefährlicher Ruhm – Der Aufstieg und Fall des Oliver North«, Regie: Mike Robe, USA 1989) zeigt in der 1969 spielenden Eingangssequenz, wie sehr die Vietnamerfahrungen das Denken und Handeln des späteren Sicherheits-Bediensteten geprägt haben: ein strategisch unbedeutender Hügel muß von den Marines eingenommen werden. Oliver North erweist sich bei diesem Vorstoß als echter Draufgänger, als ›ganzer Kerl‹, an dem sich seine Kameraden ein Beispiel nehmen sollen. North gilt als ›Kommunistenfresser‹ und wird von seinen Vorgesetzten wegen seiner ›verdammt guten Arbeit‹ geschätzt. Der mutige Soldat ist mit der laschen Kriegsführung nicht einverstanden; so zum Beispiel kann er sich nicht damit abfinden, daß der unter großen Verlusten eroberte Hügel kurz darauf wieder aufgegeben und wenig später erneut erkämpft wird. Die Schuld an diesem Unsinn tragen seiner Meinung nach die unfähigen, liberalen Politiker und die Presse, die den Soldaten in den Rücken fällt. North ist der Ansicht, daß der Krieg offensiver und total geführt werden müsse, um den Kommunismus wirksam zu bekämpfen. Er unterstützt die Politik der ›Falken‹ und ist davon überzeugt, daß die Anwesenheit der Amerikaner in Vietnam richtig und rechtmäßig ist.
Diesen Idealen bleibt er treu, als er hochdekoriert aus dem Krieg zurückkehrt und seine militärische Karriere als Ausbilder fortsetzt. North ist ehrgeizig und pflichtbewußt; er arbeitet mit harten, rüden Methoden, damit die Männer für den Kampf gegen die Kommunisten fit sind. ›Viet-

36 Haskell Wexler in einem Gespräch mit Ralf Schenk; filmspiegel (DDR) Nr. 23/1987.

nam‹ bedeutet für ihn nur einen vorläufigen Sieg der Kommunisten; der Krieg gegen sie ist noch lange nicht vorbei. In den Medien sieht North nach wie vor sein Feindbild.

Um seinem Land besser dienen zu können, nimmt er einen Job beim Nationalen Sicherheitsrat an. Von hier aus steuert er illegale Aktionen gegen die Sandinisten in Nicaragua und unterstützt die Grenada-Invasion. Der CIA-Chef William Casey lernt den aufrechten und furchtlosen North kennen und schätzt seine idealistische Haltung. Casey spannt North ein in eine Intrige, die offizielle Politik bei dem Geiseldrama im Iran zu unterlaufen und den Iran mit Waffen zu beliefern. Die daraus erzielten Gelder werden als Spenden getarnt und direkt den Contras in Nicaragua zugeführt. So kann der CIA mit eigenfinanzierten Aktionen aktiv werden, ohne den Kongreß informieren zu müssen. Für North ist das der geeignete Spielraum, seine Vorstellungen vom weltweiten Kampf gegen die Kommunisten umzusetzen; es gibt keine ›lahmarschigen‹ Politiker, die ihm im Wege stehen. Doch die Waffenlieferungen an den Iran können nicht ewig geheimgehalten werden; viel größer noch ist der Skandal, als bekannt wird, wofür die Gelder eingesetzt wurden. Die verantwortlichen Beamten und Politiker distanzieren sich von North, der nach wie vor von seiner Mission überzeugt ist. Er ist stolz auf sein Werk und besonders darauf, daß die Niederlage der USA in Vietnam durch kleine Siege in Mittelamerika ausgeglichen wird. Er versteht, daß er im Zuge der Iran-Contra-Affäre ›geopfert‹ werden muß und Weggefährten und Vorgesetzte ihn verraten. Ein Anruf des Präsidenten, der sich für seine ›offizielle‹ Distanzierung entschuldigt und ihm zu verstehen gibt, daß er in ihm einen ›nationalen Helden‹ sieht, entschädigt ihn für die erlittene Schmach. Der patriotische Vietnamveteran hat wieder einmal ›verdammt gute Arbeit‹ geleistet.

Das Vietnamtrauma

Der Schock über den verlorenen Krieg, der 150 Milliarden Dollar verschlang, ca. 1,5 Millionen Vietnamesen und fast 60 000 Amerikanern das Leben kostete, die Frage nach den Ursachen und Konsequenzen sowie der widersprüchliche Umgang mit den Kriegsfolgen im eigenen Land[37] – kurz: das Vietnamtrauma der amerikanischen Nation – bildete die Grundlage für neue Filmprojekte.

Filmemacher und Regisseure, die den Krieg im Dschungel selbst nicht unmittelbar miterlebt hatten, setzten sich aus der Distanz heraus kritisch

---

37 Z. B. die Integration der Veteranen in die Gesellschaft und die Rehabilitierung der Deserteure.

mit dem Vietnamabenteuer und seinen Nachwirkungen im amerikanischen Alltag auseinander. Mit TAXI DRIVER, COMING HOME und DOG SOLDIERS[38] erreichten Filme ein Massenpublikum, in denen die Probleme melodramatisch aufbereitet oder provokativ-zugespitzt in die öffentliche Diskussion getragen wurden. Die Filme leisteten einen nicht unerheblichen Beitrag dazu, die Vergangenheit aufzuarbeiten und sie zu analysieren; Tabus wurden gebrochen, die Dinge beim Namen genannt.

Zur gleichen Zeit entstanden parallel dazu Filme, die sich ausschließlich oder überwiegend direkt mit dem Krieg in Vietnam befaßten. Die hier produzierten Stories, Bilder und Aussagen ergänzten die vielen TV-Berichte, die den Krieg in Vietnam live in die Wohnzimmer der amerikanischen Familien übertragen hatten, aus einer anderen Sicht und mit anderer Bewertung als das jahrelang von den offiziellen Stellen verbreitete und meist gefilterte Material. Der Krieg in Asien war kein willkommener Anlaß mehr für antikommunistische Propaganda oder für die Glorifizierung amerikanischer Freiheitsideale im Fernen Osten. Berichtet wurde statt dessen von einer fragwürdigen politischen und militärischen Moral, von fehlerhaften Vorbereitungen und einer falschen Kriegstaktik und sogar von Vergehen und Verbrechen aus den eigenen Reihen. Anders als bei den GREEN BERETS[39] war das Verteidigungsministerium nicht bereit, solche Produktionen zu unterstützen.

Coppola begann bereits Mitte der 70er Jahre mit der Produktion von APOCALYPSE NOW, einem Film, der erst nach dreijähriger Dreh- und Montagearbeit fertiggestellt wurde. Im Zuge der öffentlichen Aufmerksamkeit, die dieses Projekt fand, und der Reaktionen der Medien auf Coppolas Produktionsabenteuer entstand auch Ciminos DEER HUNTER, der früher als APOCALYPSE NOW in die Kinos kam. Beide Filme zeigen einen schmutzigen und brutalen Krieg, der keine Heldenverehrung aufkommen läßt und verfälschte oder gefilterte Frontberichte korrigiert.

Später wurden Tendenz und Aussagen dieser Filme durch Materialien und Fakten, die an die Öffentlichkeit gelangten, bestätigt und erhärtet. Im Januar 1982 sendete CBS (Columbia Broadcasting System) eine Dokumentation, in der General Westmoreland nachgewiesen wurde, die Politiker über den wahren Verlauf des Krieges getäuscht zu haben, um als Kriegsgewinner aus Vietnam zurückkehren zu können. In den im Zusammenhang damit von der »New York Times« veröffentlichten Pentagon-Papieren sah US-Senator Fulbright einen Ausdruck der ›Arroganz der Macht‹.

Mit dem Einsatz noch massiverer Waffen – so Westmoreland – wäre der Krieg zu gewinnen gewesen und der Nation die Schande erspart geblie-

38 Siehe S. 217f.
39 Siehe S. 161.

ben; da die Politiker ihm nicht folgten, sei der Krieg nicht in Vietnam, sondern in Amerika verloren worden. In Wirklichkeit aber war Westmoreland auf die Taktik des Vietcong nicht eingestellt, sein ›Abnutzungskrieg‹ erwies sich als das falsche Konzept. Die amerikanische Lufthoheit blieb wirkungslos gegenüber einem unsichtbaren Gegner – von den Soldaten »Charlie« genannt –, der weder geortet noch wirkungsvoll bekämpft werden konnte. Um das militärische Ziel zu erreichen, wurde die Zahl der getöteten Gegner dem Wunschdenken angepaßt und hochgerechnet.

Während der Zeit des Vietnamkrieges spaltete die Frage nach der Legitimation und moralischen Rechtfertigung der Truppen in Indochina die amerikanische Nation in zwei sich unversöhnlich gegenüberstehende Lager. Das hatte es weder beim Zweiten Weltkrieg noch während des Koreakrieges gegeben. Bis heute dauert diese Auseinandersetzung an. Die zahlreichen Kriegserinnerungen werden in Romanen, TV-Serien, Filmen und Bühnenstücken verarbeitet. Sie vermitteln ein authentisches Bild von den Vorgängen in Vietnam. Einige der Romane wurden zu Bestsellern, so beispielsweise »The Short-Timers« von Gustav Hasfort, auf dem auch Kubricks FULL METAL JACKET basiert.[40] Demgegenüber gibt es aber auch Autoren wie den Ex-Marineinfanteristen James Webb, der in seinen Vietnambestsellern mit dem ›schwächlichen und feigen Amerika‹ abrechnet und dafür in die Chefetage des Pentagon befördert wurde.

Jäger und Gejagte

THE DEER HUNTER (»Die durch die Hölle gehen«, Regie: Michael Cimino, USA 1978) beginnt mit Bildern aus einer trostlosen Industriestadt in Pennsylvania Ende der 60er Jahre. Die Fabrik, das Familienleben in den kleinen Häusern und die Bierkneipen bestimmen den Lebensrhythmus. Drei Freunde, Michael, Steven und Nick, die in dem Stahlwerk arbeiten, von dem die Gegend lebt, feiern die Hochzeit von Steven, woran der ganze Ort teilnimmt. Die drei sind Nachkommen slawischer Einwanderer.

Die Hochzeit nach russisch-orthodoxem Zeremoniell wird zu einem ausgelassenen Fest. Gleichzeitig ist es der Abschied der Freunde, die nach Vietnam einberufen wurden. Mit dem Krieg dort verbinden sie nur vage Vorstellungen. In übersteigerter Männlichkeit und Überheblichkeit sehen sie in ihm ein Abenteuer ähnlich ihren Jagdausflügen, die sie gelegentlich in ihrer Freizeit unternehmen. Am Morgen nach dem Fest gehen sie dann auch ein letztes Mal gemeinsam auf die Jagd.

40 Siehe S. 240f.

Robert De Niro als Jäger ...

... und Gejagter in THE DEER HUNTER

Von der Stille und Abgeschiedenheit der heimatlichen Wälder geraten sie direkt in die Hölle des Dschungelkrieges. Hier werden aus den Jägern Gejagte, die um ihr Leben kämpfen müssen. Zunächst noch Zeuge der Napalm-Einsätze und des brutalen Vorgehens ihrer Landsleute gegen vietnamesische Zivilisten, geraten sie kurze Zeit später als Gefangene in die Hände der Vietcong. Michael, Steven und Nick werden gefoltert, gequält und müssen an einem grausamen Spiel teilnehmen: Russisches Roulett mit einer Kugel im sechsschüssigen Revoler. Ihre Bewacher schließen dabei Wetten über den Ausgang des ›Spiels‹ ab. Wer dabei nicht umkommt, wird wahnsinnig.

Unter Aufbietung letzter Kräfte können die drei dem Tode entkommen und fliehen. Dabei werden sie getrennt. Michael kann Steven, der bei der Flucht schwer verletzt wurde, noch in Sicherheit bringen und kehrt allein nach Hause zurück. Nick wird in einer psychiatrischen Klinik in Saigon behandelt, entfernt sich später von seiner Einheit und taucht unter. Er ist dem Wahnsinns-Spiel der vietnamesischen Wachsoldaten wie ein Süchtiger verfallen und betreibt es in den Hinterhofclubs der sich auflösenden Stadt Saigon gegen Höchsteinsätze.

Hochdekoriert, aber desillusioniert und orientierungslos kehrt Michael nach Hause zurück. Er, der sonst so selbstsicher auftrat, ist zerbrochen und findet keine Kontakte mehr zu seiner Umwelt. Der Krieg hat ihn geprägt und läßt ihn nicht mehr los. Michael glaubt, er sei der einzige Überlebende aus seiner Freundesclique. Dann erfährt er von Steven, der als Beinamputierter in einem Veteranenhospital vegetiert und bewußt alle Kontakte zu seiner Familie und seinen Freunden abgebrochen hat. Michael will Steven aus dem Hospital zu sich holen. Über ihn stößt er auf eine Spur von Nick, der sich noch in dem chaotischen und aufgewühlten Saigon aufhält. Er macht sich auf die Suche und findet ihn in einem Club, wo auf das Russische Roulett Freiwilliger hohe Einsätze gewettet werden. Nick steht unter Drogen und erkennt seinen Freund nicht mehr. Michael fordert das Schicksal heraus und erzwingt einen Zweikampf gegen Nick. Das Spiel endet tödlich: Michael kann nur noch Nicks Leichnam mit nach Hause bringen. Sein Begräbnis bildet den Schluß des Films. In ihrer Ratlosigkeit stimmen Freunde und Nachbarn ein verzweifeltes »God bless America« an – ein doppeldeutiges Ende.

Michael Cimino, geb. 1946, erzielte mit seinem zweiten Spielfilm, THE DEER HUNTER, einen außergewöhnlichen Erfolg. Der Film wurde international mit Preisen und Auszeichnungen bedacht und machte seinen Regisseur weltweit bekannt.[41] Cimino war bis zu diesem Zeitpunkt als Drehbuchautor für Clint-Eastwood-Filme bekannt. Sein Erstlingswerk

---

41 1979 erhielt THE DEER HUNTER fünf Oscars; der im selben Jahr angelaufene Film COMING HOME wurde mit drei Oscars ausgezeichnet.

THUNDERBOLT AND LIGHTFOOT (1974) war ein Achtungserfolg bei der Kritik, aber kein großer Publikumshit. Bei THE DEER HUNTER ging Cimino von der Liebe seiner Landsleute zu den Waffen und ihrer Lust am Jagen aus und erteilte all denjenigen eine Lektion, die den Krieg mit einer sportlichen Jagd und ihrem Image von Freiheit und Abenteuer gleichsetzten. Es werden die Situationen ins Bild gesetzt, die aus durchschnittlichen Kleinstadttypen ums nackte Leben kämpfende Menschen machten, Menschen, die an den physisch und psychisch erlittenen Schäden ihr Leben lang zu tragen haben. THE DEER HUNTER zeigt keine heroischen Patrioten, keine positiven Helden, und bietet keinerlei Anhaltspunkte dafür, daß der Krieg der Amerikaner in irgendeiner Weise gerechtfertigt sei. Der Film, der in den Charakteren der drei Freunde unterschiedliche Identifikationsmöglichkeiten anbietet, hebt sich bewußt ab von einer intellektuell-sachlichen Beobachtungs- und Darstellungsweise. Er appelliert an die Emotionen seiner Zuschauer, er will sie aufrütteln und provozieren.

THE DEER HUNTER blieb trotz seiner Anerkennungen und seines Erfolges sehr umstritten. Als er 1979 bei den Filmfestspielen in Berlin gezeigt wurde, kam es zu einem Eklat. Die Delegationen aus der UdSSR, der DDR, der ČSSR und aus Ungarn und Kuba zogen ihre Filme zurück bzw. verließen das Festival, weil der Film ihrer Ansicht nach eine ›Beleidigung für das heroische Volk von Vietnam‹ darstellt. Gemeint war damit in erster Linie die Sequenz, in der die vietnamesischen Soldaten die gefangengehaltenen amerikanischen Soldaten unter Waffengewalt zum tödlichen Russischen Roulett zwingen. Es wird gezeigt, wie die GIs gefoltert und getötet werden. Die Empörung über diesen Teil des Films machte sich schnell breit. Dem Regisseur wurde Rassismus und Antikommunismus nachgesagt sowie vorgeworfen, antivietnamesische Lügenmärchen zu verbreiten. Man unterstellte ihm mit dieser Art der Darstellung der Gegenseite, die brutalen Racheakte der Amerikaner im Krieg legitimieren zu wollen.[42]

42 Peter Scholl-Latour, der seit über dreißig Jahren aus Indochina berichtet und als einer der besten Kenner der Länder und ihrer Geschichte gilt, sah den Film im Februar 1979 in Bangkok: »Ich reihte mich in die Warteschlange ein, denn der Film – so hieß es auch in der örtlichen Kritik – erbringe den Beweis, daß Amerika endlich sein Vietnamtrauma überwunden habe. Die Enttäuschung war groß. Als die Filmszene von den Stahlwerken der Alleghenies nach Indochina überblendete, als die Gefangenschaft der Hauptdarsteller beim Vietcong geschildert wurde, hätte ich es beinahe der russischen Delegation beim Internationalen Berlin-Festival gleichgetan und aus Protest den Saal verlassen. Die Vietcong-Partisanen waren nicht zart mit ihren Gefangenen umgesprungen, und es war bestimmt gefoltert worden. Aber zum Russischen Roulette hatten die Soldaten Ho Tschi Minhs mit Sicherheit niemanden gezwungen, und schon gar nicht hatten sie um Geld gespielt. Was immer man von den vietnamesischen Kommunisten halten mochte, diese plumpe Verunglimpfung war

Seinerzeit hat die erregte und emotionsgeladene Auseinandersetzung um den Film, bei der Meinungen aufeinanderprallten und sich mit zunehmender Intensität immer weiter vom Film entfernten, eine differenzierte Einschätzung des Films erschwert. Ausschlaggebend dabei war, daß die umstrittene Passage ihrer Länge wegen nicht als Nebensächlichkeit abgetan werden konnte, sondern eine zentrale Bedeutung erhielt. Cimino hat aber weder einen rassistischen Film gemacht, noch war es seine Absicht, sich an Lügenmärchen zu beteiligen. Der Film, der in seiner Schuldzuweisung eindeutig und in keiner Weise mißverständlich ist, will zeigen, was der Krieg bei amerikanischen *und* vietnamesischen Soldaten ausgelöst hat. Daß er die von der eigenen Seite erlittenen Leiden nicht ausgenommen hat, kann nicht in eine Rechtfertigung des Vietnamkrieges umgedeutet werden. Die Sequenz im Gefangenenlager der Vietcong erhebt keinen *dokumentarischen* Anspruch und dient nicht als spekulativer Reiz; sie hat eine *dramaturgische* Funktion, weil hier *sinnbildlich* die Jäger in die Falle geraten, in eine ausweglose Enge getrieben werden und somit Opfer ihrer selbstgefälligen und rücksichtslosen Waffenleidenschaft geworden sind.

Michael, Steven und Nick stehen für die vielen Männer, die innerhalb kürzester Zeit und ohne besondere Vorbereitung auf die Wirklichkeit des Krieges die Brutalitäten ihrer eigenen Leute und die ihrer Gegner erfahren mußten. Ciminos Film verdeutlicht das an zwei Stellen seines Films mit schnellen Schnitten, die unvermutet einen Schauplatzwechsel herbeiführen: nach der ausgelassenen, verkaterten Stimmung der Hochzeitsfeier plötzlich das Inferno des Krieges. Das entspricht der Realität, da die amerikanischen Soldaten – im Durchschnitt 19 Jahre alt – ebenso abrupt innerhalb weniger Flugstunden von einem zum anderen Ort, von der vertrauten Umgebung in den fremden Dschungel, versetzt wurden. Genauso hart ist dann der Wechsel vom Kriegsschauplatz zurück in das unveränderte Kleinstadtleben. Hier ist nichts weiter entfernt als der Krieg in Vietnam. Erst nach und nach werden seine Auswirkungen auf den gewohnten Alltag spürbar. Was mit einem rauschenden Fest, überschüssiger Lebensfreude, optimistischem Übermut und ein paar lockeren Sprüchen gegen den Vietcong begann, endet mit Enttäuschung, Depression und Isolation. Aus wagemutigen, übermütigen Jungs wurden Wracks und Krüppel, deren Charaktere zerbrochen sind. In der Kleinstadt in Pennsylvania

unwürdig und empörend. Peter Arnett, der mir in den Jahren des Vietnamkrieges als einer der draufgängerischen US-Korrespondenten aufgefallen war, hatte zu ›DEER HUNTER‹ einen treffenden Kommentar abgegeben. Vielleicht handle es sich um einen künstlerisch und technisch bedeutenden Film, meinte er, aber die ganze Story sei eine verdammte Lüge, *a bloody lie.*«
Zitiert nach: »*Der Tod im Reisfeld*«, Heyne Taschenbuch Nr. 01/6876, München 1987, S. 312.

– die als Modell für die amerikanische Gesellschaft verstanden werden kann – machen sich Skepsis und Ratlosigkeit breit. Die Ernüchterung beginnt, und die politischen Weisungen werden nicht mehr so vorbehaltlos hingenommen wie bisher. Die eigenen Erfahrungen lassen das von offizieller Seite vermittelte Gefühl von Aufrichtigkeit und Überlegenheit in einem anderen Licht erscheinen. Die Nachkommen der russischen Einwanderer, die mehr als andere im Lande beweisen wollten, wie sehr gerade sie *gute* Amerikaner sind, wurden durch blindes Vertrauen in die Obrigkeit in die Irre geführt. Die Lebensverhältnisse sind nicht mehr so wie früher, und das ist es, was Cimino mit THE DEER HUNTER seinen Landsleuten konsequent und eindringlich vorhält. Der Identitätsverlust seiner Protagonisten am Ende des Films entspricht genau den Lebenserfahrungen der amerikanischen Zuschauer, die diesen Film in seinem Entstehungsjahr oder kurze Zeit danach gesehen haben.

Der Rock- und Drogenkrieg: APOCALYPSE NOW

Francis Ford Coppola, der vor einigen Jahren auf seinen zweiten Vornamen verzichtete, weil ›man in der Filmbranche niemandem traut, dessen Name aus drei Wörtern besteht‹, war in den 70er Jahren die Integrationsfigur für alle amerikanischen Filmemacher, die ihre Pläne unabhängig von den Zwängen und Auflagen der Major Companies realisieren wollten. Er hatte es mit seiner Firma ›American Zoetrope‹ geschafft, Regisseur *und* Produzent in einer Person zu sein. Coppola nutzte seinen Erfolg für ehrgeizige Projekte; er hatte Glück in der Wahl seiner Stoffe und in der Zusammenstellung seines Teams. Coppola war der erste amerikanische (Erfolgs-)Filmemacher, der sich an das heiße Thema »Vietnamtrauma« heranwagen konnte. Die Einspielergebnisse seiner »PATEN«-Filme ermöglichten ihm die finanzielle Absicherung des Großprojektes APOCALYPSE NOW. Bei der Planung war allerdings noch nicht vorauszusehen, daß sich die Arbeit an diesem Film über drei Jahre erstrecken und die auf 20 Wochen kalkulierte Drehzeit insgesamt 16 Monate beanspruchen würde. Die Arbeit auf den Philippinen war von vielen Unwägbarkeiten und Katastrophen begleitet. Die veranschlagten Produktionskosten stiegen von 12 auf über 30 Millionen Dollar an und brachten Coppola an den Rand des Ruins. Anfangs hatte er Probleme bei der Besetzung der Hauptrollen und am Ende die Schwierigkeit, aus der Fülle des gedrehten Materials die Endfassung des Films zu montieren. Mit zunehmender Produktionszeit wuchs der Finanzierungsdruck, was für den Produzenten *und* Regisseur Coppola eine Doppelbelastung bedeutete. Das Pentagon hatte jegliche Unterstützung verweigert, und für das militärische Equipment, das ihm das Marcos-Regime zur Verfügung stellte, mußten harte

Dollars bezahlt werden. Aber Coppola wollte diesen Film unbedingt machen. Ohne seine Vitalität und ohne seine persönlichen Risiken wäre das Projekt APOCALYPSE NOW gescheitert.[43]

APOCALYPSE NOW, USA 1976–1979, entstand nach Motiven des Romans »Herz der Finsternis« von Joseph Conrad, der zu Beginn dieses Jahrhunderts in Afrika spielt. Drehbuchautor John Milius hat die Handlung nach Vietnam übertragen und einige der zu diesem Zeitpunkt vorliegenden autobiographischen Erinnerungen an den Krieg in das Buch eingearbeitet. Während der Drehzeit wurde es mehrfach geändert und den Produktionsbedingungen auf den Philippinen angepaßt.

Die Handlung des Films beginnt in Vietnam im Jahre 1969. Im Gegensatz zu Michael, dem Protagonisten des Films THE DEER HUNTER, hat Captain B. L. Willard in Coppolas Film *seine* Kriegserfahrungen schon gemacht. Er sieht keinen Sinn mehr in dem Engagement der Amerikaner in Vietnam und hofft, daß der Krieg für ihn bald zu Ende sein wird. Willard ist ein resignierender, lustlos funktionierender Soldat, der sich mit Drogen und Alkohol betäubt, weil er seine Umgebung nicht mehr ertragen kann. Zur militärischen Führung hält er eine ironische Distanz, ihren Befehlen kommt er mechanisch und ohne innere Überzeugung nach.

Willard erhält von seiner Dienststelle im US-Hauptquartier in Nha Trang den Auftrag, den abtrünnig gewordenen Colonel Walter E. Kurtz, einen ehemaligen Oberst der Green Berets, aufzuspüren und seinem Kommando ein Ende zu setzen. Unter dem Einfluß des Krieges ist der Colonel offensichtlich durchgedreht, hat seinen ›breaking point‹ erreicht. Mit einigen seiner Männer hat er sich in Kambodscha in einem halbversunkenen Khmer-Tempel ein eigenes Imperium errichtet. Von dort aus führt er einen Krieg nach eigenen Vorstellungen, der das strategische Konzept der Militärführung unterläuft. Kurtz, ein hochdekorierter Elitesoldat mit glänzender Laufbahn und Karriereaussichten, soll mitsamt seinen Anhängern liquidiert werden. Mit einem kleinen Spähtrupp macht sich Willard auf den Weg zu Kurtz. Angetörnt durch LSD und begleitet von der Musik der Rolling Stones fahren ein paar unerfahrene GIs mit einem Patrouillenboot den Nam-Fluß nach Kambodscha hinauf. Die Stimmung gleicht der eines Wochenendausfluges nach Florida.

Unterwegs begegnen sie einer Helikopter-Einheit, einer Luftkavallerie,

---

43 In ihrem Buch »Notes« berichtet Eleanor Coppola, die Ehefrau des Regisseurs, über die Arbeit an dem Film. Ihre Aufzeichnungen sind aber weniger ein detaillierter Report über die Realisierung des Projektes als mehr eine offene Auskunft über private Vorgänge. Sie erzählt, wie sich die Arbeit auf das Familienleben und die Beziehungen der einzelnen Familienmitglieder untereinander auswirkte. Der Leser erfährt, von welchen Problemen, Katastrophen und Rückschlägen die Produktion des Films begleitet war. Dt. Titel »Vielleicht bin ich zu nah«, Rowohlt Taschenbuch Nr. 4634 (Reihe: neue frau), Reinbek bei Hamburg, März 1980.

Der Vietnamkrieg als Abenteuerurlaub – in APOCALYPSE NOW

die dafür bekannt ist, Krawalle zu suchen und Randale zu machen. Angeführt wird sie von Colonel Kilgore, einem Mann mit der Aura der Unbesiegbarkeit. Der Krieg ist sein Arbeitsplatz und sein Zuhause. Kilgore soll dem Unternehmen von Willard eine Zeitlang Rückendeckung verschaffen. Willard und seine Männer werden Zeuge eines Einsatzes der Hubschrauberstaffel, bei dem ein vietnamesisches Dorf vernichtet wird. Die Hubschrauber greifen im Morgengrauen an. An Bord befinden sich außer Waffen und Munition auch noch riesige Lautsprecher, aus denen Wagners »Walkürenritt« ertönt. Der Sound dient der Stimulanz für das barbarische Unternehmen und soll gleichzeitig den Gegner irritieren und verwirren. Der Überfall des friedlichen Dorfes gelingt ohne eigene Verluste; es wird dem Erdboden gleichgemacht. Einige Vietnamesen, die sich in den angrenzenden Wald flüchten konnten und von dort aus verzweifelten Widerstand leisten, werden durch ein herbeigerufenes Geschwader mit Napalm bekämpft. Kilgore, der Vietnam ›in die Steinzeit zurückbomben will‹, berauscht sich an der Attacke und gewinnt dem Kampf einen besonderen Reiz ab: Noch während des Angriffs wird in einer nahe gelegenen Lagune gesurft; kein Einsatz ohne die Bretter.

Die Fahrt des Bootes gleicht nach diesem Erlebnis nicht mehr einer harmlosen Flußfahrt, bei der die Schönheiten des Dschungels in Ruhe zu genießen sind; sie wird zu einem Alptraum, der in die Realität überwechselt. Vereinzelt stößt man auf Vietcong, ohne sie richtig zu Gesicht zu bekommen. Am Ufer tut sich eine unübersichtliche, bizarre und verwüstete Landschaft auf. Brennende Hüten und Wrackteile abgeschossener Flugzeuge deuten auf frische Kampfhandlungen hin. Bei Willards Männern breitet sich eine zwischen Apathie und Gereiztheit schwankende Stimmung aus. Einige stehen unter Drogen und drehen bei den geringsten Anlässen durch. Sie wissen nicht einmal mehr genau, gegen wen sie eigentlich kämpfen müssen. Einmal erschießen sie ohne Grund bei der Kontrolle eines vietnamesischen Bootes die nur aus Zivilisten bestehende Besatzung. Bevor Willards Boot die Grenze nach Kambodscha passiert – ein illegaler Akt –, nehmen die Männer noch an einer Show teil, die mitten im Dschungel in einer Versorgungsstation arrangiert wird. Die zur Unterhaltung der Soldaten eingeflogenen ›scharfen Häschen‹ müssen nach kurzer Zeit fluchtartig die Bühne verlassen, weil sie eine Massenpsychose auslösen und von den aufgegeilten Soldaten gejagt werden.

Willard läßt sich von seiner Mission nicht ablenken. Er studiert das Dossier über Kurtz und gewinnt Aufschlüsse über dessen eigenmächtiges Handeln. Auch er hatte kein Vertrauen mehr in die militärische und politische Führung. Willard identifiziert sich in immer stärkerem Maße mit dem Schicksal des Colonel. Um sich von den eigenen Zwängen und Komplexen zu befreien, will er, *muß* er Kurtz töten.

Die Besatzung des Bootes, durch voraufgegangene Zwischenfälle schon dezimiert, schrumpft weiter, als sie sich dem Lager von Kurtz nähert und von grellgeschminkten Kriegern mit Pfeilen beschossen wird. Sie sind Teil des bunt-morbiden Hofstaats, der aus Eingeborenen und amerikanischen Soldaten besteht. Zu ihm gehört auch ein ausgeflippter Fotoreporter, ein ›Kriegs-Parasit‹, der ebenso wie Kurtz nicht mehr ganz zurechnungsfähig ist. Kurtz ist für sie alle ein mythischer Führer, dem sie blind folgen. Der Krieg geht hier nach anderen Gesetzen weiter. Sichtbare Zeichen sind die zur Schau gestellten Körper von erschossenen oder zu Tode gefolterten Nordvietnamesen.

Kurtz demonstriert Willard seine Macht, läßt ihn einsperren und foltern. Aber er will nicht, daß er stirbt. Willard wird freigelassen und kann sich erholen. Kurtz, der mit seinem Leben schon abgeschlossen hat, will, daß sein Sohn von ihm die Wahrheit über den Krieg erfährt. Willard soll die Botschaft überbringen, damit Kurtz nicht als ein abtrünniger Verräter dasteht, sondern als ein verzweifelter und gebrochener Mann, ein Opfer der Kriegsmaschinerie, das dem Grauen mit Zynismus beikommen will und den Krieg mit seinen eigenen Mitteln bekämpft.

Willard verspricht, ihm diesen Wunsch zu erfüllen. Während eines Festes, bei dem in einem rituellen Akt ein Büffel geschlachtet wird, bringt er Kurtz um; die Bilder gleichen sich. Bevor Willard das Lager verläßt, sorgt er durch einen Funkspruch dafür, daß sich ein anderer Wille Kurtz' noch erfüllt: das Lager zu bombardieren und alle umzubringen.

Mit den ersten Bildern des Films wird das Thema und sein Titel konkretisiert: der Dschungel, ein Anblick unberührter Natur und eine Idylle des Friedens, wird schlagartig durch Napalm in ein flammendes Inferno verwandelt. Dazu ertönt die Musik der *Doors*: »This is the end...«, gesungen von Jim Morrison. Am Ende des Films noch einmal eine ähnliche Sequenz mit der Bombardierung des alten Tempels. Der Bogen schließt sich. Dazwischen der Rausch permanenter Zerstörungswut, mit dessen Bildern Coppola mitunter etwas zu leichtfertig umgeht. In einigen Szenen und Einstellungen gewinnt er dem Krieg ästhetische Bild-, Farb- und Musikpassagen ab, deren Faszination den mörderischen Hintergrund verdrängt und deren Wirkung sich verselbständigt.[44] Coppolas Absicht war, den ›inneren Zustand‹ der Soldaten in Vietnam aufzuzeigen, die – durch Einwirkung von Drogen – den Krieg wie eine Art Happening erlebten. Der Film soll *ihren* Wahrnehmungen entsprechen und nicht der Darstellung, die durch die offizielle Berichterstattung verbreitet wurde. Coppolas Film erhebt keinen Anspruch auf Realität, er vermittelt den Krieg über den Weg der Emotionen und Gefühle; nicht als dokumentarische Rekonstruktion, sondern als individuelles Erleben. Über die Genauigkeit dieser Beobachtung und der Wiedergabe eines Details soll sich dem Zuschauer das Gesamtbild erschließen. Coppola zeigt auch, welche hochentwickelte und aufwendige Technologie gegen eine vergleichsweise primitivere, aber letztlich wirkungsvollere Taktik eingesetzt wurde.

APOCALYPSE NOW sollte trotz des Zuviels an Pyrotechnik und dem Vorwurf, an einigen Stellen der ›Faszination der Gewalt‹ nicht entschieden genug entgegenzuarbeiten, nicht mißverstanden werden. Er entspricht in seiner Aussage der Konzeption des Regisseurs: der Krieg als Rausch und das erschreckte Erwachen am Ende – das ist es, was der Film beim Publikum bewirken soll.

---

44 Einen starken Einfluß auf die Bildgestaltung übte der italienische Chefkameramann Vittorio Storaro aus. Eleanor Coppola schreibt dazu in ihren Notizen – vgl. Anmerkung Nr. 43 –: »Vittorio ist darauf aus, für jede Einstellung die perfekteste und schönste Komposition von Licht und Dunkel zu erreichen. Seine Lichtmalerei ist etwas ganz Besonderes...« A. a. O., S. 107.

Coming home

Im Vergleich zu der im Kapitel »Fremde im eigenen Land« beschriebenen Vielzahl der ›Negativ‹-Bilder von Vietnamveteranen im US-Unterhaltungskino[45] ist die Anzahl der Filme, die sich ernsthaft ihrer Probleme annehmen und auf ihre Realität eingehen, sehr gering. Die meisten dieser Filme fanden ohnehin nur eine künstlerische Anerkennung. Mit den in ihnen dargestellten oder aufgearbeiteten Themen wie Angstgefühle und Depressionen[46], dem aufrüttelnden Verweis auf die Zehntausende von Pflegefällen behinderter oder verstümmelter Männer oder auf die zahlreichen Opfer, die sich in psychiatrischer Behandlung befinden[47], ließen sich keine kommerziellen Erfolge erzielen. Die ungeliebten Rückkehrer, die nicht mit Konfettiparaden, sondern mit Demonstrationen empfangen wurden, stießen in der Öffentlichkeit auf Gleichgültigkeit, Ablehnung oder sogar Feindseligkeit. Aus Kriegshelden wurden psychisch angeknackste GIs mit Orientierungs- und Integrationsschwierigkeiten. Sie hatten zwar Orden und Auszeichnungen, aber keinen festen Platz im Berufs- und Privatleben. Keine Produktion wollte Geld in einen Stoff investieren, der »Gift für die Kinokassen« bedeutete. Nur vereinzelt gab es mutige Produzenten und Regisseure, die die körperlich und moralisch zerstörenden Folgen des Vietnamkrieges im Spielfilm aufzeigten.

Einer der ersten Filme, in denen es um die Unfähigkeit von Kriegsheimkehrern geht, Abstand zu gewinnen und sich in den normalen Alltag einzugliedern, stammt von Elia Kazan, der schon in früheren Arbeiten wie beispielsweise ON THE WATERFRONT (»Die Faust im Nacken«, USA 1954) bewiesen hatte, daß er vor heiklen Themen nicht zurückschreckt. THE VISITORS (»Die Besucher«, USA 1972) wurde von ihm in 16 mm gedreht; produziert hat ihn sein Sohn Chris, der auch das Drehbuch schrieb. Zwei Veteranen besuchen einen ehemaligen Kameraden, der sie wegen Vergewaltigung einer Vietnamesin angezeigt hatte, was ihnen eine zweijährige Strafe einbrachte. Sie rächen sich dafür, indem sie in seinem Haus seine junge Frau vergewaltigen. Die Gewalt, die in Vietnam ihren Ursprung genommen hatte, findet ihre Fortsetzung im Zivilleben. Kazans sachlicher, emotionsloser Film verweist auf die Ursachen von Aggression und

---

45 Siehe S. 185 f.
46 Meistens PTSD: Post Traumatic Stress Disorder.
47 Zu den Spätfolgen zählen auch die Nachwirkungen der 57 000 Tonnen des zur Entlaubung der Wälder versprühten Chemieproduktes ›Agent Orange‹, das als Krebs-Erreger gilt.
   PTSD als typisches Vietnam-Syndrom wurde erst zu spät erkannt und zuvor falsch gedeutet oder behandelt, z. B. durch Ruhigstellung. Als Folge davon hält der Krieg in den Köpfen dieser Veteranen an; die alptraumartigen Erinnerungsschübe – sogenannte ›flashbacks‹ – treten meist unvermittelt und zusammenhanglos auf.

Gewalt und auf die Begleitumstände, die zur Eskalation führen. Er entstand noch während der Kriegszeit und ist eine frühe Warnung an die amerikanische Gesellschaft, sich auf *diese* Fortsetzung des Krieges in ihrem eigenen Land vorzubereiten. Deutlich und zugespitzt zeigte dann Martin Scorsese in TAXI DRIVER, USA 1976, wie schnell sich die amerikanische Öffentlichkeit – oder zumindest das Kinopublikum – an Gewalt zur Lösung alltäglicher Konflikte gewöhnt hat.

TAXI DRIVER ist das Psychogramm eines psychisch verletzten Vietnamveteranen, dessen Verhältnis zu seiner Umwelt von Haß und Wut bestimmt ist, der sich aber noch unsicher ist, gegen wen er seine Aggressionen richten soll. Travis Bickle (Robert de Niro) führt seit der Rückkehr aus Vietnam ein isoliertes Dasein. Er leidet an Schlafstörungen. Tagsüber hockt er allein in einem heruntergekommenen Zimmer oder geht in Pornokinos; nachts streift er mit seinem Taxi durch die Straßen von New York. Er findet keinen Kontakt mehr zu den Menschen, sondern lebt in einer Welt mit eigenen Gesetzen und Regeln, die von seinen Vietnamerfahrungen bestimmt sind. Der Besitz von Waffen stärkt sein Selbstwertgefühl. Er nimmt für sich das Recht in Anspruch, über andere richten zu dürfen, und steigert sich in den Wahn, auf eigene Faust gegen den Schmutz und moralischen Unrat der Großstadt vorgehen zu müssen. Frustriert von der Abfuhr, die ihm eine Wahlhelferin erteilt, plant er ein Attentat auf den Präsidentschaftskandidaten, das aber durch Sicherheitskräfte vereitelt werden kann. Um öffentliche Aufmerksamkeit zu erregen und Anerkennung zu finden, legt er sich mit einer Rauschgift- und Zuhältergang an. Er will eine Minderjährige aus ihren Händen befreien und veranstaltet ein Massaker, wobei er selbst verletzt wird. Seine eigenmächtige Aktion bringt ihm den Beifall von der falschen Seite ein. Die Medien feiern ihn als einen Helden, als Kämpfer gegen Korruption und Kriminalität. Mit der öffentlichen Anerkennung der Tat, so Scorseses Warnung, werden Akte der Selbstjustiz legitimiert und unterstützt. Ausgerechnet diesem Film mußte es dann passieren, gründlich mißverstanden zu werden und – indirekt – Anlaß zu einem realen Gewaltakt geworden zu sein.[48]

Mit zu den ersten Filmen, die auf den psychischen Zustand der Vietnamheimkehrer aufmerksam machen wollten, zählt TRACKS von Henry Jaglom, USA 1976. Dennis Hopper spielt die Rolle des Sergeant Jack Falen, der 1973 – Nixon kündigt in den Medien das baldige Ende des Vietnamkrieges an – nach Hause zurückkehrt, um den Sarg eines im

48 John W. Hinckley, der im März 1981 das Attentat auf Ronald Reagan verübte, tat das in der Absicht, seinem Idol, der Schauspielerin Jody Foster – sie spielt in »Taxi Driver« eine minderjährige Prostituierte, die Travis Bickle aus ihrem Milieu befreien will – zu imponieren.

Kampf gefallenen Kameraden zur Ruhestätte zu transportieren. Während der Fahrt mit dem Zug quer durchs Land – der flaggengeschmückte Sarg wird im Gepäckwagen aufbewahrt – macht Falen einige Zufallsbekanntschaften, die in ihm Halluzinationen auslösen; seine Vietnamerfahrungen vermischen sich mit düsteren Kindheitserinnerungen. Falen erzählt seinen Mitreisenden davon, daß sich in dem Sarg ein zurückkehrender Held befindet, aber niemand interessiert sich ernsthaft dafür. Die dadurch entstandene Frustration verstärkt sich, als Falen mit dem Sarg am Ziel ankommt und weder Angehörige noch Freunde des Toten am Grab erscheinen. Er dreht durch, springt in die Grube, bekleidet sich mit der Uniform des Toten, ergreift die dem Sarg beigegebenen Waffen und taucht in voller Kriegsausrüstung wieder auf – bereit für den Kampf gegen die Gespenster der Vergangenheit.

Henry Jaglom zeigt in TRACKS das innere Labyrinth eines Heimkehrers, der nicht damit fertig wird, daß er und sein toter Begleiter nicht als Helden aufgenommen werden, wobei die mitunter etwas diffus wirkenden Handlungsstränge und unvermittelt explodierenden Bildfolgen den Alptraum Falens visualisieren und für die Zuschauer nachvollziehbar gestalten sollen.

Die Aussage von TAXI DRIVER und TRACKS, daß die Generation der Vietnamheimkehrer körperlich und seelisch verkrüppelt ist und daß ihre Ideale und Werte zerbrochen sind, unterstützt COMING HOME (»Coming home – sie kehren heim«, USA 1977) von Hal Ashby; Kamera: Haskell Wexler[49]. Sally, eine junge Offiziersfrau (Jane Fonda), meldet sich 1968 freiwillig zum Dienst in einem Militärhospital in einer kalifornischen Kleinstadt, nachdem ihr Mann Bob (Bruce Dern) nach Vietnam abkommandiert wurde. Im Hospital trifft sie Luke (Jon Voight), einen früheren Schulkameraden. Er ist Kriegsinvalide, an einen Rollstuhl gefesselt und macht aus seiner Verbitterung kein Hehl. Obwohl Luke mit seiner zynischen Haltung seine Umgebung provoziert, fühlt sich Sally nach einiger Zeit zu ihm hingezogen. Zwischen den beiden entwickelt sich eine tiefe Liebesbeziehung, die Luke neuen Lebensmut gibt. Als sich einer seiner Kameraden aus Verzweiflung über sein Schicksal umbringt, kettet sich Luke mit seinem Rollstuhl an das Tor einer Einberufungsstelle, um gegen weitere Rekrutierungen für den Krieg in Vietnam zu protestieren. Von diesem Zeitpunkt an steht er unter Beobachtung des FBI, die auch sein Verhältnis mit Sally bespitzeln und Bob darüber informieren, als er aus Vietnam zurückkehrt. Bob ist verwundet und desillusioniert. Er findet

---

49 Haskell Wexler ist einer der bekanntesten Kameramänner Hollywoods. Er ist Regisseur und Autor politischer Dokumentarfilme und arbeitete u. a. mit bei INTERVIEWS WITH MY LAI VETERANS (von Joseph Strick, 1971) und INTRODUCTION TO THE ENEMY (von Jane Fonda und Tom Hayden, 1974). Siehe auch S. 201 (»LATINO«).

Jane Fonda und Jon Voight in COMING HOME

keinen Anschluß mehr an das normale Leben. Obwohl er es mit ›Gewalt‹ versucht, findet er nicht mehr die Kraft, sich in der neuen Situation zurechtzufinden. Während Luke sich von seiner Lethargie befreit hat und öffentliche Reden gegen den falschen Patriotismus hält, der den Krieg rechtfertigt, geht Bob zu einer abgelegenen Stelle am Strand. Er legt seine Uniform mitsamt den Auszeichnungen ab und läßt sich von der starken Brandung hinaustreiben.

Obwohl COMING HOME von einem Großteil der US-Presse als der erste bedeutende Film zum Vietnamthema gefeiert wurde, hatte der Verleih nicht den Mut, ihn entsprechend herauszustellen. Er stellte die melodramatische Liebesgeschichte in den Mittelpunkt und operierte mit den Namen der beiden Hauptdarsteller, die beide für ihre Leistung später auch mit einem »Oscar« ausgezeichnet wurden. Bei dieser Preisverleihung wurde THE DEER HUNTER[50] zum erfolgreichsten Film, erst danach wurde auch COMING HOME in der Werbung als ›Vietnam‹-Film herausgestellt.

Wie in COMING HOME geht es auch in HEROES (»Helden von heute«, Regie: Jeremy Paul Kagan, USA 1977) um eine Liebesgeschichte, in deren Mit-

50 Siehe S. 206 f.

telpunkt ein Kriegsinvalide steht. Mit komödiantischen Untertönen erzählt der Film von einem psychisch gestörten Mann, der aus dem Hospital flieht und nach einem Freund sucht, der aber schon vor Jahren im Krieg gefallen ist. Bei der Odyssee durch das Land findet er die Zuwendung einer Frau, die sich seiner annimmt und ihm hilft, sein Trauma zu bewältigen. Auch WHO'LL STOP THE RAIN/DOG SOLDIERS (»Dreckige Hunde«, Regie: Karel Reisz, USA 1978, nach dem Bestseller »Dog Soldiers« von Robert Stone) und NIGHT FLOWERS (»Blumen der Nacht«, Regie: Luis San Andres, USA 1979) zeichnen in realistischer Weise ein Bild von den Nachwirkungen des Krieges und der psychischen Konstitution der Betroffenen; sie bedienen sich dabei der Stilmittel des Thrillers und des Actionfilms. In DOG SOLDIERS geht es um die Jagd nach zwei Kilo Heroin, die der von der Kriegsführung der Amerikaner demoralisierte Kriegsberichterstatter John durch seinen Freund Ray in die Staaten schmuggeln läßt. Von dem Erlös versprechen sich die beiden eine finanzielle Entschädigung für den Frust und die Demütigungen, denen sie in Vietnam ausgesetzt waren. Da sie in der Drogen- und Dealerszene unerfahren sind und sich ungeschickt verhalten, werden sie von Gangstern und FBI-Agenten in die Enge getrieben. Ray stirbt, und John steht am Ende mit leeren Händen da.

Im Mittelpunkt des Films NIGHT FLOWERS stehen zwei aus der Armee-Psychiatrie entlassene Veteranen, die – auf sich alleine gestellt und ohne Resozialisierungsprogramm – in New York dahintreiben und straffällig werden. Beide Filme feiern ihre Protagonisten nicht als Helden, sondern als Opfer und kritisieren das gesellschaftliche und soziale Umfeld, das durch Gleichgültigkeit eine Mitschuld auf sich lädt. Auf eine andere, künstlerisch eigenwillige Art durchbricht der in den Vereinigten Staaten lebende äthiopische Autor und Regisseur Gerima in ASHER AND EMBERS (»Asche und Glut«, USA 1982) das Schema der Veteranenfilme. Unter Verzicht auf eine chronologische Abfolge schildert er in assoziativer Form und mit phantasievollen Mitteln die Tragik eines schwarzen Vietnamveteranen, der von seinen Erinnerungen verfolgt wird, der unfähig ist, seine persönlichen Ängste auf eine Weise mitzuteilen, die die Gesellschaft ebenso akzeptieren kann wie die Menschen seiner vertrauten Umgebung, die bereit sind, ihm zu helfen.

Davon, daß es für Schwarze besonders schwer ist, als Kriegsheimkehrer wieder einen Platz in der Gesellschaft zu finden, handelt auch SOME KIND OF HERO (»Ein besonderer Held«, Regie: Michael Pressman, USA 1981). Richard Pryor spielt einen Sergeant, der sechs Jahre lang in Gefangenschaft der Vietcong war, sich in Familie und Beruf nicht mehr zurechtfindet und auf die schiefe Bahn gerät. Ebenfalls um die Probleme der Identitätssuche und Wiedereingliederung geht es in CEASE FIRE (»Verbrannte Erde«, Regie: David Nutter, USA 1985), wo sich ein hochdekorierter

Vietnamkämpfer nicht von einem schrecklichen Ereignis lösen kann: er erschoß einen verletzten Kameraden, der vom Rettungshubschrauber nicht mehr mitgenommen werden konnte und den Vietcong ausgeliefert gewesen wäre. Diese Bilder verfolgen ihn Tag und Nacht, sie verdichten sich zu Halluzinationen und verursachen psychische Störungen. Arbeitslosigkeit, Alkoholismus und Ehezwist sind unausbleiblich. Durch die Teilnahme an einer Therapiegruppe mit Leidensgefährten ändert sich sein Zustand zunächst nicht; ohne Aufarbeitung und Bewältigung der Vergangenheit ist eine Eingliederung nicht möglich. Der Selbstmord seines Freundes, der sich in einer ähnlichen Situation befand und mit den Problemen nicht mehr fertig wurde, führt ihn in eine tiefe Krise, die er mit Hilfe von Frau und Freunden übersteht. Der Vorspann des Films weist darauf hin, daß mehr als 50000 nach ihrer Rückkehr nach Kriegsende gestorben sind; »Der Film ist dem Leben gewidmet, den Heimkehrern, ihren Frauen und Kindern.«

Um Öffentlichkeit und Regierung auf die Situation der geächteten Heimkehrer hinzuweisen, besetzt in THE PARK IS MINE (»Der Herrscher des Central Parks«, Regie: Steven Hillard Stern, USA 1984) ein bis an die Zähne bewaffneter Kriegsveteran drei Tage lang den New Yorker Central Park. Polizei und Behörden entschließen sich, das Problem auf die harte Tour zu lösen. Obwohl der Film darauf verzichtet, die in der Story liegenden Gewalttätigkeiten voll auszuspielen, bleibt eine ernsthafte Annäherung an die tatsächliche Problematik zwischen Action und Sentiment auf der Strecke. In seiner Tendenz will der Film darauf aufmerksam machen, daß sich nach Vietnam nur in den Vereingten Staaten selbst kleinere Kriegsschauplätze gebildet haben, aber er erreicht durch die zu starke Betonung vordergründiger Effekte nicht die exemplarische Verdichtung, wie sie Walter Hill mit SOUTHERN COMFORT (»Die letzten Amerikaner«, USA 1982) erzielte. In dem als Parabel auf das Vietnamabenteuer zu deutenden Film sind neun Freiwillige der Nationalgarde Louisianas im Sumpf- und Urwaldgebiet auf einem Übungsmarsch unterwegs und absolvieren unter kriegsähnlichen Bedingungen ein Überlebenstraining. Aus dem Wochenendausflug wird blutiger Ernst, als sie sich leichtfertig mit einer Gruppe Cajuns[51] anlegen, was nur zwei der Soldaten überleben.

Das tragische Schicksal der Kriegsinvaliden liefert für viele Filme den Stoff melodramatischer Liebes- und Familiengeschichten, die an die Kriegsfolgen erinnern und für Zuwendung, Hilfe und Verständnis plädieren. Ausgangspunkt bildet meistens eine schwerwiegende Kriegsverletzung, deren Folgen die Beziehung zwischen dem Veteranen und seiner Frau oder Freundin belastet – wie etwa IN A SHALLOW GRAVE (»Im Zei-

51 Eine in diesem Gebiet lebende französischsprechende Minderheit.

chen des Feuers«, Regie: Kenneth Bowser, USA 1988), wo ein Soldat, dessen Äußeres durch Brandverletzungen entstellt wurde, sich vor der Umwelt verbirgt, oder in ORDINARY HEROES (»Verlorene Helden«, Regie: Peter H. Cooper, USA 1989), wo es eines vorsichtigen Annäherungsprozesses bedarf, bevor ein erblindeter Veteran die Beziehung zu seiner Freundin wieder aufnehmen kann. Eine von diesem Schema abweichende Handlung bietet die melodramatische Familienkomödie INTIMATE STRANGERS (»Vietnam Adieu«, Regie: Robert Ellis Miller, USA 1985). Ein amerikanisches Ehepaar – Arzt und Krankenschwester – wird bei der Evakuierung Saigons im April 1975 getrennt. Der Mann baut sich in Florida als mondäner Privatarzt eine neue Existenz auf; seine Frau gerät in Gefangenschaft und kehrt erst zehn Jahre später wieder nach Hause zurück. Begleitet wird sie von einem vietnamesischen ›Flüchtlingskind‹, das in Wahrheit aber ihr eigener Sohn ist und aus einer Vergewaltigung stammt. Während der Zeit im Lager wurde die Frau mißhandelt und nachts in einen Käfig gesperrt. Diese Erlebnisse haben sie schwer gezeichnet. Mit Hilfe eines Psychotherapeuten und mit viel gegenseitigem Vertrauen gelingt die vorsichtige Annäherung zwischen dem Ehepaar.

Millers gefühlsbetonter Film verzichtet auf ausgedehnte Schockeffekte durch Folter- und Vergewaltigungsszenen. Die Handlung konzentriert sich auf den Integrationsprozeß der Frau, die von dem aufwendigen Leben ihres Mannes befremdet ist. Beide müssen Konzessionen machen und einen Weg finden, der sie wieder zueinander führt. Ganz beiläufig untermauert der Film die Behauptung, daß es – entgegen offizieller Verlautbarungen – in Vietnam immer noch amerikanische Kriegsgefangene gibt.

Isolation und Integration

Mit den Problemen bei der Eingliederung von Veteranen in den amerikanischen Alltag befassen sich zwei Filme neueren Datums: DISTANT THUNDER und JACKNIFE; beide wurden von Robert Schaffel produziert und thematisieren die kriegsbedingte selbstzerstörerische Isolation, die den Veteranen die Rückkehr in ein ›normales‹ Leben erschwert.

DISTANT THUNDER (Regie: Rick Rosenthal, USA 1988) ist ein Film mit leisen Tönen, der trotz einiger Klischees, mit der das Verhalten der Veteranen motiviert wird, glaubwürdig bleibt und überzeugt.

Gemeinsam mit ein paar anderen, ebenfalls nicht mehr in das normale Leben zu integrierenden Vietnamveteranen haust Mark Lambert in einem abgelegenen Waldgebiet im Nordosten der Vereinigten Staaten. Er fühlt sich schuldig am Tod eines Kameraden und hat seine Kriegserleb-

John Lithgow (Vater) und
Ralph Macchio (Sohn) in
DISTANT THUNDER

nisse nicht verarbeiten können. Die menschlichen Wracks, die als Ausge-
stoßene dahinvegetieren, vermeiden jeden Kontakt zur Außenwelt. Die
Wildnis ist ihr Zuhause, und in jedem Eindringling sehen sie einen Feind.
Aus Verzweiflung nimmt sich einer der Männer das Leben – Anlaß für
Mark, seine Lethargie zu überwinden, das Camp zu verlassen und in einer
Holzfabrik einen Job anzunehmen. Char, die Verlobte des Vorarbeiters,
hilft ihm, sich in der neuen Umgebung zurechtzufinden. Sie gibt ihm auch
den Mut, nach mehr als fünfzehn Jahren mit seinem Sohn Jack Kontakt
aufzunehmen, der bei seiner Mutter lebt. Jack feiert gerade seinen
18. Geburtstag. Der selbstbewußte und erfolgreiche Junge wird bei seiner
Ankunft im Holzfällerlager enttäuscht. Sein Vater ist den Problemen
mit Chars eifersüchtigem Verlobten und der Angst vor dem Wiedersehen
mit seinem Sohn aus dem Weg gegangen. Char und Jack machen sich auf,
Mark in dem Veteranencamp aufzusuchen. Die erste Begegnung zwischen Vater und Sohn verläuft anders als erwartet; sie stehen sich wie
Fremde gegenüber, und zwischen ihnen liegen Welten. Es entsteht ein
Streit, der in Handgreiflichkeiten endet. Mark hat verlernt, daß Konflikt-
lösungen auch ohne Gewaltanwendung möglich sind. Sein Sohn ist enttäuscht und will zurück. Plötzlich taucht Chars Freund auf und wird von
einem psychopathischen Veteranen mit dem Messer schwer verletzt. In
dem darauffolgenden Kampf verletzt sich auch Jack, der seinem Vater im
Kampf mit dem Wahnsinnigen zu Hilfe eilt. Mark bringt die Verwunde-

ten ins Krankenhaus und setzt sich wieder ab. Er glaubt, einmal mehr versagt zu haben. Rechzeitig genug kann Jack ihm folgen und ihn daran hindern, sich umzubringen.

JACKNIFE (Regie: David Jones, USA 1989) basiert auf dem Theaterstück »Strange Snow« von Stephen Metcalfe, der auch das Buch zu dem Film schrieb. Es geht um zwei Veteranen, die schuldig geworden sind am Tode ihres Freundes und mit dieser Last nicht fertig geworden sind. Megs – »Jacknife« (Klappmesser) genannt –, Dave und Bobby waren zusammen in Vietnam. Bei einem Einsatz hatte sich der ängstliche Dave verletzt, Megs wurde leicht verwundet. Unter Einsatz seines eigenen Lebens konnte Bobby Dave in Sicherheit bringen. Bei dem Versuch, Megs zu retten, wurde er getötet.

In einer Kleinstadt in Connecticut treffen Megs und Dave nach vielen Jahren wieder aufeinander. Die beiden unternehmen einen Angelausflug, bei dem Megs Daves altjüngferliche Schwester Martha kennenlernt, die als unverheiratete Biologielehrerin in dem gemeinsamen Haus mit ihrem Bruder ein zurückgezogenes Leben führt. Zwischen Megs und ihr entwickelt sich eine Romanze, die von Dave mißbilligt wird. Für ihn bedeutet das Auftauchen von Megs die Erinnerung an die folgenschwere Episode in Vietnam. Ausgerechnet er, der erfolgreiche Sportler, bekam Angst und versagte. Dave kommt nicht darüber hinweg, daß er und Megs schuldig sind am Tod ihres Freundes; er betäubt sich mit Alkohol und Tabletten. Auf eine andere Weise kommt auch der ungehobelte und unberechenbare Megs mit dem Leben nicht mehr zurecht. Im Gegensatz zu Dave zieht er sich nicht zurück, sondern läßt seinen Aggressionen freien Lauf. Er verliert oft die Beherrschung und legt keinen Wert darauf, sich zivilisiert zu benehmen. Erst durch die Beziehung zu der spröden Martha findet er langsam zu sich selbst zurück. Das gibt ihm die Kraft, Dave zu helfen. Dieser kann seine inneren Spannungen nicht länger kontrollieren; sie entladen sich in einem Gewaltakt, in dem er Erinnerungsgegenstände an seine hoffnungsvolle Sportlerkarriere mutwillig zerstört. Danach finden die beiden Freunde den Mut zu einem offenen Gespräch. Megs bekennt sich zu seinen Gefühlen für Martha, und Dave überwindet seine Hemmungen, in einer Therapiegruppe für Veteranen seine Konflikte darzulegen.

Der Film konzentriert sich ganz auf die Konstellation seiner drei Hauptfiguren Megs, Dave und Martha und überzeugt durch die Qualität der Dialoge. Für die Charaktere der Veteranen (Robert De Niro als Megs und Ed Harris als Dave) hat der Theater- und Fernsehregisseur David Jones eine stimmige Atmosphäre geschaffen. Die Rückblenden auf den Krieg sind kurz gehalten und beschränken sich auf das zentrale Ergebnis: der Aktion, bei der Bobby sein Leben verlor. Mit wenigen Bildern versucht der Regisseur zu visualisieren, was sich im Innern der beiden Veteranen abspielt und unbewältigt blieb. Der dramaturgisch geschickt zugespitzte Konflikt am Ende eröffnet Megs und Dave die Chance, ihre selbstzerstörerische Isolation zu überwinden.

Das bittere Ende

Ein außergewöhnliches, sich von den anderen Filmen abhebendes Porträt eines verbitterten und zynischen Vietnamveteranen gelang Ivan Passer mit CUTTER'S WAY (»Bis zum bitteren Ende«, USA 1981). Im Mittelpunkt steht Alexander, der im Krieg ein Auge, einen Arm und ein Bein verlor und desillusioniert nach Santa Barbara zurückkehrte. Durch seinen Freund Richard gerät er in eine üble Kriminalaffäre, die einen tödlichen Ausgang nimmt. Richard, ein harmlos-liebenswerter Herumtreiber und Frauenheld, wird durch Zufall Zeuge eines Verbrechens. Ein junges Mädchen wird ermordet, und er meint, in dem schwerreichen Ölindustriellen Cord den Täter erkannt zu haben. Alexander, von einem blinden Haß auf die Reichen und Mächtigen besessen, will Cord auf eigene Faust unter Druck setzen und ihn stellen – als persönliche Rache für das, was man ihm angetan hat. Richard hilft ihm dabei nur halbherzig, da er weiß, wie gefährlich der Gegenspieler ist. Als Alexanders Frau Opfer eines vermeintlichen Brandanschlages wird, eskalieren die Ereignisse. Die beiden Freunde verschaffen sich Zutritt zu einer Gartenparty von Cord. Alexander setzt alles auf eine Karte und unternimmt einen selbstmörderischen Alleingang gegen Cord, der für beide den Tod bedeutet.

Das alles wird nicht wie ein Kriminal- oder Actionfilm gestaltet, sondern als ein genau beobachtendes Psychogramm über einen Vietnamveteranen, der zu psychopathischem Verhalten neigt und sich in der Rolle des zynischen und brutalen Fieslings gefällt. Es geht zwar hier auch um einen Mordfall und dessen Aufklärung, aber mehr noch um das Porträt einer gescheiterten Existenz, die genauso kaputt ist wie die Umgebung. Autor (Jeffrey Allan Fiskin nach dem Roman ›Cutter and Bone‹ von Newton Thornburg) und Regisseur bewiesen viel Mut, einen unsympathisch wirkenden Typ deutlich herauszustellen. Der Film verweist aber auch auf die Ursachen, warum Alexander als seelisches und körperliches Wrack dahinvegetieren muß. Seine konkreten Erfahrungen mit der amerikanischen Gesellschaft, dem Vietnamkrieg und dem Umgang mit den Kriegsfolgen haben ihn zu dem gemacht, was er ist. Er selbst spielt das aus und legt nicht den geringsten Wert darauf, es zu verschleiern.

CUTTER'S WAY weicht von den Sujets der branchenüblichen Veteranenfilme ab, weil der Protagonist nicht dem Erscheinungsbild des ›Helden‹ oder ›Opfers‹ angepaßt wurde, sondern eher dem ›Täter‹-Typ eines Kri-

John Heard und Jeff Bridges in CUTTER'S WAY

minal- oder Gangsterfilms gleicht. Es gehörte sehr viel Courage dazu, einen solchen Film herauszubringen.[52]
Zu den von der amerikanischen Filmindustrie ausgesparten, unterdrückten oder nur am Rande behandelten Themen zählt auch die Rolle der Deserteure; diesem besonderen Aspekt bei der Darstellung und Aufarbeitung *dieser* Heimkehrerschicksale hat sich nur eine Low-Budget-Produktion von international unbekannten Filmemachern angenommen. Ausgangspunkt für den Film THE LINE (»The Line – 1000 Meilen bis zur Hölle«, Regie: Robert J. Siegel, USA 1983) war ein über zehn Jahre zurückliegendes authentisches Ereignis. Ein Soldat, der es nicht überwinden kann, auf vietnamesische Kinder geschossen zu haben, desertiert aus der Armee. CIA-Agenten holen ihn zu Hause ab und bringen ihn in ein spezielles Militärstraflager, wo ihm und anderen ähnlich denkenden und handelnden jungen Amerikanern mit brutalen Methoden die ›richtige pa-

---

52 Das Sujet des Films erschien der Produktionsfirma United Artists zunächst wenig gewinnträchtig. Er wurde nach wenigen Tagen Laufzeit auf Grund einer einzigen negativen Pressestimme (New York Times) aus dem Verleih genommen, dann aber doch – auf Druck der Fachöffentlichkeit hin – erneut gestartet. Auf dem Filmfestival in Houston 1981 wurde er preisgekrönt. Nach: Spiel im ZDF 1/1987, S. 12.

triotische Haltung‹ beigebracht wird. Bei einem Fluchtversuch wird er von einem jungen Offizier getötet, der ebenfalls dem Druck des unmenschlichen Militärsystems nicht mehr gewachsen und darüber hinaus in seiner Vorgesetztenrolle überfordert war. Ein bitteres Ende für zwei junge Menschen; sie wurden Opfer einer Politik, die erst sehr viel später ihr bitteres Ende gefunden hat. THE LINE steht auf der Seite derer, die sich ihr entziehen wollten und daran zerbrochen sind.

MIA: Missing in Action

Die zwischen Washington und Hanoi auf der Grundlage des Pariser Friedensabkommens von 1973 geführten Verhandlungen über die Rückführung gefallener Soldaten erbrachten Teilerfolge, aber keine konkreten Anhaltspunkte dafür, daß es in Vietnam noch *lebende* amerikanische Kriegsgefangene gibt. Obwohl bereits 1976 ein Kongreßausschuß zu der Feststellung kam, daß es keine Gefangenen mehr gibt, nährte Jahre später Reagans ›neuer Patriotismus‹ solche Gerüchte und ließ es zu, daß sie sich zur Legende verdichteten. Diese Politik sollte den sich ausbreitenden Vertrauensschwund der amerikanischen Führung auffangen und ihm entgegentreten. Mit dem deutlichen Verweis auf die ca. 2500 Amerikaner, die offiziell noch als vermißt gelten – ca. 1800 davon sind im Gebiet Vietnams verschwunden –, lenkte man von der Politik des schlechten Gewissens ab und schürte Revanchegelüste.[53] Öffentliche Unterstützung fand dieses Vorgehen in Filmen über die Rettung von gefangenen GIs, die offiziell als vermißt galten und nur durch illegale (Einzel-)Aktionen befreit werden konnten. Gegenspieler der Helden sind dabei nicht nur die Vietnamesen, sondern vornehmlich die US-Politiker, die vor Jahren angeblich zu leichtfertig den Krieg in Vietnam beendet und die Soldaten geopfert haben. Die Tendenz dieser Filme unterstützt nachhaltig und wirkungsvoll die antikommunistische Propaganda, die konservativen Veteranenorganisationen neues Selbstwertgefühl und öffentliches Ansehen einbrachte. Dies fiel um so leichter, da in den Schulen und Universitäten die Vietnam-

53 »Der Spiegel« Nr. 39/1985: In Indochinas Kampfgebieten waren insgesamt 3,7 Millionen US-Soldaten eingesetzt. Über 58 000 fielen, 300 000 kehrten als Verwundete zurück in die Vereinigten Staaten.
Dort kennt die Statistik Gefallene (»KIA« für »killed in action«), Kriegsgefangene (»POW« für »prisoner of war«) und Vermißte (»MIA«, für »missing in action«); die Vermißten werden wiederum in verschiedene Gruppen eingeordnet: Von den Indochina-MIAs verzeichnet das Pentagon 1186 als nachweislich gefallen, ihre Leichen seien jedoch unauffindbar geblieben – so stürzten 436 Luftwaffenpiloten über dem Meer ab. In 647 Fällen wurden Soldaten von Kameraden für »vermutlich tot« erklärt. Zu Spekulationen laden vor allem die über 600 offenen Fälle ein.

jahre ein ungeliebtes Thema sind und bewußt umgangen oder kurzgehalten werden.

Zu den ersten MIA-Filmen zählt GOOD GUYS WEAR BLACK (»Black Tiger«, Regie: Ted Post, USA 1977). Eine Spezialeinheit, die während der Friedensverhandlungen in Paris CIA-Leute aus Vietnam herausbringen soll, wird Opfer der Intrige eines Politikers in Washington. Die Männer geraten in einen Hinterhalt, und nur wenige von ihnen überleben. Der Kommandant des Unternehmens, mittlerweile Hochschullehrer für Politologie und Kritiker der Regierungspolitik, durchkreuzt Jahre später bei der Suche nach den anderen Männern seiner Einheit die Karrierepläne des Politikers, der die Überlebenden als unbequeme Zeugen seiner Tat umbringen läßt. Kurz bevor er ein hohes Amt antreten soll, findet dieser durch einen Racheakt des Kommandanten den Tod.

Der Film von Ted Post vertieft das Thema der ›politischen Intrige‹ und des ›Verrats‹ nicht, sondern reißt es nur an. Er gibt aber dem Hauptdarsteller Chuck Norris die Chance zu einer Art Bewährungsprobe für die darauf folgenden Selbstjustizfilme. Für Norris' Erfolg waren sie so maßgebend wie die RAMBO-Filme für Sylvester Stallone. Aber bevor Chuck Norris in die MIA-Serie ging, konnten sich ein paar andere Stars an diesem Sujet bewähren. Unter der Führung eines erfahrenen Koreakämpfers (Gene Hackman) macht sich in UNCOMMON VALOR (»Die verwegenen Sieben«, Regie: Ted Kotcheff, USA 1983) eine aus Vietnamveteranen zusammengestellte Truppe auf den Weg, um im Norden von Laos amerikanische Gefangene zu befreien. Jahrelange Recherchen haben den Beweis geliefert, daß an den Gerüchten, amerikanische Soldaten würden als Gefangene festgehalten, etwas dran ist. Vor dem Einsatz werden die Männer in einem Trainingscamp in Texas mit militärischer Disziplin gedrillt. Der Kommandeur appelliert an das gemeinsame Schicksal der Veteranen und motiviert seine Leute mit der feigen Haltung der verantwortlichen Politiker, die gegen das Unternehmen sind, weil es zu aufwendig ist und zuwenig Ruhm einbringen könnte. Die Freiwilligen sind die einzige Hoffnung für die Angehörigen der Vermißten. Obwohl der CIA eingeschaltet wird, um die Crew zu behindern, kann 1982 von Bangkok aus die Operation gestartet und erfolgreich durchgeführt werden. Dank und Anerkennung der Öffentlichkeit sind der gerechte und ausgleichende Lohn für den mangelnden Rückhalt in den offiziellen Etagen. Mit dieser Schlußaussage will der Film Parallelen ziehen zu der realen Situation und die Stimmung anheizen für eine Revanchepolitik, die kriegsähnliche Aktionen sanktioniert, weil sie angeblich einer humanen Zielsetzung dienen.

Den Auftakt der MIA-Serie bildete MISSING IN ACTION II – THE BEGINNING (»Mission in Action, 2. Teil – Die Rückkehr«, Regie: Lance Hool,

USA 1984).[54] Chuck Norris spielt den Colonel Braddock, der zusammen mit anderen Amerikanern zehn Jahre lang und über das Kriegsende hinaus den grausamen Foltern eines vietnamesischen Lagerkommandanten ausgesetzt war. Braddock übersteht alle Qualen, kann sich befreien, das Lager verwüsten und sich an seinen Peinigern rächen. Zu Hause war man der Ansicht, daß es in Vietnam keine lebenden amerikanischen Gefangenen mehr gibt. Braddock ist der Beweis dafür, daß das nicht stimmt. In MISSING IN ACTION (Regie: Joseph Zito, USA 1984) ist er Veteran und Mitglied einer US-Verhandlungsdelegation im ehemaligen Saigon. Die Vietnamesen bestreiten, noch Amerikaner als Kriegsgefangene festzuhalten. Braddock, der auf einen der Generäle trifft, die ihn früher gefoltert hatten, unternimmt von Thailand aus einen privaten Einmann-Feldzug in das ehemalige Feindesgebiet, da er den diplomatischen Wegen nicht traut. Nach etlichen Gemetzeln spürt er tatsächlich geheimgehaltene Gefangene auf und bringt einige von ihnen den staunenden Diplomaten als Jagdbeute mit.

Ein Jahr vor RAMBO II trafen diese Filme die Stimmung weiter Teile der amerikanischen Öffentlichkeit, die weder Kommunisten noch Asiaten trauen und Diplomatie durch Kampfgeist ersetzt sehen wollte. Der Zweck politischer Zielsetzung heiligte hier das Mittel eines rassistischen Machwerks: nicht genug, daß der Kommandant des Gefangenencamps als ausgemachter Sadist und Folterknecht dargestellt wird, sondern darüber hinaus ist er Opiumhändler, der amerikanische Gefangene für seine kriminellen Taten mißbraucht.

Für die Produzenten Golan/Globus warfen die beiden Filme große Gewinne ab, die sie zur Deckung von Fehlinvestitionen dringend benötigten. Der enorme Erfolg der Filme im In- und Ausland ermutigte sie ein paar Jahre später, das Thema noch einmal aufzuwärmen. BRADDOCK – MISSING IN ACTION III (Regie: Aaron Norris, USA 1987) ist wieder mit Chuck Norris in der Hauptrolle besetzt. Diesmal bricht er zu einem Vietnameinsatz auf, um Kinder zu befreien, die aus der Verbindung amerikanischer Soldaten mit vietnamesischen Frauen entstanden sind. Wie der Vorspann des Films suggeriert, sollen 15 000 von ihnen in speziellen Lagern kaserniert sein, was natürlich von offizieller Seite bestritten wird. Durch eine Rückblende in das untergehende Saigon erfährt man, daß Braddock Vater eines solchen Kindes ist. Es versteht sich, daß er nach erfolgreichem Feldzug den ungläubigen Amerikanern stolz seinen Sohn präsentiert.

---

54 Dieser Film mit den mißverständlichen Titeln im Original und in der deutschen Fassung wurde erst nach dem tatsächlich vorgesehenen und schon abgedrehten zweiten Teil gestartet, weil dieser mehr Action beinhaltet und von den Produzenten Golan/Globus als der kassenträchtigere von den beiden angesehen wurde – was sich als richtig erwies. Regisseur Lance Hool war am Drehbuch des Films von Joseph Zito beteiligt.

Rambos Auftrag

Filme, die international ausgewertet und zu einem großen Geschäft – zum sogenannten ›Mega-Hit‹ – werden, lösen in der Regel mehr Beifall und Zuspruch des Publikums aus als kontroverse öffentliche Diskussionen. RAMBO: FIRST BLOOD, PART II (»Rambo II – Der Auftrag«, Regie: George Pan Cosmatos, USA 1985)[55] stellt eine Ausnahme dar: er wurde zu einem nationalen Ereignis, das zu einem internationalen Ärgernis auswuchs. In diesem Film wird derart unverschlüsselt und ungeschminkt für den amerikanischen Imperialismus plädiert, werden militärische anstelle von politischen Aktionen gefordert, daß die tagespolitischen Parallelen auf der Hand liegen. Nicht mehr länger sollten die Politiker, Militärs und Geheimdienste zaudern, erneut in Vietnam aktiv zu werden. (Parallelen zur Südamerikapolitik der Vereinigten Staaten waren unvermeidbar und wurden öffentlich angedeutet.) Im Mittelpunkt der Diskussionen stand die Behauptung, daß es in Vietnam noch amerikanische Kriegsgefangene gebe; und solange diese noch nicht befreit seien, sei auch der Krieg noch nicht beendet. Hauptdarsteller Sylvester Stallone – auch für Idee und Buch verantwortlich – war auf den Plakaten mit dem Zusatz abgebildet: Diesmal kämpft er für uns alle!

Vietnamveteran John Rambo, der sich nach seiner Rückkehr in die Staaten mit der Polizei und der Nationalgarde anlegte und zu verschärftem Straflager verurteilt wurde, wird 1985 mit einem Sondereinsatz beauftragt, der ihm die Freiheit bringen kann. Er soll ein Kriegsgefangenenlager im Dschungel Vietnams auskundschaften, wo angeblich noch immer Amerikaner gefangengehalten werden. Rambo ist hierfür der richtige Mann, da er selbst 1971 aus diesem Lager entkommen konnte und mit den Verhältnissen bestens vertraut ist. Der gut (ein-)geölte, zur menschlichen Kampfmaschine gestylte Einzelgänger macht sich von einem Militärstützpunkt in Thailand aus auf den blutigen Weg; er »will einen Krieg gewinnen, den andere schon verloren glauben«. Als seine Feinde erweisen sich dabei nicht nur die bestialischen Vietnamesen und ihre dumpfen sowjetischen Verbündeten, sondern auch die verlogenen Militärs im eigenen Lager, die dem CIA gehorchen. Die Wahrheit, daß in Vietnam immer noch GIs gefangengehalten und gefoltert werden, soll unterdrückt werden, weil diese »vergessenen Gespenster« für den Kongreß nicht opportun sind. Es wäre nicht zu verantworten, ihretwegen den Kommunisten

---

55 Die Einspielergebnisse dieses Films sprengten in kürzester Zeit alle Rekorde; in den ersten vier Monaten nach seinem Start wurden bereits 150 Millionen Dollar eingenommen. Nach Angaben des deutschen Verleihs (Scotia) betrugen die Produktionskosten demgegenüber nur 28 Millionen Dollar. In der Bundesrepublik zählte er im Jahre 1985 mit zu den erfolgreichsten Filmen (über 3 Millionen Zuschauer).

hohe Auslösesummen zu zahlen. Der Geheimdienst läßt Rambo in eine Falle laufen und hofft, daß er ihren Intentionen unfreiwillig zuarbeitet. Aber Rambo kämpft mit List, Pfeil und Bogen gegen alles und alle. Er überwindet Folter und Verrat und sogar den Tod einer ihn zeitweise begleitenden attraktiven vietnamesischen Widerstandskämpferin. Der unverwundbare Rambo bringt ein paar befreite Amerikaner mit in das Basislager und läßt seiner Wut über die politische Intrige freien Lauf. Sein Motiv für den selbstlosen und beinahe selbstmörderischen Einsatz: er will, daß sein Vaterland die Veteranen liebt, so wie diese ihr Vaterland lieben.

Sylvester Stallone, Produkt einer konsequenten Verkaufsstrategie, als »Rocky« oder »Rambo« das Lieblingskind der Reagan-Ära, ist mehr als eine Kino-Kultfigur. Er gibt politische Verhaltensmuster vor und schürt ganz bewußt die ›Dolchstoßlegende‹, daß die amerikanischen Soldaten ihr Bestes gaben und den Krieg nicht verloren hätten, wenn sie nicht von Militär und Politik im Stich gelassen worden wären. Stallone: »Die Leute haben darauf gewartet, daß sie wieder ihren Patriotismus zeigen können. Mein Film hat lang unterdrückte Gefühle freigesetzt«.[56]

Eine Politik, die ihre Bestätigung durch mediengerechte Vermittlung und nicht aus inhaltsbezogener Überzeugungsarbeit bezieht, bedarf solcher chauvinistischer Mythen, und Stallone erweist sich als das geeignete Vehikel, die Botschaft unter die Massen zu tragen. Diplomatie und internationale Konferenzen treten zurück hinter den drehbuchgestalteten Medienereignissen: Stallone ist der ideale Entertainer und Identifikationsfigur für eine Politik, die nicht auf Verhandlung und Vernunft, sondern auf Härte und Kampf setzt. Beschämend in erster Linie für die USA und ihre politischen Repräsentanten – und erst in zweiter Linie für das weltweite Fan-Publikum –, daß sie in Sylvester Stallone als »Rambo« einem Killer aus Passion zujubeln. Die nationale Kränkung wird mit den falschen Mitteln verdrängt. Das Vietnamtrauma schürt eine kollektive Wut, die politisch manipulierbar ist. Die Rezeption des RAMBO-Films macht deutlich, in welch starkem Maße in der amerikanischen Öffentlichkeit Gewalt als Mittel zur Lösung von Konflikten Akzeptanz gewonnen hat.

Vergessene Kommandos

RAMBO II schafft klare Fronten, und erfreulich in diesem Zusammenhang ist nur, daß die Sogkraft des Films die engagierten Gegner einer derart propagierten Vernichtungspolitik zu verstärkten öffentlichen Aktionen auf den Plan gerufen hat.[57]

---

56 Stallone in einem Interview; zitiert nach den Presseunterlagen zum Start des Films.
57 In der Bundesrepublik gab es Demonstrationen vor den Kinos und eine ganze Reihe von Initiativen gegen den Film. Er entfachte eine Diskussion über die Grenzen der

RAMBO II fand trotz aller Anfechtungen schnell die entsprechenden Anschlußfilme, die ohne große Etats und Stars nicht an den kommerziellen Erfolg anknüpfen konnten: In RUCKUS II (Regie: Wilfried Milan, USA 1986) befreit ein Vietnamveteran seinen ehemaligen Vorgesetzten; in DOUBLE TARGET (»Der Kampfgigant«, Regie: Vincent Dawn, USA 1986) ist es der während des Krieges geborene Sohn eines GIs, der ›heimgeholt‹ werden muß.

RETURN OF THE WILD GEESE (»Die Rückkehr der Wildgänse«, Regie: Larry Ludman, BRD/Italien 1986) bemüht sogar die international kampferprobte Truppe der »Wildgänse«[58], um die letzten noch verbleibenden Gefangenen aus dem vietnamesischen Dschungel zu befreien. Hier müssen sich allerdings vier Veteranen die Arbeit teilen, die Rambo alleine erledigte.

SUPER PLATOON (»Dschungelratten II – Black Warrior«, Regie: Christ Hannah, Hongkong 1987) bemüht nicht Rambo, sondern eine südvietnamesische Spezialeinheit, um gefangene GIs zu befreien.

WHITE GHOST (Regie: B. J. Davis, USA 1987) handelt von einem übriggebliebenen GI, der zwanzig Jahre nach Kriegsende als ›weißer Geist‹ im vietnamesischen Dschungel lebte und nun endlich von alten Freunden – und Feinden – in die Heimat zurückgeholt werden soll.

Den vorläufigen Schlußpunkt dieser Serie setzte NOT ANOTHER MISTAKE (»Helden USA II«, Regie: Anthony Maharaj, USA 1987). Amerikanische Regierungsstellen, deren Zuordnung zwischen dem Weißen Haus und dem CIA nicht erkennbar ist, wollen definitiv wissen, ob es in Vietnam noch amerikanische Gefangene gibt oder nicht. Ein Veteran namens Straker übernimmt den Auftrag, »nicht für die Politiker, sondern für seine Kameraden«. Von Bangkok aus startet er mit einer Truppe Freiwilliger – Veteranen, Söldner, Abenteurer – das geheimgehaltene Unternehmen. Sie bekommen eine nicht-amerikanische Identität, um etwaige politische Verwicklungen zu vermeiden. Bei dem Marsch zu dem Gefangenenlager geraten sie in einen Hinterhalt und erleiden erhebliche Verluste. Die wenigen Überlebenden werden gefangengenommen und gefoltert. Es gelingt ihnen trotzdem, aus dem Lager zu fliehen und zwei GIs zu befreien,

Gewaltdarstellung im Film und über staatliche Zensurmaßnahmen; viele forderten ein Verbot des Films. Zu dieser Auseinandersetzung hat auch die Entscheidung der FSK beigetragen, den Film bereits ab 16 Jahren freizugeben. Erst später wurde auf öffentlichen Druck die Altersfreigabe auf 18 Jahre heraufgesetzt. Dokumentiert sind diese Vorgänge in der FILM-Korrespondenz Nr. 1/7.1.86 und in »Jugendschutz Aktuell« vom 12.11.85; herausgegeben von der Kath. Landesarbeitsgemeinschaft Jugendschutz NW e. V. in Münster.

58 WILD GEESE ist eine aus Großbritannien kommende Söldner-Serie, die mit »Die Wildgänse kommen« (1977) und »Wildgänse 2« (1985) startete und mit international renommierten Darstellern aufwartete.

die seit Jahren dort festgehalten werden. Diese überleben die anschließende Flucht nicht mehr, da sie an Lepra erkrankt und am Ende ihrer Kräfte sind. Straker sorgt dafür, daß er und die restlichen seiner Leute den rettenden Hubschrauber erreichen. Ein CIA-Agent, der das Unternehmen hintertrieben hat, muß zurückbleiben und sterben. NOT ANOTHER MISTAKE bietet nichts Neues zum Thema »Gefangenenbefreiung« – weder an politischen Erkenntnissen noch an filmischem Gehalt. Mit einer überraschenden Variante wartet hingegen THE FORGOTTEN (»Das vergessene Kommando«, Regie: James Keach, USA/Jugoslawien 1989) auf: im Zeichen zögernder politischer Annäherung läßt die Volksrepublik Vietnam im Winter 1989 sechs amerikanische Soldaten einer Eliteeinheit unerwartet frei, was den Amerikanern aber ungelegen kommt. Die Army schickt sie nicht in die Staaten zurück, sondern verfrachtet sie auf eine Militärbasis in Bonn. Weil man in ihnen Verräter vermutet, werden sie strengen Verhören unterzogen. Es stellt sich heraus, daß sie bei einem geheimgehaltenen Einsatz kurz vor Kriegsende hintergangen wurden. Drahtzieher war ein einflußreicher Politiker – jetzt stellvertretender Außenminister –, der von Rüstungsgeschäften profitierte und dem nicht an einer schnellen Beendigung des Krieges gelegen war. Über 30 Männner wurden Opfer dieses Verrats; nun versucht ein Sonderbeauftragter im Auftrag des Ministers, die Überlebenden unschädlich zu machen. Obwohl die sechs GIs in der vietnamesischen Gefangenschaft psychisch und physisch gebrochen wurden und die Verhöre durch die US-Beamten eine Verlängerung der Foltern bedeuten, überleben drei Männer die Torturen. Mit Hilfe deutscher Freunde und mit Unterstützung der Vietnamesischen Botschaft können sie die Hintergründe ihres Schicksals aufklären und an die Öffentlichkeit bringen. Die an der Korruption und dem Verrat beteiligten Amerikaner kommen bei einer bewaffneten Auseinandersetzung ums Leben; unklar bleibt aber weiterhin, wer die tatsächlich Verantwortlichen sind.

Die Handlung des Films weicht vom herkömmlichen Schema der Gefangenenbefreiungs-Filme auch in einem anderen Punkt ab: die kleine Gruppe von Kampfspezialisten, die vietnamesische Gefangenschaft und amerikanische Verhöre überlebte, fliehen konnte und um des Überlebens willen den Verrat in den eigenen Reihen aufdecken muß, agiert nicht im asiatischen Dschungel, sondern im kleinstädtischen Bonn – wirklichkeitsfremd an jugoslawischen Drehorten nachgestellt. Kurios mutet an, wie sich die für den Urwaldkrieg ausgebildeten Spezialisten in der bundesdeutschen Hauptstadt tarnen und bewegen. Trotz dieser selbstironischen Hilflosigkeit bleiben die Hauptfiguren dem Klischee der ›Helden in Uniformen‹ treu.

233

Fürs Vaterland zu sterben ...

Der sich über Jahre erstreckende weltweite Erfolg von RAMBO II bestimmte nachhaltig den Trend der Vietnamfilme, die in der Reagan-Ära produziert wurden. Ihre rassistische und antikommunistische Botschaft[59] wurde Mitte der 80er Jahre in Filmen anderer Genres wieder aufgegriffen, so beispielsweise in ROCKY IV (»Rocky IV – der Kampf des Jahrhunderts«, Regie, Buch und Hauptdarsteller: Sylvester Stallone, USA 1985), wo der patriotische Rocky im ›Reich des Bösen‹ eine furchterregende russische Kampfmaschine besiegt, oder in INVASION USA (Regie: Joseph Zito, USA 1985), in dem Chuck Norris als reaktionärer Geheimagent gerade noch verhindern kann, daß die Kommunisten in den Staaten die Macht übernehmen.

Die Welle dieser Filme ließ fast vergessen, daß es Jahre zuvor eine Reihe von Ansätzen gegeben hat, die das Vietnamtrauma und sein ideologisches Umfeld in anderer, selbstkritischer Weise angingen. Mit RAMBO II & Co. schlug das Pendel wieder stark in die rechte, konservative und reaktionäre Ecke aus. Es war an der Zeit, dieser Tendenz und der von ihr ausgehenden Stimmung, die sich in den entsprechenden Kinobildern niederschlug, entgegenzuarbeiten. Und so entstanden 1986/87 – zehn Jahre nach THE DEER HUNTER und APOCALYPSE NOW – noch einmal aufwendig produzierte ›kritische‹ Filme über den Vietnamkrieg; zwei von ihnen allerdings nur mit Hilfe englischer Produktionsgelder.

Oliver Stone, 1946 geboren, war 1967/68 fünfzehn Monate lang als Freiwilliger bei der 25. Infanteriedivision in Vietnam; verwundet und mit einem Orden ausgezeichnet kehrte er aus dem Krieg zurück. Nach dem Besuch der Film School der New York University kam er 1976 nach Hollywood, wo er erfolgreich als Drehbuchautor tätig war. Sein Buch zu PLATOON (Buch und Regie: Oliver Stone, USA 1986), das überwiegend auf autobiographischen Erlebnissen und Berichten von Kriegsteilnehmern beruht, schrieb er bereits 1975, aber es dauerte lange, bis er die Finanzierung des Projektes gesichert hatte. Es war schließlich die englische Produktionsfirma Hemdale-Filme, für die Stone auch SALVADOR[60] drehte, die ihm die Realisierung des Films ermöglichte, dessen Unterstützung die US-Instanzen abgelehnt hatten. Gedreht wurde auf den Philippinen mit einem vergleichsweise geringen Etat von 6 Millionen Dollar.

Der Film beginnt im September 1967. Der junge, etwas naive und verwöhnte College-Student Chris Taylor – Alter ego von Oliver Stone – zieht freiwillig in den Krieg, weil er nicht einsieht, daß die Ideale seines Landes in Vietnam nur von Soldaten repräsentiert werden, die den unterprivile-

---

59 Siehe »Die Rambos«, S. 190 f.
60 Siehe S. 331 f.

gierten Schichten und Randgruppen angehören. Die in Vietnam eintreffenden Soldaten sehen auf dem Flugplatz als erstes die Särge mit den Gefallenen, die zurücktransportiert werden. Taylor wird einem Platoon, einer kleinen Einheit von ca. 30 Männern, zugeteilt, der in einem Gebiet nahe der kambodschanischen Grenze stationiert ist und die Aufgabe hat, den Gegner aufzustöbern und zu vernichten (Search and Destroy). Niemand kümmert sich richtig um die Neuzugänge, und keiner versteht, warum sich jemand freiwillig für den Krieg in Vietnam melden kann.

Zwei Sergeanten extrem unterschiedlichsten Charakters geben in dem Platoon den Ton an: Sergeant Elias, ein bei den Männern beliebter Typ, der auch im Krieg moralische Werte nicht vergessen hat und versucht, ein Mindestmaß an Menschlichkeit zu bewahren, und Sergeant Barnes, ein kampfgehärteter Mann mit aggressivem Killerinstinkt, ein narbengesichtiger Sadist mit Lust am Töten. Taylor sieht sich *beiden* ausgeliefert, muß sich irgendwann entscheiden, auf wessen Seite er sich schlagen soll. Die allgemeine Situation ist demoralisierend; er ist schweren psychischen und physischen Strapazen ausgesetzt und findet nicht den rechten Kontakt zu den anderen GIs, die durch Alkohol und Drogen ihre Ängste zu überwinden suchen und nur noch die Tage zählen, die sie im Dschungel verbringen müssen.

Ein paar Monate später ist Taylor mit dabei, als ein Teil seines Platoons in einem verminten Bunkerkomplex der Vietcong in einen Hinterhalt gerät. Einige Soldaten werden getötet. Mit der aufgestauten Wut über diesen Verlust durchsuchen Barnes und seine Leute wenig später ein Bauerndorf, in dem Waffen der Nordvietnamesen vermutet und auch entdeckt werden. Ein paar der GIs geraten in einen Gewaltrausch; sie morden, vergewaltigen, brennen die Hütten ab und vernichten die Essensvorräte des Dorfes, andere wenden sich davon ab, schreiten aber nicht ein. Barnes will durch die Erschießung von Zivilisten Geständnisse über die Verbindung zu den Vietcong erzwingen, aber der hinzukommende Elias kann im letzten Moment noch verhindern, daß Barnes seinen Mord- und Rachegelüsten freien Lauf läßt. Es kommt zu einer offenen Konfrontation zwischen den beiden. Elias will Barnes vor ein Kriegsgericht bringen. Barnes wiederum wirft Elias vor, für die Sorte von Politikern zu arbeiten, die zwar den Krieg gewinnen, sich aber nicht die Hände schmutzig machen wollen. Er weiß aber, daß eine Untersuchung nicht zu seinen Gunsten ausgehen würde.

Bei einem späteren Einsatz, als Elias während eines Rückzugsgefechtes von seinen Leuten abgeschnitten ist, nutzt Barnes kaltblütig die Gelegenheit, auf ihn zu schießen. Vom rettenden Hubschrauber aus sehen die Soldaten, daß Barnes sie belogen hat, als er Elias, der sich schwerverwundet zum Sammelpunkt zurückschleppen konnte, für gefallen erklärte. Es ist aber nicht mehr möglich, Elias mitzunehmen; er stirbt an den Kugeln

Ankunft in Vietnam...   Sterben in Vietnam...

der nachrückenden Vietcong. Taylor nimmt sich vor, den Mord an Elias zu rächen. Die Gelegenheit dazu bietet sich ihm, als Barnes bei einem erneuten Einsatz in diesem Gebiet schwer verwundet wird. Anstatt ihn ins Lazarett zu bringen, tötet Taylor Barnes.

PLATOON wurde international mit Preisen und Auszeichnungen bedacht. Während der Film vor allem in der Presse der Vereinigten Staaten enthusiastisch gefeiert wurde (»...einer der größten Kriegsfilme aller Zeiten...«, The New York Times), war die Aufnahme in anderen Ländern nicht immer beifällig. PLATOON lief 1987 bei den Filmfestspielen in Berlin und hat unterschiedliche Reaktionen hervorgerufen. Sie entsprechen den kontroversen Positionen, von denen aus man sich dem Film nähern kann.

Stone sieht seinen Film als Geschichtsunterricht für eine Generation, die den Vietnamkrieg selbst nicht miterlebt hat und darüber in der Schule und in den Medien nicht ausreichend informiert wird. Er berichtet von dem, was er selbst erlebt hat, und er will *seine* Wahrheit erzählen, bevor sie in Vergessenheit gerät. Einen Großteil dieser Absichten löst der Film ein. PLATOON zeigt, daß den in der amerikanischen Gesellschaft Benachteiligten und Unterdrückten – den Farbigen, den Zugehörigen zu Randgruppen usw. – diese Rolle auch in der Armee zukommt. Der Film zeigt darüber hinaus, wie unzureichend die Vorbereitung der Soldaten auf einen Dschungelkrieg ohne direkten Frontverlauf war, wie sie orientierungs- und interesselos den Kommandos folgen – wissend oder ahnend, daß der Krieg für sie verloren war. Anklage und Selbstanklage des Films richten sich gegen die physischen und psychischen Schäden, die der Krieg bei den GIs angerichtet hat und die die Amerikaner in Vietnam nicht zurückgelassen, sondern mitgenommen haben. Mit Landserseligkeit und Kameraderie hat der Film nichts im Sinn; er zeigt dumpfe Gleichgültigkeit gegenüber der Hierarchie, Aggressionen und Rivalitäten untereinander, Rassismus und Klassengegensätze.

In PLATOON kommt kein billiges Pathos; der Krieg wird nicht heroisch, sondern schmutzig und abstoßend ins Bild gesetzt. Stone will dies in einer zentralen Sequenz verdeutlichen: mit der Vernichtung des Bauerndorfes und den beabsichtigten Parallelen zu dem Massaker von My Lai am 16. März 1968 unter dem Kommando von Oberleutnant William Calley, das zu den schlimmsten Kriegsverbrechen der Geschichte zählt und das mit Abstand unrühmlichste Kapitel der amerikanischen Militärgeschichte ist. My Lai, ein kleines, unbedeutendes Dorf unweit der Küste des südchinesischen Meeres – die Region wurde von den Amerikanern ›Pinkville‹ genannt –, wurde von der US-Kompanie »Charlie«, 1. Bataillon/20. Infanterieregiment, angegriffen. Die ca. 120 Mann starke Einheit hatte zuvor durch Sprengstoffanschläge und Heckenschützen einige Verluste erlitten. Den Gegner bekamen sie dabei nicht zu Gesicht; er blieb unbekannt. Der Befehl lautete nun, das Dorf, »das mit dem Vietcong sympathisiert, anzugreifen und alle Feinde zu vernichten – auch Frauen und Kinder«. Der Angriff startete morgens kurz nach 7.00 Uhr; innerhalb von vier Stunden wurden die Dorfbewohner, sämtlich unbewaffnete alte Männer, Frauen und Kinder, erschossen; es gab Foltern, Plünderungen und Vergewaltigungen. Nachdem das Dorf in Brand gesteckt wurde, blieben 500 Tote (nur Vietnamesen) zurück; nur wenige überlebten das Massaker.

Stone hat in PLATOON versucht, dieses Verbrechen zu rekonstruieren, liefert dabei aber einen Begründungszusammenhang, der die Schuldfähigkeit der Täter mildert oder ihren Blutrausch erklären soll.

Überzeugend und beklemmend wird in dem Film zuvor gezeigt, welche Ängste die GIs gegenüber einem unsichtbaren Feind verspüren, wie mißtrauisch und unbeholfen sie sich in einer Landschaft bewegen, die ihnen nicht vertraut ist. Die Gefahren, die von Insekten und Schlangen ausgehen, sind dabei noch das geringste Übel. Ohnmacht, Haß und Wut stauen sich an, um sich bei nächstmöglichster Gelegenheit zu entladen. In der entscheidenden Sequenz ist es so, daß die kleine Gruppe von Männern durch eigene Unachtsamkeit in den Hinterhalt der Vietcong gerät und starke Verluste hinnehmen muß. Von dem soeben Erlebten noch gezeichnet, brechen sie wenig später in das Dorf ein, wo es dann zu dem Massaker kommt. Diejenigen, die sich dabei schuldig gemacht haben, werden so dargestellt, als hätten sie die Kontrolle über sich verloren – und das entspricht nicht dem von Calley ausdrücklich erteilten Befehl, »alle zu töten«.[61] Stones beabsichtigte Anklage verkehrt sich hier fast ins Gegen-

---

61 In der später stattgefundenen Untersuchung des Massakers hat sich niemand von Calleys Vorgesetzten in der Befehlskette zu dieser Order bekannt. Calley drohte bei

teil, weil er die beiden Episoden des Films – den Verlust der eigenen Leute und die anschließende Rache, quasi als Erklärungsmuster – zu dicht aufeinander folgen läßt. Immerhin ist es das erste Mal, daß in einem amerikanischen Spielfilm Übergriffe an der Zivilbevölkerung eingestanden und dargestellt werden.

Auch an einer anderen Stelle des Films steht eine vom Regisseur und Autor gewählte Darstellungsweise der beabsichtigten Wirkung entgegen. Allzu starkes Engagement läßt ihn zu Stereotypen greifen, die sein Anliegen verwässern. Deutlich wird es in der Sequenz, in der der schwerverwundete Elias von den im Hubschrauber abfliegenden Soldaten zurückgelassen wird und eines ›pathetischen‹ Todes stirbt: ein typischer »Kriegsfilmtod«: zur Kamera hin inszeniert und gut geeignet für Standfotos und Plakate.[62]

Wie in einem der frühen Western benutzt Stone von Anfang an zu plakative Klischees, um »Gut« und »Böse« zu markieren. Elias ist positiv besetzt, wirkt beispielgebend, sympathisch. Er hat zwar ein paar kleine menschliche Fehler, bleibt aber sauber und ist bei den richtigen Jungs beliebt. Barnes hingegen trägt den Makel des Häßlichen und Abstoßenden schon deutlich sichtbar. Sein Auftreten läßt ihn zu einem Musterexemplar des verkommenen und blutrünstigen Hurensohnes werden. Und

---

Befehlsverweigerung mit sofortiger Erschießung oder mit einem Verfahren vor dem Kriegsgericht. Trotzdem weigerten sich einige, auf Zivilisten zu schießen, und es gab sogar solche – aber aus einer anderen Einheit –, die das Massaker aufhalten wollten. Zu ihnen gehört Hugh Thompson, Pilot einer Aufklärungsstaffel, der eine kleine Gruppe schutzloser Vietnamesen in Sicherheit bringen konnte und notfalls sogar dazu bereit war, auf Angehörige seiner eigenen Armee schießen zu lassen.

Das Massaker von My Lai bleibt über ein Jahr der Öffentlichkeit verborgen. Erst nach energischen Interventionen eines GIs, der davon gehört hatte, nahmen sich Kongreßabgeordnete des Falles an. Die Verantwortlichen stritten ihre Schuld ab und beriefen sich auf die Befehle. Gegen mehr als 40 Soldaten wurde ermittelt; nur Calley wurde verurteilt und kurz darauf begnadigt.

Die Filmdokumentation von Kevin Sim und Michael Bilton (Yorkshire TV) »My Lai – Ein amerikanisches Trauma« hat das Ereignis und die Folgen festgehalten; das Team hat, »21 Jahre nach dem Verbrechen, den Tatort aufgesucht, Überlebende interviewt und in den USA mit einigen der ehemaligen Soldaten gesprochen; damals waren sie 20jährige Jungen, die, frisch aus den Staaten eingeflogen, binnen drei Monaten zu Killern erzogen wurden. Einige von ihnen berufen sich noch heute auf ihre Befehle, andere sind aus Vietnam als psychische und physische Wracks zurückgekehrt. Ein erschütterndes Dokument des amerikanischen Traumas. Der Film erhielt im November 1989 in New York den bedeutendsten internationalen Fernsehpreis, den amerikanischen Emmy Award.« (Programminformation WDR, West 3, 4. März 1990.)

62 Daß Oliver Stone als Regisseur mit solchen Situationen auch anders und besser umzugehen weiß, hat er in SALVADOR – siehe S. 331 f. – bewiesen, wo bei vergleichbaren Szenen durchgängig das Prinzip beibehalten wurde, daß die Kamera dem Geschehen folgt und nicht spektakulär bei einigen Einstellungen zur Kamera hin inszeniert wurde.

Taylor, der zwischen ihnen steht, ist der naive, gutmütige Junge von nebenan, der ›den Krieg erkunden will‹ und als Soldat nach Vietnam geht, um seinen Beitrag für das vaterländische Unternehmen zu leisten. Im Gegensatz zu den anderen Figuren, die keinen Hintergrund und keine Geschichte haben, ist er allerdings der einzige, der eine erkennbare Entwicklung durchmacht. Taylor, der so sein möchte wie Elias, wird durch Barnes' Mord an Elias selber zum Mörder und damit so wie Barnes. Desillusioniert kehrt der einstmals patriotisch gesinnte Junge in die Staaten zurück.

PLATOON mangelt es an Differenzierungen. Ansätze dazu gehen in perfekten Actionszenen und im Kriegsfeuerwerk unter. Die Bilder verselbständigen sich zu einer Gewaltorgie, deren Hintergründe und Zusammenhänge mit Stones These »Der Feind ist in uns, sind wir selbst« nur unzureichend, wenn nicht sogar falsch wiedergegeben werden. Der Film ist verharmlosend unpolitisch, wenn er von den verantwortlichen Politikern und den Interessen der Rüstungsindustrie ablenkt und die Schuld für all das, was *passierte*, den jungen GIs auf die Schultern lädt. Für eine Reflexion der Gesamtzusammenhänge oder auch nur eine Andeutung darüber nimmt sich der Film keine Zeit; während des Zuschauens ist dazu keine Gelegenheit mehr, weil der Film fast ununterbrochen Action bietet und dem Publikum zuwenig Atempausen gönnt. Was Oliver Stone von der Vietnampolitik der amerikanischen Regierung hält und wie sehr er sie verurteilt, das alles kommt bei ihm in den vielen Statements und Interviews zu PLATOON viel deutlicher zum Ausdruck als in dem Film. Er hat PLATOON *und* SALVADOR gemacht, weil er die Parallelitäten der amerikanischen Südostasien- und Mittelamerika-Politik herausarbeiten wollte. Das ist ihm – nimmt man beide Filme als Einheit – auch gelungen.[63]

Born to kill

Der einzige Film, der sich ausschließlich mit der Ausbildungssituation der jungen Soldaten und der Stimmung in den Kasernen befaßt, ist STREAMERS (»Windhunde«, USA 1983) von Robert Altman. Die Handlung blendet zurück in das Jahr 1965. Die Rekruten Billy, Roger und Richie haben ihre Ausbildung beendet und warten in einer Kaserne auf den Marschbefehl nach Vietnam. Billy, ein College-Absolvent, hat sich mit den Zuständen arrangiert. Obwohl er den Militärdienst haßt, geht er den Weg des geringsten Widerstandes und fügt sich den Vorschriften. Auch der farbige Roger, ohnehin an Erniedrigungen gewöhnt, will die Dienst-

---

63 1988 drehte Oliver Stone einen weiteren Vietnamfilm: BORN ON THE FOURTH OF JULY, siehe S. 261 f.

zeit ohne Ärger hinter sich bringen. Richie, ein sensibler und etwas blasierter Junge aus reicher Familie, wird trotz seines homosexuellen Geredes als Kamerad akzeptiert. Das labile Gleichgewicht wird jedoch durch die Ankunft des schwarzen Rekruten Carlyle gestört. Carlyle ist unangepaßt, aggressiv und neurotisch. Aber hinter seinen Provokationen verbirgt sich eine unausgesprochene Sehnsucht nach Zärtlichkeit und Anerkennung. Als sich Richie und Carlyle sexuell näherkommen, gerät Billy, von Angst und Widerwillen geschüttelt, in Panik. Schlagartig explodiert die angespannte Situation und schlägt in Gewalt um. Rogers Vermittlungsversuche scheitern. Am Ende liegen zwei Tote im Schlafsaal: Carlyle hat Billy und einen betrunkenen Ausbilder erstochen.

Was »Vietnam« *eigentlich* bedeutet, kommt in diesem Film nur am Rande zur Sprache. Die Rekruten haben keine Ahnung von dem, was sie erwartet. Einerseits vertrauen sie den politischen Direktiven, andererseits verunsichern sie die überzogenen Horrorgeschichten, die ihnen ihre Ausbilder auftischen. Sie sind mit psychischen Defekten von ihrem Einsatz in Vietnam zurückgekehrt, stärken sich gegenseitig in ihren Rollen als Sauf- und Raufbolde und gefallen sich in großmäuligen Kriegsspielen.

David Rabes Anti-Vietnam-Stück »Streamers« erregte 1976 auf einer Off-Broadway-Bühne in der Inszenierung von Mike Nichols großes Aufsehen. Ohne die Theaterherkunft zu verleugnen – der Film spielt an den zwei Tagen eines Wochenendes, und nie verläßt die Kamera den nahezu leeren Schlafsaal der Kaserne – hat Altman dennoch zu einer gänzlich filmischen Form im Rhythmus der Montage und in der Wahl der präzisen Kameraeinstellungen gefunden. So verstärkt der Film noch das klaustrophobische Gefühl von Enge und Eingeschlossensein. Der kleine Schauplatz als Ort eines gruppendynamischen Prozesses, wo Langeweile, Ungewißheit, Frust und Furcht in Aggression und Gewalt umschlagen, verweist als Modell auf die großen Dimensionen der sich anbahnenden Tragödie. Noch bevor der Marschbefehl in den Krieg erteilt wurde, sind die ersten Toten zu beklagen.[64] Die in dem Film STREAMERS beschriebene Ausgangssituation wird in zwei anderen Filmen aufgegriffen und weitergeführt:

PLATOON[65] zeigt in den Anfangssequenzen, wie es sich auswirkte, daß die jungen GIs falsch vorbereitet und unzureichend ausgebildet in Vietnam den Krieg führen mußten; in Stanley Kubricks FULL METAL JACKET (Großbritannien 1987) wird *das* sogar zu dem zentralen Thema. (Im Gegensatz zu anderen Filmen geht es hier weniger um die Kämpfe im Dschungel als um die urbane Kriegsführung.) Über 40 Minuten lang be-

---

64 Der Film wurde in deutscher Erstaufführung im Dezember 1988 vom ZDF ausgestrahlt.
65 Siehe S. 234 f.

gleitet der Film zunächst den Ausbildungsgang junger Rekruten. Streng hierarchisch strukturiert funktioniert das Trainingscamp nach einem ausgeklügelten System der Über- und Unterordnung und gegenseitiger Bewachung. Diesem Teil folgt dann, an Ort und Stelle, das reine Chaos. Die gewohnten Befehlsketten sind unterbrochen. Disziplin- und Ratlosigkeit machen sich breit, weil die Soldaten auf Eigeninitiative und Selbstverantwortung nicht gefaßt sind.

In dem Ausbildungslager in Parris Island, South Carolina, wird eine Kompanie Marinesoldaten mit drastischen Methoden zum absoluten Gehorsam und zur Gleichschaltung gedrillt. Ausbilder Gunnery Sergeant Hartman (authentisch dargestellt von einem Ex-Ausbilder, der zunächst nur als fachlicher Berater fungieren sollte) behandelt die jungen Männer wie Sträflinge; er ist zynisch und brutal, vulgär und sadistisch. Sein psychischer und physischer Terror verfolgt die Männer Tag und Nacht. Seine Absicht ist, ihnen Individualität und Identität zu nehmen, sie zu willenlosen Robotern, menschlichen Kampfmaschinen zu machen. Der Kennedy-Attentäter Oswald und der Massenmörder Whitmann werden als Vorbilder hingestellt.

Private Leonard ›Gomer‹ Pyle, ein pummeliger, geistig schwerfälliger Typ, wird zu einem exemplarischen Opfer dieses Systems. Seine Unbeholfenheit nutzt Hartman aus, um ihn vor seinen Kameraden lächerlich zu machen, sie gegen ihn aufzubringen, ihn zu isolieren. ›Gomer‹ wird nach Plan verstört und zerstört. Am Ende der Ausbildung dreht er durch und bringt zunächst seinen Ausbilder und dann sich selbst um. Erzählt wird das Geschehen aus der Perspektive von Private Joker, einem intelligenten Rekruten. Nach seiner Ausbildung wird er als Korrespondent einer Marinezeitung in Vietnam eingesetzt. Zu den Leuten, auf die Joker in Da Nangh trifft, gehört auch der abgebrühte Lieutenant Lockhart, der als Redakteur des Blattes die Nachrichten entsprechend dem militärischen Gebrauchswert zurechtbiegt, sie filtert und der offiziellen Sprachregelung anpaßt. ›Siege‹ werden herausgestellt, die Zahl der getöteten Feinde dem Wunschdenken angepaßt.

Dieser der Ausbildung folgende Teil spielt überwiegend zum Zeitpunkt der Tet-Offensive, dem Überraschungsangriff der Vietcong zur Jahreswende 1967/68.[66] Private Joker ist dabei, als die Soldaten unter großem Einsatz und mit schweren Verlusten die zerstörte Stadt Hué zurückerobern müssen. Aus siegessicheren Helden wird ein verlorener, orientierungsloser Haufen, der nach und nach von einem gut postierten Scharfschützen dezimiert wird. Erst nach langem Kampf kann der Gegner überwältigt werden. Es stellt sich heraus, daß es sich um eine junge Frau handelt, die, bereits schwerverwundet, von den aufgewühlten und aufgebrachten GIs

66 Siehe S. 174.

getötet wird. Das Schlußbild zeigt die wenigen Überlebenden der Aktion, wie sie mit aufmunterndem Gesang das Schlachtfeld verlassen. Die Heldentat ist nicht mehr als eine Verzweiflungstat.

Kubrick beginnt seinen Film mit einer Montage von Bildern, in denen die jungen Rekruten mit dem Abscheren ihrer Haare ihre äußere Individualität verlieren. Was nun folgt, ist der Prozeß der inneren Gleichschaltung. Ähnlich wie Bert Brecht in »Mann ist Mann« durch die Verwandlung des harmlosen Packers Galy Gay in den Militärbaracken von Kilkoa im Jahre 1925 zu einer menschlichen Kampfmaschine, die sich willenlos in das Kollektiv der britischen Kolonialarmee in Indien einfügt, zeigt Kubrick mit der Demontage und Zerstörung des Rekruten Gomer, wie die Mechanismen von Macht und Gewalt funktionieren. Konsequent ist der Regisseur auch in dem Teil, in dem die Zurückeroberung Hués dargestellt wird. Von einem ›Feind‹ ist nur wenig zu sehen; ›Auge in Auge‹ steht sich hier niemand gegenüber. Das, was hinter der nächsten Ecke oder dem gegenüberliegenden Haus auf einen Soldaten zukommt, trifft ihn überraschend, unvorbereitet. Durch die beinahe hautenge Führung der Steadycam-Kamera wird der Zuschauer direkt diesem Geschehen ausgesetzt und mit einbezogen. Er sieht sich in die Rolle eines GIs versetzt, kann die auf ihn zufliegenden Geräusche nicht richtig orten und verliert in den abgebrannten Ruinen von Hué völlig die Orientierung. Diese Sequenz zählt mit zu den stärksten und beeindruckendsten des Films. Der Krieg wird nicht vorgeführt, sondern der Zuschauer wird optisch und akustisch mit in die Kampfhandlungen hineingezogen.

Indem Kubrick die Filmhandlung durch Private Joker erzählen läßt, entspricht er der Vorlage des Films, dem Roman »The Short Timers«, in dem Gustav Hasford seine Zeit als Kriegskorrespondenz bei den Marines verarbeitet hat. Durch die Identifikationsfigur des Journalisten, der beobachtet *und* handelt, erfährt der Zuschauer die Schizophrenie des Vietnamkrieges, seine Widersprüchlichkeit. Äußerlich sichtbar wird das schon durch Jokers Aufmachung: auf seinem Helm steht »Born to kill«, und auf seiner Jacke trägt er das Abzeichen der Friedensbewegung. Kubricks Film unterscheidet sich in einem weiteren Aspekt von den anderen Vietnamfilmen. Hier werden die Vietnamesen auch in ihrer Rolle als ›Verbündete‹ gezeigt, als diejenigen, für deren Freiheit die amerikanischen Soldaten zu kämpfen glauben. Die tatsächlichen Kontakte zwischen ihnen sind äußerst spärlich und beschränken sich auf den geschäftsmäßigen Umgang mit Zuhältern, Huren und Kleinkriminellen.

FULL METAL JACKET ist Kubricks Kommentar zur amerikanischen Vietnam-Politik. Wie immer bei seinen Filmen, hat er sich dafür viel Zeit genommen. Der Film wurde nach mehrjähriger Vorbereitungszeit mit einem Etat von 17 Millionen Dollar wirklichkeitsgetreu und detailversessen in der Umgebung von London und in den Pinewoods Studios gedreht.

Das Drehbuch haben Stanley Kubrick und Gustav Hasford gemeinsam
mit Michael Herr geschrieben, dessen Vietnamroman auch in das Drehbuch zu APOCALYPSE NOW eingeflossen ist. Wichtig ist Kubrick in seinem
Film die Rolle der Medien; ein Punkt, der in den meisten anderen Spielfilmen ausgespart bleibt: »Der Vietnamkrieg war der erste Krieg, der vor
allem auch als Werbekampagne in den USA geführt wurde. Die Manipulation der Wahrheit durch die Medien wie durch die Regierung war eines
seiner Ziele. Dadurch wurde der amerikanischen Öffentlichkeit während
des ganzen Krieges ein falsches, manipuliertes Bild vermittelt. Es ver-
führte die Soldaten zu permanenten Lügen; dauernd wurden die Zahlen
der getöteten Feinde übertrieben. Man projizierte Siege, wo sie unmöglich waren. Ironischerweise wurde der Krieg auch durch die Medien verloren. Weil er von Anfang an ein PR-Krieg war, wurde er auch durch die
Public Relations verloren. Die Tet-Offensive war ja in Wahrheit eine Niederlage des Vietcong. Er hatte ungeheuere Verluste, er erreichte seine
Ziele nicht, weil die Bevölkerung in den Städten nicht aufstand, wie er es
erwartet hatte. Der Vietcong hatte gedacht, er müsse nur kommen und es
würde Aufstände geben. Nichts dergleichen geschah. Die Offensive war
also ein Fehlschlag. Womit der Vietcong allerdings nicht gerechnet hatte,

war der Schock, den die amerikanische Öffentlichkeit durch seine Kampfkraft während der Offensive erlitten hat. Nachdem sie jahrelang mit verlogenen und übertriebenen Siegesmeldungen überschüttet worden waren, hatten die Amerikaner zu Hause nicht mehr mit der Offensive gerechnet. So wurde ironischerweise die Niederlage des Vietcong zu einem psychologischen Sieg.«[67]

Die Rolle der Medien ist eines der zentralen Themen dieses Films, für den Übergang von den »Kriegshelden zu den Medienhelden« wird an anderer Stelle dieses Buches – im abschließenden Kapitel – Kubricks Film als »Schlüsselfilm« gelten. In seiner aufschlußreichen Analyse »Das Kino und das Imaginäre – Über Stanley Kubricks FULL METAL JACKET« hat *Hans-Thies Lehmann* die Nähe des Kubrickschen Inszenierungsstils zu authentischem Dokumentarfilm-Material hervorgehoben: »Dokumentation und Genre kommentieren sich gegenseitig... Die Transformation des Krieges und in ausgezeichneter Weise des Vietnamkriegs in Medienereignisse wurde nachgerade zum Topos. Umgekehrt kann die omnipräsente Medienrealität Züge eines Bilderkrieges annehmen. FULL METAL JACKET legt die Irrealität aller Kriegsbilder offen... Die Kriegshelden werden zu Medienhelden. Eine eingefügte Passage im Stil des direct cinema oder die an Fernsehsendungen erinnernden Interviews machen deutlich, wie sehr die scheinbare Dokumentationskraft der Bilder trügt. Fast bedürfte es der Szenen nicht, wo direkt die Anweisungen an die Kriegsberichterstatter gezeigt werden, die Realität der Kämpfe in Vietnam umzufärben. Kein Zufall also, daß zu Beginn der Vietnamsequenz den amerikanischen Soldaten ausgerechnet ein Photoapparat gestohlen wird.«[68] Der Autor zitiert in diesem Zusammenhang eine treffende Feststellung von Rainer Rothers, die dieser in einem Artikel über Stanley Kubrick veröffentlicht hat: »Die These von FULL METAL JACKET lautet: es gibt kein Bild vom Krieg, das den Krieg wiedergäbe – alle geben sie nur die Wirklichkeit der Medien wieder. Ein Film über die Präsenz der Repräsentation.«[69]

Der Friedhof für die große Familie

Was Oliver Stone bei PLATOON versagt wurde, darüber konnte Francis Coppola bei den Dreharbeiten zu GARDENS OF STONE (»Der steinerne Garten«, USA 1987) verfügen: die großzügige Unterstützung durch die

67 »Der Spiegel« Nr. 41/1987, S. 229 f.
68 Veröffentlicht in: Arnoldshainer Filmgespräche, Band 7, »Kino und Couch – Zum Verhältnis von Psychoanalyse und Film«, Gemeinschaftswerk der Evangelischen Publizistik, Frankfurt am Main 1990, S. 75 ff.
69 A. a. O., S. 87.

amerikanische Armee, die ihm Berater, Geräte und Statisten stellte. Hauptschauplatz des Films ist Arlington National Cemetery, der Ehrenfriedhof der amerikanischen Armee vor den Toren Washingtons. In weiten grünen Hügeln liegen die Gräber jener, die Amerika in ehrender Erinnerung behalten will. Endlose Reihen schlichter steinerner Kreuze, das Feld der Toten, ein steinerner Garten. Coppolas Film spielt 1968. Der (noch) ferne Krieg in Vietnam ist hier sehr nahe. Bis zu 15 Gefallene am Tag werden mit militärischem Zeremoniell von ›The Old Guard of the Army‹ beerdigt. Einstmals war es eine Ehre, in diesem Paraderegiment der 3. US-Infanterie dienen zu dürfen, doch jetzt geraten die Beerdigungsrituale zu abgenutztem Marionettentheater. Die Soldaten haben jegliche Ehrfurcht verloren, sie verhalten sich despektierlich und bezeichnen sich selbst zynisch als die ›Zinnsoldaten der Nation‹.

Ausbilder der Rekruten, die in die Old Guard einberufen werden, ist Sergeant Hazard, ein hochdekorierter Veteran des Zweiten Weltkrieges und des Koreakrieges. Eines Jungen nimmt er sich besonders an; es ist Willow, der Sohn eines alten Kameraden. Willow sieht in seinem Vater sein Vorbild, er schwärmt von Heldentaten und möchte unbedingt nach Vietnam: »Ein Soldat, zur richtigen Zeit am richtigen Ort, kann die Welt verändern.« Aber Hazard weiß, daß der Krieg in Vietnam anders ist als

Sie ›stehen im Regen‹ – die Mitglieder der Old Guard of the Army

alle Kriege, die die USA zuvor geführt haben. Immer mehr ›seiner‹ Rekruten werden in diesen Krieg geschickt. Nur wenige davon kehren unversehrt heim. Trotzdem ist Hazard *für* das Militär, auch wenn er die politische Linie der Regierung nicht teilt. Kriegsgegner und Demonstranten sind ihm verhaßt. Wichtiger erscheint ihm, andere Ausbildungsmethoden einzuführen, damit die Soldaten überleben können. Doch er kann seine Vorstellungen nicht durchsetzen, auch dann nicht, als er in einem geschickt inszenierten Manöver die Schwächen und Unzulänglichkeiten in der Konzeption des veralteten Programms offenlegen kann.

Auch seinen ›Schützling‹ Willow kann er nicht überzeugen, obwohl er in seinen Bemühungen von einem Freund, dem schwergewichtigen farbigen Sergeant Nelson, und seiner Freundin, einer linksliberalen Journalistin und Kriegsgegnerin, unterstützt wird. Willow schafft es, auf die Offiziersschule zu kommen und nach Vietnam versetzt zu werden. Während Hazard im Fernsehen die Kämpfe in Vietnam verfolgt, erreichen ihn Briefe von Willard: die Wirklichkeit des Krieges ist grausamer, als er es sich je hätte träumen lassen. Drei Wochen bevor Willard nach Hause kommen soll, trifft die Nachricht von seinem Tod ein. Kurz bevor er nach Vietnam ging, hatte er noch schnell seine Schulfreundin Rachel geheiratet. Diese steht jetzt ein Jahr später als Witwe dort, wo ihr Mann von ehemaligen Kameraden mit allem Pomp zur letzten Ruhe gebettet wird: im steinernen Garten.

Vorlage für das Drehbuch (Ronald Bass) war der gleichnamige Roman von Nicholas Proffitt, dessen Vater Offizier in der US-Army war und der seine Kindheit auf verschiedenen Armeestützpunkten des Landes verbracht hat. Später arbeitete er als Auslandskorrespondent u. a. in Saigon. Dem Autor ist das Innenleben der Armee sehr gut bekannt, und Coppola hat bei der Verfilmung seines Buches größten Wert auf die Präzision der militärischen Abläufe, die Stimmigkeit des Milieus und der Verhaltensweisen gelegt. Der Produzent Michael Lery bezeichnete GARDENS OF STONE als einen ›Pro-Militär-, Anti-Kriegsfilm‹. Er trifft damit genau Coppolas Intentionen, die widersprüchlichen Empfindungen und Gefühle aufzugreifen, die die Amerikaner bei der Erinnerung an den Vietnamkrieg überkommen. Er zeichnet seine Figuren individuell und differenziert; er denunziert das Militär nicht, aber er heroisiert auch nicht. Ganz bewußt setzt er die Akzente anders als in APOCALYPSE NOW: im »Steinernen Garten« stellt er die Armee als eine ›große Familie‹ dar, die ihre Kinder allerdings unzureichend beschützt und sie Gefahren aussetzt, denen sie nicht gewachsen sind.

Die US-Army konnte er damit voll überzeugen; am 1. August 1986 wurde er mit einer Ehrenmitgliedschaft in The Old Guard ausgezeichnet. Beim Publikum aber blieb sein Film weit hinter den Erwartungen zurück, die an einen Mitbegründer des Genres der kritischen Vietnamfilme gestellt wurden. Ähnlich wie in PLATOON ist bei Coppola die Armee als Spiegelbild der Gesellschaft ein zentrales Thema. Stone hat das drastisch und effektvoll, vielleicht sogar überzogen dargestellt. Bei Coppola werden Widersprüche und Zwiespältigkeiten durch schönfärberische Hochglanzbilder verdeckt. Sein Film ist überraschend kritiklos, ein perfekt inszeniertes durchgestyltes Werk, das eher sentimental und melodramatisch als provozierend oder gar pazifistisch wirkt.

Briefe aus Vietnam

Was der Tod eines jungen Mannes, wie dem von Willow in Coppolas Film, tatsächlich für die *Familie* – und nicht für die *Ersatz*-Familie Armee – bedeutet, wurde einige Jahre vor GARDENS OF STONE in FRIENDLY FIRE (»Fürs Vaterland zu sterben«, Regie: David Greene, USA 1979) an einem Einzelschicksal aufgezeigt. Es geht um den authentischen Fall des 25jährigen Sergeanten Michael Mullen, der pflichtbewußt in Vietnam dient und seinen Eltern in Iowa in vielen Briefen von seinen Einsätzen berichtet, bis er – wie es heißt – das Opfer eines irrtümlichen Angriffes der eigenen Seite (friendly fire) wird. Genaue Informationen über den Hergang werden zurückgehalten. Bei dem Versuch, die Mauer des Schweigens zu durchbrechen, legt sich Michaels Mutter mit diversen Regierungsstellen an. Sie engagiert sich in der Öffentlichkeit, um über diese Geheimhaltungspolitik zu informieren. Andere Eltern solidarisieren sich mit ihr. Mit Hilfe eines Journalisten können die tatsächlichen Vorkommnisse – ein falsch programmierter Computer – aufgedeckt und die offiziellen Stellen der Lüge überführt werden.
FRIENDLY FIRE ist die Rekonstruktion eines authentischen Ereignisses und allein dadurch schon überzeugender und aussagefähiger als Coppolas fiktive Geschichte. In FRIENDLY FIRE wird die psychologische Situation von Familien, deren Kinder in den Krieg geschickt werden und nicht zurückkehren, nachvollziehbar aufbereitet. Dem Film liegt die Artikelserie eines Journalisten (C. D. B. Bryan) zugrunde, die nach Tonbandinterviews mit dem Ehepaar Mullen geschrieben wurde.[70]
In Coppolas »Garden of Stone« und in »Friendly Fire« spielen die Briefe, die von den GIs aus Vietnam an ihre Familien und Freunde in der Heimat geschrieben wurden, eine wichtige Rolle. In DEAR AMERICA: LETTERS HOME FROM VIETNAM (»Dear America – Briefe aus Vietnam«, USA 1987) hat Bill Couturie, u. a. Produzent, Autor und Co-Regisseur des preisgekrönten Films »Vietnam Requiem«, aus Hunderten von Briefen, die die Vietnam Veterans Memorial Commission veröffentlicht hat, eine Aus-

70 Spielfilme im Deutschen Fernsehen ARD 1980, S. 24 f.

wahl getroffen und sie von bekannten Schauspielern wie Robert De Niro, Michael J. Fox, Willem Dafoe u. a. lesen lassen. Kompiliert werden die Texte mit TV-Dokumentarberichten, privaten Filmaufnahmen, Pressefotos, Nachrichtensendungen, Statements von Militärs und Politikern und zeittypischer Musik aus den 60er Jahren. Die an die Chronologie des Krieges angelehnte Dramaturgie des Films zeigt, wie der anfänglichen Euphorie eine zunehmende Verunsicherung folgt – bis hin zum Orientierungsverlust und zur psychischen Zerstörung. Niemand kann den Soldaten eine überzeugende Antwort auf die Frage geben, *warum* sie eigentlich in Vietnam sind. Das, was in den Briefen bewußt oder unbewußt ausgelassen oder behutsam umschrieben wird, ergänzt oder interpretiert das hinzugefügte Material auf geschickte Weise. Der Film fügt souverän Texte, Bilder und Musik zusammen, er ist gut getimt und perfekt montiert – so glatt und elegant wie die Spielfilme von Coppola und Stone. Die Wirkung ist nicht unumstritten. Nicht zuletzt auch das überbordende Angebot an gängiger und gefälliger Rockmusik (Beach Boys, Sonny & Cher, The Doors, The Rolling Stones, Bob Dylan, Jimi Hendrix, Bruce Springsteen u. a.) hat Couturie den Vorwurf eingebracht, sein Film verharmlose den Krieg, er beziehe nicht eindeutig genug Stellung gegen ihn, sondern wirke eher wie eine mitleidheischende Rechtfertigung. Aus der Sicht des Filmmachers stellt sich das anders dar: »Ein Brief, den ein GI an seine Mutter schreibt, hat etwas sehr Direktes, etwas, das vom Herzen kommt. Ob traurig oder lustig, diese Briefe klingen authentisch. Eine solche Ehrlichkeit kann man nicht 20 Jahre später rekonstruieren, denn die Zeit verändert unsere Erinnerungen. In einem Brief hat sich nichts geändert, er bleibt aktuell. DEAR AMERICA ist ein Film gegen den Krieg, nimmt aber Partei für die Soldaten. Er ist unpolitisch, indem er den Preis zeigt, den die Jungs für den Krieg zahlen mußten, in den sie geschickt wurden.«[71]

Die Vergessenen der Nation

Dem Initiator des Vietnamdenkmals auf der Washington Mall, das die 58156 eingravierten Namen gefallener Soldaten vor der Vergessenheit bewahren soll, widmet Michael Pressman[72] seinen Film TO HEAL A NATION (»Die Vergessenen«, USA 1988). Im Februar 1979 verläßt der Ve-

---

71 Zitiert nach dem Katalog der Filmfestspiele Locarno 1988. In der FILM-Korrespondenz Nr. 1/17. Januar 1989 analysiert Dietrich Leder den Film daraufhin, ob es sich wirklich um einen »Anti-Kriegs-Film« handelt, und kommt zu dem Ergebnis: »Weder Dokumentation noch Analyse, sondern Legende!«
72 Michael Pressman ist u. a. Regisseur des ›Heimkehrer‹-Films SOME KIND OF HERO, siehe S. 220.

teran Jan C. Scruggs nach einer Vorstellung des Films »The Deer Hunter«[73] völlig verstört das Kino. Mit diesen Ereignissen noch einmal konfrontiert zu werden, geht ihm nahe, da er die Folgen des Krieges noch nicht überwunden hat. Vor allem leidet er darunter, nicht als ›Held‹ heimgekehrt zu sein; die ihm entgegengebrachte Ablehnung und Verachtung macht ihm schwer zu schaffen. Gemeinsam mit anderen Veteranen, die ebenso wie er von nächtlichen Alpträumen geplagt werden, kämpft er um gesellschaftliche Anerkennung und soziale Gleichstellung. Bei dem Einsatz für die eigenen Interessen wird Scruggs auch klar, daß sich niemand um die Gefallenen kümmert und der Öffentlichkeit daran anscheinend auch nicht gelegen ist.

Erste Appelle finden ein unterschiedliches Echo; sie bestärken Scruggs dennoch in seinem Vorhaben, den Toten ein Denkmal zu setzen. Besonders die Anteilnahme und der Zuspruch der ›kleinen Leute‹ bewegen ihn so sehr, daß er diese Aufgabe zu seinem Lebensinhalt macht. In den folgenden Wochen und Monaten bemüht sich Scruggs um eine politische Lobby für seinen Plan und muß eine Menge Überzeugungsarbeit leisten. Erschwert wird seine Arbeit dadurch, daß einige Politiker mit der Errichtung eines Denkmals für die Vietnamgefallenen eigene Interessen verfolgen, und um den Bau durchzusetzen, müssen auch diejenigen dafür gewonnen werden, die sich früher gegen den Krieg engagiert hatten.

Als Gründungskapital für eine Stiftung setzt Scruggs sein eigenes, bescheidenes Vermögen ein. Unterstützt wird er in seinem Engagement von seiner Familie, dem gleichgesinnten Anwalt Bob Doubek und Jack Wheeler, der schon das Vietnamdenkmal in West Point durchgesetzt hat. Nach fast zweijährigem Kampf gegen Bürokratie und politische Hindernisse kann mit der Errichtung eines Denkmals begonnen werden, das Kriegsopfer und -gegner miteinander versöhnen und dazu beitragen soll, die Wunden zu vernarben. Finanziert wird der Bau durch öffentliche Kampagnen und viele kleine Spenden. 1982 kann das Denkmal an der Mall, Washingtons Prachtstraße, eingeweiht werden; es enthält alle im Archiv recherchierten Namen der im Krieg gefallenen Soldaten. Ihre Angehörigen haben damit einen Ort, der das Ansehen an sie wahrt und sie öffentlich ehrt. Die Namen geraten nicht in Vergessenheit – für Scruggs war das von Anfang an der entscheidende Gedanke, und in den Reaktionen auf diese Konzeption sieht er sich bestätigt.

Mit einer Mischung aus reißerischen und melodramatischen Stilmitteln bereitet der Film den mühsamen Kampf um die Errichtung des nicht unumstrittenen Denkmals auf. Grundlage des Films ist ein autobiographisches Buch von Jan C. Scruggs und Joel Swerdlow, und das, worauf Scruggs aus war, unterstützt der Tenor des Films: »Die Söhne wollen die

---

73 Siehe S. 206f.

Namen ihrer gefallenen Väter in Ehre halten und vor dem Vergessen bewahren.« Das Ende der Spielfilmhandlung geht fließend in Dokumentarbilder vom Bau und der Einweihung des Denkmals über. TO HEAL A NATION setzt darüber hinaus dem Initiator des Denkmals ein Denkmal und feiert sein persönliches Engagement. Für kritische Betrachtung bleibt dabei kein Platz; die Gegner seines Plans kommen in dem Film kaum zu Wort – und wenn, dann wären ihre Argumente wahrscheinlich in der sentimentalen und tränenreichen Handlung untergegangen.

Flashbacks

Neben Oliver Stone kann auch der britische Regisseur John Irvin[74] auf eigene Vietnamerfahrungen zurückblicken, wenn auch aus anderer Sicht. Irvin hat einige Jahre für die BBC als Kriegsberichterstatter in Vietnam gearbeitet. Mit HAMBURGER HILL (USA 1987) verfilmte er ein Drehbuch des Vietnamveteranen Jim Carabatsos, das eine Episode beschreibt, die als Symbol für den gesamten Vietnamkrieg gelten kann. Im Mai 1969 kam es bei der elftägigen Schlacht um die Einnahme des von den Vietcong gehaltenen und schwer einnehmbaren Hügels 937 – so die offizielle Bezeichnung – zu schweren und, wie sich später herausstellte, sinnlosen Verlusten. Über 400 amerikanische Soldaten, ca. ⅔ der am Einsatz beteiligten, fanden dabei den Tod. Aus ihnen wurde buchstäblich ›Hackfleisch‹ gemacht, was dem Hügel die Bezeichnung ›Hamburger Hill‹ eintrug. Bittere Ironie am Ende: als der Hügel eingenommen wurde, kam wenig später der Befehl zum Rückzug. Offenbar hatte er nicht die strategische Bedeutung, die ihm anfangs beigemessen worden war.

Irvins Film hebt einige Einzelschicksale hervor, wobei er besonders die Beziehungen zwischen den schwarzen und den weißen GIs betont. Er nutzt alle Mittel und Techniken des Kriegsfilms, um durch eine möglichst authentische, fast dokumentarische Rekonstruktion den Wahnsinn dieses Unternehmens direkt erfahrbar zu machen. Dabei setzt er mehr auf die Wirkung von Brutalität, Schock und Gemetzel, als auf eine subtilere Dramaturgie, wie sie etwa Kubrick in FULL METAL JACKET anwandte. HAMBURGER HILL weist von der Ausführlichkeit her, mit der detailliert *eine* Episode in allen Einzelheiten beschrieben wird, starke Parallelen zu Francesco Rosis UOMINI CONTRO[75] auf, wo es ebenfalls um den sinnlosen Angriff auf einen vom Gegner gehaltenen Hügel geht. Wie PLATOON und GARDENS OF STONE thematisiert HAMBURGER HILL den

---

74 U. a. Regisseur des Films THE DOGS OF WAR (»Die Hunde des Krieges«, USA 1980), ein Polit-Thriller nach einem Roman von Frederick Forsythe.
75 »Battaillon der Verlorenen«, Italien 1970. Vgl. S. 124.

inneren Zwiespalt der GIs, die nicht genau wissen, gegen wen und für was sie eigentlich kämpfen müssen, und durch die Protestbewegung in ihrer Heimat zusätzlich verunsichert oder demoralisiert werden. Irvin zeigt diese Zerrissenheit nicht nur auf, sondern ergreift Partei. Die Aussage seines Films ist, daß es die ›peaceniks‹ waren, die die Moral und den Siegeswillen der GIs untergraben haben, demnach – so die Konsequenz dieser These – wäre der Krieg anders ausgegangen, wenn es sie nicht gegeben hätte.

Weitere mehr oder weniger authentische Rück-Sichten

Mit THE HANOI HILTON (USA 1987) will der Autor und Regisseur Lionel Chetwynd den Amerikanern, die in Vietnam gekämpft haben, Anerkennung zollen und ein Bewußtsein für die Geschehnisse in den vietnamesischen Gefängnislagern schaffen. Zwischen 1964 und 1973 wurden amerikanische Soldaten in dem Militärgefängnis Hoa Lo in Hanoi gefangengehalten, dem sie die sarkastische Bezeichnung ›Hanoi Hilton‹ gaben. Da die Vereinigten Staaten nicht offiziell den Krieg erklärt hatten, behandelte man die Gefangenen – so wie dieser Film es darstellt – wie Schwerverbrecher. Im Mittelpunkt der Handlung steht ein Bomberpilot, dessen Maschine im Herbst 1964 über dem Golf von Tonking abgeschossen wurde und der lange Zeit völlig isoliert gehalten und gefoltert wurde. Wie andere Häftlinge auch, übersteht er mit eiserner Disziplin und nie verblassender Hoffnung auf die Befreiung die Jahre der Qualen.
Der sich nicht um eine dokumentarische Rekonstruktion bemühende Ansatz des Films ist eine späte Rehabilitierung der Hanoi-Gefangenen aus amerikanischer Sicht. Er zeigt, wie die GIs in der Gefangenschaft ihre militärische Struktur und Kommunikation aufbauen, sich an den Werten und Idealen ihrer politischen und militärischen Führung orientieren und mit Arroganz und Überheblichkeit die Haft überstehen. Diejenigen, die dem Druck nicht standhalten können und an ihrer Mission zweifeln, werden als Überläufer dargestellt, die dem Feind zuarbeiten. Aufschlußreich für die Position des von Menahem Golan und Yoram Globus[76] produzier-

76 Die Produzenten Menahem Golan und Yoram Globus (»Cannon«) sind an vielen Filmen beteiligt, die den Vietnamkrieg als Stoff für Action- und Kriegsfilme nutzen und in ihnen einen fragwürdigen Patriotismus feiern, vgl. S. 164 f. Die beiden israelischen Filmproduzenten machten ihr Geld mit der »Eis am Stil«-Serie. Kredite eines holländischen Bankiers ermöglichten ihnen den Einstieg in die internationale Filmbranche. Aus der 1979 aufgekauften Firma Cannon machten sie innerhalb weniger Jahre eine der potentesten Firmen Hollywoods. Mit zu gewagten Produktions-Abenteuern, zu aufwendigen Projekten und dem weltweiten Erwerb von Verleihfirmen und Kinoketten gerieten sie an die Grenzen ihrer Kapazität und mußten wieder zurückstecken. Mit den Vietnamfilmen und antikommunistischen Actionfilmen

ten Films sind die Szenen, in denen die Gefangenen mit der Öffentlichkeit konfrontiert werden. Ihr Durchhaltewille und ihre Moral werden durch den Stimmungsumschwung zu Hause auf eine äußerste Zerreißprobe gestellt, und es sind vor allem die Medien, die ihre Haltung untergraben. Einmal kommt ein amerikanisches TV-Team in das Gefängnis, um die Piloten zu interviewen. Dieses Team wird äußerst unsympathisch gezeichnet und als Handlanger der Kommunisten gesehen, weil es eine anti-amerikanische und pro-vietnamesische Position einnimmt. In einer später folgenden Sequenz werden die Gefangenen von einer Friedensdelegation besucht, die von einer energischen, aber politisch ›naiven‹ Frau angeführt wird, was als deutliche Anspielung auf das Engagement der Schauspielerin Jane Fonda gegen den Krieg in Vietnam zu interpretieren ist.[77] THE HANOI HILTON wirft ihr und den anderen vergleichbaren Initiativen vor, sich von den Kommunisten, die in der kritischen Öffentlichkeit in den Vereinigten Staaten ihre Verbündeten sehen, benutzen zu lassen und blind zu sein gegenüber ihren Propagandatricks. Der Film zeigt am Ende die als Medienspektakel aufgezogene Rückkehr der Gefangenen im Frühjahr 1973, die von den Betroffenen wie eine Siegesfeier begangen wird.

Die Einseitigkeit der Darstellung wird deutlich durch eine Gegenüber-

---

(»Rambo«, »Invasion USA« u. ä.) betreiben sie Kriegsverherrlichung und Gewaltverharmlosung; es sind risikolose Produktionen, die ihnen sicheren Gewinn garantieren.

77 Das Engagement von Jane Fonda für die Beendigung des Vietnamkrieges wurde in einem *sowjetischen* Film gewürdigt: KOORDINATY SMERT (»Koordinaten des Todes«, Regie: Samwel Gasparow, UdSSR 1986). Held des Films ist ein sowjetischer Bauingenieur, der in Vietnam in den Krieg verwickelt wird und gemeinsam mit einem vietnamesischen Pionier eine amerikanische Mine entschärft, die den Zugang zu einem Hafen blockiert. Es handelt sich um die erste sowjetisch-vietnamesische Spielfilm-Coproduktion. Das Drehbuch schrieb Filmautor Alexej Lapschin gemeinsam mit seinem vietnamesischen Kollegen Hoang-Tit-Che. Der Regisseur über seinen Film: »Die Idee zu dem Film ›Chronik der Unsterblichkeit‹ erscheint mir wichtig, interessant und vor allem notwendig. Es ist allgemein bekannt, welche Leiden und welches Elend dem vietnamesischen Volk der von den USA entfesselte Krieg gebracht hat. Dieser ungerechte grausame Kampf hatte sehr verderbliche Folgen für die Psychologie des einfachen Amerikaners, was seinen Niederschlag fand in den Werken fortschrittlicher amerikanischer Künstler, beispielsweise in dem Film ›Apokalypse Now‹ von Francis Coppola. Wir haben eine verantwortungsvolle Aufgabe – künstlerisch die sittliche Heldentat des vietnamesischen Volkes, seinen Mut und sein Heldentum zu gestalten. Uns, den Filmemachern der UdSSR und Vietnams, ist ein Gedanke im Szenarium besonders wertvoll – die Notwendigkeit der Solidarität, der internationalen Brüderlichkeit und der gegenseitigen Hilfe, die Menschen unterschiedlicher Nationalitäten einander erweisen. Handelnde Personen in unserem Film sind die Vietnamesen Phong und Mai und die Russen Krupin und Schuchow sowie die Amerikanerin Kate Francis. Vorbild der Kate Francis war für die Drehbuchautoren die bekannte amerikanische Schauspielerin und Persönlichkeit des öffentlichen Lebens Jane Fonda.« (Sowjetfilm 6/1985)

Ein Pilot im Pyjama: Szenenfoto aus THE HANOI HILTON

stellung mit dem Film HILTON HANOI, den die DDR-Dokumentaristen Scheumann und Heynowski als Teil ihres Zyklus PILOTEN IM PYJAMA in den 60er Jahren drehten. Ihrer Ansicht nach offenbaren die Interviews mit den abgeschossenen US-Piloten »in der Summe die Selbstoffenbarung eines mörderischen Fachidiotismus«.[78]

Zu den Filmen, die ebenso wie HAMBURGER HILL und THE HANOI HILTON die Rekonstruktion authentischer Ereignisse vorgeben, zählt BAT 21 (»BAT 21 – Mitten im Feuer«, Regie: Peter Markle, USA 1988).

Gene Hackman spielt die Rolle des Navigations- und Elektronik-Spezialisten Lieutenant Colonel Hambleton – Codename BAT 21 –, der 1968 kurz vor der Tet-Offensive mit einem Aufklärungsflugzeug unterwegs ist, um die Radarortung der gegnerischen Flugabwehr zu stören. Über nordvietnamesischem Gebiet wird seine Maschine von einer Rakete getroffen; Hambleton kann sich durch einen Fallschirmabsprung retten. Er, der den Krieg bislang nur aus der beobachtenden Perspektive eines Schreibtischstrategen wahrnahm, sieht sich dem Kriegsgeschehen direkt ausgesetzt und erfährt die wahrhafte Diskrepanz zwischen der Reißbrett-Strategie und der grausamen Realität, die von dem B-52-Bomber geschaffen wird. Für ihn persönlich ist schnelle Rettung geboten, da die Air Force das Gebiet, in dem er sich aufhält, mit Napalm bombardieren will. Über Funk hält Hambleton Kontakt zu dem schwarzen Major »Bird-Dog« Clark (Danny Glover), der mit einem kleinen Propellerflugzeug den Dschungel überkreuzt und seinen Captain zu einem Hubschrauber-Landeplatz leiten soll. Da ihre Gespräche von den Vietcong

---

78 PILOTEN IM PYJAMA – Mann und System oder Das Duell, DDR 1968. »Luftpiraten im Verhör. Vor Kamera und Mikrofon sagen aus: zehn amerikanische Militärflieger, vom Himmel geholt über der Demokratischen Republik Vietnam. Als erster Filmstab hatte die Gruppe Heynowski & Scheumann im Sommer 1967 die Erlaubnis erhalten, in Lagern für gefangene US-Piloten zu drehen. Aus sieben Stunden Interview und einem Reiseertrag von 50000 belichteten Filmmetern entstand ein Zyklus von vier abendfüllenden Filmen für das Fernsehen...

Die Fragen gehen hin auf die persönliche Biographie, auf das Militärisch-Technische von Ausrüstung und Luftkampf und schließlicher Bodenberührung, vor allem aber auf die Moral der Piraten, ihre Selbstsicht von den Opfern und Siegern. Die Vernehmung treibt so immer wieder hin auf ein ideologisches Duell, erbringt in der Summe die Selbstoffenbarung eines mörderischen Fachidiotismus. Der Filmzyklus gibt eine bleibende Vorstellung von der gesellschaftlichen wie der individuellen Psychologie imperialistischer Aggressoren...

Teil 2: HILTON-HANOI. Die Gefangenen haben den Haftlagern selbst ironisch diesen Namen gegeben. Sie äußern sich zu ihrer Behandlung und zu ihrem Status. Der Vergleich wird angestellt mit jener durch Film und Illustriertenpresse weltweit kolportierten Vorbereitung auf ›kommunistische Gefangenschaft‹ in Spezialcamps der US-Streitkräfte, der Vergleich auch mit der Behandlung gefangener FNL-Kämpfer im Süden des Landes.«

Zitiert aus »Werkstatt Studio H & S« von Robert Michel, herausgegeben von der Hochschule für Film und Fernsehen der DDR, Information Nr. 6/1976, S. 16f.

abgehört werden, müssen sie zu komplizierten Verschlüsselungen aus dem Golf-Sport greifen, um sich ohne Gefahr zu verständigen. Rechtzeitig vor dem mörderischen Bombardement kann Hambleton gerettet werden. Die erlebte Realität hat ihn verändert, das Inferno aber nicht verhindert.

BAT 21 ist die Verfilmung des gleichnamigen Bestsellers von William C. Anderson, der auf Tatsachen beruht. Der Film heroisiert seine Hauptfiguren nicht; er setzt sie dem Widerspruch zwischen den politischen Parolen und ihrer militärischen Umsetzung aus und zeigt, wie sich das auf die Protagonisten auswirkt. Gegenüber anderen Filmen gleicher Absicht bemüht er sich um Differenzierungen, scheitert aber daran, indem er die leisen Zwischentöne mit Pyrotechnik zudeckt. Die sich zwischen dem Colonel und dem Major – dem Weißen und dem Schwarzen – anbahnende Männerfreundschaft unterscheidet sich durch nichts von der in vielen Filmen beschworenen Kriegskameradschafts-Kumpanei, und auch bei der Zeichnung des Vietcong-Feindbildes greift BAT 21 zu verzerrenden Klischees.

Die Kinder des Krieges

An den Spätfolgen des Vietnamkrieges leiden heute noch Hunderttausende von Flüchtlingen, die aus ihrem Land vertrieben wurden und in grenznahen Lagern auf die Rückkehr in ihre Heimat warten. Im ›Land der anderen‹ zu leben bedeutet beispielsweise für die kambodschanischen Flüchtlinge in den thailändischen Lagern nahe der Grenze, in einem Land zu leben, das keine Kollektive wie die unter dem Regime der Pol Pot oder der Vietnamesen kennt. Diese neugewonnene Freiheit verlangt einen hohen Preis: für die Tausende von Kindern, die hier in Elend und Armut groß werden, ist das ein Leben ohne Freiräume und Freizügigkeit, ohne ausreichende Schulbildung und Gesundheitsversorgung. Darüber hinaus sind diese Kinder ausnahmslos auf die Hilfe von humanitären Organisationen angewiesen. Diese Situation hat der junge Kambodschaner Rithy Panh in seinem Dokumentarfilm SITE 2 (»Das Land der anderen«[79]) eindrucksvoll beschrieben. Er selbst konnte 1979 – mit 15 Jahren – aus einem Umerziehungslager der Roten Khmer über Thailand nach Frankreich fliehen. Für seinen Film ist er zurückgegangen in eines der größten Flüchtlingslager an der thailändischen Grenze: In Site 2 leben 130000 Menschen auf engstem Raum inmitten von Niemandsland. Die größte Sorge der Mütter gilt der nächsten Mahlzeit für ihre Kinder, die

79 Gemeinschaftsproduktion von JBA Production, Paris/ZDF/La Sept/INA/FR 3; ausgestrahlt vom ZDF am 19. 10. 1989 in der Reihe »Das kleine Fernsehspiel«.

auch keinen geregelten Schulunterricht bekommen. Eine der Mütter, die sich aufgerieben hat in der Sorge um ihre Kinder, in der Sehnsucht nach der Heimat und der Angst vor der Zukunft, sieht in der Schulbildung die große Chance für ihre Kinder: »Reichtum kann gestohlen werden – Bildung nicht.« Der Aufenthalt in thailändischen Grenzlagern bietet den Flüchtlingen trotz des Lebens am Rande des Existenzminimums und der Abhängigkeit von Hilfsorganisationen und dem Wohlwollen fremder Machthaber dennoch mehr Überlebenschancen als die abenteuerlichen und lebensgefährlichen Versuche anderer, die mit zerbrechlichen und überladenen Booten die benachbarten Küsten zu erreichen versuchen, viele mußten das mit ihrem Leben bezahlen. Die Ursachen dafür waren und sind Piraten, die sich auf das Entern solcher Boote spezialisierten.
Der chinesische Film BOAT PEOPLE (Regie: Ann Hui, Hongkong 1982) schildert das dramatische Schicksal der Boat People aus der Sicht eines japanischen Fotoreporters, der 1978 nach Da Nang zurückkehrt, um eine Reportage vom Zustand des Landes unter dem neuen Regime zu machen. Als er sich von der offiziellen Begleitung lösen und einen Blick hinter die Kulissen werfen kann, erfährt er von dem sozialen Elend der Kinder, die sogar Leichen ausplündern müssen, um überleben zu können. Mit der oberflächlichen Darstellung solcher und ähnlicher Hintergründe für die Fluchtmotive und mit einer reißerischen, auf Action und Effekte bedachten Schilderung der Fluchtabenteuer verliert der Film an Glaubwürdigkeit.
»BOAT PEOPLE« ist auch der Titel des Dokumentarfilms der drei ungarischen Filmemacher Imre Gyöngyössy, Barna Kabay und Katalin Petényi über eine Fahrt des Schiffs »Cap Anamur« 1986 im chinesischen Meer auf der Suche nach vietnamesischen Flüchtlingen. In den letzten zehn Jahren sind 1,4 Millionen Vietnamesen aus ihrem Land geflohen. Und sie flüchten immer noch, in winzigen, überfüllten Booten. Nur jeder zweite dieser Menschen überlebte.
Subtil und unspektakulär zeigt dieser Film in eindringlichen Bildern die Schwierigkeiten, auf hoher See die Flüchtlinge aufzuspüren und sie an Bord zu nehmen; spannend verläuft dabei die Begegnung mit nichtidentifizierbaren Schiffen, die möglicherweise den gutausgerüsteten und bewaffneten Piraten gehören, die auf Flüchtlinge aus sind. Sie erschlagen die Männer, ertränken die Kinder und verkaufen die Frauen als Prostituierte.
BOAT PEOPLE verzichtet auf aufgesetzte Kommentare und läßt die Frauen und Männer zu Wort kommen, die sich für den Dienst auf der »Cap Anamur« verpflichteten oder auf dem Schiff Zuflucht finden. Besonders eindrucksvoll sind dabei die Berichte der Flüchtlinge, die ihren langen und verzweifelten Weg beschreiben, den sie nach dem Ende des Krieges bis zur Flucht in einem der überlasteten Boote zurückgelegt ha-

ben.[80] Weniger reißerisch als die obengenannte Produktion aus Hongkong, dafür aber überzeugender und an authentische Ereignisse angelehnt ist THE GIRL WHO SPELLED FREEDOM (»Weg in die Freiheit«, Regie: Simon Wincer, USA 1986); er beruht auf Zeitungsberichten und Interviews über Ereignisse im Leben eines zwölfjährigen kambodschanischen Flüchtlingskindes, das 1979 in die Staaten kam und vier Jahre später als Siegerin aus einem Buchstabier-Wettbewerb hervorging. Die Stationen der Flucht, das Leben im Camp werden dabei nur kurz angeschnitten. Mehr Zeit nimmt sich der Film für die Darstellung der Integration einer Frau mit sechs Kindern, die von einer hilfsbereiten amerikanischen Mittelstandsfamilie aufgenommen wird. Mit melodramatischen Mitteln und nicht immer ganz frei von peinlichem Patriotismus zeichnet der Film ein positives und optimistisch stimmendes Bild vom Schicksal der Flüchtlingsfamilien, die sich in den Staaten eine neue Existenz aufbauen müssen. Die überzüchteten Segnungen der Konsumwelt werden wie ein Schlaraffenland verkauft, und die Nachbarschaftshilfe funktioniert nach dem Motto: »Wir werden ihnen zeigen, wer wir Amerikaner sind.« Daß dies keineswegs immer so konfliktfrei wie in diesem Film verläuft, zeigt Louis Malle in ALAMO BAY (USA 1984). Viele der Flüchtlinge aus Vietnam wurden in Alamo Bay, einer Bucht im Golf von Mexiko, angesiedelt, wo sie als Fischer arbeiten – eine Form der Existenz, für die es keiner besonderen sprachlichen Voraussetzungen bedarf und die die Integration erleichtern sollte. Die texanischen Fischer sehen in den Neuankömmlingen allerdings keine willkommenen Gäste, sondern Konkurrenten. Die rüden Umgangsformen, gepaart mit Rassenvorurteilen, führen zu Auseinandersetzungen, die zu einem Kleinkrieg ausarten.

Aus der Verbindung zwischen amerikanischen Soldaten und Vietnamesinnen oder Thailänderinnen sind mehr als 10 000 Kinder, sogenannte ›Amerasians‹, hervorgegangen, die heute in Asien leben und um deren Schicksal sich die amerikanische Regierung in keiner Weise kümmert. Zu den wenigen Filmen, die dieses Thema behandeln, zählt GREEN EYES (»Das Kind mit den grünen Augen«, Regie: John Erman, USA 1976), in dem ein farbiger Veteran nach Vietnam zurückkehrt, um die Frau aufzusuchen, mit der er ein Kind hat. Als er erfährt, daß sein Sohn tot ist, kümmert er sich um einen Waisenjungen.

Auf eine sehr eigenwillige und filmisch unkonventionelle Weise – einer Mischung aus dokumentarischem und inszeniertem Material – nähert sich

---

80 »Boat People«, eine Koproduktion von Satellit-Film, München, und WDR, Köln, wurde am 23. April 1990 von der ARD ausgestrahlt. »Das Dokudrama ist dem Komitee ›Cap Anamur/Deutsche Notärzte‹ gewidmet, den Ärzten, Krankenschwestern, Technikern und Handwerkern, die seit Jahren unentgeltlich zur Verfügung stehen, sowie besonders seinem Gründer, dem Kölner Rundfunkjournalisten und Fernsehkritiker Rupert Neudeck.« (ARD-Programminformationen 17/90)

Wolf-Eckart Bühler in AMERASIA (Bundesrepublik Deutschland 1984) einem anderen Aspekt des Vietnamkrieges. Es geht um Amerikaner, die von Vietnam nicht mehr loskommen können und in Thailand eine neue Existenz gegründet haben, und um die unehelichen thailändischen Kinder der US-Soldaten, die als lästige Erinnerungen an eine verdrängte Zeit von den Familien abgeschnitten und von der Gesellschaft gemieden werden. Die Protagonisten des Films, der amerikanische Schauspieler John Anderson und die Thailänderin Gillian T. Hornett, stellen sich selbst dar. John Anderson hat zwei Jahre lang, 1969 und 1970, als Soldat in Vietnam gedient. Gillian T. Hornett ist das Kind eines GIs.

Zu den »Kindern des Krieges« – zu seinen Opfern – zählen auch die mittlerweile herangewachsenen Kinder der amerikanischen Soldaten, die in Vietnam gefallen sind oder nach ihrer Rückkehr in die Heimat als »Babykiller« beschimpft wurden. Ihre Söhne und Töchter müssen sich nun mit dem Krieg, der Schuldfrage und der Rolle ihrer Väter auseinandersetzen. Wie sich das auf die Situation einer Familie auswirkt, zeigt Norman Jewison in dem Film IN COUNTRY, USA 1989. Im Mittelpunkt der Handlung steht ein 17jähriges Mädchen (Emily Lloyd), dessen Vater in Vietnam vor ihrer Geburt getötet wurde. Sie versucht nun, mehr über die Hintergründe des Krieges und das persönliche Schicksal ihres Vaters zu erfahren. Unterstützt wird sie dabei von ihrem Onkel (Bruce Willis), der dadurch gezwungen wird, seine eigenen Vietnamerfahrungen aufzuarbeiten. Der Film entstand nach einem Roman von Bobbie Ann Mason, der den folgenschweren Einfluß des Krieges auf die amerikanischen Familien beschreibt. Norman Jewison, der sich aktiv am Protest gegen den Vietnamkrieg beteiligt hatte, will seinen Film als Beitrag zu dem »Heilungsprozeß« zwischen den Generationen verstanden wissen.

Tod auf Raten

Ein in den Vietnamfilmen noch nicht behandeltes Thema sind die als Erbschäden auftretenden Mißbildungen bei Kindern, deren Eltern in den Gebieten leben, die von den Amerikanern mit dem Entlaubungsmittel ›Agent Orange‹[81] besprüht wurden. Das Gift wurde vornehmlich eingesetzt, um den Nachschub aus Nordvietnam über den Ho-Chi-Minh-Pfad zu erschweren. Die unter den Nachwirkungen dieses Giftes leidenden amerikanischen Veteranen wurden von den Herstellern entschädigt; eine

81 Nach einer vom Friedensdorf Oberhausen veröffentlichten Dokumentation haben die Amerikaner von 1962 bis 1971 rund 71 Millionen Liter Pflanzengift über Südvietnam versprüht, darunter 44 Millionen Liter Agent Orange, das mindestens 170 Kilogramm des hochgiftigen Dioxins enthält. Zwei Millionen Hektar Land wurden für Jahrzehnte unbrauchbar gemacht.

vergleichbare, großangelegte Hilfsaktion für die vietnamesischen Opfer steht noch aus.

Der einzige Film, der sich überhaupt diesem Thema annähert – es aber aus einer anderen, inneramerikanischen Perspektive betrachtet –, ist MY FATHER, MY SON (»Vietnam – Tod auf Raten«, Regie: Jeff Bleckner, USA 1988). Wie kaum ein anderer Vietnamfilm verdichtet und konzentriert »My Father, My Son« die amerikanische Tragödie auf ein Familiendrama: der Originaltitel verweist auf zwei Generationen, die durch diese Zeit geprägt wurden; Schuldige und Opfer zugleich. Der Film beginnt mit Bildern aus der Militärakademie – patriotisch-aufrechte Kerle in schönen weißen Uniformen. Admiral E. R. Zumwalt wird nach Vietnam beordert. Er erweist sich als ein umsichtiger, um die Sicherheit seiner Männer besorgter Kommandeur. Da die Leute zu Hause gegen den Krieg sind, will er Risiken und Verluste in Grenzen halten. Gegenüber dem Gebrauch des chemischen Kampfstoffes ›Agent Orange‹ ist er skeptisch. Erst als ihm aus dem Pentagon versichert wird, daß der Stoff nur zur Entlaubung der Flußlandschaft diene und für Menschen und Tiere ungefährlich sei, setzt er ihn ein.

Für Elmo, den Sohn des Admirals, ist sein Vater Vorbild und leuchtendes Beispiel. Obwohl seine Freundin und spätere Frau in der Friedenskampagne aktiv ist, meldet er sich freiwillig und wird Kommandant eines Schnellbootes, mit dem die Wasserstraßen an der Grenze zu Kambodscha kontrolliert werden. Als ›Sohn des Admirals‹ hat er zunächst Anerkennungsprobleme bei seiner Besatzung. Erst als er sich als vorbildlicher Soldat erweist, wird er von den anderen akzeptiert. Elmo trifft sich in Saigon mit seinem Vater; die beiden tauschen ihre Erlebnisse und Erfahrungen aus. Der Admiral weiß, daß sein Sohn in dem Gebiet operiert, für dessen ›Entlaubung‹ er verantwortlich ist. Aber er ist unbesorgt. Nur so ist es möglich, einem ›unsichtbaren Feind‹ den natürlichen Schutz der Vegetation zu nehmen.

Zwölf Jahre später. Für die Familie Zumwalt ist der Krieg nur noch eine blasse Erinnerung. Das intensive Familienleben, geprägt durch das herzliche Verhältnis zwischen Vater und Sohn, wird nur dadurch getrübt, daß Elmos kleiner Sohn an einer zerebralen Dysfunktion leidet, die auf Chemikalien zurückzuführen ist, mit denen sein Vater zu tun hatte. Auch Elmo wird krank. Er erfährt, daß er wegen zweier Krebsleiden nur noch wenige Jahre zu leben hat. Die Ursachen liegen bei seinem Einsatz in Vietnam. Der Admiral ist erschüttert. Er fühlt sich schuldig und forscht im Pentagon nach Unterlagen, die das Mittel ›Agent Orange‹ betreffen. Seine Bemühungen sind erfolglos. Obwohl er über viel Einfluß verfügt, wird ihm der Zugang zu den Archivmaterialien verwehrt. Elmos Krankheit verschlimmert sich. Gemeinsam mit anderen betroffenen Veteranen führt er einen aussichtslosen Prozeß gegen das Chemieunternehmen. Das

Keith Carradine und Karl Malden
in MY FATHER, MY SON

glückliche Familienleben ist zerstört, die unbeschwerte Zeit ist vorbei. Mit risikoreichen Behandlungsmethoden kann der Tod Elmos hinausgezögert werden, aber sein Schicksal und das seines Sohnes sind besiegelt. Für den Admiral bricht die Welt zusammen. Nur dadurch, daß alle Trost und Zuversicht im Zusammenhalt der Familie finden, ist das Unglück erträglich. Auch in der Niederlage steht die Familie zusammen. Schuldzuweisungen sind nicht angebracht.

Das Schicksal der Söhne und Enkel, die ›durch Vaters Hand‹ Opfer geworden sind, und die Verzweiflung des Vaters – des Vaterlandes –, schuldig zu sein und ohnmächtig zuschauen zu müssen, geben in prägnanter Form das Grundmuster der Vietnamtragödie wieder, wie sie heute das Zusammenleben der Generationen kennzeichnet. Der Film hat das auf einen einfachen, überzeugenden Nenner gebracht.

Der symbolisch zu verstehende Rückhalt in der Familie als Hoffnungsschimmer und Lösung des Problems erweist sich allerdings als Farce, da er nicht aus der Realität abgeleitet werden kann, sondern reinem Wunschdenken entspricht. Dieser individuelle, versöhnliche Zusammenhalt (Karl Malden in der Rolle des stolzen, dann gebrochenen Vaters, und Keith Carradine als gehorsamer, tapferer Sohn, der das Unabwendbare mit letzter Kraft bekämpft und trotzdem seinem Vater keine Vorwürfe macht) steht nicht für die gesamtgesellschaftliche Situation und deren ungelöste Konflikte. Vater und Sohn: beide glaubten, ihre Pflicht getan zu haben. Nun sind sie eines Besseren belehrt worden.

Seitenwechsel und neue Perspektiven

»Fragt euch nicht,
was euer Land für euch tun kann,
fragt euch lieber,
was ihr für euer Land tun könnt.«
John F. Kennedy, 20. Januar 1961

Oliver Stone, Autor und Regisseur des Kriegsfilms PLATOON[82], hat mit
BORN ON THE FOURTH OF JULY (»Geboren am 4. Juli«, USA 1989) einen
Antikriegsfilm kreiert – einen Film, der von seiner Story und von seinem
Anliegen her auch als Summe und Bilanz aller kritischen Filme über den
Vietnamkrieg angesehen werden kann. Vorlage des Films ist der autobio-
graphische Roman des Vietnamveteranen Ron Kovic, der sich freiwillig
zu den Marines meldete, im Krieg ausgezeichnet wurde und 1968 als
Krüppel im Rollstuhl zurückkehrte. Mehrmonatige Aufenthalte in einem
Hospital für Vietnamveteranen und seine Erfahrungen damit, wie er als
›Kriegsheld‹ und ›Invalide‹ von seiner Umgebung behandelt wurde, ließen ihn den Krieg in Frage stellen. Er ging nach Kalifornien und wurde
dort führendes Mitglied in der Bewegung »Vietnam Veterans Against the
War«. Nachdem er 1972 auf dem Konvent der Republikaner öffentlich
gegen Nixons Politik demonstriert hatte, wurde er im ganzen Land bekannt.
Der Film beginnt mit Bildern aus der Kindheit und frühen Jugend Ron
Kovics, der am 4. Juli 1946 in einer Kleinstadt auf Long Island als eines
von sechs Kindern einer Arbeiterfamilie geboren wurde. Seine Geburts-
tage fielen zusammen mit den Unabhängigkeitsparaden zum 4. Juli – dem
Tag patriotischer Gefühle, an dem die Helden des Zweiten Weltkrieges
gefeiert wurden. Die Veteranen, die an diesen Umzügen teilnahmen –
egal ob unversehrt oder verkrüppelt – wurden gefeiert und umjubelt. Es
geht um den Krieg: Ron spielt mit seinen Freunden den Krieg nach. Seine
Mutter erzieht ihn im streng katholischen Sinne und mit patriotischen
Werten. Sie ist fest davon überzeugt, daß es ihr Sohn Ron einmal zu etwas
Besserem bringen wird. Der Junge strengt sich an; er ist ehrgeizig und
sportlich und will immer und überall der Beste und Stärkste sein – ein
absoluter ›Winner‹-Typ. Als Offiziere in der Hochschule von dem Krieg
in Vietnam berichten, für die ›Marines‹ werben und nur ›Auserwählte‹ in
ihren Reihen sehen möchten, fühlt Ron sich angesprochen und herausge-
fordert; die kommunistenfeindliche Erziehung tut ihre Wirkung. Er meldet sich zur Eliteeinheit der Marines und geht Ende der 60er Jahre nach
Vietnam. Seine Eltern unterstützen seinen Entschluß; seine Mutter sieht
in ihm schon jetzt einen strahlenden Kriegshelden.

---

82 Siehe S. 234f.

In Vietnam durchlebt Ron Kovic Situationen, die ihn sein ganzes Leben verfolgen werden. Er muß mit ansehen, wie vietnamesische Frauen und Kinder von den Marines getötet werden. In einem unübersichtlichen Feuergefecht erschießt er versehentlich einen Kameraden, was von Rons Vorgesetztem bagatellisiert wird. Angesichts der großen Verluste ist dieser Vorfall unwichtig; Rons Geständnis würde nur zusätzliche Probleme aufwerfen.

Bei einem der nächsten Gefechte – am 20. Januar 1968 nahe der entmilitarisierten Zone – wird Ron von einer Vietcongkugel im Rückgrat getroffen. Ein Kamerad rettet ihn aus der unmittelbaren Gefahr und trägt ihn zu einem hoffnungslos überfüllten Lazarett. Ron wird von einem Priester beschworen, nicht aufzugeben, bevor dieser ihm die letzte Beichte abgenommen hat.

Ron Kovic überlebt und wird nach seiner Rückkehr in die Staaten ins Bronx-Hospital gebracht: ein heruntergekommenes Krankenhaus und Rehabilitierungszentrum für Vietnamveteranen. Das Personal ist den Anforderungen und Belastungen nicht gewachsen; die Invaliden werden mangelhaft versorgt, und für die Ursachen ihrer Verletzungen interessiert sich niemand mehr, keiner sieht in den Pflegefällen ›Helden‹. Das Hospital ist von der Kürzung öffentlicher Zuschüsse zugunsten der Rüstungsindustrie betroffen. Es fehlen die notwendigsten Hilfsapparate, und auf dem von Blut und Kot besudeltem Fußboden tummeln sich die Ratten. Erstmals überkommen Ron Zweifel an der Richtigkeit seines Entschlusses, für das Vaterland in den Krieg gezogen zu sein. Er erfährt, daß er von der Brust an abwärts gelähmt ist und impotent sein wird. Den Rest seines Lebens muß er im Rollstuhl verbringen. Rons Rückkehr ins Elternhaus ist alles andere als eine willkommene Heimkehr. Besonders seine Mutter kann es nicht überwinden, daß ihr Sohn nicht als strahlender Held, sondern als gelähmter Krüppel nach Hause gekommen ist. Ron findet sich in seinem neuen Leben nicht zurecht. Es trifft ihn sehr, daß überall im Land gegen den Krieg protestiert wird. Als hochdekorierter Veteran soll er am 4. Juli eine Ansprache halten, doch das Ambiente der einst stolzen Paraden hat sich verändert. Auch hier wird gegen den Krieg demonstriert, und Ron muß seine Ansprache vorzeitig beenden.

Alte Freunde können Ron in dieser Situation wenig helfen; er bleibt isoliert. Das ändert sich erst, als er seine frühere Freundin Donna wiedertrifft, die sich der Protestbewegung angeschlossen hat. Durch sie kommt er mit anderen Menschen zusammen; eines Tages muß er mit ansehen, wie eine Studentendemonstration gegen den Krieg von der Polizei brutal zerschlagen wird. Ron fühlt sich hin- und hergerissen, heimat- und orientierungslos. Er trinkt und randaliert, überwirft sich mit seiner bigotten Mutter und geht für ein paar Monate nach Mexiko, wo ein kleines Nest namens »Village of the Sun« zur Zufluchtsstätte für heruntergekommene Vietnamveteranen wurde. Der Ort gleicht einer riesigen Kneipe mit Bordellbetrieb, was vorübergehend von den Alltagsproblemen ablenkt. Doch die Idylle täuscht. Immer wieder brechen zwischen den Veteranen Konflikte aus; auf die Fragen nach dem »Warum« und »Wofür« gibt es keine zufriedenstellenden Antworten. Die Veteranen stehen sich bei der Bewältigung ihrer Vergangenheit gegenseitig im Wege; sie mißtrauen und verachten einander, weil sie ihre Ideale verraten sehen. Ron freundet sich für kurze Zeit mit dem ebenfalls gelähmten Veteranen Charlie an – einem inzwischen hoffnungslos verbitterten, zynischen Menschenverachter. Es kommt zum Zerwürfnis zwischen den beiden, und Ron bricht aus dem ›Exil‹ aus – um neue Erfahrungen bereichert. Er wechselt endgültig auf die Seite der Kriegsgegner und beteiligt sich an ihren Aktionen. Sein Engagement gibt ihm auch die Kraft, die Eltern des von ihm erschossenen Soldaten aufzusuchen und sie über den wahren Tod ihres Sohnes aufzuklären.

Auf dem Parteitag der Republikaner im August 1972 in Miami protestiert Ron mit einer Gruppe von Veteranen gegen die Fortführung des Krieges. Ihre Auflehnung gegen die Parteispitzen Spiro T. Agnew und Richard Nixon wird von der Polizei niedergeknüppelt, aber die Kameras laufen, und die Medien widmen den Protestierenden zunehmend Aufmerksamkeit. Ron wächst in eine neue Rolle hinein und wird so zu einem ›Helden‹ – nur anders, als er es sich früher einmal erträumte. Trotzdem bleibt er aktiv; er hat Erfolg und fühlt sich bestätigt. Vier Jahre später hat er sein Ziel erreicht: er konnte seine Autobiographie veröffentlichen und spricht als Führer der Veteranen-Protestbewegung auf dem Parteitag der Demokraten.

Anders als PLATOON, in dem der Krieg als eine selbstverständliche Gegebenheit dargestellt wird, konzentriert sich Oliver Stone in BORN ON THE FOURTH OF JULY auf den politischen Kontext des Krieges, auf den Wandel der Werte – vom Militarismus zum Pazifismus –, den der Protagonist Ron Kovic als langwierigen Erkenntnisprozeß durchlebt. Im Vergleich zu den anderen Filmen, die gegen den Vietnamkrieg gerichtet sind, erhält hier die Protestbewegung erstmals einen gleichwertigen Raum. Rons Dilemma, als er seine Überzeugungen verraten sieht, und sein anschließendes wütendes Engagement gegen den Krieg werden über packende, schockierende Bilder vermittelt. Oliver Stone ist kein Regisseur für innere Monologe oder Zwischentöne; er setzt auf fetzige Effekte, will Emotionen auslösen mit schonungslos naturalistischen Bildern – wie etwa in der zynischen Beschreibung des Bronx-Hospitals, das wie ein Schlachthaus in Erinnerung bleibt. Stone ist der ideale Partner für den Autor Ron Kovic, dessen Drehbuchmitarbeit für Authentizität bürgt. Beide sind sich darin einig, das Unrecht anzuprangern und eine Politik zu bekämpfen, die auf Polizeiknüppel angewiesen ist, weil sie keine Argumente

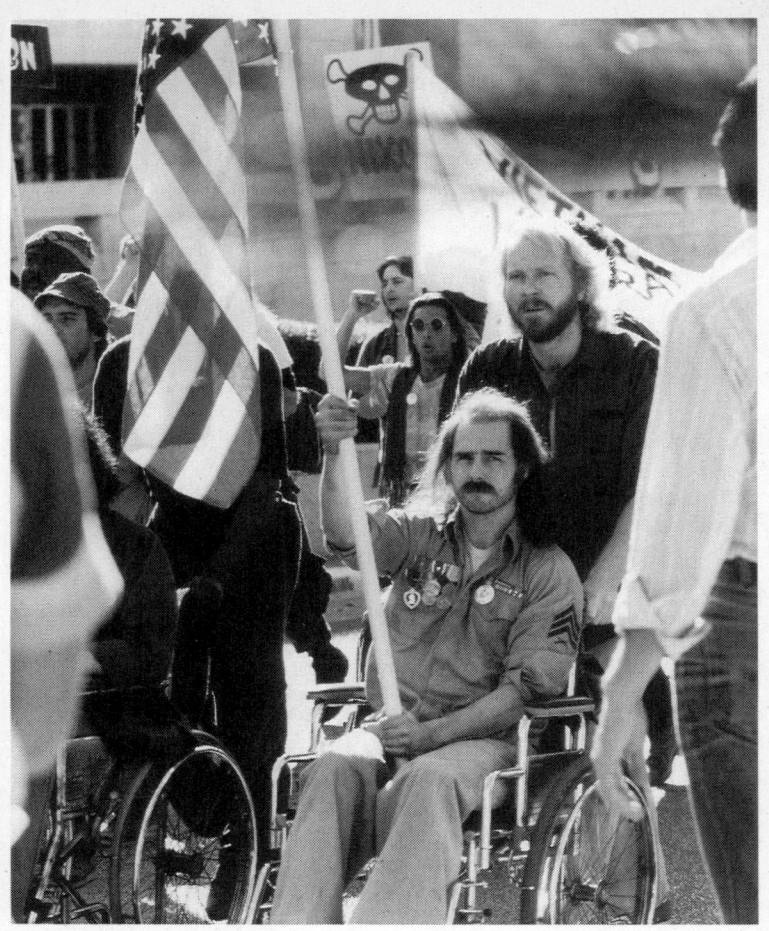

Tom Cruise als Veteran Ron Kovic

mehr hat und sich gegenüber Andersdenkenden blind und störrisch verhält.
Die beabsichtigte Wirkung und Überzeugungskraft des Films ist in hohem Maße abhängig von der Besetzung der Hauptrolle mit Tom Cruise,
der ihren Anforderungen in allen Teilen gerecht wird und nur gegen Ende
des Films der Unterstützung durch die Maskenbildner bedurfte. Als Identifikationsfigur des Films gelten ihm die Sympathien eines großen, meist

jugendlichen Publikums in aller Welt, dem er sich vor Jahren noch als stilbildender TOP GUN-Elite-Pilot präsentierte. Nach Ansicht von Stone ist Tom Cruise für diese Rolle einer der besten Darsteller seiner Generation; »genau wie Ron kommt er aus einer katholischen Arbeiterfamilie; außerdem war er ebenso versessen darauf, immer der Beste zu sein, immer die Nummer Eins. Ich hatte das bei Ron festgestellt und erkannte dieselben Merkmale bei Tom.«

Stones Film folgt dem Roman von Ron Kovic fast bis ins Detail, auch wenn aus dramaturgischen Gründen die nicht-chronologische Erzählweise der Vorlage geändert wurde. Im Film wird aber leider nur kurz erkennbar, worauf Kovic in seinem Buch deutlicher verweist: als Junge ging Ron Kovic leidenschaftlich gerne ins Kino, und besonders die Kriegsfilme mit John Wayne und Audie Murphy bestimmten die ›Kriegsspiele‹ der Jungen. Diese beiden Stars sind für Kovic als ›Helden seiner Träume‹ in zwei Filmen besonders beeindruckend gewesen: John Wayne in SANDS OF IWO LIMA (»Todeskommando«, Regie: Allan Dwan, USA 1949). Wayne spielt hier einen erfahrenen Sergeanten einer Abteilung der US-Marine, der für seine Härte und unerbittlichen Ausbildungsmethoden bekannt ist. Erst in den Kämpfen im Pazifik wissen die Soldaten zu schätzen, warum sie so geschliffen wurden.

Der andere Held ist Audie Murphy, der aus dem Zweiten Weltkrieg als höchstdekorierter Soldat zurückkkam. Seinen Ruhm vermarktete Hollywood in über 30 Filmen, fast ausschließlich Western. Kovic hat Murphy besonders in dem Film TO HELL AND BACK (»Zur Hölle und zurück«, Regie: Jesse Hibbs, USA 1955) in Erinnerung; der autobiographisch angelegte Film beruht auf den Kriegserlebnissen Murphys und beschreibt dessen Karriere vom einfachen Soldaten zum Helden der amerikanischen Nation. Es ist bedauerlich, daß die Beeinflussung durch diese Filme und ihre Leitbilder in dem Film von Oliver Stone nicht stärker herausgearbeitet wurden.

Auch ein anderer Verweis, den das Buch enthält, kommt in dem Film zu kurz: die Erwähnung von Dalton Trumbo, der 1939 mit seinem Roman »Johnny Got His Gun« bekannt wurde und später als einer der ›Hollywood Ten‹ auf die ›Schwarze Liste‹ kam. 1971 führte er selbst Regie bei der Verfilmung seines Romans, der behutsam und sensibel den langen Selbsterkennungsprozeß eines jungen Soldaten behandelt: nach einer Granatverletzung im Ersten Weltkrieg kann der junge Mann nur noch als Rumpf – ohne Augen und Ohren, Arme und Beine – weiterleben und bittet verzweifelt darum, ihn sterben zu lassen. Dieser Film erreichte die amerikanische Öffentlichkeit zu einer Zeit, als die Proteste gegen den Krieg in Vietnam ihren Höhepunkt erreichten. Anstatt den Film als mahnende Erinnerung und Appell gegen den Krieg groß herauszustellen, wurde er von den Firmen boykottiert und erreichte nur Insiderkreise.

Etwas deutlicher auf Dalton Trumbos Film hinzuweisen hätte dem Film von Oliver Stone gut angestanden.

Die Generation von 1969

1969 war das Jahr, in dem sich die »Easy-Rider«-Generation mit kreativen Aktionen, spektakulären Happenings oder öffentlichen Demonstrationen gegen den Krieg in Vietnam wandte und die Einberufung zur Army verweigerte. 1969 war das »Woodstock«-Jahr: ein Jahr zuvor hatte das Musical »Hair« das Lebensgefühl dieser Generation artikuliert, und fast 400000 junge Menschen sahen sich während des gigantischen Popmusik-Festivals in ihrem Wunsch nach einer friedliebenden, repressionsfreien Gesellschaft bestätigt. 1969 war aber auch das Jahr, in dem die Zeitschrift »The New Yorker« unter dem Titel »Casualties of War« über amerikanische Kriegsverbrechen in Vietnam berichtete. Zwei der neueren amerikanischen Filme blenden zurück in dieses Jahr – mitten hinein in Stimmungen und Ereignisse jener Zeit, die eine Nation zu spalten drohten. ›1969‹, USA 1988, ist der Erstlingsfilm von Ernest Thompson, der seine Karriere als Schauspieler und Drehbuchautor begann und mit diesem Film auf seine eigene Jugendzeit zurückblickt. Der Film beschreibt die Atmosphäre in einer amerikanischen Kleinstadt angesichts der Eskalation des Krieges und der immer lauter werdenden Proteste gegen ihn. Im Mittelpunkt stehen die beiden Freunde Scott und Ralph, die wegen ihrer Aktionen gegen den Krieg mit der Elterngeneration in Konflikt geraten. Scott entgeht der Einberufung, indem er sich fürs College verpflichtet. Als sein Bruder in Vietnam stirbt, brechen Scott und Ralph in das Büro der Einberufungsbehörde ein, um Ralphs Akte zu stehlen. Ralph wird dabei erwischt, festgenommen und ins Gefängnis gesteckt. Scott organisiert eine friedliche Protestdemonstration, die zur Freilassung seines Freundes führt. Der Regisseur und Autor Ernest Thompson hat seinen nostalgischen Rückblick auf jenes ereignisreiche Jahr mit dem zeitgemäßen Soundtrack unterlegt.

Casualties of War

Das Ereignis, das 1969 die Öffentlichkeit – und nicht nur die amerikanische – erschütterte, war der Bericht des Journalisten Daniel Lang in der Zeitschrift »The New Yorker« über einen Vorfall aus dem Jahre 1966: eine aus fünf Mann bestehende US-Patrouille nahm eine Vietnamesin gefangen, vergewaltigte und tötete sie. Das Verbrechen wurde nur dadurch bekannt, weil einer der Soldaten sich nicht an der Tat beteiligte und die anderen trotz Drohungen und Einschüchterungsversuchen vor ein Kriegsgericht brachte.

Zwanzig Jahre später macht der als Spezialist für Horrorfilme und Psycho-Thriller ausgewiesene Regisseur Brian de Palma einen Film über dieses Verbrechen: CASUALTIES OF WAR (»Die Verdammten des Krieges«, USA 1989). Die Handlung beginnt damit, daß der Vietnamveteran Eriksson 1974 während einer Straßenbahnfahrt durch San Francisco durch eine ihm gegenübersitzende Vietnamesin an ein alptraumartiges Ereignis erinnert wird. Rückgeblendet wird dann direkt in ein nächtliches Gefecht, das den unerfahrenen Eriksson – er ist erst seit drei Wochen in Vietnam – in eine fast ausweglose Lage brachte. Festgeklemmt in einem unterirdischen Tunnel der Vietcong, wird er von einem herannahenden Vietcong bedroht, der ihn mit einem Messer töten will. In letzter Sekunde rettet ihn sein kampferfahrener Zugführer Meserve aus dieser Gefahr. Eriksson verdankt ihm sein Leben – ein Beispiel für wahre Kriegskameradschaft.

Einige Zeit später führt Meserve einen aus insgesamt fünf Leuten bestehenden Spähtrupp auf einen Erkundungsgang. Lauthals verkündet er, ein vietnamesisches Mädchen zu entführen, um sie als ›tragbares Lust- und Ruhekissen‹ mitzunehmen. Eriksson hält das für einen makabren Scherz, wird aber eines Besseren belehrt, als Meserve ernsthaft seine Absicht ausführen will. Sie dringen in ein Dorf ein und entführen das junge Mädchen Oahn vor den Augen ihrer Familie; sie schleppen es mit, mißhandeln sie und vergewaltigen sie mehrfach. Eriksson beteiligt sich daran nicht, sondern will dem Mädchen helfen. Seine Kameraden werfen ihm Illoyalität vor; das Mädchen sei eine Spionin, und wer nicht mitmacht, unterstützt die Vietcong. Es ist klar, daß Eriksson die Rache seiner Kameraden zu spüren bekommt, wenn er anderen darüber etwas berichtet. Ein plötzliches Feuergefecht nutzt Meserve dazu aus, Oahn kaltblütig ermorden zu lassen. Eriksson kann den Tod des Mädchens nicht verhindern, obwohl er es versucht. Später – im Basislager – meldet Eriksson den Vorfall seinem Vorgesetzten und will erreichen, daß die vier vor ein Kriegsgericht gestellt werden. Doch an der Ahndung dieses Verbrechens ist niemand interessiert; im Krieg gelten eben andere Gesetze. Trotzdem läßt Eriksson in seinen Bemühungen nicht nach. Er wird von den anderen als Verräter gemieden und sogar mit Mordanschlägen bedroht. Schließlich findet er einen Feldgeistlichen, der den Fall aufgreift und weiterleitet.

Der Film blendet am Schluß wieder zurück in die Anfangssequenz. Die Vietnamesin hat offenbar verstanden, was in ihm vorgegangen ist. Sie tröstet ihn mit den Worten: »Hatten Sie einen Alptraum? Vergessen Sie ihn, es ist lange vorbei.«

De Palma spürt mit seinem Film nach, wie beinahe zwangsläufig sich die

Moral der Männer unter dem Einfluß des Krieges ändert, wie durch Gruppendruck falsche Loyalität erzeugt wird und ein Menschenleben immer mehr an Wert und Bedeutung verliert, je länger der Krieg andauert. Die Ursachen für das Verbrechen liegen im Vorfeld der Tat: kurz zuvor wurde einer aus der Gruppe – ein sympathischer Typ, der bald nach Hause konnte – von einem Heckenschützen erschossen, und am Vorabend wurde den Männern der heißersehnte Bordellbesuch von der Militärpolizei verwehrt. Rachegedanken, Haß und sexuelle Frustration kamen zusammen und steigerten sich zu diesem bestialischen Tun. Ähnlich wie in PLATOON, wo sich mit ›Elias‹ und ›Barnes‹ »Gut« und »Böse« gegenüberstehen[83], hat sich de Palma ebenfalls auf die Polarisierung zwischen dem gewissenhaften, sauberen Eriksson und dem rohen, jähzornigen Klotz Meserve konzentriert. Indem er diese beiden zentralen Rollen mit zwei der jungen Hollywood-Stars und Teenageridole besetzte – ›good guy‹ Michael J. Fox, der nette Junge von nebenan, und Sean Penn, der zynische Outsider und Anführer der ›bad guys‹ –, erreicht er bei einem breiten, meist aus Jugendlichen bestehenden Publikum den gewünschten Aufklärungseffekt; das haben CASUALTIES OF WAR mit BORN ON THE FOURTH OF JULY gemeinsam. Das Kräfteverhältnis zwischen diesen beiden Protagonisten wird in dem Film von de Palma allerdings zusätzlich durch eine dritte Figur ausbalanciert: durch den ebenfalls noch jungen und unerfahrenen Soldaten Diaz, der sich anfänglich weigert, sich an der Tat zu beteiligen, dem Gruppendruck dann aber nicht mehr gewachsen ist und sich den anderen anschließt. Durch die Konfrontation dieser drei Charaktere entlarvt der Film die hohlen und falschen Werte wie »Kriegskameradschaft« und »Heldentum«, und er zeigt, wie fragwürdig die Rituale sind, die sich darauf gründen.

Entgegen dem Schlußsatz der Vietnamesin »Vergessen Sie ihn, es ist lange vorbei«, traf de Palmas Film noch einmal voll das Reizthema ›Vergangenheitsbewältigung‹; der Regisseur wurde von amerikanischen Veteranenverbänden wegen seiner Einseitigkeit beschimpft und sein Film als Rufschädigung der Army bezeichnet. De Palma war sich dieser Kontroversen bewußt. In einem Interview hat er sich zu seiner ›moralischen Verpflichtung‹ im Umgang mit Tod und Gewalt geäußert, da er erstmals einen Film nach einem authentischen Ereignis gedreht hat: »Natürlich muß man sehr vorsichtig sein mit dem, was man zeigt. Wenn man Figuren hat, mit denen sich der Zuschauer stark identifizieren kann, und die Geschichte auf einer wahren Begebenheit beruht, kommt man mit einer zurückhaltenden Gewaltdarstellung aus. Im Horrorfilm nimmt der Zuschauer lange nicht so intensiv am Schicksal der Figuren teil, weil sie wie Marionetten hin und her bewegt werden. Die Gewalt hat keine emotionale Qualität, also muß

83 Siehe S. 234 f.

die Dosis erhöht werden. Bei unserem Film gibt es diese Distanz nicht, wir sind ganz dicht an den Figuren.«[84]

Der von Daniel Lang 1969 veröffentlichte Tatsachenbericht »Casualties of War« hat schon einmal für einen (Film-)Skandal gesorgt. Der Bericht, der erstmals ein amerikanisches Kriegsverbrechen einer großen Öffentlichkeit ins Bewußtsein rief, war die Vorlage für den Film O. K. von Michael Verhoeven, Bundesrepublik Deutschland 1970. Verhoeven hat den Vorfall allerdings ohne Anspruch auf Authentizität verfilmt. Eine US-Filmfirma, die sich die Stoffrechte von Daniel Lang gesichert hatte, wollte den deutschen Film verbieten lassen, was ihr aber nicht gelang. Obwohl Verhoevens Film nicht mit den Mitteln und Möglichkeiten amerikanischer Produktionen hätte konkurrieren können, blieb das Projekt bei den Amerikanern im Planungsstadium stecken und wurde von Studio zu Studio weitergereicht. De Palma war seit längerer Zeit an diesem Vorhaben interessiert, aber erst der große finanzielle Erfolg seines Films THE UNTOUCHABLES (1987) schaffte die Voraussetzung dafür, die Produktionsfirma Columbia für die Realisierung des Projektes zu gewinnen.

Ein ›bayrisches Vietnamspiel‹ und amerikanische Empfindsamkeiten

Michael Verhoevens O. K. gehört zu den typisch lakonischen Produktionen des jungen deutschen Films der 68er Ära, die sich durch gesellschaftskritisches und politisches Engagement auszeichneten und die Stoffe meist knapp, witzig und locker umsetzten. Beispiele für dieses ›antiautoritäre Kino‹ sind u. a. WILDER REITER GMBH (1967) von Franz-Josef Spieker (eine Attacke gegen die Werbe- und Konsumgesellschaft), TÄTOWIERUNG (1967) von Johannes Schaaf und ICH BIN EIN ELEFANT, MADAME (1969) von Peter Zadek (Porträts der Protest-Generation). Verhoevens Film war eine schnelle Reaktion auf die weltweite Entrüstung, die der Report »Casualties of War« ausgelöst hatte, und ein Beitrag zur Unterstützung der »Stop-the-War«-Bewegung. Verhoeven hatte nur elf Drehtage zur Verfügung und bei weitem nicht die finanziellen Voraussetzungen für einen ›großen‹ Vietnamfilm, wie sie Jahre später in den USA entstanden. Er mußte sich darauf beschränken, das Geschehen als ›bayrisches Vietnamspiel‹ *nachzuspielen*: bayrische Typen in amerikanischen Uniformen – eine Konsequenz, die an mehreren Stellen des Films Irritationen hervorruft, aber ganz in der Absicht des Regisseurs begründet ist und daher eher *für* als *gegen* den Film spricht.

Durch den Brechtschen Verfremdungseffekt geprägt, stellen sich zu Be-

---

84 Brian de Palma in einem Gespräch mit Gerhard Midding und Lars-Olav Beier in Deauville, Filmbulletin Nr. 1/1990, S. 40.

Thuy Thu Le als vietnamesisches Mädchen in CASUALTIES OF WAR
von Brian de Palma

Eva Mattes als vietnamesisches Mädchen – in O.K. von Michael Verhoeven

ginn des Films die Schauspieler selbst vor und erklären ihre Rollen. Die einzelnen Episoden des Films werden durch Zwischentitel – eine Zusammenfügung der Stilmittel des Stummfilms mit denen des epischen Theaters – eingeleitet. Das schafft die notwendige Distanz und konzentriert die Handlung auf die wesentlichsten Aspekte.

Fünf Soldaten treiben sich in einem Waldstück in Bayern herum. Sie langweilen sich, treiben rüde Scherze miteinander, spielen Karten und saufen. Die Stimmung wird zunehmend aggressiver. Daß die Begegnung mit dem vietnamesischen Mädchen mit Vergewaltigung und Mord endet, ist hier – in o. k. – nicht – wie in dem Film von de Palma – das Ende einer Kette aus Rache, Haß und sexueller Frustration. Verhoeven selbst spielt die Rolle Erikssons, der sich dem Gruppendruck verweigert und später den Weg zum Kriegsgericht einschlägt. Dessen Verhandlung – in de Palmas Film ausgespart – bleibt der einmal gewählten Dramaturgie treu und gleicht eher einem Stück aus dem königlich-bayrisches Amtsgericht in den deutschen Heimatkomödien als einer dokumentarischen Rekonstruktion der Untersuchung eines amerikanischen Militärtribunals.

Verhoeven gliedert die Handlung in chronologische, gleichlange Teile; er reiht sie aneinander, fügt sie zusammen. Sein Film ist trotz bewußt komischer Elemente, bei denen dem Zuschauer allerdings das Lachen vergeht, unbequem und provozierend, da er sich ausschließlich auf das Verbrechen konzentriert und keinerlei Ablenkung durch Kampfgeschehen, Action oder Pyrotechnik anbietet. Der am 18. November 1966 passierte Vorfall wird in o. k. auf einen Ostermontag verlegt, was die beabsichtigte Parallele zu bayrischen Passionsspielen deutlich unterstreicht.

Aus heutiger Sicht betrachtet, kam o. k. vielleicht *zu früh*, um in unseren Kinos Erfolg zu haben. 1970, in der Umbruchsituation vom jungen zum neuen deutschen Film, hatte er wenig Chancen, adäquat vermarktet zu werden und sich beim Publikum durchzusetzen; es reichte nur zu einem Achtungserfolg, der mit einem Bundesfilmpreis ausgezeichnet wurde. Aber heute kann der Regisseur und Autor Michael Verhoeven zu Recht darauf stolz sein, diesen Film *spontan* gemacht und nicht so lange gewartet zu haben, bis sich das Thema Vietnam lukrativer und kommerzieller vermarkten ließ. o. k. gehört auch zu den wenigen außeramerikanischen Filmen, die sich parteilich gegen den Krieg der Amerikaner in Vietnam wandten. Die Uraufführung des Films am 30. Juni 1970 im Rahmen der Internationalen Filmfestspiele Berlin löste lautstarke Proteste und enthusiastischen Beifall aus. In der Jury unter dem Vorsitz des amerikanischen Regisseurs George Stevens (»einem bekannten Falken« [Michael Verhoeven]) löste er einen Streit aus und sollte vom Wettbewerb ausgeschlossen werden, da er gegen das Reglement des Festivals, »zur Verständigung und Freundschaft unter den Völkern beizutragen« verstoße. Öffentliche Proteste gegen diese Art von ›Zensur‹ führten zu Mißverständnissen,

Verunglimpfungen, Verdächtigungen und nach dem Rückzug von Wettbewerbsbeiträgen letztendlich zum Abbruch des Wettbewerbsprogramms; Preise wurden nicht vergeben.

Der Skandal, der die »Berlinale« in ihre bisher schwerste Krise geraten ließ, ist in der Dokumentation von Wolfgang Jacobsen »40 Jahre Internationale Filmfestspiele Berlin«[85] ausführlich dokumentiert und gehört mit zu den interessantesten und aufschlußreichsten Kapiteln über Film- und Zeitgeschichte, denn »um den Film selbst ging es bei dem Skandal schon längst nicht mehr«. Michael Verhoeven: »Man unterstellte mir Antiamerikanismus. (Für meinen 1969 entstandenen Vietnam-Dokumentarfilm TISCHE war mir aus den Lagern des damals noch sehr Kalten Kriegs abwechselnd Antiamerikanismus und Antikommunismus vorgeworfen worden.) Daß O. K. wirklich nicht, aber schon gar nicht als antiamerikanisch angesehen werden kann, erwies sich dann ein paar Monate später auf dem Festival in San Francisco. Albert Johnson hatte mich dorthin eingeladen, und das amerikanische Publikum verstand den Film auf Anhieb. Dort haben den Film überwiegend junge Leute gesehen, die vom Vietnam-Krieg – anders als die meisten in Berlin – unmittelbar betroffen waren. Sie waren gegen diesen Krieg, und sie waren Amerikaner. Und niemand wäre auf die Idee gekommen, sie als Anti-Amerikaner zu sehen.«[86]

85 Herausgegeben von der Stiftung Deutsche Kinemathek in Zusammenarbeit mit den Internationalen Filmfestspielen Berlin; Berlin 1990.
86 a. a. O., S. 178. Im Zuge dieser Ereignisse wurde auch die Struktur der »Berlinale« geändert und ab 1971 als gleichberechtigtes Programm neben dem Wettbewerb das »Internationale Forum des jungen Films« eingerichtet. Der Filmhistoriker Ulrich Gregor, Leiter des ›Forums‹, zu den Nachwirkungen des Streits um O. K.:
»Die hektischen und tumultuösen Vorgänge des Jahres 1970 erscheinen aus der Sicht von heute fast als ein Kuriosum, da sich seither so vieles wieder zurückentwickelt und in den Grundvorstellungen umgekehrt hat. Gleichwohl waren die Berlinale-Tage im Sommer 1970 eine historische Stunde, in der plötzlich und heftig, pathetisch und mit weitreichenden Konsequenzen, die Vorstellungen über eine gänzlich andere Kinematografie als die bisher bestehende sich zuspitzten und eruptiv Bahn brachen. Vielleicht werden solche Tage einmal wiederkehren, wenngleich sie momentan nicht in Sicht sind. Aber die damals diskutierten Ideen, die Begeisterung, der Schwung und der radikale Höhenflug der Gedanken, auch die damals artikulierte scharfe Kritik am Bestehenden sind ein Kapital, von dem wir in gewisser Weise heute noch zehren können, ein Modell, mit dem wir uns von Zeit zu Zeit vergleichen sollten, um eine Zwischenbilanz des Erreichten und bisher Zuwegegebrachten zu ziehen.« (a. a. O., S. 183.)

Make love not war!

Auffallend ist, daß bei dem starken öffentlichen Echo auf Michael Verhoevens O. K. ein anderer Film neuerer deutscher Produktion nicht erwähnt wurde: MAKE LOVE NOT WAR – DIE LIEBESGESCHICHTE UNSERER
ZEIT (Regie: Werner Klett, Bundesrepublik Deutschland 1967). Daß dieser Film kaum Beachtung fand, liegt nicht zuletzt darin begründet, daß
die Jahresproduktion der deutschen Firmen überwiegend aus Sexfilmen
bestand und daß es für ambitionierte Filme in der durch das große Kino-
sterben ausgezehrten deutschen Filmlandschaft keine Abspielbasis mehr
gab. Werner Klett war bis zu diesem Zeitpunkt Regisseur und Produzent
von Kurzfilmen. Sein Erstlingsspielfilm entstand nach dem Roman von
Günter Adrian »Die Flinte im Korn« – der Autor arbeitete auch am Drehbuch mit. Das Thema ›Vietnam‹ wird in dem Film mit einer melodramatischen Liebesgeschichte verknüpft, um so vielleicht ein auf politisches
Kino – »Dutschkes Kino« wurde es später verächtlich genannt – unvorbe-
reitetes Publikum zu sensibilisieren. Im Mittelpunkt der Handlung steht
der Konflikt eines in Berlin stationierten US-Soldaten, dessen Einheit
nach Vietnam verlegt wird und der deswegen desertiert. Bei der Schwester eines mit ihm befreundeten Werbefilmers findet er Unterschlupf; es
kommt zu einer Liebesbeziehung. Sie endet damit, daß der Soldat infolge
eines Mißverständnisses mit einem geflüchteten Taxifahrer-Mörder verwechselt und erschossen wird.
Kletts Film wendet sich gegen den Krieg in Vietnam – noch mehr ist ihm
aber an der Kritik der Wohlstandsgesellschaft gelegen, für die der Krieg
im Fernen Osten noch weit weg ist. Klett – auch Produzent des Films –
und Adrian spießen eine Haltung auf, deren Interesse an Konsum und
Umsatz von verdummenden Werbefilmen angekurbelt wird, die die TV-
Kanäle und Kinoprogramme verstopfen. Für politisches Engagement – so
der Tenor des Films – besteht kein Bedarf, denn nur mit den anderen
Filmen kann man richtig Geld verdienen.
Werner Klett konnte das mit MAKE LOVE NOT WAR nicht – sein Film erzielte keine hohen Besucherzahlen und wird auch noch heute – bei den
rückschauenden Bewertungen des ›jungen deutschen Films‹ – kaum gewürdigt.
Ähnlich wie in dem Film von Klett geht es auch in SUMMER SOLDIER
(»Sommersoldaten«, Regie: Hiroshi Teshigawara, Japan 1982) um das
Schicksal eines US-Soldaten, der desertiert, um nicht in Vietnam kämpfen zu müssen. Die Situation dieser GIs – in Japan »Sommersoldaten«
genannt – ist dort allerdings anders als in Europa; die Fluchtwege sind
weitaus komplizierter und gefährlicher als ein Untertauchen bei uns.
Sprachschwierigkeiten, eine fremde Kultur und aggressives Mißtrauen,
das den amerikanischen Soldaten entgegenschlägt, lassen diesen Schritt

scheitern; am Ende landen sie doch wieder in einem der Stützpunkte der US-Streitkräfte. Hiroshi Teshigawara, der einer künstlerischen Avantgardegruppe angehörte, Mitbegründer der nichtkommerziellen Filmgruppe ›Cinema 57‹ ist und nach SUMMER SOLDIER keine weiteren Filme gemacht hat, zeigt in diesem halbdokumentarischen Film ein Einzelschicksal, das aber für viele amerikanische Deserteure in Japan realitätsnah ist. Der Film wurde durch das Engagement von politischen Gruppen ermöglicht, die sich um desertierte Soldaten kümmerten und sie versteckten.

Die neuen Helden

In Filmen wie THE KILLING FIELDS und FULL METAL JACKET zählen Journalisten, Kriegsberichterstatter und Fotoreporter mit zu den handlungstragenden Figuren – sie werden allesamt in Krieg und Kampfgeschehen verwickelt –, ihr Beruf ist jedoch nicht das zentrale Thema des Films. Er dient mehr oder weniger dazu, eine andere Geschichte aus ihrer Perspektive heraus zu beobachten oder zu beschreiben. 1988 kamen gleich drei Filme auf den Markt, deren Helden nicht mit Waffen, sondern mit Mikrophonen, Filmkameras oder Fotoapparaten ausgestattet sind. Die Medien thematisieren im Spielfilm erstmals diesen Aspekt des Vietnamkrieges; sie stellen ihre eigenen Protagonisten in den Mittelpunkt und stilisieren sie zu ›Anti‹-Helden, die dem Krieg kritisch oder ablehnend gegenüberstehen, sich an der Propaganda nicht beteiligen, sondern durch ungeschminkte und ungefilterte Berichterstattung das wahre Bild des Krieges übermitteln.

Die sarkastische Komödie GOOD MORNING, VIETNAM (Regie: Barry Levinson, USA 1988) nähert sich dem Thema auf eine eigenwillige und originelle Weise: aus der Sicht eines Discjockeys, der in den frühen Tagen des Vietnamkrieges für den Armed Forces Vietnam Network (AFVN) gearbeitet hat. Die seit 1942 ursprünglich zur Aufrechterhaltung der Moral der amerikanischen Frontsoldaten existierenden Sender breiteten sich in der Nachkriegszeit sogar aus, da sie ein populäres Programm mit viel Musik und anspruchsloser Unterhaltung boten. Bei Ausbruch des Vietnamkrieges gab es in Südostasien elf Sender, die zum AFVN zusammengeschlossen wurden. Ausgestrahlt wurden auch Informationen über die Kriegslage, die jedoch selektiert und von Nachrichtenoffizieren zensiert und beschönigt wurden.[87] GOOD MORNING, VIETNAM beruht auf Aufzeichnungen von Adrian Cronauer, der 1965 von Kreta aus nach Saigon ver-

---

87 In Kubricks FULL METAL JACKET wird das Thema der Desinformation und Nachrichtenfälschung durch die offiziellen Dienststellen ebenfalls angeschnitten.

setzt wurde und jeweils um 6 Uhr morgens die GIs mit seiner langgezogenen Begrüßung »Goooood Morning Vietnaaaam« aus dem Schlaf holte. Sein Programm mit viel fetziger Rockmusik kommt bei den Soldaten gut an; von seinen Kollegen unterscheidet sich Cronauer durch zündende Witze und eine scharfe Zunge, die vor militärischen oder politischen Tabus nicht zurückschreckt – was Cronauer regelmäßig Ärger mit seinem Vorgesetzten einbringt. Um Trinh, ein vietnamesisches Mädchen, näher kennenzulernen, verschafft er sich einen Job als Englischlehrer an der Schule, die das Mädchen besucht. Cronauer gewinnt durch sein offenes und unkonventionelles Auftreten das Vertrauen des Mädchens und lernt auch ihren Bruder Tuan und ihre Eltern kennen. Durch Tuans Warnung entgeht Cronauer im letzten Augenblick einem Bombenanschlag auf eine Kneipe, die überwiegend von GIs besucht wird. Es gibt Tote und Schwerverletzte. Obwohl dieses Attentat von offizieller Seite verschwiegen werden soll, berichtet Cronauer darüber in seiner Sendung. Daraufhin wird er von seinem Job als Discjockey suspendiert und zu einem nicht ungefährlichen Auftrag in ein von den Vietcong kontrolliertes Gebiet geschickt. Er gerät in Gefahr, kann aber mit Hilfe von Tuan das Gebiet verlassen. Cronauer erfährt, daß Tuan zu den Vietcong-Verbindungsleuten gehört. Der Kontakt zu dem ›Terroristen‹ bedeutet für ihn eine zusätzliche Belastung. Seine Vorgesetzten nutzen das aus, um ihn endgültig loszuwerden. Sie versetzen ihn kurzerhand nach Guam. Auf dem Wege zum Flughafen verabschiedet sich Cronauer von seiner Englischklasse, bei der er sehr beliebt war.

Der Film ist ganz auf seinen Star – Robin Williams spielt Adrian Cronauer – zugeschnitten; Williams füllt die Figur des Radiohelden durch Sprache, Gestik und Mimik so plastisch und virtuos aus, daß alle anderen um ihn herumgruppierten Charaktere – egal ob Militärs oder Vietnamesen – zu Statisten und Stichwortgebern geraten. Und gerade diese Figur ist es, die den Film so zwiespältig macht und bei großen Teilen der Kritik zu Ablehnung führte. Die Zuschauer-Identifikationen führen hier über eine Stimmungskanone, die immer voll unter Dampf steht. Auch wenn der engagierte Entertainer zum Skeptiker gerät, der am Ende resigniert: die Anwesenheit der Amerikaner in Vietnam wird in keiner Weise kritisiert oder hinterfragt. Der Krieg gerät zur Nebensache; wichtiger sind gute Laune und die Moral der Truppe. Trotz aller Zweifel verhält sich Cronauer systemimmanent, was sich nicht zuletzt in seiner Arroganz gegenüber den Vietnamesen äußert. Cronauer ist überzeugt davon, daß die Vietnamesen die Amerikaner – ihre Sprache, ihre Lebensart, ihre Kultur und ihr Kino – lieben. Wie glücklich und zufriedenstellend hätte sich diese Freundschaft entwickelt – so der fade Beigeschmack, den der Film hinterläßt –, wenn nicht die Vietcong mit ihren Terrorakten diese Idylle zerstört hätten?

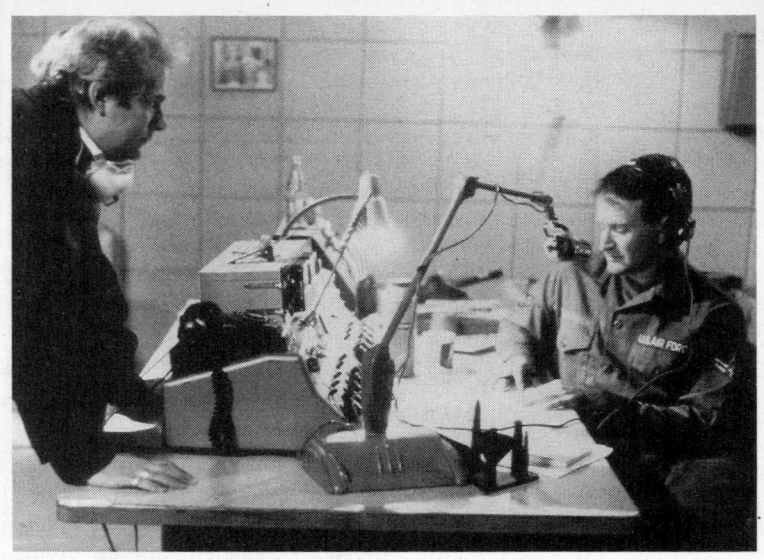

Robin Williams (r.) als Adrian Cronauer

Chronisten des Schreckens

Was es wirklich für Reporter, Journalisten und Kriegskorrespondenten
bedeutet, in Vietnam gearbeitet zu haben, darüber geben einige von ihnen in dem Dokumentarfilm *»Zwischen den Fronten – Kriegskorrespondenten berichten«* Auskunft.[88] Nach Ansicht von Robert Fisk, Reporter
für »The Times«, liegt eine Besonderheit darin, daß bei den Kriegen von
heute die offizielle Berichterstattung der Behörden meistens im Gegensatz zum Nachrichteninteresse der Öffentlichkeit steht. Die Reporter
sind verpflichtet, die Wahrheit zu berichten, auch wenn sie gefährlich ist.
Die Folge davon ist, daß sie zunehmend in das Kriegsgeschehen mit einbezogen, entführt, verhaftet, mißhandelt oder ermordet werden. Das war
früher anders: im Ersten Weltkrieg beispielsweise wagten sich nur wenige
Berichterstatter an die Front; sie verschwiegen ihre Eindrücke und Beob-
achtungen zugunsten der Propaganda. Dem Image einer freien und unabhängigen Presse hat das sehr geschadet. Mit dem Zweiten Weltkrieg
änderte sich das: kaum eine Zeitung in Europa mußte nicht um tote Mit-

88 Eine Reportage von Peter Williams und Alan Jewhurst, TVS, London; ausgestrahlt
von »West 3« am 2. Oktober 1988.

arbeiter trauern. Heute werden Journalisten als Geiseln genommen; ihr Schicksal wird politisch gehandelt. Die alte Regel des Waffenstillstands und der Neutralität gilt nicht mehr. Die Berichterstatter geraten »zwischen die Fronten«.

Michael Nicholson, Korrespondent der britischen ITN, war nach eigenen Angaben elfmal an der Front »als Söldner, der in den Krieg zieht, darüber berichtet und dafür bezahlt wird«. Er gehörte zu den letzten der westlichen Korrespondenten und Fotografen, die sich 1975 in Saigon vor den einrückenden Nordvietnamesen in Sicherheit bringen mußten. Ein Kameramann hielt im Bild fest, wie Nicholson über die Mauer der US-Botschaft kletterte, um einen der rettenden Hubschrauberplätze zu erstürmen. Der international renommierte Kameramann Neil Davis – er starb 1985 in Bangkok bei der Ausübung seines Berufs – gehörte zu den wenigen, die Saigon an diesem Tag nicht verließen. Sich aller Gefahren bewußt, stellte er sich den Nordvietnamesen mit der Kamera entgegen und filmte ihren Einzug in die aufgegebene US-Botschaft. Davis gab sich als ›neutraler‹ Australier zu erkennen und hatte so das Glück, daß er weiterfilmen durfte. Die Bilder und Berichte von Nicholson und Davis über die letzten Stunden der Amerikaner in Saigon haben die später entstandenen Filme wie SAIGON – YEAR OF THE CAT, THE KILLING FIELDS u. a.[89] in starkem Maße beeinflußt, ohne daß ihre Einsätze besonders gewürdigt wurden. Mit Ausnahme von THE KILLING FIELDS hat es über Jahre hinweg keinen Film gegeben, der die Rolle *dieser* Helden in den Mittelpunkt stellte. Das sollte sich erst am Ende der 80er Jahre ändern. Jetzt wurde sich der Film dieser *neuen Helden* bewußt, die sich durch Waghalsigkeit und Risikobereitschaft, Todesverachtung und Mut auszeichneten. Entscheidend dabei war ihr positives Image: *sie* hatten den Krieg ja nicht verloren, waren nicht aktiv an ihm beteiligt. Davis konnte es sogar für sich verbuchen, durch seine Anwesenheit am Ort Ereignisse positiv beeinflußt zu haben. In einem Falle gelang es ihm, die Exekution eines gefangenen Vietcong zu verhindern. Andererseits war er sich auch darüber im klaren, daß die Anwesenheit von Reportern auch das Gegenteil auslösen kann: töten, um Macht zu beweisen. Seiner Risiken war Davis sich immer bewußt: »Ich gehe an die unmittelbare Front; dort finde ich die besten Szenen, erlebe ich Spontaneität und Action. 100 Meter hinter den Soldaten bin ich sogar mit einem Teleobjektiv zu weit weg. Ich will den Gesichtsausdruck der Soldaten festhalten: ihr Mitgefühl und ihren Schmerz, wenn ein Kamerad verwundet ist, oder ihre Empfindungen, wenn der Feind getroffen wird. Um all das zu zeigen, gibt es nur einen Platz: die vorderste Front.«[90]

89 Siehe S. 176f.
90 Zitat aus der Dokumentation »Zwischen den Zeilen«, a. a. O.

Tim Page, ein »Draufgänger unter den Kriegsreportern«, war als Fotograf für TIME-LIFE in Vietnam und schockierte die Weltöffentlichkeit mit aufsehenerregenden und atemberaubenden Bildern. Er wurde dort schwer verwundet, als ein Soldat vor ihm auf eine Landmine trat. Bevor Page bewußtlos wurde und ins Lazarett kam, wechselte er noch ›unbewußt‹ das Objektiv seiner Kamera aus und konnte noch drei Fotos machen. Heute erinnert sich Page an Vietnam wie an einen Erlebnisrausch oder einen Drogentrip: »Wir waren am Puls der Zeitgeschichte angeschlossen. Dabeizusein war eine Ersatzdroge, um die tatsächliche Agonie vor Ort zu verdrängen.«[91] Page ist heute Pazifist. Er lebt in England zurückgezogen auf dem Land – allein mit seinen Erinnerungen.

Für viele Reporter und Berichterstatter war Tim Page in den 60er/70er Jahren ein Vorbild – so wie es für seine Generation Robert Capa war. Die Filme über diese *Medien-Helden* tragen bewußt – oder unbewußt – zu einer besonderen Art der Heldenverehrung bei; mit der die Medien sich selbst feiern. Kritische Selbstreflektionen – wie etwa bei Tim Page – bleiben dabei in der Regel ausgespart.[92]

›Shooters‹ – wie Robert Capa

»The Greatest War-Photographer in the World« (Picture Post, 1938), der Fotograf Robert Capa, wurde 1913 als Endre Ernö Friedmann in Budapest geboren. Er berichtete u. a. über den Spanischen Bürgerkrieg, den Zweiten Weltkrieg (als offizieller Front-Reporter der US-Army) und den Indochinakrieg. Capa lebte in Künstlerkreisen und schrieb Bücher, machte Filme; er war Weggefährte von Ernest Hemingway, John Steinbeck, Joris Ivens, Ilja Ehrenburg und Egon Erwin Kisch. 1954 ging er nach Indochina, um über den Krieg zu berichten; er starb an den Folgen einer Minenexplosion.

Robert Capa ist für Matt Dobson, den Protagonisten des Films SHOOTER (Regie: Gary Nelson, USA 1988) ein leuchtendes Vorbild. Dobson ist Kriegsberichterstatter – Shooter – und begleitet 1967 amerikanische Sol-

91 Zitat aus der Dokumentation »Zwischen den Zeilen«, a. a. O. Seine dreieinhalb Jahre Vietnam hat Tim Page in der Autobiographie »Page after Page«, Verlag Sidwick & Jackson, London 1989, aufgearbeitet: »Page zeigt sich in seinem Buch zwar gern als abgebrühter Macho, der sich selbst im schlimmsten Kriegsgetümmel noch mit Mädchen vergnügt und seine Opiumpfeife schmaucht. Doch im Grunde hatte der sensible Photograph immer Probleme, die Greueltaten zu verarbeiten, die er aufnahm. Page liefert mit seiner Autobiographie vor allem einen selbstkritischen, mit Biß und Witz geschriebenen Rechenschaftsbericht eines aus der Bahn Geworfenen...« (Spiegel 9/1989)
92 Das Thema wird in dem Kapitel DIE MEDIENHELDEN weitergeführt.

daten bei riskanten Einsätzen, wobei er keine Gefahren scheut, um seiner Agentur Bilder von der grausamen Realität des Krieges zu liefern. Von offizieller Seite werden Nachrichten zurechtgebogen und Meldungen gefälscht; die Zahl der eigenen Verluste wird von der Army bewußt reduziert. Dobson hat den Mut, bei der Pressekonferenz eines Senators diese Fälschungen öffentlich anzuprangern.

SHOOTER zeigt, wie schwer es für einen engagierten Reporter ist, authentisches Material an die Öffentlichkeit zu bringen. Das ist nur möglich, wenn man sich unter Einsatz des eigenen Lebens direkt am Kriegsschauplatz aufhält. Einerseits verlangt der Beruf – die Agentur – solche Fotos, andererseits will niemand in den Staaten Bilder von toten Soldaten sehen. Dobson und seine Kollegen müssen mit diesem Widerspruch leben, sich mit ihm arrangieren. Die flotten Sprüche und die aufgesetzte Kaltschnäuzigkeit können nicht darüber hinwegtäuschen, daß ihnen der Krieg nahe geht und sie keineswegs immer ›objektiv‹ und ›unbeteiligt‹ bleiben können. SHOOTER ist trotz einiger melodramatischer Passagen – etwa wenn der Reporter einen toten vietnamesischen Jungen in den Armen hält – in diesem Punkt ein aufrichtiger Film. Er idealisiert seinen Helden, da dieser sich trotz einer Auszeichnung für ein preisgekröntes Foto gegen die große Karriere und die Rückkehr in die Staaten entscheidet, verschweigt aber auch nicht den ›Entspannungsurlaub‹ bei den Prostituierten in Bangkok oder das Geschick von Kollegen, harmlose Szenen so zu arrangieren, daß sie für den Shooter eine gefährliche Situation vortäuschen; auch hier wurde und wird gefälscht. Verzeihen kann man der Clique der Bildreporter allerdings den Jokus, den sie sich mit Hilfe eines fiktiven Kollegen machen – vergleichbar dem nicht existierenden Diplomaten, der in den deutschen Botschaften herumspukt. Alle Eingeweihten wissen, daß es diesen Mann nicht gibt, aber alle tragen mit dazu bei, ihn existent zu halten.

SHOOTER ist kein Film, der den Vietnamkrieg in Frage stellt. Er will nur zeigen, daß ein ehrlicher und offener Umgang mit den Fakten – so, wie die Reporter sie liefern – eine realistischere Beurteilung des Kriegsverlaufs ermöglicht und viele Verluste dadurch hätten vermieden werden können. In diesem Punkt unterstützt der Film eine Aussage von Neil Davis: »Es ist unsere Pflicht, den Menschen zu Hause die Wahrheit zu vermitteln. Der Indochinakrieg war der erste, der im Wohnzimmer stattfand. Und was die Zuschauer mit ansehen mußten, war unerträglich. Es schärfte das Bewußtsein für die Grausamkeiten des Krieges. Die Fernsehbilder gaben der Friedensbewegung in Amerika ein viel größeres Gewicht.«[93]

Gewidmet ist SHOOTER den vielen Fotografen, die von ihren Einsätzen

93 Zitat aus der Dokumentation »Zwischen den Zeilen«, a. a. O.

nicht zurückkamen: Robert Capa, Peter van Thiel, Huynh Thanh My, Bernard Kolenberg, Dicky Chapelle, Charles Chellappah, Don Gallagher, Bob Ellison, Hiromichi Mine, Charlie Eggleston, Ollie Noonan, Dieter Bellendorf, Gilles Caron, Sean Flynn, Dana Stone, George Gensluckner, Akira Kusaka, Willy Mettler, Roget Colne, Tomaharu Ishii, René Puissesseau, Kyoichi Sawada, Remik Lekhi, Larry Burrows, Henri Huet, Kent Potter, Keisaburo Shimamoto, Terry Reynolds, James Gill, Gérard Hébert, Sam Kie Fie, Terry Khoo, Taizo Ichinose und Michael Laurent.

Patrick Duncan, Autor und Regisseur des Films 84 CHARLIE MOPIC (USA 1988), war von 1965 bis 1969 Soldat und 13 Monate davon in Vietnam. Nach Kriegsende arbeitete er als Drehbuchautor. Sein bereits 1983 entstandenes Drehbuch über die Spezialeinheit ›84 Charlie MoPic‹ – die Abkürzung steht für ›Motion Pictures‹ – konnte erst 1988 mit der Unterstützung von Robert Redfords ›Sundance Institute‹ realisiert werden; seinen Film widmete Patrick Duncan dem Andenken von Waldo Salt. 84 CHARLIE MOPIC ist ein Spielfilm, der sich den Anschein eines Dokumentarfilms gibt: inszeniert ist die Begleitung eines Spähtrupps von sechs GIs durch einen Kameramann der Nachrichtenkompanie der US-Army, wobei die Objektive von Spielfilm- und ›Dokumentarfilm‹-Kamera identisch sind. In unbekanntem, schwer zugänglichem Gelände müssen die Leute die gegnerischen Stellungen auskundschaften. Die Kamera zeigt den Marsch durch den Dschungel, das Aufeinandertreffen der Leute mit den Vietcong, das Massaker in einem Bauerndorf, die Verluste bei einem Gefecht und die Rettung von drei Überlebenden. Der Kameramann selber gehört nicht mit dazu. Er kann seine Kamera gerade noch in einem Rettungshubschrauber deponieren, bevor er zurückeilt, um einem verwundeten Kameraden zu helfen. Dabei wird er erschossen. Seine Kamera hält das auf den letzten Metern des Films fest und zeigt diese Sequenz aus der Perspektive des abhebenden Helicopters.

Die von Patrick Duncan geschickt gewählte Exposition erweist sich gegenüber anderen Vietnamfilmen als vorteilhaft, weil er sich auf *eine* einzige, eher unspektakuläre Episode konzentriert und der Film sich die Zeit nimmt, den Einsatz des Trupps in aller Ausführlichkeit und ohne schnelle Szenenwechsel, hektische Schnitte, Einsatz von Pyrotechnik usw. zu verfolgen; erst nach ca. 60 Minuten fällt der erste Schuß. Zuvor werden die einzelnen Figuren herausgearbeitet: die Soldaten werden interviewt, sie erklären ihre Aufgabe, ihre Waffen und Ausrüstungsgegenstände, sie kommentieren die Kommandos und Aktionen aus ihrer Sicht und äußern sich über ihren psychischen Zustand. Da der Film eine ›dokumentarische Berichterstattung‹ für die Army vortäuscht, wenden sich die GIs in diesem Film über Kamera und Mikrofon direkt an die Zuschauer; man hat den Eindruck, persönlich angesprochen zu werden. Erst durch die Arbeit des Kameramannes werden aus den ›austauschbaren Uniformträgern‹ Individuen mit einer persönlichen Geschichte und mit familiärem Hintergrund; sie heben sich ab von dem profillosen Schema der meisten Filme. Überzeugend ist die Konzeption – der Kunstgriff –, den ganzen Film nur mit einer einzigen 16 mm-Handkamera gedreht zu haben. Fast ausschließlich in Nahaufnahmen und ungebrochen gleicht der Film einer Reportage über den gesamten Ablauf eines Einsatzes. Von der Vorbesprechung bis hin zum bitteren Ende kann der Zuschauer das Geschehen hautnah und detailliert miterleben. Konsequenterweise verzichtet der Film – abgesehen vom Vor- und Nachspann – auch auf die Untermalung der Bilder mit Musik.

SHOOTER und 84 CHARLIE MOPIC werfen die Frage auf, wann für einen Reporter oder Berichterstatter die Grenzen des Zumutbaren erreicht sind. Beantworten kann sie nur individuell und subjektiv der Betroffene, wenn er sich einer solchen Situation ausgesetzt sieht. Einer von ihnen, der ehemalige Armyfotograf Ron Haeberle, war bei dem Massaker von My Lai dabei. Es war ihm verboten worden, von dem Überfall auf das Dorf Bilder zu machen. Er hatte aber privat einen Fotoapparat bei sich und hielt so Bilder fest, die das Verbrechen dokumentieren: Bilder, die für die Aufklärung und Aburteilung des Falls wichtig waren. Trotzdem fragt er sich noch heute, was wäre passiert, wenn er nicht ›passiv‹ und nur ›Dokumentarist‹ geblieben wäre: »Hätte ich es verhindern können; wie hätte ich es verhindern können?«[94]

Heldentaten

Die authentische Geschichte eines Bildreporters steht im Zentrum des Geschehens von COMEBACK (»Operation Comeback«, Produktion, Buch und Regie: Hall Bartlett, USA 1982). Die Handlung spielt 1977/78 in Laos und Thailand. John Everingham, ein australischer Bildreporter, macht in Laos eine Reportage über die Boat-People: über die Flüchtlinge aus dem von den Pathet Lao beherrschten Land.[95] Das Regime sieht in der Weltpresse seinen Feind und versucht mit allen Mitteln zu verhindern, daß Informationen nach außen dringen. Niemand soll erfahren, wie grausam die Flüchtlinge von den Grenztruppen verfolgt, gequält und ermordet werden. Everinghams Gegenspieler ist General Kepler, ein Russe ostdeutscher Abstammung, der eine einflußreiche Position innehat. Er zwingt die Medizinstudentin Keo dazu, John zu bespitzeln. Was er nicht

---

94 Vgl. hierzu S. 237.
95 In dem Film BOAT-PEOPLE, siehe S. 256, spielt ebenfalls ein Fotoreporter die zentrale Rolle.

verhindern kann, ist, daß John und Keo sich verlieben. Kepler stellt John eine Falle und nimmt ihn fest, da er selber ebenfalls ein starkes Interesse an Keo hat. Nach einem Schauprozeß, in dem der Reporter der Spionage überführt wird, muß John in einer demütigenden Aktion das Land verlassen. Von Thailand aus versucht er alles, um die von Kepler bedrängte Keo aus dem Land zu holen. Erst ein zweites, gut vorbereitetes Unternehmen gelingt.

Der Film betont den wahren Kern der Geschichte und weist im Abspann darauf hin, daß John und Keo 1979 in Australien heirateten und heute in Bangkok leben. General Kepler soll 1982 – zur Zeit der Dreharbeiten des Films – den Befehl gegeben haben, John Everingham zu ermorden. Von der diffizilen und gefährlichen Arbeit eines Bildreporters berichtet der Film nur in den Eingangssequenzen. Gegen alle Auflagen versucht Everingham, Dokumente über Massaker an Boat-People aus dem Land zu schmuggeln. Doch dann konzentriert sich der Film überwiegend auf die Liebesgeschichte zwischen John und Keo und die dramatische Rettung Keos vor der Rache des Generals. Dies nimmt dem Film an Überzeugungskraft, da die persönlichen Motive gegen die politischen ausgespielt werden und der Film den realistischen Rahmen verläßt und sich in melodramatischen Effekten – Liebe, Eifersucht, Rache, Flucht und Rettung – verliert. Von den Boat-People, die für ihre Freiheit ihr Leben riskieren, ist später keine Rede mehr.

In einer Episode der TV-Serie NAM – TOUR OF DUTY (»NAM – Zurück in die Todeszone«, Regie: Bill L. Norton, USA 1989) taucht auch eine junge Reporterin auf. In der ansonsten ganz auf die männlichen Kriegshelden zugeschnittenen Serie ist Alex Devlin, die 1968 nach Saigon geht, eine Ausnahmeerscheinung. Sie ist dem Krieg gegenüber kritisch eingestellt und recherchiert nach illegalem Waffenhandel und Rauschgiftdelikten. Sie will die volle Wahrheit über den Krieg berichten, aber die Nachrichtenoffiziere möchten mit Rücksicht auf die Angehörigen der Soldaten in den Staaten den Krieg beschönigen: aus Versagern und unnötigen Opfern werden Helden und Heldentaten. Alex erfährt von der bevorstehenden Tet-Offensive, aber ihren Informationen wird nicht geglaubt. Sie gibt nicht auf, bleibt in Saigon und berichtet weiter über einen Krieg und die Aussichtslosigkeit für die Amerikaner, ihn zu gewinnen.

Neben diesem Handlungsstrang werden kleine Randgeschichten erzählt, die sich um die bekannten Figuren der Serie garnieren. Unter anderem tritt ein selbstgefälliger Hubschrauberpilot auf, der bei seinen Einsätzen aus Lautsprechern laute Rockmusik dröhnen läßt – der Rock- und Drogenkrieg verkürzt sich hier auf eine fast glorifizierende Darstellung. Zur Rechtfertigung des Krieges müssen die Vietcong herhalten, die Kinder zu Bombenanschlägen einsetzen und dabei auch Opfer unter der vietnamesischen Zivilbevölkerung in Kauf nehmen. Außerdem sind Prostituierte dazu da, GIs in dunkle Straßen zu locken, damit sie dort ermordet werden können. Auf der einen Seite stellt der Film eine Heldin heraus, die die Wahrheit an die Öffentlichkeit bringen will, und auf der anderen Seite werden die abgegriffensten Klischees benutzt, um die Anwesenheit der Amerikaner ins ›rechte Licht‹ zu rücken.

Neben den Journalisten, Reportern, Nachrichtenkorrespondenten und Kriegsberichterstattern, deren Schicksale oder Einzelerlebnisse direkt das Thema eines Films bilden, gibt es auch solche, deren Berichte und Bücher die Vorlage für Vietnamfilme bildeten oder deren Authentizität in diese Filme integriert wurde. Unter anderem sind folgende Personen direkt oder indirekt für diese Filme verantwortlich: Robin Moore für THE GREEN BERETS [96], Michael Herr für APOCALYPSE NOW [97], Philip Caputo für A RUMOR OF WAR [98] und Nicholas Proffitt für GARDENS OF STONE [99]. Ähnlich wie eine Analyse der Vietnamfilme wäre eine Auseinandersetzung mit der Vietnamliteratur aufschlußreich; und hier besonders die Verbindung zwischen den Reportagen, Büchern und Filmen. Allein die Gegenüberstellung der Kriegstagebücher etwa des Amerikaners Michael Herr und der italienischen Journalistin Oriana Fallaci [100] zeigt extrem unterschiedliche Perspektiven, Wahrnehmungen und Wertungen auf. Es würde den Rahmen dieses Buches sprengen, darauf näher einzugehen.

Krieg und Kino – Kino und Krieg

In seinem Buch »Krieg und Kino – Logistik der Wahrnehmung« [101] hat der Franzose Paul Virilio, der als einer der Vordenker der ›nouvelles technologies‹ gilt, auf die komplexen Zusammenhänge zwischen Krieg und Kino hingewiesen und den schlüssigen Entwicklungsprozeß von der ›chronophotographischen Flinte‹ des Jules Marey bis zur ›Mediatisierung des Kampfes‹ beschrieben: Waffen seien nicht nur Werkzeuge der Zerstörung, sondern auch der Wahrnehmung; es geht »im Krieg weniger darum, *materielle* – territoriale, ökonomische – Eroberungen zu machen als vielmehr darum, sich der *immateriellen* Felder der Wahrnehmung zu bemächtigen. Da die modernen Kriegsparteien darauf abzielen, die Gesamtheit

---

96 Siehe S. 161.
97 Siehe S. 217.
98 Siehe S. 164.
99 Siehe S. 244.
100 Oriana Fallaci »Niente e cosi sia«. Mailand 1969; erstmals auf deutsch (»Wir, Engel und Bestien«) 1970 im Econ Verlag.
101 Aus dem Französischen übertragen von Frieda Grafe und Enno Patalas, veröffentlicht im Fischer Taschenbuch Verlag Frankfurt am Main, Dezember 1989 (Nr. 6645).

dieser Felder zu besetzen, liegt die Feststellung nahe, daß der ideale *Kriegsfilm* nicht unbedingt irgendein bestimmtes kriegerisches Geschehen wiedergeben müßte, da der Film, von dem Moment an, da er in der Lage ist, Überraschungen – technologische, psychologische – hervorzurufen, selbst in die Kategorie der Waffen gehört.«[102]

Beispiele für die Interessensgleichheit von Rüstungsindustrie und Filmindustrie finden sich in allen Epochen der Filmgeschichte (in Deutschland zum Beispiel beginnend mit der Gründung der UFA); besonders bei den Propagandafilmen der Nazis (Koordination von Bild, Taktik und Szenario) und bei amerikanischen Firmen wie die ›Aircraft Company‹ von Howard Hughes: »Der schizophrene Magnat, der 1976 starb, hat bekanntlich ein Industrieimperium geschaffen, in dem Film und Flugwesen auf bezeichnende Weise miteinander verbunden sind.«[103]

Schon nach dem Ersten Weltkrieg wechselten kampferfahrene Flieger in die Filmbranche, wo sie als wagemutige Helden der Lüfte oder Stunt-Piloten gefragt waren. Im Zuge des Zweiten Weltkrieges verdichteten sich der Personalaustausch: Leinwandstars und Studiobosse meldeten sich spektakulär zum aktiven Dienst oder warben für Kriegsanleihen. Kameramänner wurden Kriegsberichterstatter und fanden später – sofern sie den Krieg überlebten – in den Studios wieder Arbeit als Spezialisten für Kriegsfilme.[104] Für die Vietnamfilme ist typisch, daß Ausbilder der Marines und erprobte Vietnamsoldaten bei Produktionen als Berater tätig waren oder die Handlungen der Filme auf autobiographischen Erlebnissen oder fiktiven Stoffen von Kriegsberichterstattern u. ä. beruhten.

Schußfelder und Drehorte

Film- und fototechnische Erfindungen und ihre Weiterentwicklung verliefen bei der Rüstungsindustrie und bei der Filmindustrie Hand in Hand, und neben diesem technischen Gleichklang gibt es auch das ausgesprochene Interesse verfeindeter und/oder kriegsführender Parteien, die

102 A. a. O., S. 13 und 14.
103 A. a. O., S. 184.
104 Auf solche film- und zeitgeschichtlichen Verbindungen verweist u. a. auch der Film »Good Morning Babilonia« von Paolo und Vittorio Taviani, Italien/Frankreich/ USA 1986. Zwei in der Toskana aufgewachsene Brüder verlassen ihre Heimat und machen in Amerika beim Film Karriere. Der in Europa ausbrechende Krieg überschattet das berufliche und familiäre Glück. Einer der bis dahin unzertrennlichen Brüder kehrt nach Italien zurück. Erst der Krieg führt die beiden wieder zusammen: sie kämpfen auf verschiedenen Seiten. Obgleich tödlich verwundet, finden sie noch die Kraft, sich gegenseitig zu filmen, damit ihre Kinder Bilder von ihnen haben.

»Bilder des Gegners« zu besetzen. Virilio liefert in seinem Buch einige aufschlußreiche Beispiele dafür, daß dies eines der hochrangigsten Ziele der nationalsozialistischen Politik war: »Seit kurzem erst ist klar, daß die Alliierten den Zweiten Weltkrieg zum Teil auch deshalb gewonnen haben, weil sie das Wesen des nazistischen ›Lebensraums‹ begriffen hatten. Sie konnten Hitlers Macht in ihrem Kern treffen und seine charismatische Unfehlbarkeit unterminieren, indem sie sich an die Spitze der Erforschung und Anwendung kinematischer Techniken setzten.«[105]

Virilio führt in seinem Buch als weiteres interessantes Beispiel an, daß während des Zweiten Weltkrieges zur Irritation der Nazi-Luftaufklärung Ostengland in eine gewaltige ›Filmkulisse‹ verwandelt wurde; u. a. wurden durch Attrappen falsche Stützpunkte markiert und mit ›Statisten‹ falsche Truppenstärken und -bewegungen simuliert. An dieser »Produktion visueller Fehlinformationen« beteiligten sich auch die Filmstudios von Shepperton bei London.[106] Später stellten sich die englischen Techniker »mühelos von der Erfindung militärischer *special means* auf die von kinematographischen *special effects* um«.[107]

In der amerikanischen Rüstungsindustrie forschte man indessen nach neuen Mitteln der Flugbeobachtung und entwickelte hochempfindliche Ortungs-Sensoren, deren Daten sich zu thermographischen Bildern verdichteten. Die im Auftrage des Pentagons in den Labors konzipierten neuen *elektronischen* Verteidigungslinien bestimmten dann in Vietnam weitestgehend die Szenographie des Krieges, für dessen Verlauf weniger nachrichtendienstliche, sondern mehr kartographische Erkenntnisse entscheidend waren. »Etwa ab 1967 wurde Laos von unbemannten Maschinen überflogen, die ihre Informationen direkt an die IBM-Zentralen in Thailand und Südvietnam lieferten. Direkte Sicht war nicht mehr erforderlich. Innerhalb von einhundertfünfzig Jahren hat sich das Schußfeld in einen Drehort verwandelt, das Schlachtfeld ist zu einem für Zivilisten zunächst gesperrten Filmset geworden.«[108] Coppola, Kubrick, Stone & Co. haben dann – an anderer Stelle zwar, aber fast nebenan und unter vollem Einsatz der film- und kriegstechnischen *special effects* – Drehorte wieder in Schlachtfelder verwandelt und die Öffentlichkeit zugelassen.

105 Paul Virilio »Krieg und Kino«, a a.O., S. 115.
106 Paul Virilio »Krieg und Kino«, a a.O., S. 141
107 A.a.O., S. 142
108 A.a.O., S. 20

Neue Männer braucht das Land

Neben der Authentizität des *Schauplatzes* – oder eine ihm möglichst nahekommende Rekonstruktion – ist die Rolle des Protagonisten oder der Identifikationsfiguren für die Wirkung und Wertung eines Polit-Thrillers ausschlaggebend. Der Vietnamfilm, der mit dem Einsatz von *special effects* und Pyrotechnik beim Publikum den gewünschten *thrill* auslösen möchte[109], hat in der Masse seiner Produkte nur wenige ›Helden‹ anzubieten, die zur Identifikation einladen oder taugen. An anderer Stelle wurde bereits darauf hingewiesen, wie beispeilsweise mit Audie Murphy der Ruhm eines amerikanischen Kriegshelden von Hollywood vermarktet wurde[110], und es war schon nach dem Ersten Weltkrieg so, daß die Kriegshelden ihre Taten vor der Kamera wiederholten und »ihre militärischen Titel und Auszeichnungen in den Dienst ihrer Filmkarriere« stellten.[111] Die Spekulation, während des Vietnamkrieges die bewährte Verbindungslinie zwischen realen und fiktiven Kriegshelden wieder herzustellen, scheiterte an der Legitimation des Krieges überhaupt. Ein patriotischer Taumel, der 25 oder 50 Jahre zuvor die Studios erzittern ließ und sich auf die Zuschauer übertrug, war Ende der 60er Jahre nicht mehr zu inszenieren. Die Rekrutierung von John Wayne mit seinem selbstproduzierten und selbstinszenierten Film THE GREEN BERETS blieb der letzte Versuch zur Belebung der traditionellen Synthese; sie scheiterte ebenso wie die Vietnampolitik der Vereinigten Staaten. John Wayne erzielte mit diesem Film zwar einen beachtlichen finanziellen Erfolg, der aber den weltweiten Imageverlust des Stars nicht ausgleichen konnte.

Das *Starsystem* als »Folge einer Logistik der Wahrnehmung, die sich im Verlaufe des Ersten Weltkrieges auf allen Ebenen entwickelte«[112], versagte ganz eindeutig bei der Absicht der Pro-Vietnamfilme, da weder im Krieg noch im Film Heldenrollen zu vergeben waren. Funktioniert hat es auch nur in den wenigsten der ›großen‹ Anti-Vietnamfilme, wo mit Robert De Niro in THE DEER HUNTER[113] und JACKNIFE[114], Jane Fonda in COMING HOME[115], Tom Cruise in BORN ON THE FOURTH OF

---

109 Mit dem »thrill«-Effekt soll ein Film im wahrsten Sinne des Wortes »auf die Nerven gehen«: er soll die Zuschauer erschauern oder erregen lassen, sie packen, in ihnen Angstzustände auslösen.

110 Siehe S. 265.

111 Paul Virilio »Krieg und Kino«, a. a. O., S. 79. An anderer Stelle führt der Autor treffend aus, daß Reagans Politik ein Beispiel dafür ist, wie »ein ganzes Arsenal alter Wahrnehmungsmaterialien in die große Machtzentrale der Welt eingeführt« wurde (S. 80).

112 Paul Virilio »Krieg und Kino«, a. a. O., S. 41.

113 Siehe S. 206.

114 Siehe S. 224.

115 Siehe S. 218.

JULY[116] und Michael J. Fox in CASUALTIES OF WAR[117] die Rollen der Identifikationsfiguren mit entsprechenden Stars besetzt werden konnten. Viele der wirkungsvollsten Filme, die aus der parteilichen Sicht heraus beim Zuschauer Betroffenheit auslösen wollten, erreichten das auch ohne »Starbesetzung«: THE KILLING FIELDS[118], APOCALYPSE NOW[119] und FULL METAL JACKET[120]

Die Gesamtheit aller Vietnamfilme – die vielen Kriegs- und Rachefilme, Selbstjustiz-, Veteranen- und Söldner-Spektakel – hat die Palette der »Helden« um ›neue Männer‹ bereichert, die sich in *Kampfmaschinen* verwandeln. Der klassische Fight ›Mann gegen Mann‹ – die Schlußsequenz des Western, dessen Stilmittel noch in den Filmen über den Koreakrieg verwendet wurden – wird um so weniger überzeugend, wie der Verlauf eines Kampfes in hohem Maße von der technologischen Leistung der kriegsführenden Parteien abhängig ist. Georg Seeßlen hat das in einer Betrachtung des Genres »Kriegsfilm« deutlich und überzeugend herausgearbeitet: »Der mythische Held ist derjenige, der mit der neuen Technologie umzugehen weiß, ja, mit ihr in gewisser Weise verschmilzt. Auf diese Weise entkommt er der Maschinisierung des Menschen im Kriege, indem er sie paradoxerweise aufs perfekteste präsentiert. Anders ausgedrückt: Der soldatische Held ist eine mythische Synthese aus Sinnlichkeit und Maschine.«[121] Den *Krieg* in Vietnam haben die Amerikaner verloren, aber mit der Kreierung eines Frankenstein-Monsters wie »Rambo« hat der *Film* seine Gewinne erzielt; oder anders ausgedrückt: aus dem Krieg in Vietnam haben Rüstungsindustrie und Filmindustrie wieder einmal ihre Profite gezogen. Neu ist dabei nur, daß mit den Vietnamfilmen bewiesen wurde, daß sich auch ein *verlorener* Krieg in den Medien gewinnbringend vermarkten läßt.

Vietnamfilme und Polit-Thriller

In seiner Analyse des »Kriegsfilms«[122] hat Seeßlen die Entwicklungslinie des in den 40er und 50er Jahren im amerikanischen Film entwickelten Genres aufgezeigt; er verweist auf verschiedene Ausformungen wie beispielsweise die Verbindung des Kriegsfilms mit dem Melodrama oder den

---

116 Siehe S. 261.
117 Siehe S. 267.
118 Siehe S. 180.
119 Siehe S. 212.
120 Siehe S. 240.
121 Georg Seeßlen, »Vom Stahlgewitter zur Dschungelkampfmaschine« in: ZOOM Nr. 16/1988, S. 3.
122 Georg Seeßlen, a. a. O.

Kriegsfilm-Satiren, bis man schließlich begann, »korrupte, verrückte oder gar zur Rückkehr zur Zivilisation unfähige Offiziere zu porträtieren, und das Augenmerk wendete sich von den Siegern auf die Opfer. Der Krieg war als gesellschaftliches Problem hervorgetreten.«[123] Über die Söldner- und Einzelkämpferfilme geht die Entwicklung weiter bis heute, wo sich die »Jungen die Rüstungsmaschine erobern«.[124] Die von Paul Virilio in »Krieg und Kino« nachgewiesenen Zusammenhänge werden durch die Veränderungen im Kriegsfilm-Genre bestätigt; in ihren komplexen Dimensionen haben sich die Vietnamfilme von der klassischen Definition des Genres allerdings losgelöst. Der Krieg – als Zustand der Gewalt zwischen zwei oder mehreren Staaten definiert und heute als Mittel zur Lösung zwischenstaatlicher Konflikte verurteilt und trotzdem praktiziert – hat neben dem (rüstungs-)technologischen Aspekt weitere innerstaatliche, innenpolitische Auswirkungen. In den Kriegsfilmen bis zum Koreakrieg wurde das in der Regel nicht thematisiert. Die Frage nach der Legitimation des Krieges, die Veröffentlichung der Veteranenschicksale, die Suche nach den Verantwortlichen, die Rehabilitierung der Kriegsgegner usw. tauchten erst in den Vietnamfilmen auf. Und immer dann, wenn sich diese Filme eng an die tatsächlichen Ereignisse halten, wenn Aktionen und Hintergründe verdeutlicht und hinterfragt werden, wenn die Filmemacher (die Autoren, Regisseure, Produzenten) parteilich auf der Seite der Opfer stehen und über ausgeprägte Identifikationsfiguren bei einem Massenpublikum Betroffenheit erzeugt werden soll, sind die Kriterien eines Polit-Thrillers erfüllt. Da das Thema »Vietnam« nicht abgeschlossen ist und viele Fragen unbeantwortet sind, haben viele der Vietnamfilme zwar nicht direkt, aber indirekt auch ein »offenes Ende«; es ist damit zu rechnen, daß einige Vietnamfilme mit brisanten Themen und/oder unbequemen Provokationen folgen werden.

123 A. a. O., S. 8.
124 A. a. O., S. 10.

Zeitzeugen, Akteure und Opfer:
Die Medienhelden

Welchen Stellenwert und welche Macht die Medien *heute* besitzen, wird durch ihre Rolle in der Phase des politischen Umbruchs in den ehemaligen Ostblockländern besonders deutlich; die Auseinandersetzungen über ihre Funktion als ›Brennspiegel‹ oder ›Keilriemen‹ einer Revolution halten noch an. Angesichts dieser aktuellen Medienereignisse standen die Mainzer Tage der Fernsehkritik 1990 unter der Überschrift »Revolutionäre Öffentlichkeit«. Klaus Bresser, ZDF-Chefredakteur, hat im Rahmen dieser Veranstaltung über das Fernsehen und seine Rolle bei den politischen Umwälzungen in Osteuropa und der DDR referiert: »Wie immer Journalisten ihre eigene Rolle einschätzen: Gegner und Anhänger der Reformbewegungen im Osten sehen im Fernsehen einen Keilriemen der Revolution. Und so verhalten sie sich. In der Sowjetunion ist der Kampf zwischen Demokraten und Betonköpfen immer auch ein Kampf ums Fernsehen... In Prag wurden noch kurz vor dem Machtwechsel Fernsehstationen von Geheimpolizisten besetzt, kritische Redakteure entlassen... In Bukarest gelingt der Umsturz erst, als die Revolutionäre das Fernsehgebäude besetzt und vor den Kameras im Studio den Sieg über das Ceaucescu-Regime verkündet haben. Umgekehrt war es in China. Anfangs gab es auch dort Fernsehberichte über die Demonstrationen der Studenten, nach wenigen Tagen wurden sie verboten. Die Wahrheit sollte nicht ans Licht. Und als die Panzer rollten, wurden auch die Satellitenleitungen ins Ausland gekappt – mitten in laufenden Sendungen. Es kann nicht anders sein: Die Mächtigen – und nicht nur die in China – haben Angst vor Fernsehbildern. Sie haben deshalb über Jahre und Jahrzehnte alles getan, damit mißliebige Bilder nicht aufgenommen und gesendet werden können. Ihre Mittel: Einschränkung der Reise- und Berichtsmöglichkeiten, Genehmigungen für Dreharbeiten und Interviews, Aufpasser und Zensoren in den Rundfunkhäusern...«[1]
Die Politik und die Medien befinden sich heute in einem Interaktionsprozeß – in einem ›Gleichgewicht der Kräfte‹. Waren Journalisten, Reporter, Kriegsberichterstatter u. ä. früher Zeitzeugen und Beobachter, so werden

---

1 Der volle Wortlaut seiner Rede wurde in der Frankfurter Rundschau vom 31. Mai 1990 dokumentiert.

sie nun in zunehmendem Maße Beteiligte, Betroffene und Opfer politischer und gesellschaftlicher Prozesse und Aktionen, wobei die ›Angst vor Fernsehbildern‹ oftmals zu weitaus härteren Mitteln der Repression als Einschränkungen und Zensur Zuflucht nehmen läßt. Beschleunigt haben diese Entwicklung die Veränderungen im technischen Bereich – die Modernisierung und Perfektionierung der Kommunikationsmedien.

Die US-Perspektiven

Winfried Scharlau, Leiter der Weltspiegel-Redaktion des NDR von 1973 bis 1977 und von 1982 bis 1987 Südostasien-Korrespondent der ARD, hat 1989 in einem Vortrag vor dem NDR-Rundfunkrat über die veränderten Arbeitsbedingungen der Auslandskorrespondenten berichtet und in diesem Zusammenhang darauf hingewiesen, wie stark die Einführung der Elektronik die Berichterstattung revolutioniert hat. Im Vietnamkrieg war man ausschließlich auf Filmkameras und Filmmaterial angewiesen; die Bilder kamen erst mit Verzögerung zu den Rezipienten und waren in Wirklichkeit Nachrichten von gestern. Die Elektronik und ihre spezifische Qualität, von fast allen Hauptstädten der Welt aus via Satellit Überspielungen vornehmen zu können, machen innerhalb weniger Stunden die Bilder vom Ereignis weltweit verfügbar: »Die alte Filmtechnik war umständlich, klobig, sie verlangte ein Team von wenigstens drei Leuten, die Kosten setzten der Zahl der Teams natürliche Grenzen. So waren auf dem Höhepunkt des Vietnamkrieges etwa 700 Korrespondenten in Saigon akkrediert. Und diese 700 verteilten sich auf das Geschehen im ganzen Land. Es fällt schwer, sich auszudenken, wie die Berichterstattung beispielsweise in Vietnam ausgesehen hätte, wäre die elektronische Nachrichtentechnik schon damals verfügbar gewesen. Vermutlich hätte man in diesem Krieg große Offensiven live via Satellit übertragen, so wie heute große Sportereignisse übertragen werden.«[2]

Da aus Kapazitätsgründen schon lange nicht mehr alle Korrespondenten an den Spitzenereignissen teilnehmen können, wird zunehmend Material ›zweit‹-ausgewertet, das von US-amerikanischen Nachrichtenkanälen und -agenturen stammt. Auf der einen Seite bedeutet das, daß andere Länder zu einer Art Medienkolonie werden und ihre eigene Perspektive zugunsten der für Nordamerika geltenden Perspektiven verlieren.[3] Andererseits ist es auch nicht verwunderlich, daß besonders die amerikani-

---

2 Winfried Scharlau, »Zwischen Anpassung und Widerstand. Auslandskorrespondenten im Geflecht der Weltmedienordnung«. Veröffentlichung des überarbeiteten Manuskripts in: Media-Perspektiven 2/1989, S. 57ff.
3 Die Vietnam-Berichterstattung führt Winfried Scharlau in diesem Zusammenhang als besonders krasses Beispiel für ethnozentrisches Verhalten der Medien im Westen an.

schen Journalisten und Reporter in die Rolle der Medienhelden geraten, denn die Veränderungen der letzten 10 bis 15 Jahre haben nicht nur die Arbeitsbedingungen, sondern auch das Ansehen und das Image der Medienrepräsentanten verändert. Besonders die Mitarbeiter der amerikanischen Sender stehen in dem Ruf, nur auf ›action stories‹ aus zu sein und die Sensationsberichterstattung gegenüber der Informationsvermittlung zu bevorzugen. Beim kommerziellen System ist der Erfolg auf dem Markt ein entscheidendes Kriterium, und es »dürfte unbestritten sein, daß der hohe Schauwert einer Story den Publikumszuspruch fördert, die Einschaltquote verbessert und damit die Einnahmen steigert«.[4]

Tödliche Recherchen

Überall in der Welt – und nicht nur in den Spannungsgebieten in Südafrika, in Asien und Lateinamerika – kommt es zu Repressionen gegenüber den Medien; betroffen davon sind einheimische Journalisten ebenso wie ausländische Korrespondenten. In vielen Fällen werden sie auch Opfer von Geiselnehmern, mit deren Hilfe beispielsweise terroristische Organisationen über die Publizität der Medien Druck auf Regierungen und ihre Bündnispartner ausüben wollen. Besonders im Nahen Osten hat es spektakuläre Fälle gegeben, die allein auf ihre Wirksamkeit in den ausländischen Medien zielten.

Journalismus ist daher in vielen Teilen der Welt ein immer lebensgefährlicherer Beruf geworden. Anläßlich der Jahrestagung der Interamerikanischen Presseorganisation 1988 in Santo Domingo wurden erschreckende Untersuchungsergebnisse des internationalen Komitees zum Schutz von Journalisten veröffentlicht: »1987 wurden weltweit insgesamt 26 Journalisten im Zusammenhang mit ihrer Berufsausübung getötet, 59 verletzt und mehr als 180 verhaftet. Im Jahr zuvor waren 15 Pressevertreter der Gewalt zum Opfer gefallen. 32 ausländische Korrespondenten wurden in den letzten Jahren wegen ihrer kritischen Berichterstattung aus den jeweiligen Aufenthaltsländern ausgewiesen.«[5] Besonders gefährlich ist es,

Nach 1973 blieben kaum drei Dutzend US-Reporter im Land. Trotz des Mordens in Kambodscha und in Vietnam besaßen die Ereignisse in Indochina für die Medien der Vereinigten Staaten keine Priorität mehr. »Die amerikanische Öffentlichkeit wandte sich dem Watergate-Skandal zu, und die Mehrzahl der Medien in Europa hat beschämenderweise diesen publizistischen Rückzug aus Vietnam mitvollzogen.« A. a. O., S. 58.
Scharlau spricht sich daher für ein eigenes, unabhängiges Korrespondentennetz der öffentlich-rechtlichen Anstalten aus; er weist darauf hin, daß sie diesen »unzeitgemäßen und inhumanen Rückzug nicht mitgemacht« haben.
4 Winfried Scharlau, a. a. O., S. 60.
5 Roland Bunzenthal, »Kritische Berichterstattung ist nicht selten lebensgefährlich«, Frankfurter Rundschau vom 25. März 1988.

in Mexiko und Kolumbien die Verbindungen zwischen Rauschgifthändlern und den höchsten Staatsämtern aufzudecken; seit Anfang der 80er Jahre kosteten solche Recherchen 57 Journalisten das Leben. Die Studie sieht darüber hinaus eine Häufung von Übergriffen in Gesellschaften, die sich sozial und politisch im Umbruch befinden, da dort die Presse versuche, neu geschaffene Freiräume auszuloten.[6]

Die Vollstreckung des Todesurteils gegen Farsad Basoft, Exil-Iraner und freier Mitarbeiter der britischen Wochenzeitung »The Observer« im Frühjahr 1990 durch die Regierung Iraks, ist einer der aktuellsten Fälle; »ein bitteres Lehrstück für Journalisten, die sich in autoritären Staaten auf Wahrheitssuche begeben wollen«[7]. Der 31jährige Journalist, der auf Einladung der irakischen Regierung das Land bereiste, recherchierte nach den Ursachen einer Explosion, die 700 Todesopfer forderte, was aber von offiziellen Stellen bestritten wurde. Es wurde vermutet, daß es sich um eine Raketenfabrik oder um ein Atomlabor handelte. Basoft konnte zu dem Unfallort vordringen und Bodenproben entnehmen, die er in London analysieren lassen wollte. Bei der Ausreise wurde er wegen Spionagetätigkeit festgenommen: »Basoft spionierte nicht für eine fremde Macht, sondern suchte einen journalistischen Knüller. Er konnte gar nicht im Auftrag des israelischen oder britischen Geheimdienstes recherchiert haben... Daß die Festnahme des leichtsinnigen Journalisten auf einen politischen Prozeß hinauslaufen sollte, wurde aber klar, nachdem Basoft vor den Kameras des irakischen Fernsehens ein erzwungenes ›Geständnis‹ ablegen mußte.«[8]

Identifikationswechsel

Die Macht der Medien, ihre weltweite Präsenz, ihr Einfluß und die Kommerzialisierung der Nachrichtenvermittlung haben Journalisten, Reporter und Korrespondenten eine neue, besondere Rolle zukommen lassen. Der Fall Farsad Basoft ist nur ein Beispiel von vielen, die den Stoff für einen Polit-Thriller hergeben würden, in denen nicht mehr Politiker im weitesten Sinne, sondern die Medienhelden die Identifikationsfiguren sind. Costa-Gavras hat in ›Z‹ diesen Übergang schon angedeutet: anfangs konzentriert sich der Film auf den Abgeordneten, später dann auf den Journalisten, der zusammen mit dem Untersuchungsrichter den Mordfall

6 Roland Bunzenthal, a.a.O.
7 Pierre Simonitsch, »Tödliche Recherchen«, Frankfurter Rundschau vom 16. März 1990.
8 A.a.O. Pierre Simonitsch gehörte mit zu der Gruppe ausländischer Journalisten, die sich auf Einladung der irakischen Regierung im Land aufhielten, deren Arbeit jedoch immer wieder behindert wurde.

aufklärt; und schon in diesem Film wird der Vertreter der Medien ein Opfer des Regimes.[9] In einigen nach ›Z‹ entstandenen politischen Filmen spielen Journalisten und Reporter zwar auch eine Rolle, aber sie stehen meistens nur im zweiten oder dritten Glied. Erst im Zuge der Nachwirkungen des Watergate-Skandals und dessen weltweit erfolgreicher Verfilmung im Jahre 1976[10] gewinnen die neuen Helden – die Medienhelden – an Publizität, Popularität und Profil. Von nun an stellen Film- und TV-Produktionen (auch Serien) ihre eigenen Protagonisten immer stärker in den Mittelpunkt. Und das wiederum wirkt sich auf die politische Praxis aus; auf die Geiselnahme von Reportern, auf die Verhaftung und Folterung von Journalisten und auf die Pseudoprozesse mit tödlichen Folgen für Korrespondenten.

Reporter des Satans

»Freibeuter der Sensationen« überschrieb Tilmann P. Gangloff einen Artikel über die Darstellung des Journalisten im Kinofilm[11]; er trennt scharf zwischen der »Klischeefigur des sensationsgeilen, skrupellosen Reporters, der für eine heiße Story über Leichen geht«, und den Darstellungen, mit denen sich anspruchsvolle Autoren um ein halbwegs realitätsnahes Bild des Journalistenberufs bemühen. Als einen von vielen Beweisen dafür, daß man *Journalistenfilme* als eigenes Genre bezeichnen kann – das besonders in Hollywood Tradition hat –, führt er auf, »daß allein die Stars Clark Gable, James Stewart, Cary Grant und Spencer Tracy insgesamt 27mal einen Journalisten verkörpert haben.[12] In vielen Fällen überschneiden sich die journalistischen Recherchen mit den Ermittlungsmethoden eines Polizisten oder eines Privatdetektivs, doch »die Überschneidung der Genres Polizei- und Journalistenfilme hat ihre deutliche Grenze: Der Bulle und der Schnüffler von der Presse stehen in der Regel auf verschiedenen Seiten. Zwar geht die Aktion beider auf die gleichen Motive zurück, doch oft wird im Polizisten der Ordnungshüter betont, dessen Bestreben der Verteidigung gesellschaftlicher Gegebenheiten, sprich: der Machterhaltung, dient. Der Journalist dagegen will die Wahrheit um jeden Preis, wobei ihm das Aufdecken von Mißständen allerdings

---

9 Siehe hierzu S. 24 f.
10 Siehe hierzu S. 302 f.
11 Veröffentlicht in: »Medium« 4/1989. Auf das Genre des Journalistenfilms kann in diesem Buch nur kurz verwiesen werden. Wir empfehlen daher die Lektüre des Artikels von Tilmann P. Gangloff und der dort im Anhang ausgewiesenen Aufsätze und Kommentare.
12 A. a. O., S. 71. Verwiesen wird in diesem Zusammenhang auf den Aufsatz von Hans C. Blumenberg »Beruf: Reporter« in Cinema 11/1983, S. 74–77.

häufig nur Mittel zum Zweck ist. Und der Zweck heißt keineswegs immer Ruhm und Ehre, sondern oft Reichtum und Karriere.«[13]

Zum Genre des Polit-Thrillers ergibt sich als Abgrenzungskriterium, daß die Protagonisten des Journalistenfilms nicht unbedingt Sympathieträger sind, was für die Identifikationsfiguren des Polit-Thrillers aber Voraussetzung ist. Das vom Journalistenfilm seit Jahrzehnten verfestigte Bild vom »Reporter des Satans«[14] taucht als Klischee auch in den neueren Filmen über die »Sensationsreporter«[15] auf. Es lassen sich aber auch viele Beispiele für gemeinsame Ansätze des Journalistenfilms und des Polit-Thrillers finden. Zu erwähnen sind hierfür u. a. folgende Filme: FORGEIGN CORRESPONDENT (Regie: Alfred Hitchcock, USA 1940)[16]; NETWORK (Regie: Sidney Lumet, USA 1976); THE CHINA SYNDROME (Regie: James Bridges, USA 1978) und SILKWOOD (Regie: Mike Nichols, USA 1982).

Unter den Produktionen der Bundesrepublik Deutschland gibt es mehr Journalistenfilme als Polit-Thriller. Typisch für dieses Genre sind Filme wie DER MANN, DER SICH VERKAUFTE (Regie: Josef von Baky, 1959). Es geht um einen jungen, ehrgeizigen Reporter, der in seiner Artikelserie »Schwarzer Markt und weiße Westen« einen reichen Unternehmer angreift und ihn zu Unrecht eines Mordes verdächtigt; ein Stück Gesellschaftskritik gleitet in einen beliebigen Kriminalfilm ab. Bezeichnenderweise gibt es nur zwei Filme, die als engagierte, ernst zu nehmende Produktionen erwähnenswert sind; in beiden Fällen führte Volker Schlöndorff Regie: DIE FÄLSCHUNG (1980/81[17]) und DIE VERLORENE EHRE DER KATHARINA BLUM (1975). Der letztgenannte Film entstand nach der gleichnamigen Erzählung von Heinrich Böll. Buch und Film attackieren die Machenschaften des Revolver- und Scheckbuch-Journalismus, die menschenverachtende und -vernichtende Schlagzeilen-Presse, ihre profitgierigen Methoden und ihre korrupte Haltung gegenüber den ›tragenden Kräften unserer Gesellschaft‹. Böll hat in seiner Arbeit eigene Erfahrungen mit Presse-Hetzkampagnen verarbeitet, und wegen dieses Films wurde auch Schlöndorff von einem Teil der Presse öffentlich als Sympathisant der Terroristenszene diskreditiert. Wohl kein anderer Film der deutschen Nachkriegszeit hat derartige Auseinandersetzungen ausgelöst.

13 A. a. O., S. 71.

14 ACE IN THE HOLE (»Reporter des Satans«, USA 1951; Regie: Billy Wilder). Kirk Douglas spielt einen skrupellosen Reporter, der durch sein Verhalten den Tod eines Menschen verschuldet.

15 ABSENCE OF MALICE (»Die Sensationsreporterin«, USA 1981; Regie: Sidney Pollack). Sally Fields spielt eine Reporterin, die sich durch vom FBI manipuliertes Material in ein Komplott gegen einen Unschuldigen verwickeln läßt.

16 Siehe S. 49.

17 Siehe S. 311 f.

Was 1975 wütende Reaktionen hervorrief, gehört heute zum Fernsehalltag. REPORTER – EINE GESCHICHTE AUS DER WELT DER ILLUSTRIERTEN ist Titel einer neunteiligen Fernsehserie, die der WDR 1989 im Ersten Programm ausstrahlte. Daß es dennoch nicht gelingt, abgenutzten Klischees zu entgehen, wird durch die Programmankündigung deutlich:»Ein Blick hinter die Kulissen einer großen Illustrierten... zeigt uns, wie sensationelle Stories recherchiert werden und wie Hektik, Streß und Intrige das Leben eines Reporters bestimmen. Die junge und noch unerfahrene Reporterin Azade Celik soll mit Pit Wilkens, genannt Piwi, einem auf allen Schlachtfeldern der Erde bekannten Fotografen, zusammenarbeiten. Die beiden nehmen den Konkurrenzkampf um die heißesten Stories auf. Terrorismus und Politikererpressung, falsche Attentate, Neonazis und Nachrichtenschwindel sind die Themen, denen das ungleiche Paar Woche für Woche auf der Spur ist, die Konkurrenz und den Abgabetermin immer im Nacken... Ihre Waffen sind: Frechheit, Schnelligkeit, Charme und Köpfchen...«[18] Es ist fraglich, ob sich die Lebenswirklichkeit von Journalisten und Reportern in 9 × 45 Minuten *annähernd* realistisch darstellen läßt; die Gefahr ist groß, daß die Medien *ihre* Helden jetzt zu Supermännern und Superfrauen machen.

Der Mann mit der tödlichen Linse

Den Prototyp *des* Medienhelden verkörpert Sean Connery als TV-Starreporter Patrick Hale in THE MAN WITH THE DEADLY LENS / WRONG IS RIGHT (Regie: Richard Brooks, USA 1982), wobei er sein durch die ›Bond‹-Rollen geprägtes Image in diese Figur einbringt. Der Film entstand nach dem Roman »The Better Angels« von Charles McCarry und komprimiert auf konsequente, fast zynische Art die wechselseitigen Beeinflussungen und Abhängigkeiten von Politik und Medien; die Handlung spielt zu einer Zeit, die unseren nahen Zukunftsvorstellungen entspricht. Hale, ein auf allen Show-Plätzen der Welt gegenwärtiger Medien-›Macher‹, ist ein selbstbewußter, selbstgefälliger und selbstironischer Typ; einer, der immer ›auf Sendung‹ ist. Er ist dort, wo die Herrschenden dieser Welt ihre Spektakel veranstalten, und die von ihnen Unterdrückten suchen seine Nähe – und die seines Kameraobjektivs, wenn sie für ihre Belange eine Öffentlichkeit brauchen.
Aus den zahlreichen Schauplätzen und Figuren, die die hektische und sensationsreiche Arbeit des Reporters belegen, verknüpft der Film einige Episoden und Personen zu einem zunächst wirren und komplizierten, dann logisch-stringent zusammengefügten Handlungsstrang. Hale hält

18 ARD-Programmankündigung 15/1989, S. IV/2.

Immer der Erste: Sean Connery als Starreporter Patrick Hale

sich gerade in dem nordafrikanischen Land Hagreb auf, als seine attraktive Kollegin Sally Blake Opfer eines Bombenattentats wird. In Wirklichkeit war Sally CIA-Agentin und auf den arabischen König Award angesetzt, dessen Land mit seinen sprudelnden Ölquellen für die US-Regierung von besonderem Interesse ist. Seine undurchschaubaren Beziehungen zu der Gruppe des Anti-Israeliten und Terroristen Rafeeq passen den Amerikanern nicht in ihr Konzept.

Hale hat Kontakt zu allen Beteiligten; er kommt überall hin, »denn das

Fernsehen ist immer willkommen«. In den nun folgenden Konflikt ist auch ein skrupelloser Waffenhändler verwickelt. Er besitzt zwei auf Kofferformat reduzierte Atombomben, die er gerne an die Araber verkaufen möchte – egal an welche Seite, Hauptsache, die Kasse stimmt.

Ohne daß er es ahnt, wird Hale in das von der CIA gesteuerte Komplott gegen Award einbezogen: als Gastgeschenk überbringt er ihm eine mit Gift präparierte Fotokamera. Awards Tod wird als Selbstmord kaschiert. Hale bezweifelt diese Darstellung und stellt entsprechende Recherchen an. Die Situation wird gespannt, als Rafeeq der Öffentlichkeit Beweise dafür liefern kann, daß die Amerikaner in den Fall verstrickt sind. Seine Vorwürfe gelten dem US-Präsidenten: Tatsächlich aber war es eine Allianz aus den Falken im Weißen Haus und dem Geheimdienst, die die ganze Sache inszeniert hat. Man wollte einen Vorwand dafür schaffen, daß der Präsident einer Intervention amerikanischer Streitkräfte in dem Land Awards zustimmt. Der Präsident wird von allen Seiten unter Druck gesetzt und rechtfertigt letztendlich die ›politische Notstandssituation‹. Als Rafeeq den Präsidenten mit den Atombomben erpreßt und seinen Rücktritt erzwingen will, wird Hale in das Beraterteam im Weißen Haus integriert. Dank seiner Erfahrung und Besonnenheit kann er eine sich anbahnende Katastrophe verhindern. Trotzdem ist Hale nur eine berechenbare Figur im Drehbuch der CIA. Nach dem mißglückten Erpressungsversuch erzwingen die reaktionären Kräfte eine militärische Vergeltungsaktion gegen die Araber. Zuvor wurde dafür gesorgt, daß die Ölpreise ins Unermeßliche stiegen, was ihnen für ein schnelles Eingreifen den Beifall der amerikanischen Öffentlichkeit sicherte. Der Krieg bricht aus – und vornweg mit strahlendem, siegessicherem Optimismus der Medienheld und Krisenmanager Patrick Hale.

Die Welt wird überschaubarer und manipulierbarer; via Satellit – der am Anfang des Films bedrohlich die Erde umkreist – vereinigen sich die Bilder aus allen Kontinenten auf den Monitorwänden zu einer großen Informations-Show. Die Schaltzentralen internationaler Politik sind nicht die Regierungsgebäude, sondern die Studios. Brooks hat diese These mit schnellen, übereinandergeblendeten Bildfolgen von Schauplätzen aus aller Welt untermauert. Obwohl das arabische Land ein fiktives ist, liegen Parallelen zur politischen Realität nahe. Diese werden zusätzlich dadurch erhärtet, daß das Zusammen- und Gegeneinanderspiel zwischen den diversen Stäben und Teams im Weißen Haus keineswegs überzogen dargestellt wird. Für alle hier praktizierten Formen der Intrigen lassen sich Belege finden; zum Beispiel dafür, wie man mittels Manipulation der Ölpreise Krisenstimmung und politischen Druck erzeugen kann, oder wie man durch patriotische Auftritte sinkenden Beliebtheitswerten entgegentreten kann (der US-Präsident in diesem Film hält eine mediengerechte

Rede vor Fort Alamo, weil »dort schon Davy Crockett und John Wayne gekämpft haben«).[19]

Besonders überzeugend in diesem Film ist Sean Connery als integerer Medienheld, der sich trotz aller Show von moralischen Werten nicht abbringen läßt. Und ganz nebenbei bringt das seinem Sender auch hohe Einschaltquoten, besonders dann, wenn er sich in das politische Geschehen einmischt. Wichtiger als politische Überzeugung und Aktionen ist für Hale, daß immer irgendwo Action ist und *er* darüber berichten kann.

Mit THE MAN WITH THE DEADLY LENS resigniert Brooks vor der Allmacht der Medien, für deren Freiheit und Unabhängigkeit er mit seinem Film DEADLINE USA (»Maske runter«, USA 1952) eingetreten ist. In diesem Film spielt Humphrey Bogart den Chefredakteur einer Zeitung, der mutig gegen Gangsterkreise und korrupte Beamte antritt. Sein journalistischer Idealismus ist meilenweit entfernt von einem so ausgesprochenen Karrieretyp, wie ihn Sean Connery verkörpert; beide sind Protagonisten ihrer Epochen. »Bogart« – »Connery«: an dieser kontrastreichen Gegenüberstellung wird auch ein Teil unserer Medienentwicklung in den vergangenen 40 Jahren optisch nachvollziehbar.

Zeugen von Verschwörungen

An anderer Stelle dieses Abschnittes über die Medienhelden wurde bereits darauf verwiesen, daß aus Kapazitätsgründen nicht alle Filme, die im Zusammenhang zwischen dem Genre des Journalistenfilms und dem Polit-Thriller von Bedeutung sind, hier erwähnt werden können.[20] Allein schon die Beschränkung auf die Filme aus den Vereinigten Staaten – das Genre des Journalistenfilms ist ein typisches Hollywood-Produkt[21] –

---

19 THE ALAMO (Regie: John Wayne, auch Produzent und Hauptdarsteller, USA 1960). Wayne: »Ich wünsche mir von ganzem Herzen, daß die Schlacht um Alamo ein Symbol bleibt und beweist, daß die Liebe zur Freiheit nicht tot ist... Beim Drehen dieses Films hatte ich das Gefühl, der Welt nützlich zu sein«. (Zitiert nach: Joe Hembus, »Western-Lexikon«, Hanser Verlag, München 1976, S. 31 ff.)

20 Siehe S. 293.

21 Glasnost und Perestrojka haben die Inhalte des Sowjetfilms verändert. Im Zuge dieser Entwicklung entstehen Produktionen, die den amerikanischen Filmen über den Enthüllungsjournalismus und den Polit-Thrillern mit den Medienhelden vergleichbar sind. Ein Beispiel hierfür ist »Schock«, UdSSR 1989; Regie: Eljor Ischmuchamedow. Hauptheld dieses usbekischen Films ist der Journalist Murad, Mitarbeiter der zentralen Parteizeitung. Er legt sich mit der Mafia an und muß dafür sterben. »Im Film schwingt Besorgtheit mit. Aber auf ihm lastet nicht nur der Schmerz der Vergangenheit, er ist zugleich eine Mahnung. Die ›neue Klasse‹ wird nur so lange existieren, solange die Menschen sich erniedrigen und demütigen lassen. Der Filmheld, der Journalist Murad, hat einen Schritt in Richtung Menschenwürde getan und den Teufelskreis gesprengt.« Sergej Schumakow in: »Sowjetfilm« 7/1989, S. 19.

würde den Rahmen dieses Buches sprengen. Verzichtet werden muß daher auf so wichtige inneramerikanische Themen wie beispielsweise die Machenschaften der CIA (Central Intelligence Agency), die Auseinandersetzungen um den Strafvollzug und die Todesstrafe, die Verbrechen des Ku-Klux-Klan, die Rassenkrawalle, die Unterdrückung von Minderheiten und die Vergiftung der Umwelt. Zu allen Themen gibt es Filme, in denen Reporter und Journalisten bei der Aufdeckung von Intrigen, Verschwörungen und Verbrechen einen entscheidenden Part spielen.

Stellvertretend für die vielen Filme über den amerikanischen Enthüllungsjournalismus seien zwei exemplarische Polit-Thriller ausführlicher dargestellt, in denen die Rolle der Medienhelden besonders deutlich wird; in dem einen Fall handelt es sich um eine fiktive Handlung, die auf reale Vorkommnisse verweist, und in dem anderen geht es um die Rekonstruktion der Aufklärung einer skandalösen Affäre, die Politik gemacht hat. Zwischen diesen beiden Filmen gibt es einen Zusammenhang, der noch erläutert wird.

Beispiel 1: Zeuge einer Verschwörung

THE PARALLAX VIEW (Produktion und Regie: Alan J. Pakula, USA 1974)

Am 4. Juli, dem Unabhängigkeitstag, wird Senator Carroll, liberaler Kandidat für die kommenden Präsidentschaftswahlen, bei einer Public-Relations-Veranstaltung auf der ›Space-Needle‹ vor den Augen der Geladenen und der Presse erschossen. Der mutmaßliche Täter – nur vom Kinosessel aus ist ein zweiter Beteiligter zu sehen – wird nach einer Verfolgungsjagd vom Turm gestoßen. Nach viermonatigen Ermittlungen kommt ein Untersuchungsausschuß in der öffentlichen Schlußverlautbarung zu einem Ergebnis, das wörtlich aus dem Warren-Report über die Ermordung Kennedys stammen könnte: Der Mörder habe allein gehandelt, nichts deute auf eine Verschwörung hin.

Drei Jahre später sind bereits acht Zeugen der Tat, wie es heißt, auf natürliche Weise oder durch Unfall zu Tode gekommen. Die Fernsehjournalistin Lee Carter (Paula Prentiss) war ebenfalls bei dem Mord anwesend. Sie glaubt, die acht Zeugen seien ermordet worden, und sieht auch ihr eigenes Leben bedroht. Sie bittet den Kollegen Joe Frady (Warren Beatty) um Hilfe. Dieser tut ihre Besorgnis als Hirngespinste ab, bis er sie tags darauf in der Leichenhalle wiederfindet: Unfalltod unter Einwirkung von Alkohol und Barbituraten.

Frady, ein aggressiver und etwas verlotterter Lokalreporter, der schon mehrfach wegen fragwürdiger Aktionen mit der Polizei aneinandergeraten war, gehört zu denjenigen, die von ihrem Chefredakteur immer mal

In einem Labyrinth ohne Ariadne-Faden – Journalist Joe Frady (Warren Beatty)

wieder darauf hingewiesen werden müssen, daß die Presse über Ereignisse berichten, sie aber nicht selbst fabrizieren solle. So stößt er auf Ablehnung, als er die abgeschlossene Carroll-Affäre wieder aufrollen will. Auf eigene Faust beginnt er daher die Ermittlungen, die ihn schließlich zu der auf nationaler Ebene arbeitenden ›Parallax-Corporation‹ führen, einem Großkonzern, der in einem imposanten Hochhaus in Los Angeles residiert und unter anderem Attentäter ausbildet und vermittelt. Bei der ›Abteilung für Menschenführung‹ bewirbt er sich unter falscher Identität und muß sich einem raffinierten psychologischen Eignungstest und einer visuellen ›Gehirnwäsche‹ unterziehen, die darauf zielen, asoziale Außenseiter und potentielle Killer herauszufiltern, die bei Eignung an politische Parteien unterschiedlicher Couleur vermittelt werden. Ein Verfahren, nebenbei bemerkt, das Amerika bereits in den dreißiger Jahren kannte und von dem Gangstersyndikate und die Mafia profitierten. Während der Beschattung eines seiner Anwerber kann der Reporter ein Bombenattentat auf den liberalen Senator George Hammond vereiteln.
Unterdessen hat die ›Parallax-Corporation‹ Fradys wahre Identität ermit-

telt. Sie nutzt seine Recherchen, um ihn zu den Vorbereitungen einer Wahlkampfveranstaltung Hammonds zu locken, die der Senator selbst überwacht. Als der Politiker dabei erschossen wird, deuten alle Indizien auf Joe Frady, der verzweifelt versucht, aus der Falle zu entkommen, und von einem Wachmann liquidiert wird. Wie zu Beginn erscheint wieder das Untersuchungskomitee, das nach sechsmonatigen Ermittlungen wiederum zu dem Ergebnis kommt, der Mörder habe allein gehandelt, und nichts deute auf eine Verschwörung hin.

Pakula bettet seine fiktive Handlung in sehr konkrete historische und soziale Zusammenhänge ein. Nachhaltig verunsichert durch den Mord an John F. Kennedy mit seinen mysteriösen Umständen und Folgen, die der Warren-Report nicht überzeugend aufklären konnte, zutiefst verstört durch den Vietnamkrieg und seine Auswirkungen, beunruhigt durch spürbare Folgen der Inflation, zieht der amerikanische Bürger die Glaubwürdigkeit der Institutionen in Zweifel. Die Demokratie ist bedroht durch Mächte, die im Hintergrund wirken. Pakula gestattet seinem Reporter konsequenterweise keine Aufklärung der Affären. Die Drahtzieher bleiben im dunkeln. Nur eines ist sicher: erhebliches Kapital steht hinter den Aktionen und politischer Gestaltungswille, der jenseits demokratischer Grundsätze wirkt und auf Geheimhaltung oder Verschleierung angewiesen ist. Darauf zielt der Titel des Films, der gleichzeitig Wesen und Taktik der Attentate charakterisiert: Parallax View – das sind die unterschiedlichen Perspektiven, die sich durch einen veränderten Standpunkt des Betrachters ergeben, das Bewußtsein einer veränderten und veränderbaren Wahrnehmung der Realität. Zu diesem Labyrinth fehlt dem modernen Theseus der Ariadnefaden. Überkommene Tugenden amerikanischer Filmhelden wie Mut, Aufrichtigkeit, Tatkraft, Identitätsbewußtsein und Vertrauen in die unverbrüchlichen Grundsätze von Gut und Böse brechen angesichts solch zynischer Spiegelfechtereien in sich zusammen. Das Individuum steht, wie es der Film in eindrucksvoller Symbolik zeigt, machtlos und verschwindend klein vor den reflektierenden Glasfassaden der Konzerne. Hinter ihnen wirkt bürokratisch, in undurchschaubarer Hierarchie, eine Macht, die nicht nur undemokratische Aktionen plant und durchführt, sondern auch die Bevölkerung in ihrem Denken und Fühlen mittels willfähriger Medien nachhaltig zu ihren Zwecken manipuliert. Pakula belegt dies in der sechs Minuten dauernden zentralen Szene des Films, in der sich Frady einer visuellen ›Gehirnwäsche‹ aussetzen muß. Auf großer Leinwand ziehen in psychologisch exakt gesteuertem Rhythmus, unterlegt von emotiver Musik Symbolbilder vorüber, die streng kalkulierte Gedankenassoziationen hervorrufen. Zuerst die Grundmotive gesellschaftlichen Zusammenlebens: Liebe, Mutter, Vater, Ich, Zuhause, Heimat, Gott, Glück. Bald jedoch erscheinen Sternenbanner und Freiheitsstatue sowie andere Zeichen für Wohlbefinden und Frieden in schneller Montage durch negative Wertsetzungen bedroht: Adolf Hitler, Mao, Fidel Castro, später Farbige, Hippies, Friedensgruppen, Minderheiten. Der Journalist Joe, Ermittler, Aufklärer, Individualist, im dunklen Raum in einem bequemen Sessel stellvertretend für jeden Bürger solch zynisch perfektioniertem Medienterror ausgesetzt, hat denen gegenüber, die die Mittel besitzen, ihn zu entwickeln und in Presse, Fernsehen, Kino zu verbreiten, keine Chance. Was immer der Ermittler von diesen Geheimnissen lüften kann, bevor er mundtot gemacht wird, kann der Allgemeinheit nur um so mehr das Gefühl von Ohnmacht und Bedrohung vermitteln.

Pakula bezeichnet THE PARALLAX VIEW als ›Vor-Watergate-Film‹. »Er gab unserem gemeinsamen Gefühl Ausdruck, daß über allem ein Geheimnis liege, eine tief verborgene, unerschließbare Wahrheit. Er spiegelt unsere Frustration wider.«[22]

Beispiel 2: Die Unbestechlichen

ALL THE PRESIDENT'S MEN (Regie: Alan J. Pakula, USA 1976)
Richard Nixon erfuhr es am Sonntag, dem 18. Juni 1972, durch eine Schlagzeile des *Miami Herald*. In seinen Memoiren schreibt er: »Meine Reaktion auf den Watergate-Einbruch war vollkommen pragmatisch, und wenn sie auch zynisch schien, dann war es nur ein Zynismus aus Erfahrung. Ich war schon zu lange in der Politik und hatte alles schon mal gesehen – vom schmutzigen Trick bis zum Wahlbetrug. Wegen einer politischen Abhörgeschichte konnte ich wirklich keine ehrliche Empörung aufbringen.«[23] Sein Pragmatismus schien ihm recht zu geben. Watergate wird anfangs kaum beachtet, und Nixon erringt am 8. November 1972 einen der strahlendsten Wahlsiege in der Geschichte der Vereinigten Staaten.

Daß er am 9. August 1974 zurücktritt und unter Anklage gestellt wird, ist Resultat hartnäckiger Recherchen zweier Journalisten der *Washington Post*, Bob Woodward und Carl Bernstein. Ihr Kampf um Informationen löst einen politischen Erdrutsch aus, der seither nicht nur ein Kapitel der amerikanischen Geschichte geworden ist, sondern auch exemplarische Pressegeschichte gemacht hat. Ihre mehr als zweijährige Arbeit brachte Licht in folgende Vorgänge:

»In der Nacht des 17. Juni 1972 überraschten Polizisten fünf Einbrecher in den Büroräumen des Vorstandes der Demokratischen Partei im Watergate Hotel in Washington. Das elektronische Gerät, das sie bei sich

---

22 Interview mit Michel Ciment in: ›Positif‹ Nr. 186, Oktober 1976, S. 53.
23 Richard Nixon, Memoiren, Ellenberg Verlag, Köln 1979, S. 419.

trugen, sollte offensichtlich zum Abhören von Gesprächen und Telefongesprächen in diesen Räumen versteckt werden. Einer der Einbrecher entpuppte sich als James McCord, der zuvor bei der Central Intelligence Agency angestellt gewesen war und nunmehr im Komitee zur Wiederwahl Präsident Nixons mitarbeitete. In den Notizbüchern zweier der Verhafteten fanden sich zudem die Telefonnummer Howard Hunts im Weißen Haus, ebenfalls ein ehemaliger Mitarbeiter des CIA, der derzeit von Charles Colson, einem Berater Präsident Nixons, beschäftigt wurde, und die Nummer von Gordon Liddy, einem vormaligen FBI-Agenten und ebenfalls derzeitigen Mitarbeiter des Komitees zur Wiederwahl Nixons. Die Überprüfung des Bankkontos eines der Einbrecher ergab, daß das Wiederwahl-Komitee ihm 114000 Dollar überwiesen hatte. Die über den Kreis der Verhafteten hinausweisenden Spuren waren so eindeutig, daß sie die Staatanwaltschaft zwangen, weiter zu ermitteln. An diesem Punkt begann die zweite Serie von Gesetzesbrüchen, die massive Vertuschungsaktion (*cover up*) unter der persönlichen Leitung Nixons, deren Bekanntwerden den Präsidenten schließlich zum Rücktritt zwang.«[24]

Durch die Ermittlungen Woodwards und Bernsteins wurde deutlich, daß Watergate nur die Spitze eines Eisberges von Sabotage und Bespitzelung des politischen Gegners war, für die sich nicht nur die engsten Mitarbeiter des Präsidenten und Nixon selbst, sondern auch FBI, CIA und die Justiz in die Verantwortung nehmen lassen mußten. Die Presse funktionierte exemplarisch als demokratisches Kontrollorgan, indem sie die Hintergründe eines wenig beachteten Vorfalls als Affäre entlarvte und zum Skandal machte.

Anfang 1975 erschien Woodwards und Bernsteins umgehend zum Bestseller avanciertes Buch über ihre Recherchen. Im Frühjahr 1973 hatte Robert Redford bereits mit den Reportern Kontakt aufgenommen; zu einer Zeit, als das offizielle Washington noch jegliche Verstrickung in die Affäre leugnete. Er wollte an ihrem Beispiel einen Film über Realität und Wirkung journalistischer Tätigkeit produzieren. Sein Projekt wurde wie geplant durchgeführt, nur erhielt es durch die unvorhergesehenen politischen Enthüllungen und Konsequenzen außergewöhnliche Dimensionen.

ALL THE PRESIDENT'S MEN spielt im Zeitraum vom 1. Juni 1972, dem Tag der Rückkehr Richard Nixons vom Gipfeltreffen in der Sowjetunion, bis zum 20. Januar 1973, als er den Eid für seine zweite Amtsperiode ablegte. Im Vordergrund steht die minutiöse Rekonstruktion der Recherchen, geschildert aus der Sicht der Reporter. Parallel spielt sich der Wahlkampf zwischen Nixon und McGovern ab, den der Zuschauer in

---

24 W. P. Adams (Hrsg.), Die Vereinigten Staaten von Amerika, Fischer Weltgeschichte Bd. 30, Frankfurt am Main 1977, S. 439f.

Originaldokumenten mit den Protagonisten auf Fernsehmonitoren verfolgt.

Woodward ist noch völlig unbekannt und erst seit 9 Monaten bei der Zeitung angestellt, als ihm bei der ersten Verhandlung gegen die fünf Watergate-Einbrecher Ungereimtheiten auffallen. Mit dem routinierten Bernstein, der noch auf den unteren Sprossen der Karriereleiter steht, geht er ihnen auf den Grund. Wie konnten umgehend Spitzenanwälte die Pflichtverteidiger ablösen, wo die Beschuldigten seit ihrer Verhaftung gar nicht telefoniert haben konnten? Was bedeutete es, daß einer von ihnen der CIA angehört hatte? Keine der übrigen Zeitungen, kein namhafter Journalist maß dem Vorkommnis weitere Bedeutung bei. Allein die beiden Anfänger von der *Post* folgten nach Hinweisen ungenannter Informanten dem Weg des Geldes, das auf das Konto eines der Einbrecher eingegangen war. Es führte zum quasi-privaten Komitee zur Wiederwahl des Präsidenten, über das, wie sich nach komplizierten Recherchen bei unter massivem Druck stehenden Zeugen herausstellen wird, von Justizminister John Mitchell (1969–1972) und Nixons engsten Mitarbeitern Haldeman, Ehrlichman, Dean und Kleindienst verfassungswidrige und kriminelle Manipulationen gegen den politischen Gegner finanziert wurden. Vor dem Hintergrund der größten Erfolge Nixons, die sparsam durch TV-Spots auf Monitoren in den Redaktionsräumen vergegenwärtigt werden, kämpfen die beiden Einzelgänger mit Telefon und Schreibmaschine gegen den Giganten. Im Verlauf ihrer Recherchen sieht es oftmals so aus, als sei der Verlust ihres guten Rufes, ihres Jobs, ihres Lebens wahrscheinlicher als der Erfolg. Die Faszination der Geschichte liegt im Sieg dieses David über den Goliath von verschworenen Polizei- und Geheimdiensten, Justiz und dem scheinbar alles sanktionierenden politischen Erfolg einer Persönlichkeit, die, durch Bildmedien entrückt, dem normal Sterblichen ungreifbar und unangreifbar erscheint.

Pakula faßt die zweieinhalb Jahre dauernden Vorgänge in der authentisch dokumentierten Form einer Kriminalhandlung zusammen. Die Ermittler suchen Zusammenhänge und Täter, kämpfen mit persönlichem Einsatz nicht nur um jede Information, sondern auch um das Vertrauen der Vorgesetzten in ihre Arbeit, kämpfen nicht zuletzt gegen den Moloch der Staatsgewalt, die ihnen mit legalen und illegalen Mitteln zu schaden trachtet.

Der Widerstreit zwischen Aufklärung und Delikt/Vertuschung ist visuell konsequent aufbereitet. Das klinisch kalte Neonlicht der Redaktionsräume kontrastiert mit dem nächtlichen Washington, besonders mit der finsteren Tiefgarage, in der ein hochgestellter, anonymer Informant Woodward auf die Fährte des Skandals führt.

Die sensationelle Handlung ist darüber hinaus völlig unspektakulär inszeniert. Spannung entsteht diskret besonders durch Visualisierung des alle

REDFORD/HOFFMAN
DIE UNBESTECHLICHEN
Ein Farbfilm der Warner Bros. A Warner Communications Company
im Verleih der Warner-Columbia

Hoffman – Redford als › Washington-Post‹-Reporter Bob Woodward
und Carl Bernstein

Relationen sprengenden Ungleichgewichts zwischen Jägern und Beute.
Auf Woodwards Schreibtisch steht der Fernsehmonitor. Nixon erscheint
in triumphalen Phasen seines Wahlkampfes. Daneben klappert die
Schreibmaschine auf das Ende seiner Karriere hin.
Hatte Pakula in THE PARALLAX VIEW einen für das Genre des Polit-Thrillers typischen Ausgang gefunden – der Journalist wird von dem Syndikat,
dessen Machenschaften er aufdecken will, ohne sein Wissen selbst manipuliert und trägt durch seinen Tod zum Triumph der Verschwörung bei –,
so gehört ALL THE PRESIDENT'S MEN mit seinem positiven Ende zu den
Ausnahmen des Genres. Der wiedergewählte Nixon legt unter dem Ap-
plaus der Abgeordneten und den Freudentränen seiner Frau Pat den Eid
für seine zweite Amtszeit ab. Gleichzeitig ertönt Geklapper von Woodwards und Bernsteins Schreibmaschinen, das in das Tickern der Fern-
schreiber übergeht, die in knappen Schlagzeilen den weiteren Verlauf der
Affäre bis zum Rücktritt des Präsidenten vermitteln.
Läßt der Polit-Thriller in der Regel die untergründige Bedrohung über
den Menschen, die das Kino verlassen, schweben, so gönnt ihnen Pakula
hier den erlösenden Triumph der demokratischen Institutionen.
Bei der Inszenierung von THE PARALLAX VIEW stellte sich Pakula das Pro-

blem, eine Geschichte, die unwahrscheinlich erschien, glaubhaft zu erzählen. Er erinnert sich in seinem Interview [25]: »Aber im Laufe der Dreharbeiten war die Arbeit der Watergate-Untersuchungskommission voll im Gange. Ich erinnere mich, daß ich auf dem Weg ins Studio im Radio die Zeugenvernehmungen hörte. In gewisser Weise ist THE PARALLAX VIEW ein Pre-Watergate-Film. Er gab unserem gemeinsamen Gefühl Ausdruck, daß über allem ein Geheimnis liege, eine tief verborgene, unerschließbare Wahrheit. Er spiegelte unsere Frustration wider. Seither hat sich das Klima geändert: die Watergate-Affäre ist aufgeklärt, Nixon ist zurückgetreten, es gab Untersuchungen über die Aktivitäten der CIA und des FBI. Ich erinnere mich, daß ich gerade eine Szene zwischen Warren Beatty und dem Chefredakteur seiner Zeitung, gespielt von Hume Cronyn, drehte, in der der Journalist glaubte, daß das FBI in den Mord verwickelt sein könnte, wohingegen sein Chef, ein klassischer, konservativer Amerikaner, erzogen im Vertrauen in die Institutionen, diesen Gedanken völlig zurückwies. Und wir fürchteten, auch das Publikum würde ihn zurückweisen. Während ich diese Szene drehte, machte F. Patrick Grey, der Chef des FBI, seine Zeugenaussage vor der Watergate-Untersuchungskommission und gestand, er habe alle geheimen Papiere verbrennen lassen, was eine Behinderung der Justiz durch den Chef eines Nachrichtendienstes darstellte. Die Watergate-Affäre verlieh also sonderbarerweise dem Alptraum aus THE PARALLAX VIEW dokumentarischen Wert.«

Strahlende Zeiten

In der Tradition der Filme von Alan J. Pakula stehen unter anderem auch die Filme, die sich kritisch mit der Nutzung der Kernenergie und dem Bau von Atomkraftwerken und Aufbereitungsanlagen auseinandersetzen, vertuschte Störfälle an die Öffentlichkeit bringen oder den »Day after« prognostizieren. Eine Auflistung und Analyse der vielen unterschiedlichen Filme, in denen Atomkraft und Atomwaffen von einem begehrten und umkämpften Spionageobjekt [26] zu einer Gefahr für die Allgemeinheit werden, kann hier nicht geleistet werden, obwohl sie das Umfeld der Polit-Thriller zu diesem Thema bilden. Auf zwei Produktionen, in denen Medienhelden im Mittelpunkt stehen, sei dennoch kurz hingewiesen:

25 ›Positif‹ 186, Oktober 1976, S. 53 f.
26 Zum Beispiel: THE HOUSE ON 92ND STREET, Regie: Henry Hathaway, USA 1945, CLOAK AND DAGGER, Regie: Fritz Lang, USA 1946, und HELL AND HIGH WATER, Regie: Samuel Fuller, USA 1954.

THE CHINA SYNDROME (»Das China-Syndrom« Regie: James Bridges, USA 1978)
Jane Fonda und Michael Douglas spielen ein Reporter-Team, das einen als harmlosen Betriebsunfall heruntergespielten Störfall in einem Atomkraftwerk an die Öffentlichkeit bringt. Der Film nahm die Wirklichkeit vorweg: wenige Wochen nach der Uraufführung im Frühjahr 1979 ereignete sich der Zwischenfall in Harrisburg, der nur um Haaresbreite an der Katastrophe vorbeiführte.

SILKWOOD (Regie: Mike Nichols, USA 1983)
Der Film basiert auf wahren Ereignissen. Karen Silkwood, die 1974 bei einem Autounfall ums Leben kam, war eine engagierte Gewerkschaftlerin. Sie wollte einem Reporter Material übergeben und Beweise veröffentlichen lassen, daß in der Plutonium-Aufbereitungsanlage, in der sie arbeitete, die Sicherheitsvorkehrungen sträflich verletzt wurden. Diese Beweismittel wurden nach ihrem Unfall nicht gefunden. Die Fakten des Falles hat der »Rolling Stone«-Reporter Howard Kohn in dem Buch »Wer tötete Karen Silkwood?« veröffentlicht. Er kam zu der Schlußfolgerung, »die junge Frau sei wahrscheinlich ermordet worden. Die Plutoniumfabrik wurde bald darauf geschlossen, und Karen Silkwood entwickelte sich zu einer Heldenfigur, zur Märtyrerin, und zum Symbol der Antiatom-, Umweltschutz-, Frauen- und Gewerkschaftsbewegung zugleich.«[27]

Finstere Zeiten

Buch und Film über Karen Silkwood gehören heute zu den wohl letzten herausragenden Leistungen des einstmals so berühmten amerikanischen Enthüllungsjournalismus. Den US-Medien wird vorgeworfen – u. a. bei der Grenada-Invasion 1983 und dem Krieg um den Panama-Kanal 1989 –, »ihrem journalistischen Auftrag nicht mehr nachzukommen und sich weit von der kritischen Berichterstattung der siebziger Jahre entfernt zu haben. Nicht nur der gebotene Abstand zur Macht ist dabei verschwunden, auch die Meinungsvielfalt in den USA ist geschrumpft... Wie domestiziert die US-Medien sind, hat sich nach Ansicht ihrer Kritiker am eindrücklichsten während des Iran-Contra-Skandals gezeigt... Zum Verhängnis wurde den Washingtoner Medienschaffenden die allzu große Nähe zur Macht.«[28] Mitschuldig an dieser Entwicklung sind unter anderem auch die hohen Star-Gagen, die für viele Journalisten wichtiger geworden sind als berufliche Ideale. Vielleicht kommen neue Impulse in die

27 Fischer Film Almanach 1985, S. 168.
28 Der Spiegel, 20/1990, S. 197f.

Diskussion um das Abschlaffen des amerikanischen Enthüllungsjournalismus durch »Reporter«, das neueste Buch des Bestsellerautors Arthur
Hailey: »Detailgenau und atemlos im Stil wie die Nachrichten-Bericht-
erstattung schildert Arthur Hailey in ›Reporter‹ die faszinierende, erbar-
mungslose Welt des amerikanischen Fernsehjournalismus. Was zählt,
sind Kaltblütigkeit, Schnelligkeit, technische und intellektuelle Brillanz.
Für Menschlichkeit gibt es weder Zeit noch ein Budget. ›Reporter‹ ist
nicht nur ein aktionsgeladener, dicht gewobener und dramaturgisch hervorragend gebauter Thriller, sondern zugleich auch ein Crash-Kurs in
journalistischer Arbeit und ihren moralischen Grenzen.«[29] Es wird wohl
nicht lange dauern, bis dieser ›spannungsgeladene und exzellent recherchierte Thriller‹ verfilmt wird.

Gegen Macht und Multis

Die Arbeitsplätze der Medienhelden sind die Schauplätze – die Drehorte
und die Kulissen – der Polit-Thriller. Von den in Indochina spielenden
Filmen ist an anderer Stelle dieses Buches ausführlich die Rede. Es ist
unmöglich, das gesamte Spektrum der anderen Kriegs- und Krisengebiete, die im Polit-Thriller das Thema abgeben oder den Hintergrund
bilden, hier aufzuführen: es reicht von Nordirland bis Zypern und von
Washington bis Teheran. Von der Vielzahl der gedrehten Filme heben
sich drei ab, die Anfang der 80er Jahre entstanden sind. Zwei von ihnen
spielen direkt in Krisengebieten (Bürgerkrieg in Indonesien 1965 und
Bürgerkrieg im Libanon 1975), ein weiterer greift das Thema der Machenschaften multinationaler Wirtschaftskonzerne und ihre politischen
Verflechtungen auf.

Beispiel 1: Ein Jahr in der Hölle

THE YEAR OF LIVING DANGEROUSLY (Regie: Peter Weir, Australien/USA
1982)
Indonesien (bis 1945: Niederländisch-Indien) wurde im Zweiten Weltkrieg von den Japanern besetzt. Nach Kriegsende proklamierten die
Indonesier unter der Führung von Sukarno und Hatta eine von den Niederlanden unabhängige Indonesische Republik, deren Gründung 1949
vollzogen wurde. Ende der 50er Jahre kam es zu Widerstandsakten und
Demonstrationen gegen die zentralistische Regierungspolitik und Staatsführung Sukarnos. Ab 1959 herrschte Sukarno mit Hilfe der Armee wie

---

29 Alice Ahlborn in: »BuchJournal« 1/1990, S. 36.

ein Diktator; geschickt nutzte er die Spannungen zur kommunistischen Partei aus, die der chinesischen Linie folgte. 1965 trat Indonesien aus der UN aus. Die damalige Politik Chinas, gleichzeitig gegen beide Supermächte zu kämpfen und der Sowjetunion die Basis in den kommunistischen Parteien der Nachbarländer Chinas zu nehmen, führte zu der konfusen Situation, daß Peking sich mit den Regierungen und gleichzeitig mit deren innenpolitischen Feinden zu verbünden suchte. »In Indonesien führte dies Ende September 1965 zu einer katastrophalen Kollision. Mit massiver chinesischer Unterstützung versuchte hier die kommunistische Partei gegen die Regierung Sukarnos, der damals engsten Vertrauten Pekings, zu putschen. Die rechten Militärs brachten diesen Putsch jedoch in letzter Minute unter ihre Kontrolle, und bald darauf setzten in Indonesien systematische Chinesenpogrome ein.«[30] Die Massaker forderten über 87000 Tote. 1966 übernahm General Suharto die Macht. Sukarno, der die Weltmächte gegeneinander ausspielen wollte und dabei verlor, wurde schrittweise entmachtet und im Mai 1967 abgesetzt. 1968 wurde Suharto Staatspräsident.

Der junge australische Rundfunkreporter Guy Hamilton wird 1965 von seiner Gesellschaft als Auslandskorrespondent nach Djakarta geschickt. 10 Jahre lang hatte er darauf gewartet, seiner eintönigen Arbeit zu entkommen. Djakarta ist sein erster Auslandsjob und bedeutet für ihn eine Bewährungsprobe. In Indonesien findet er sich in einer für ihn undurchschaubaren Situation wieder. Die Lage ist hochexplosiv; unter der Diktatur Sukarnos herrschen im Land Hunger, Korruption und Unterdrückung. Hamilton ist noch nicht so erfahren und clever wie seine Kollegen, die der Eintönigkeit der Pressekonferenzen ihre cliquenhaften Rituale in der Hotelbar entgegensetzen. Er freundet sich mit dem zwergwüchsigen Fotografen und Kameramann Billy Kwan an, der das Land sehr gut kennt und sich nach besten Kräften bemüht, der verarmten Bevölkerung zu helfen. Kwan – halb Australier, halb Chinese – hilft dem naiven und unbedarften Hamilton bei seiner Arbeit. Durch ihn lernt Hamilton, den Dingen auf den Grund zu gehen und einen Standpunkt zu beziehen. Dank der vielschichtigen Beziehungen Kwans zu wichtigen und einflußreichen Personen kann Hamilton mit dem Führer der kommunistischen Partei, der als ausgesprochen pressescheu gilt, ein aufsehenerregendes Interview machen. Normalerweise bleiben westlichen Journalisten diese Türen verschlossen.

Durch Kwan lernt Hamilton die britische Botschaftsangehörige Jill Bryant kennen; zwischen den beiden kommt es zu einer leidenschaftlichen Liebesbeziehung. Als er von ihr vertrauliche Informationen über eine

30 Fischer Weltgeschichte Band 36, Weltprobleme zwischen den Machtblöcken, Frankfurt am Main 1981, S. 322f.

Waffenlieferung an die Kommunisten erfährt, wertet er das journalistisch aus. Alles, was er von Kwan gelernt hat, ist vergessen. Kwan ist von seinem Freund und Kollegen enttäuscht, dem die Karriere wichtiger ist als die Beziehung zu seinen Freunden, die er durch diesen Vertrauensbruch in Gefahr bringt.

Die Lage verschärft sich; der Krieg findet auf den Straßen statt. Kwan protestiert mit einem Transparent öffentlich gegen die Politik Sukarnos und kommt dabei ums Leben. Guy Hamilton und Jill Bryant können in letzter Minute das Land verlassen. Der Putschversuch der Kommunisten scheitert; auf dem Weg zum Flughafen sieht Guy die Erschießungskommandos bei der Arbeit.

Peter Weirs Film, der viel an Wissen über die politischen Zusammenhänge voraussetzt, hat mehrere Ebenen. Zunächst einmal ist es die Situationsbeschreibung des Bürgerkriegszustands im Jahre 1965, den er mit packenden und eindrucksvollen Bildern seines Kameramannes Russell Boyd so authentisch wie möglich rekonstruiert. Hinzu kommt die Figur des Reporters, der in eine für ihn fremde Welt gerät und erste, bittere Erfahrungen mit seinem Job macht. Die melodramatische Liebesgeschichte zwischen ihm und der Engländerin vor dem Hintergrund von Krieg und Gefahr ist ein weiterer Strang des Films. Und neben dem Medienhelden Guy Hamilton steht gleichberechtigt der Fotograf und Ka-

Ein Reporter gegen die Diktatur: Mel Gibson als Guy Hamilton

meramann Billy Kwan im Mittelpunkt des Geschehens; seine Rolle wird von einer Frau, der großartigen Schauspielerin Linda Hunt, gespielt. Kwan ist ein in zwei Kulturen großgewordener Mensch, der den Vorgängen nicht tatenlos zusehen kann. Er, ein ehemaliger Anhänger Sukarnos, ist mit dessen Politik nicht einverstanden. Kwan – seine Kenntnisse und Kontakte – sind Hamiltons ›Augen‹, ohne ihn würde er in dem Land nichts *sehen*; als der Australier das Land verläßt, sind diese Augen erloschen. Kurz vor dem Abflug geriet Hamilton in eine Prügelei mit der Polizei und verlor dabei ein Auge – so bezeichnend gezeichnet und angeschlagen kehrt er in seine Heimat zurück. Es bleibt offen, ob er der Beziehung zu Jill den Vorzug gibt vor einem neuen Job in Saigon. Hamilton ist ein Typ, der auf Karriere und eigene Vorteile bedacht ist. Seine Rolle spielt der australische Schauspieler Mel Gibson, der das durch seine »Mad-Max«-Rolle erworbene Image des sympathischen Draufgängers in die Figur des Medienhelden einbringt. Aber auch Helden haben mitunter Angst und ein Anrecht auf Pausen und Regeneration. Hamilton ist in einem Zustand, in dem er noch lernfähig ist. Weitergedacht ist durchaus anzunehmen, daß er sich bei seiner Arbeit in Saigon anders – parteilicher – verhalten wird.

Beispiel 2: Die Fälschung

DIE FÄLSCHUNG (Regie: Volker Schlöndorff, BRD/Frankreich 1981)
DIE FÄLSCHUNG ist ein Zustandsbericht über eine Stadt (Beirut) und die Situationsbeschreibung eines Journalisten, der in eine berufliche und private Krise gerät.
Der Libanon, seiner geographischen Lage wegen ein Land, in dem unterschiedliche Kulturen und Religionen – große Gemeinschaften, kleine Minderheiten und Splittergruppierungen – aufeinandertreffen, wurde 1975 zum Schauplatz eines Bürgerkrieges zwischen muslemischen und christlichen Teilen der Bevölkerung. Dieser Krieg kennt keine Sieger und Besiegte, sondern nur Opfer. Die Auseinandersetzungen zwischen den verfeindeten Parteien sind mehr als ein reiner Religionskrieg. Die Ursachen lagen in der Anwesenheit und militärischen Präsenz palästinensischer Guerillas im Libanon, was für die Falangisten nicht mit der Souveränität des Landes zu vereinbaren ist.
Bis heute ist das Land noch nicht zur Ruhe gekommen; seine einstmals dominierende Funktion in der Politik des Nahen Ostens hat es verloren. Beirut, früher eine prachtvolle orientalische Stadt mit internationalem Flair, ist im wahrsten Sinne des Wortes ›ruiniert‹.
Georg Laschen (Bruno Ganz), hochbezahlter Mitarbeiter einer großen Illustrierten, fliegt zusammen mit einem Fotoreporter nach Beirut, um

Bruno Ganz als Georg Laschen im zerstörten Beirut

eine Reportage über den Bürgerkrieg im Libanon zu machen. Die beiden
erleben, wie die Stadt unter den erbitterten Kämpfen zwischen Christen
und Muslims leidet. Laschen zweifelt an seinem Beruf. Er weiß, wie gut
der Schrecken des Krieges sich verkauft, aber er versteht zuwenig von den
Hintergründen und Zusammenhängen. Aus der Zuflucht zu einer kurzen
Romanze mit einer verwitweten deutschen Frau, die mit einem Muslim
verheiratet war, wird keine dauerhafte Bindung. Er geht nach Hamburg
zurück und ist entschlossen, sich seinen beruflichen und familiären Konflikten zu stellen.
Der Film zeigt Beirut als eine zerstörte, verwüstete Stadt, in der zwischen
qualmenden Ruinen und scheinbar willkürlichen Barrikaden tagsüber
eine verwirrende Betriebsamkeit herrscht und in der nachts der Traum
vom Orient ausgeträumt ist, weil dieser längst durch einen Alptraum aus
Angst vor einem jederzeit möglichen Terrorakt verdrängt wurde. In dieser realistischen und beklemmenden Zustandsschilderung geht der Film
weit über seine Vorlage, den gleichnamigen Roman von Nicolas Born,
hinaus und gewinnt eine fast dokumentarische Dimension. Kai Hermann,
dessen Libanon-Berichte für den »Stern« Born zu seinem Buch veranlaßt
haben, hat am Drehbuch mitgearbeitet.

Der Bürgerkrieg im Libanon ist nicht direkt das Thema dieses Films, im Mittelpunkt steht mit der Figur des Journalisten die Kritik an der Berichterstattung über dieses – austauschbare – Ereignis; die Darstellung des sich von der politischen Ebene abhebenden Beziehungsgeflechts von Auslandskorrespondenten, Journalisten und Fotoreportern, wo seriöse Berichterstatter und skrupellose Schreiber gegen- und miteinander arbeiten. An Laschen, der auch nach Beirut wollte, um aus dieser Distanz heraus besser seine Eheprobleme bewältigen zu können, und der »die aktuellen Ereignisse füttert, damit denen in Hamburg der Krieg nicht langweilig wird«, katalysiert sich dennoch die Situation in Beirut, »denn«, so Schlöndorff, »die Wirklichkeit ist immer anders, wenn man sie miterlebt, als wenn man nur darüber informiert wird«.[31]

Beispiel 3: Tausend Milliarden Dollar

MILLE MILLIARDS DE DOLLARS (Regie: Henri Verneuil, Frankreich 1982)
»Der Titel wird fett gedruckt und lautet ›Tausend Milliarden Dollar‹. Mein Name ist Paul Kerjean und mein Beruf Starreporter. (...) Heute abend werde ich über einen der übelsten Kriege berichten, die es im Augenblick gibt. Ich meine den Wirtschaftskrieg. Die Uniformen der Generäle sind Anzüge mit Nadelstreifen und ihre Waffen elegante Aktenkoffer, sehr geschmackvoll. Hinter drei diskreten Initialen, nämlich GTI, verbirgt sich ein gigantisches Imperium, das sich, nur um ein Ziel zu erreichen, rücksichtslos über Gesetze, Staats- und Gemeininteressen hinwegsetzt. Dieses Ziel läßt sich mit drei Begriffen skizzieren: Produktionssteigerung, Absatzsteigerung und die Erschließung neuer Märkte. Diese Profitphilosophie habe ich versucht zu bekämpfen.«[32]
Kerjeans (Patrick Dewaere) Kampf ist der des unbotmäßigen David, den ein ungreifbarer Goliath als Werkzeug krimineller Schachzüge ausersehen hat. Ein anonymer Informant (Jean-Pierre Kalfon) macht ihn auf Widersprüche in den Geschäften Jacques Benoît-Lamberts (Robert Party), des Besitzers eines der größten französischen Industriekonzerne, »Électronique de France«, aufmerksam. Dessen Schwiegersohn ist Direk-

31 Volker Schlöndorff/Nicolas Born/Bernd Lepel: »Die Fälschung als Film und der Krieg im Libanon«, Zweitausendeins Verlag, Frankfurt am Main 1981, S. 6ff. Dieses Buch enthält mehr als nur Texte und Fotos zum Film; es dokumentiert den Verlauf des Bürgerkrieges und kontrastiert die Filmbilder mit Pressefotos, was als ein Beleg dafür anzusehen ist, mit welcher detailgetreuen Sorgfalt sich das Filmteam um Authentizität bemüht hat.
32 Abschrift des deutschen Filmdialogs.

tor der Firma SCOVIM, die zwei fünfzehnstöckige Bürohochhäuser erbaut hat, welche seit zwei Jahren leerstehen und weder verkauft noch vermietet werden können. Die Banken sperren deshalb die Kredite. Bis zum Jahresende werden 750 Millionen Francs fällig, die die Gesellschaft nicht aufbringen kann. Am Vorabend der Bankrotterklärung zahlen unbekannte Käufer 1,75 Milliarden Francs für die bislang unverkäuflichen Objekte. Die SCOVIM ist nicht nur gerettet, sondern hat auch noch einen akzeptablen Profit gemacht.

Kerjean recherchiert und findet heraus, daß der amerikanische multinationale Konzern GTI auf diese Weise Benoît-Lambert ein beträchtliches Schmiergeld hat zukommen lassen, um sich in Besitz der »Électronique de France« zu bringen. Nachdem das Nachrichtenmagazin *La Tribune* die Enthüllungsstory gebracht und mit ihr einen Skandal heraufbeschworen hat, wird Benoît-Lambert erschossen aufgefunden. Was wie Selbstmord aussieht, entlarvt Kerjean als Mord. Nun selbst von Attentaten bedroht und von seiner Zeitung nicht mehr gedeckt, klärt Kerjean die Hintergründe der Affäre auf.

Warum interessiert die GTI der Besitz der »Électronique de France«, wo sie doch in Amerika über die gleichen Fabriken verfügt? Weil die Gesetze im eigenen Land Geschäfte, wie sie die GTI mit dem Staat plant, ausdrücklich verbieten. Deshalb will sie sich in einem Land mit positiven Beziehungen zu den USA etablieren, von dem aus sie ungestört den Staat beliefern kann. Eine angegliederte »Électronique de France« bietet die Technologie und den idealen Deckmantel.

Jacques Benoît-Lambert erweist sich allerdings als nicht korrumpierbar. Gefährlicher noch, er verschafft sich belastendes Material gegen den Multi und dreht den Spieß der Erpressung um. Aus diesem Grunde lanciert die GTI über den ahnungslosen Kerjean eine Pressekampagne gegen den französischen Industriellen, welche vor der großen Öffentlichkeit das ideale Motiv für einen Selbstmord bietet, der auch umgehend fingiert wird. Allerdings geschieht der Mord an Benoît-Lambert eine Stunde zu früh. Er ist zu diesem Zeitpunkt noch nicht im Besitz jener Akte mit belastendem Material gegen den Konzern.

Kerjean findet sie bei Joachim Holstein, der von 1930 bis 1938 Direktor der österreichischen Filiale der GTI war. Sie enthält lückenlos dokumentiert Interna aus der Geschichte des Konzerns zwischen 1933 und 1945.

Am 4. August 1933 empfing Adolf Hitler in Berchtesgaden den damaligen Präsidenten der GTI, Arnold C. Adams, sowie einige seiner Mitarbeiter. Der Grund dieses Zusammentreffens wird bei einem Kriegsverbrecherprozeß der Alliierten 1946 in Düsseldorf offenbar. Einer der Angeklagten ist General Kurt von Schroeder (Hans Werner) vom Heereszeugamt.

Mißlungene Vereinnahmung. Der GTI-Präsident (Mel Ferrer) und sein Kontrahent Paul Kerjean (Patrick Dewaere)

Ankläger: »Kurt von Schroeder, von 1932 bis zur Kriegserklärung gehörten Sie zu den Direktoren der deutschen Filiale des amerikanischen Konzerns GTI. Wer berief Sie in diese Position?

v. Schroeder: Der Generaldirektor der GTI, Herr Arnold Adams.

Ankläger: Worin bestand Ihre Funktion?

v. Schroeder: Ich hatte die Aufgabe, die geschäftliche Entwicklung der GTI in Deutschland zu fördern, die Tochtergesellschaften zu organisieren und neue Waffenverträge abzuschließen.

Ankläger: Von 1933 bis 1939 erhielt durch Ihre Bemühungen GTI eine wohlwollende Behandlung seitens der Nazis, anders als andere ausländische Konzerne, die enteignet wurden. Warum entging der amerikanische Konzern GTI einer solchen Nationalisierung?

v. Schroeder: Durch die Verstaatlichung der GTI wären wir nur in den Besitz einiger Fabriken gekommen, aber indem wir die Werke als deutsche Filialen der GTI betrachteten, standen uns alle amerikanischen und internationalen Patente zur Verfügung. Das heißt, eine ausgereifte Technologie, die wir dringend brauchten.

Ankläger: Sehr schnell machte die GTI in Deutschland kollossale Profite. Was geschah mit diesen Profiten?

v. Schroeder: Schon 1934 hatte ich Herrn Adams vorgeschlagen, die Gewinne auf irgendeine Weise in die Vereinigten Staaten zu transferieren. Er zog es jedoch vor, die Gelder in anderen deutschen Werken der Waffenindustrie anzulegen. Das habe ich dann auch getan.

Ankläger: Präzisieren Sie das.

v. Schroeder: Mit einem Teil der Gewinne haben wir neue Werke gegründet. Der Rest diente zum Ankauf von 32% der Aktien der Firma Focke-Wulff.

Ankläger: Es muß darauf hingewiesen werden, daß die meisten der deutschen Bomber in den Werken von Focke-Wulff gebaut wurden. Warum investierte Ihrer Meinung nach, Herr Schroeder, GTI seine Profite in die Kriegsmaschinerie der Nazis?

v. Schroeder: Es war wohl klar, daß die GTI und der Generaldirektor Adams an den deutschen Sieg glaubten.

Ankläger: Danke. Dr. Gerhard Kramer, Sie waren Beauftragter für alle GTI-Werke in Deutschland und in den besetzten Ländern von 1943 bis zum Ende des Krieges. (...) 1938 nach dem Anschluß, der Annexion Österreichs, fiel der Konzern GTI abermals unter das Gesetz über die ausländischen Firmen mit der Folge der Beschlagnahme ihrer Gewinne. Und abermals wurde GTI ausgenommen. Warum?

Kramer: Ja, ich schlug vor, die Werke der GTI dem deutschen Recht anzupassen.

Ankläger: Mit der vollen Zustimmung von Präsident Adams?

Kramer: Aber selbstverständlich. (...)

Ankläger: Dr. Kramer, nach Eintritt Amerikas in den Zweiten Weltkrieg erhielten Sie weiterhin von GTI Ausrüstungen und Rohmaterialien in Deutschland. (...) Wie erhielten Sie diese Materialien?

Kramer: Das Material wurde in Spanien in einer Filiale der GTI hergestellt, und kam von dort auf direktem Wege zu uns.«[33]

Joachim Holstein war als Jude von Arnold C. Adams persönlich von seinem Posten als Direktor der österreichischen Filiale entfernt worden, als Hitler Österreich annektierte. Daraufhin hatte er diese Materialien gesammelt, die in ihren Konsequenzen bleibende Brisanz enthielten. Während des Krieges griffen mithin deutsche Bomber, die in den Fabriken von Focke-Wulff mit Investitionen der GTI gebaut wurden, alliierte Schiffe an. Gleichzeitig wurden die Alliierten von der GTI mit Detektionsgeräten beliefert, die ihre Geleitzüge vor deutschen U-Boot-Angriffen schützen sollten. Die Position der alliierten Schiffe wurde bei den Deutschen mit Funkgeräten durchgegeben, deren Einzelteile ebenfalls in GTI-Firmen hergestellt worden waren.

Als sich der Sieg der Alliierten abzeichnete, wechselte Adams mit seinem Konzern flugs die Seiten. Als Oberst der amerikanischen Armee rückte er mit den siegreichen Truppen nach Deutschland ein und überwachte dort den neuen Start seiner Fabriken.

1947 wird in Amerika gegen ihn Anklage erhoben, es kommt jedoch nie

---

33 Mitschrift des Filmdialoges. Der amerikanische Text des Anklägers wurde vom Autor ins Deutsche übertragen.

zum Prozeß. 1967 überwies die amerikanische Regierung 27 Millionen Dollar, und zwar als Entschädigung für die im Krieg zerstörten GTI-Fabriken, und zwar in Deutschland. Davon ausgenommen waren die Industrieanlagen von Focke-Wulff. Dafür erhielt die GTI zusätzlich 5 Millionen Dollar. Die Zahlungen wurden unter dem Vorwand eingestrichen, die Alliierten hätten amerikanisches Eigentum zerstört. Arnold C. Adams starb 1963, dekoriert mit den höchsten amerikanischen, französischen und belgischen Verdienstorden.

Kerjeans Nachrichtenmagazin *La Tribune* weigert sich, seinen Artikel, der all die aufgeführten Tatsachen enthält und belegt, zu veröffentlichen. (Ist die Zeitschrift von GTI abhängig?) Daraufhin druckt Kerjeans Vater ihn in einer Sonderauflage seines Provinzblattes *Courrier de Verson*, das tags darauf in nationaler Auflage erscheint.

Sagt Paul Kerjean in seinem abschließenden Artikel, er habe versucht, die Profitphilosophie zu bekämpfen, so erscheint dies als idealistischer Irrtum. Sein Kampf erstreckt sich vielmehr darauf, hinter der gediegenen Fassade eines Konzerns die menschenverachtende Strategie der Profitmaximierung um jeden Preis aufzudecken und sie gegen existenz- und lebensbedrohende Widerstände der Öffentlichkeit preiszugeben. Diese journalistische Aufgabe hat er mit Hartnäckigkeit und Bravour gelöst, weshalb ihm die Idylle am Schluß der Geschichte gegönnt sei. In diesem Sinne kann zu Recht vom Sieg Davids über Goliath, kann von einem Happy-End gesprochen werden. Die entscheidende Frage jedoch, wie Öffentlichkeit, Politik und der Konzern mit dieser Entlarvung umgehen, liegt jenseits der Möglichkeiten des Journalisten und ist auch nicht mehr Gegenstand des Films. Mit den Konsequenzen ist der Zuschauer gefordert, dem schon zu Beginn in einer Unterhaltung zwischen Kerjean und Cornelius A. Woegan (Mel Ferrer), dem aktuellen Präsidenten der GTI, erschreckende Perspektiven eröffnet werden: »Um im Jahre 1968 tausend Milliarden Dollar Umsatz zu machen, waren 6000 erstklassige Gesellschaften in der ganzen Welt nötig. Schon 1978 schrumpfte die Zahl auf 50, heute sind es nur noch 30, morgen höchstwahrscheinlich noch fünf, und übermorgen ist es vielleicht nur noch eine. Nur 30 Firmen in der Welt, darunter GTI, die zusammen tausend Milliarden Dollar Jahresumsatz machen. Soviel Macht in so wenig Händen macht mir angst. Tausend Milliarden Dollar entsprechen dem 1½fachen Bruttosozialprodukt Frankreichs. Es ist ein Drittel der Jahreseinnahmen der USA. Tausend Milliarden Dollar sind 10 % der Jahreseinnahmen der Welt – für einen Club von 30 Firmen. Wenn man zu dem Club der 30 ihre 200 Tochtergesellschaften rechnet, dann verfügen sie über 20 % der Weltproduktion, wobei sie aber nur 0,5 % der Weltbevölkerung beschäftigen.«[34]

34 Mitschrift des Filmdialogs.

Verneuil, alleiniger Drehbuchautor und Regisseur, folgt den Zahlen aus dem Buch des Ökonomen Robert Lattès, dessen Titel er auch seinem Film gab.[35] Darüber hinaus recherchierte er zwei Jahre lang über Geschichte und Aufbau der Multinationalen, ihre kommerziellen Strategien und ihre Machtsysteme. Dem endgültigen Drehbuch gingen 17 andere Versionen voraus. Seine Ziele formuliert Verneuil folgendermaßen: er wolle »vereinfachen, ohne zu karikieren (...). Ich sage in dem Film nicht, daß man die Multinationalen unterdrücken müsse – das wäre utopisch! –, sondern daß es notwendig ist, sie zu kanalisieren, zu kontrollieren. Ich revolutioniere nichts, seit fünfundzwanzig Jahren reden die Ökonomen darüber, aber das geschieht in der Regel in so komplizierten Büchern, daß sie wiederum nur von Ökonomen gelesen worden sind... Mein Ziel ist keineswegs, eine Anklage zu formulieren. Gewisse Verantwortliche könnten sich angesprochen fühlen und sagen: ›Aber wir haben niemals so gehandelt‹. Ich entgegne im voraus: Das ist möglich‹, aber Sie können es tun. Sie haben die Macht.«[36]

Daß Verneuil die Moral der Multis durchaus korrekt einschätzt, unterstreicht eine willkürlich herausgegriffene Meldung aus *Le Figaro* vom 23./24. Juli 1988: »Die Annahme der Resolution 598 der UNO durch den Iran und ein möglicher Waffenstillstand zwischen Teheran und Bagdad beunruhigt die französische Rüstungsindustrie. Der Irak ist das erste Importland für Rüstungsgüter in der Welt, und Paris sein zweitstärkster Lieferant...« – einmal ganz ungeachtet der Tatsache, daß französische Konzerne auf Umwegen gleichzeitig den Iran mit Waffen beliefern.[37] Das Zusammenwirken zwischen GTI und dem Geheimdienst, das Verneuil andeutet, findet sein Pendant in den gemeinsamen Aktionen von ITT und CIA bei der Liquidierung der Regierung Allende in Chile.

Zahlen und ökonomische Daten seien schwer zu verfilmen, meint Verneuil, womit er zweifellos recht hat. Ein Reporter, der sich unter den Augen des Zuschauers mühevoll mit der Materie herumschlägt und sein Publikum mit den turbulenten Nachforschungen auch noch gut unterhält, ist unbestreitbar ein akzeptabler Mittler.

Der Schrei nach Freiheit

Afrika – für die internationale Filmproduktion der Kontinent der Freiheitskämpfe, der Söldner und der Apartheid – bietet ausreichend Raum und Stoffe für Abenteuer- und Kriegsfilme, für Lagerfeuerromanzen

35 Robert Lattès, Mille Milliards de Dollars, Editions Jean-Claude Lattès, Paris 1982.
36 La Révue du Cinéma, Nr. 370, März 1982.
37 Siehe Dokumentation über die Affäre Luchaire in: *Le Nouvel Observateur* vom 13.–19. November 1987.

und Diamantenjagden – und für journalistische Recherchen. Unter all den Produktionen, die in nicht-afrikanischen Ländern entstehen, gibt es nur wenige, die den tatsächlichen Verhältnissen gerecht werden. Ein jahrzehntelang von Tarzankult und Serengetisafaris bestimmtes Bild läßt sich nur mühsam von den Leinwänden und Bildschirmen verdrängen: an einer Veränderung der verfestigten Rollenverteilung zwischen Weißen und Schwarzen ist die Filmbranche nicht interessiert. (Welche afrikanischen Schauspieler oder Regisseure haben in Europa oder in den Vereinigten Staaten Karriere gemacht?) Auch neuere Erfolgsfilme wie »Auf der Jagd nach dem Juwel vom Nil«[38] oder »Jenseits von Afrika«[39] haben die Klischees nicht aufgebrochen, sondern das Land und seine Probleme als Kulisse für das Star-Kino, für Komödien oder Melodramen benutzt. In den Filmen, in denen Reporter die Kristallisationsfiguren bilden, sind die Stories so wirklichkeitsfremd und aufgesetzt konstruiert wie beispielsweise in ANY MAN'S DEATH (»Im Zeichen des Krebs«, Regie: Tom Clegg, USA/ Südafrika 1988). Held des Films ist Leon Abrams (John Savage), ein Experte für Krisengebiete, der seine Vietnamerfahrungen noch nicht überwunden hat. In Afrika soll er einen verschwundenen Kollegen suchen und gerät dabei in Kontakt mit einer Söldnergruppe, die auf seiten der Apartheid steht und Verbindungen zu einer Clique deutscher Geschäftsleute unterhält. Er lernt einen rassistisch eingestellten Großgrundbesitzer und einen deutschen Forscher kennen, der in einem abgeschirmten Labor mit Giften experimentiert. Da es sich hier um einen ehemaligen Nazi-Arzt handelt, an dem der israelische Geheimdienst interessiert ist, nehmen die Verwicklungen ihren Lauf...

Am Ende ist Abrams in all diese Dinge verstrickt. Der Nazi-Arzt ist in Wirklichkeit ein Halbjude, der ein Opfer der Umstände wurde. Der Reporter glaubt ihm, kann aber den Einsatz des israelischen Todeskommandos nicht aufhalten. Auch Abrams Rolle wurde von israelischen Agenten arrangiert; sie nutzen ihn für ihre Zwecke aus. Entgegen dem Schwur, immer objektiv und unbeteiligt zu bleiben, bringt Abrams das Schicksal des Nazi-Arztes an die Öffentlichkeit und klagt die Machenschaften des israelischen Geheimdienstes an.

Im Gegensatz zu vergleichbaren Filmen, in denen der Protagonist am Ende den diabolischen Nazi in seinem Versteck aufstöbert oder ihm die Maske des angesehenen Geschäftsmannes abreißt, endet dieser Film damit, daß der Reporter den Verbrecher rehabilitiert. Trotz dieser Variante ist ANY MAN'S DEATH eine Karikatur der Verhältnisse in Südwestafrika –

---

38 THE JEWEL OF THE NILE, Regie: Lewis Teague, USA 1985; mit Michael Douglas und Kathleen Turner.
39 OUT OF AFRICA, Regie: Sidney Pollack, USA 1985; mit Meryl Streep, Robert Redford und Klaus Maria Brandauer.

dem Schauplatz des Films. Die ›Schuld- oder Nichtschuld‹-Frage des deutschen Giftmischers ist dem Reporter weitaus wichtiger und interessanter als die Rolle der Söldner, Geschäftsleute und Geheimdienste in einem Land, in dem die Einheimischen offensichtlich zu apathischen Zuschauern degradiert werden.

Es gibt nur wenige Spielfilme über afrikanische Themen, die den Dingen auf den Grund gehen und eine Position erkennen lassen. Und Polit-Thriller, die aus der Sicht von weißen Reportern oder Journalisten das südafrikanische Apartheid-Regime öffentlich anprangern, gibt es zur Zeit nur zwei: CRY FREEDOM und A WORLD APART.

Steve Biko und Donald Woods

Der in Südafrika spielende Film CRY FREEDOM (»Schrei nach Freiheit«, Regie: Richard Attenborough, Großbritannien 1987) vermittelt ein authentisches Bild vom ›gewöhnlichen Rassismus‹ und dem Schicksal des schwarzen Anti-Apartheid-Kämpfers Steve Biko, Mitbegründer und einer der Führer des ›Black Consciousness Movement‹ – miterlebt und rekonstruiert aus der Sicht eines weißen Journalisten, der gleichzeitig Protagonist der Handlung ist. Der Film beginnt 1975. Donald Woods (Kevin Kline), weißer Südafrikaner und Chefredakteur der liberalen südafrikanischen Tageszeitung *Daily Dispatch*, trifft mit Steve Biko zusammen. Seine Zeitung hatte einen kritischen Artikel über den schwarzen Bürgerrechtler veröffentlicht. Eine aufgebrachte Ärztin bestürmte Woods, sich selbst ein Bild von diesem Mann zu machen, und arrangierte ein Treffen. Woods darf Biko (Denzel Washington) nur unter vier Augen sprechen. Seit Jahren ist er eine ›banned person‹. Dies bedeutet unter anderem, daß man sich, von den Mitgliedern der eigenen Familie abgesehen, nur mit *einem* anderen Menschen gleichzeitig in einem Raum aufhalten darf. Aus anfänglichem Wohlwollen und Respekt entwickelt sich eine enge Freundschaft, in deren Verlauf Woods die *tatsächlichen* Lebensbedingungen der Schwarzen in seinem Land kennenlernt und miterlebt.

Am 18. August 1977 wird Biko, der die ihm vom Regime verhängten Auflagen immer wieder mißachtet, bei einer nächtlichen Straßensperre verhaftet. Kurze Zeit später stirbt er an den Folgen der Verhöre und Folterungen. Woods, der den offiziellen Verlautbarungen über den tödlichen Ausgang eines Hungerstreiks nicht glaubt, macht im Leichenschauhaus Fotos von dem mißhandelten Körper Bikos und liefert den Beweis dafür, daß sein Freund von der südafrikanischen Sicherheitspolizei brutal ermordet wurde. Das hat zur Folge, daß *er* nun zur ›banned person‹ erklärt, verfolgt und tyrannisiert wird. Woods verbringt die folgenden Monate praktisch als Gefangener in seinem eigenen Haus, abgehört und überwacht.

Denzel Washington als Steve Biko

Dennoch gelingt es Woods, während dieser Zeit die Biographie Steve Bikos niederzuschreiben. Allmählich reift in ihm der Plan, mit seiner Familie – auf getrennten Fluchtwegen – die Heimat zu verlassen. Als Priester verkleidet, macht er sich am Silvestertag des Jahres 1977 auf den gefährlichen Weg nach Lesotho, einem kleinen, von südafrikanischem Territorium umgebenenen Nachbarstaat. Er schafft es, das Manuskript aus dem Land zu bringen, und trifft wenig später wieder mit seinen Angehörigen zusammen.

Das dem Film zugrunde liegende Buch »Steve Biko – Stimme der Menschlichkeit« ist 1979 – ein Jahr nach Bikos Tod – erschienen. Es wurde inzwischen in zwölf Sprachen übersetzt und steht in Südafrika noch immer auf dem Index. Es war der Wunsch des Autors Donald Woods, daß Richard Attenborough – der »Gandhi«-Regisseur – daraus einen Film machen sollte. Zu dieser Zeit war er allerdings noch mit dem Film »A Chorus Line« beschäftigt, aber es war schon immer sein Wunsch, einen Film über das Apartheid-Thema zu drehen. John Briley, der Drehbuchautor von »Gandhi«, wurde beauftragt, das erste von insgesamt elf Skripts zu entwerfen. 1986 war die endgültige Drehbuchfassung fertig.

Da es undenkbar war, den Film an Originalschauplätzen zu drehen, wurde am 14. Juli 1986 in Simbabwe mit der Arbeit begonnen. Gemeinsam mit der Produktionsfirma »Universal« beteiligte sich das Land an den Herstellungskosten des Films und brachte etwa 18 % der insgesamt 20 Millionen Dollar auf. Trotz abenteuerlicher Situationen und ernster Zwischenfälle konnten dank der Unterstützung der Regierung und der Behörden Zeitplan und Budget eingehalten werden.

Attenborough hat aus dem Stoff keinen Dokumentar-, sondern einen 2½stündigen *Spielfilm* gemacht; einen der erfolgreichsten Polit-Thriller der 80er Jahre. Der Regisseur und Produzent erzählt mit großer Dramatik die Freundschaft zwischen dem schwarzen Bürgerrechtler und dem weißen Intellektuellen aus der Perspektive Woods, macht ihn zum Protagonisten und Sympathieträger des Films. Ganz bewußt hat sich Attenborough nicht dafür entschieden, die Biographie Bikos zu verfilmen, weil das seiner Ansicht nach nur von afrikanischen Autoren und Regisseuren geleistet werden kann. Diese Entscheidung ist eine wichtige Voraussetzung dafür, daß der »Schrei nach Freiheit« in möglichst vielen Ländern gehört wird, die in Verbindung zur südafrikanischen Regierung stehen und auf sie einwirken können. *Hier* soll der Film seine Wirkung zeigen, und aus diesem Grunde ist es auch konsequent, für dieses Thema einen *Weißen* als Identifikationsfigur für ein Kinopublikum in Europa und in den Vereinigten Staaten aufzubauen. Attenborough setzt bewußt auf Provokation und die Emotionen, die er damit auslösen will. Die Handlung des Films folgt demnach überwiegend dem Schicksal Woods' und seiner Familie: der anfänglichen Ahnungslosigkeit, dem zunehmenden Engagement und den unausweichlichen Konsequenzen. CRY FREEDOM fordert zu politischen Aktionen auf; daß er deswegen in Südafrika unterdrückt wird, ist nicht verwunderlich.[40] Der Film will »... nicht weniger und nicht mehr, als bei all jenen, die sich noch nicht von Südafrikas Apartheidspolitik distanziert haben, einen Sinneswandel herbeizuführen. Der britische Regisseur greift dafür zum Mittel der politischen Agitation. Das große, attraktive Spannungskino mit seinen vertrauten Sehweisen dient ihm dazu als Vehikel. Das Ergebnis gibt ihm über alle Einschränkungen hinweg recht.«[41]

40 »Richard Attenboroughs Anti-Apartheid-Film ›Schrei nach Freiheit‹, der am 29. Juni nach der Freigabe durch die Zensurbehörde mit rund 40 Kopien in Südafrika starten sollte, ist kurzfristig abgesetzt worden. Staatspräsident Botha untersagte die Vorführung des Films, der eine ›unmittelbare Gefahr für Leib und Seele‹ der Bevölkerung darstelle. Vorangegangen waren Bombenanschläge und -drohungen gegen verschiedene Kinos der Kaprepublik, in denen der Film gezeigt werden sollte. Zur Zeit kursieren illegale Videokopien des Films auf dem südafrikanischen Markt.« (Filmdienst 16/1988.)
41 Urs Jaeggi in: »Zoom« 6/1988, S. 15.

Das Ehepaar Woods (r.) wird im Film von Kevin Kline und Penelope Wilton (l.) dargestellt

Donald Woods lebt heute mit seiner Familie in einem kleinen Haus in einem Londoner Vorort. Drohungen von offizieller wie inoffizieller südafrikanischer Seite lassen ein zurückgezogenes Leben ratsam erscheinen. Den Pressematerialien zum Film entsprechend ist er ein höchst *untypischer Medienheld*: »Er ist sanft, besitzt ein weiches Herz, ist zurückhaltend und unendlich umgänglich. Trotz unablässiger Bemühungen, ihn zum Schweigen zu bringen, hat dieser mutige Mann jedoch keine Sekunde lang aufgehört, sich lautstark für die Abschaffung der Apartheid und für Sanktionen gegen Südafrika einzusetzen. Seinen Lebensunterhalt verdient er inzwischen als Autor und Dozent; außerdem fungiert er als Berater für Apartheids-Fragen beim Commonwealth-Sekretariat.« Die einzige Verantwortung, die die sogenannte zivilisierte Welt Südafrika gegenüber übernehmen kann, ist nach Ansicht Woods »der ökonomische Druck. Steve Biko sagte immer: Wenn du den Opfern von Gewalt helfen willst, mußt du die Opfer fragen, wie ihnen am besten geholfen werden kann. Alle Führer der Opfer fordern Sanktionen!«[42]

Zwei Welten

Im Unterschied zu CRY FREEDOM, in dem ein weißer, südafrikanischer Journalist erst durch das Zusammentreffen mit einem schwarzen Bürgerrechtler zu einem aktiven Apartheidsgegner wird, steht in A WORLD APART (»Zwei Welten«, Regie: Chris Menges, Großbritannien 1987) ein weißes, südafrikanisches Journalistenehepaar im Mittelpunkt, das von

42 Donald Woods in einem Gespräch mit Manfred Mayer, veröffentlicht in: »Film und Fernsehen«, Nr. 8/1988, S. 20.

Anfang an gegen das Regime arbeitet. Die Geschichte dieser Familie – besonders die sich aus der politischen Arbeit ergebenden Folgen für die Beziehung zwischen der Journalistin und ihrer heranwachsenden Tochter – wird aus der Perspektive des Mädchens vermittelt; die Medienheldin ist somit auch nur indirekt die Protagonistin des Films. Mit dieser Konstruktion folgt der Film aber exakt der Vorlage: das Drehbuch schrieb die 1950 in Johannesburg geborene und heute im Londoner Exil lebende Shawn Slovo (im Film: Molly), deren Eltern in Südafrika gegen die Apartheid kämpften. Für ihre Arbeit verwendete Shawn autobiographische Aufzeichnungen ihrer Mutter Ruth First (im Film: Diana Roth), die 1982 Opfer eines Sprengstoffattentats wurde. Ihr Vater Joe Slovo ging 1963 ins Exil und ist heute im Afrikanischen Nationalkongreß ANC aktiv.

Südafrika 1963. Die 13jährige Molly, in einer privilegierten Mittelklasse-Familie herangewachsen, erlebt mit, wie ihr Vater mitten in der Nacht das Haus verlassen muß. Von ihrer Mutter Diana erfährt sie nichts über die Hintergründe; diese unterstützt ebenso wie ihr Mann mit journalistischen und publizistischen Mitteln den im Untergrund operierenden Afrikanischen Nationalkongreß (ANC). Sie will verhindern, daß ihre Kinder in Mitleidenschaft gezogen werden, was sich aber nicht aufhalten läßt. Molly gerät in der Schule und im Kreis ihrer Freundinnen mehr und mehr in Isolation, da ihre Eltern als Kommunisten gelten. Zu Hause erlebt sie dafür hautnah die Schikanen und Repressionen des Regimes mit, das nach Beweisen für die illegalen Aktionen der Apartheidsgegner suchen läßt. Diana setzt so gut es geht ihre Arbeit als couragierte Journalistin fort, bis sie – ohne richterliche Verfügung aufgrund eines neuen Gesetzes – verhaftet, verhört und gefoltert wird.

Mollys Traum von einer friedlichen Familienidylle wird brutal zerstört; sie kommt in ein Internat und sucht immer noch nach den Gründen für das Verhalten ihrer Mutter, das sie ihrer Ansicht nach in diese Situation gebracht hat. Diana wird nach Ablauf der 90-Tage-Haft entlassen, danach aber sofort wieder festgenommen. Sie ist am Ende ihrer Kräfte und befürchtet, ihre Freunde zu verraten. Ein Selbstmordversuch kann im letzten Augenblick verhindert werden. Sie kommt wieder nach Hause, aber die Polizeiaufsicht bleibt bestehen. In dieser Phase kommen sich Mutter und Tochter wieder näher. Molly, die darunter litt, daß ihre Mutter sich nicht genug um sie kümmerte, versteht mehr von den Beweggründen für die politische Arbeit, und Diana wird klar, daß ihre Tochter an ihrer Seite mehr an diesem Leben beteiligt sein möchte. Bei der Beerdigung eines gemeinsamen Freundes, eines schwarzen Anti-Apartheidskämpfers, sieht man Molly und Diana Seite an Seite inmitten einer riesigen Trauergemeinde. Mit erhobenen Fäusten machen sie Front gegen die Polizisten, die die Versammlung mit Gewalt auflösen.

Aus den gleichen Gründen wie Richard Attenborough für CRY FREEDOM hat sich auch Chris Menges dazu entschlossen, in *seinem* Anti-Apartheidsfilm ebenfalls keinen Schwarzen als Protagonisten hervorzuheben. Sein Film ».. . handelt vom Schicksal einer weißen Familie, die sich anders verhält, als es dem Rassenstaat genehm ist, und deshalb selber zunehmend isoliert wird. .. Das Apartheidssystem wird individualisiert und in die Familie hineingetragen. Auf diesem Weg wird politische Theorie und tagtägliche Praxis eines Systems auf ihre Bedeutung für die Bevölkerung zurückgeführt und für die Zuschauer emotionalisiert.«[43]

Chris Menges, international arbeitender Kameramann, der für zwei seiner Arbeiten mit dem Oscar ausgezeichnet wurde (MISSION und KILLING FIELDS), wurde auch für A WORLD APART, seinen ersten Spielfilm, mit Preisen und Anerkennungen bedacht. Zum großen Erfolg des Films haben die schauspielerischen Leistungen der beiden Hauptdarstellerinnen (Mutter und Tochter sind mit Barbara Hershey und Jodhi May hervorragend besetzt) ebenso beigetragen wie die Kameraarbeit von Peter Biziou, die für den Regisseur besonders wichtig war. Das Ergebnis sind beeindruckende, atmosphärisch dichte Bilder, die spektakuläre Massenszenen ebenso authentisch vermitteln wie subtile Großaufnahmen.

A WORLD APART wurde wie CRY FREEDOM in Simbabwe mit englischen und amerikanischen Geldern gedreht. Die Geschichte, die in den 60er Jahren spielt, ist auch heute noch aktuell. Der Film, der eine klare Position gegen die aktuelle Politik Südafrikas bezieht, darf dort nicht gezeigt werden. Er ist Teil des politischen Kampfes gegen das System. In mehreren Interviews hat sich Shawn Slovo geäußert, wozu dieser Film beitragen soll: zum totalen Boykott des Regimes.

Das Ende der Objektivität

Kein anderer Kontinent gibt als Schauplatz und an Themen für Polit-Thriller mehr her als Lateinamerika: Revolten und Bürgerkriege, CIA-Machenschaften, Ausbeutung durch US-Multis, Entführungen, Geiselnahmen, Folterungen, Morde und Massaker – über all das läßt sich aus der Geschichte und Gegenwart Lateinamerikas berichten. Hollywood hat darüber zahlreiche Filme gedreht. Meistens handelten sie von fiktiven Diktaturen, in denen US-Söldner und Agenten Seite an Seite mit den Rebellen erfolgreich für Demokratie und Freiheit kämpfen. In den letzten 15 Jahren, in denen derart fragwürdige Bündnisse, undurchschaubare Geheimdienst-Aktionen und militärische Interventionen in der Realität

43 Walter Ruggle, »Kindsein in unmenschlichem System«, in: »film-bulletin«, Nr. 4/ 1988, S. 22.

immer umstrittener und unbeliebter wurden – wobei die nicht-amerikanische Öffentlichkeit mehr mit den Auflehnungen *gegen* die US-Vormacht sympathisiert –, wurden solche Filme seltener. Produziert wird dennoch; an die Stelle der politischen und militärischen Gegner sind die Drogensyndikate und ihre Bosse getreten. Auf den ersten Blick ist dagegen nicht viel einzuwenden. Schaut man genauer hin, so sind auch diese Filme nicht frei von politischen Untertönen. Das Klischee von einem unruhigen und ungeordneten Kontinent, der Interventionen jeder Art rechtfertigt, wird aufrechterhalten.

In seinem Standardwerk »Kino und Kampf in Lateinamerika – Zur Theorie und Praxis des politischen Kinos«[44] hat Peter B. Schumann, einer der besten Kenner des lateinamerikanischen Films, eine Bestandsaufnahme des politischen Kinos in Lateinamerika vorgenommen – von seinen Anfängen in Argentinien, Brasilien und Kuba um 1960 bis hin zur filmischen Massenbewegung in Chile, zum revolutionären Projekt eines ›Kinos für das Volk‹ der Gruppe Ukamau in Bolivien und zum militanten Kino in Kolumbien und Mexiko. Eine darüber hinausgehende Bestandsaufnahme der zahlreichen politischen Filme und Polit-Thriller, die aus nordamerikanischen, europäischen und anderen Ländern kommen und in Lateinamerika spielen, ist noch zu leisten. An anderer Stelle dieses Buches wurde bereits erwähnt, daß der Kapazität eines Taschenbuches Grenzen gesetzt sind und wir uns hier auf Andeutungen und wenige Beispiele konzentrieren müssen. Die Filme von Costa-Gavras ETAT DE SIÈGE und MISSING sind in dem Kapitel ›Z‹ und Costa-Gavras« besprochen[45]. Zu den herausragenden Produktionen zählen in diesem Zusammenhang die Filme LA VICTORIA (1973), ES HERRSCHT RUHE IM LAND (1975) und DER AUFSTAND (1980) von Peter Lilienthal, LEX YEUX DES OISEAUX (»Die Augen der Vögel«, Frankreich 1982) von Gabriel Auer, BLAUÄUGIG (1989) von Reinhard Hauff und ROMEO (1989) von John Duigan.

Eine vollständige Erfassung allein der Polit-Thriller, in denen Journalisten und Reporter bei ihren Einsätzen in Lateinamerika eine Rolle spielen, steht ebenfalls noch aus. Auch hier ist zu unterscheiden zwischen den Filmen, in denen fiktive oder konkret benannte Länder nur die Kulisse für willkürlich zusammengefügte Versatzstücke des Action-Kinos sind, und den Polit-Thrillern, die einen authentischen Gehalt haben und aus einer parteilichen Position heraus in der Öffentlichkeit etwas bewirken wollen. Ein exemplarisches Beispiel für die erste Kategorie ist OVER-

---

44 Erschienen im Carl Hanser Verlag München, 1976 (Reihe Hanser Medien). Weitere Materialien sind enthalten in der Dokumentation »Film und Revolution in Lateinamerika« von Peter B. Schumann, Verlag Karl Maria Laufen, Oberhausen, 1971, und in dem »Handbuch des lateinamerikanischen Films« von Peter B. Schumann, Verlag Klaus Dieter Vervuert, Frankfurt am Main, 1982.
45 Siehe S. 24f.

THROW (Regie: Larry Ludman, Italien 1987); zwei naive und politisch unbedarfte amerikanische Sportreporter geraten in einem fiktiven lateinamerikanischen Land in eine Krisensituation. Der ehemalige CIA-Agent Shaw organisiert gerade für Oberst Orenga den Umsturz. Die beiden ›Helden‹ John Teller und Bob Norton kommen dem Komplott auf die Spur und geraten wechselweise bei Orengas Leuten, den Guerilleros und Regierungstruppen in Gefangenschaft. Ein schlaffer US-Botschafter läßt sie im Stich, als Teller gezielt von Shaw in den Verdacht gebracht wird, einen beliebten General ermordet zu haben. So müssen die Reporter weiter ermitteln, um ihre Unschuld zu beweisen. Als Teller dabei ums Leben kommt, erschießt Norton aus Rache Shaw und stirbt selbst unter den Kugeln von Orengas Milizen. Erklärungen über politische Hintergründe und Zusammenhänge liefert der Film nicht; ein lateinamerikanisches Land muß dafür herhalten, zwei Amerikanern Gelegenheit zu Heldentum und Heldentod zu geben. Die Einheimischen gehören entweder Todesschwadronen oder Killerkommandos an, oder sie verhalten sich so geduckt, daß die US-Reporter jederzeit ihre Überlegenheit ausspielen können.

Zu den exemplarischen Beispielen der zweiten, ernst zu nehmenden Kategorie gehören PRISONER WITHOUT A NAME, CELL WITHOUT A NUMBER (»Der Weg durch die Hölle«, Regie: Linda Yellen, USA 1983) – es geht um die authentische Geschichte des argentinischen Journalisten Jacobo Timerman, der 1977 von den Militärs verhaftet und gefoltert wurde – sowie der zu Unrecht kaum bekannte und viel zuwenig beachtete Film von Helvio Soto REGEN FÄLLT AUF SANTIAGO, eine bulgarisch-französisch-deutsche Coproduktion von 1976. Der Film konzentriert sich auf den 11. September 1973 in Chile; den Tag, an dem die Militärjunta unter General Pinochet zum Aufstand gegen Allende losschlägt. Mit der ständig wiederholten Radiobotschaft ›Regen fällt auf Santiago‹ wird von Allende-Gefolgsleuten für die Volksfront-Anhänger im Lande das für alle Fälle verabredete Codesignal gegeben: die Warnung vor dem im Morgengrauen heimlich angelaufenen Staatsstreich. Aus der Sicht des Journalisten Olivares, des ersten Beraters des Präsidenten Allende, berichtet der mit internationalen Stars (u. a. Jean-Louis Trintignant, Laurent Terzieff, Bibi Anderson und Annie Giradot) besetzte Film, was sich an diesem Tag in Santiago abgespielt hat: beim Vordringen der Putschisten, dem Widerstandskampf der Volksfront-Anhänger und dem letzten Gefecht, das Allende seinen Widersachern in seinem Amtssitz liefert – bis zu seiner Erschießung.

Under Fire: Nicaragua und El Salvador

Über die Ereignisse in den mittelamerikanischen Ländern Nicaragua, El Salvador, Guatemala, Honduras und Panama sind viele Spielfilme und Dokumantarfilme[46] entstanden: UNDER FIRE und SALVADOR gehören dabei zu den wohl bekanntesten und international erfolgreichsten Spielfilmen. In beiden spielen Journalisten und Fotoreporter die Hauptrolle – und mit diesen beiden Filmen, die typisch sind für den Polit-Thriller und das Image seiner Medienhelden, hat eine Entwicklung innerhalb des Genres einen Höhepunkt und wohl auch ihren vorläufigen Abschluß erreicht.

Roger Spottiswoode, der seine Filmkarriere als Cutter begann und u. a. für Sam Peckinpah arbeitete, liefert mit UNDER FIRE (USA 1982) das Porträt eines Fotoreporters, der auf dem Höhepunkt des Bürgerkriegs in Nicaragua seine ihm eigene distanziert-zynische Position nicht durchhalten kann.

Der amerikanische Fotoreporter Russel Price (Nick Nolte) geht an den Krisenherden der Welt routiniert seiner Arbeit nach. Seine Devise ist: »Ich ergreife nicht Partei, ich mache Bilder.« Vom Tschad aus wechselt er nach Nicaragua, wo sich im Frühsommer 1979 die Hauptstadt Managua bereits im Belagerungszustand befindet. Begleitet wird er von seiner Kollegin Claire Stryder (Joanna Cassidy), mit der ihn eine langjährige Beziehung verbindet. Claire war zuvor mit Alex Grazier (Gene Hackman) liiert, der ebenfalls als Journalist arbeitet und auch in Nicaragua auftaucht. Russel, Claire und Alex machen in einer Bar die Bekanntschaft des zwielichtigen Jazy (Jean-Louis Trintignant); man sagt ihm nach, er verfüge nicht nur über engste Kontakte zu Somoza, sondern erfreue sich auch bester Beziehungen zum amerikanischen Geheimdienst CIA.

Russels Ziel ist es, ein Foto von dem charismatischen Guerillaführer Rafael (Jorge Zepeda) zu machen; er will der erste sein, der ihn fotografiert. Während einer Gartenparty in Somozas Residenz präsentiert der Diktator seinen Gästen die für ihn kriegsentscheidende Nachricht, Rafael sei tot. Russel bezweifelt diese Meldung. Gemeinsam mit Claire schlägt er sich zu dem Stützpunkt Rafaels durch. Rafael liegt tot auf der Bahre. Auf Drängen der Sandinisten läßt ihn Russel durch ein arrangieres Foto wieder ›auferstehen‹.

Sein Prinzip der Nichteinmischung gilt nicht mehr: er fotografiert einen ›lebenden‹ Rafael, der die Regierungszeitung mit seiner Todesnachricht

---

46 Einen umfassenden Überblick über die Schrecken der Bürgerkriege in Mittelamerika und das zwielichtige Engagement der Vereinigten Staaten in dieser Region seit den 50er Jahren liefert der dreiteilige Dokumentarfilm THE HOUSES ARE FULL OF SMOKE von Allan Francovich, USA 1987.

in Händen hält. Die Meldung, Rafael sei am Leben, verbreitet sich wie ein Lauffeuer; das Bild des auferstandenen Revolutionärs wird als Flugblatt im gesamten Land verteilt. Russel wird nun selber in den Strudel der Revolution hineingezogen, über die er nur berichten wollte. Die Ereignisse überstürzen sich: am Ende flieht Somoza mit einer Handvoll Vertrauter nach Miami. Jazy wird von Guerilleros erschossen. Die führungslose Nationalgarde wird von den Sandinisten vernichtend geschlagen. Gemeinsam erleben Russel und Claire den Einzug der siegreichen Revolutionäre in Managua.

In UNDER FIRE gibt es viele Bezüge zur Realität. Die zentrale Figur Russel Price trägt Züge von Mathem Naythons, der während des Bürgerkrieges als Fotoreporter in Nicaragua tätig war und das Produktionsteam des Films beriet. Russels Kollege Alex Grazier wird in dem Film von Somozas Soldaten erschossen; am Abend geben die Nachrichten seinen Tod bekannt, wobei die sandinistischen Rebellen des Mordes beschuldigt werden. Russel, Augenzeuge des Vorfalls, konnte durch seine Fotos das Regime der Lüge überführen. Auch dazu gibt es authentische Parallelen: Bill Stewart, Reporter der US-Fernsehgesellschaft ABC, wird 1979 in Nicaragua erschossen. Präsident Somoza beschuldigt die Sandinisten des Mordes. Tags darauf können die Amerikaner im Fernsehen sehen, wie es

Gene Hackman und Nick Nolte in UNDER FIRE

329

wirklich war. Stewarts Kollege Jack Clark hatte den Mord mit der Film-
kamera festgehalten. Die Täter waren Nationalgardisten.

UNDER FIRE wurde durch die Qualität des Drehbuches, die Besetzung der
Hauptrollen mit internationalen Stars und durch die engagierte Position
des Regisseurs zu einem internationalen Erfolgsfilm: »Listig hat Regisseur Spottiswoode seinen Film wie durch das spähende Auge des Fotoreporters gedreht. Subtil wie Russell und mutig Schritt für Schritt ändert
der Film im Lauf der Handlung seine Meinung und ergreift Partei für die
Sandinisten.«[47]

In einem Interview hat sich Spottiswoode zu den anderen Filmen, in denen ebenfalls die ›Medienhelden‹ die Hauptfiguren sind, geäußert:

»Ich sah ›Vermißt‹ nach Beendigung unserer Dreharbeiten, und soviel ich
weiß, drehte Peter Weir seinen Film ›Ein Jahr in der Hölle‹ gleichzeitig
mit meinem. Den Schlöndorff-Film ›Die Fälschung‹ betrachtete ich mir
kurz vor Beginn der Dreharbeiten, zu einem Zeitpunkt allerdings, als die
endgültige Fassung des Drehbuchs schon auf dem Tisch lag. Ich würde
also nicht davon sprechen, daß diese Filme durch einen momentanen
Trend ausgelöst wurden, vielmehr liegt hier ein Phänomen vor. Unabhängig voneinander drehen Regisseure verschiedener Nationen über mehr
oder weniger das gleiche Thema. Warum? Weil sie spüren, daß da etwas
in der Luft liegt. Weit weg, in den Krisenherden der Erde, spielen sich
Dinge ab, die langfristig für alle Menschen eine gewisse Bedrohung darstellen. Wenn überhaupt, hat Costa-Gavras die filmische Fixierung auf
ein Thema eingeleitet, die ohnehin gekommen wäre.

Das große Plus des Films war es schließlich auch, daß viele Menschen erst
durch den Film erfuhren, was sich in Chile ereignete . . .«[48]

Im gleichen Produktionsjahr wie UNDER FIRE (1982) entstand auch der
Film LAST PLANE OUT (»Flug aus der Hölle«, Regie: David Nelson, USA
1982). Auch hier geht es um einen amerikanischen Reporter, der in die
Wirren des Bürgerkrieges gerät. Anders als UNDER FIRE ergreift dieser
Film für Somoza und gegen die Sandinisten Partei. Der Held des Films
heißt (wie der Produzent des Films) Jack Cox und ist ein selbstbewußt-
überheblich auftretender Texaner, der mit Somoza befreundet ist und von
den Sandinisten für einen CIA-Agenten gehalten wird. Kurz bevor Somoza aus dem Land fliehen muß, gewährt er Cox ein letztes Interview, in
dem er den kommunistenfreundlichen Politikern in Washington die
Schuld an seinem Sturz gibt. Cox kann später nach mehrfachen Versuchen auf abenteuerliche Weise ebenfalls das Land verlassen. Begünstigt
wird seine Flucht durch eine attraktive Sandinistin, die vormals im Um-

47 Michael Fischer in: »Der Spiegel«, Nr. 47/1983.
48 Veröffentlicht in den von Albert Schwarzer zusammengestellten Begleitmaterialien
    zum Film, die von der Firma atlas film & av, Duisburg 1984, herausgegeben wurden.

kreis von Somoza lebte und mit der Cox vor der Revolution eine Liebesaffäre hatte. Auch bei diesem Film gibt es Bezüge zur Realität. Im Abspann des Films ist zu lesen, daß Jack Cox immer noch als »Berater für Südamerikafragen« verfügbar ist.

Über Nicaragua sind seit UNDER FIRE viele Filme gedreht worden, und die aktuelle Entwicklung läßt darauf schließen, daß dieses Land weiterhin von Journalisten und Fotoreportern bereist wird. Ähnlich wie die Vietnamveteranen von ihren Erfahrungen geprägt sind, gibt es jetzt auch Filme, in denen sich ›Nicaragua-Nachwirkungen‹ zeigen. In À CORPS PERDU (Regie: Léa Pool, Kanada/Schweiz 1988) gerät ein kanadischer Fotojournalist aufgrund erschütternder Erfahrungen in Nicaragua und wegen einer zerbrochenen Dreiecksbeziehung in eine schwere Krise, aus der er erst wieder herausfindet, als er sich von den Erinnerungen an seine Vergangenheit lösen kann: »Alptraumartig sieht er die Schreckensbilder immer wieder aufs neue vor seinen Augen. Durch die Straßen seiner Heimatstadt irrend konstatiert er, daß dieses Übel, das ihn ergriffen hat, tiefer sitzt und seine Wurzeln in dieser Gesellschaft haben muß. Pierre beschließt, seine nächste Fotoreportage nicht mehr irgendwo in der fernen weiten Welt, sondern in seiner unmittelbaren Umgebung, in Montréal, zu machen. Nun entstehen Bilder voll von struktureller Gewalt: Autobahnbrücken, unvollendete Konjunkturbauten, Betonruinen und immer wieder zerbrochene Scheiben...«[49]

Bilder auf Leben und Tod

Weitaus stärker als UNDER FIRE weist SALVADOR (USA 1986) von Oliver Stone Bezüge zu authentischen Medienhelden auf. Richard Boyle (James Woods), ein ausgekochter, windiger Typ, als Fotoreporter und Journalist in fast allen Konfliktgebieten und Kriegsschauplätzen der Erde aktiv, ist durch berufliche und private Krisen an einem Tiefpunkt angelangt. Um dem Dilemma auszuweichen, will er eine Reportage über die Bürgerkriegsunruhen in El Salvador machen. Gemeinsam mit seinem Freund Dr. Rock (Jim Belushi), einem ausgeflippten arbeitslosen Diskjockey, macht er sich auf den Weg. Schon kurz nach Grenzübertritt werden sie unvermutet mit der launischen Allmacht korrupter Militärs konfrontiert. Man hält sie für Regimegegner. Es gelingt ihnen im letzten Augenblick, einer Hinrichtung zu entgehen. Während in den Vereinigten Staaten der Präsidentschaftswahlkampf zwischen Carter und Reagan in vollem Gange ist, versuchen Boyle und Dr. Rock, sich in der Hauptstadt San Salvador zu orientieren, wobei sie erneut in die blutigen Wirren des

49 Dominik Slappnig in: »Zoom« Nr. 19/1988, S. 23.

Die Reporter Richard Boyle (James Woods) und John Cassady (John Savage) in SALVADOR

Bürgerkrieges mit den für sie zunächst schwer durchschaubaren Fronten einbezogen werden. Während sein Freund den Drogen und den Prostituierten nachjagt, erlebt Boyle mit, wie die reaktionäre Rechte – bestärkt durch Reagans Wahlsieg – immer offener und brutaler vorgeht. Die berüchtigten Todesschwadronen terrorisieren das Land, unliebsame Bauern und Studenten werden ohne Skrupel ermordet, Müllhalden am Rande der Stadt sind mit ihren Leichen übersät. Erzbischof Romero, eine der wenigen moralischen Integrationsfiguren des Landes, der sich offen gegen die Militärjunta ausspricht, wird während einer Messe in der Kathedrale ermordet. Der Bruder von Boyles Freundin Maria wird im Gefängnis zu Tode gequält. Nonnen und eine Entwicklungshelferin werden von gedungenen Killern überfallen, vergewaltigt und ermordet.
Die »offiziellen« Vertreter der USA in El Salvador schweigen zu all diesen Vorfällen; allenfalls lassen sich die Diplomaten, Militärberater und auch die Vertreter der großen Nachrichtenagenturen und TV-Sender zu zynischen Kommentaren herab. Keiner will wahrhaben, daß sich das Terrorregime nur mit Hilfe des CIA halten kann.
Für Boyle verdichtet sich der Verdacht, daß die Rechtfertigungsgründe für die US-Militärhilfe in El Salvador fadenscheinig und zurechtgebogen

sind und die Medien belogen werden oder bewußt falsch informieren. Er nimmt Kontakt mit der Befreiungsfront auf, die einen fast aussichtslosen Kampf gegen das gutausgerüstete Militär führt. Zusammen mit dem von seinem Beruf besessenen Fotoreporter John Cassady (John Savage) geht er mitten in das Kampfgeschehen in Santa Ana. Mit den Bildern vom wirklichen Zustand wollen sie der Weltöffentlichkeit die Augen öffnen. Während eines Angriffes der Regierungstruppen findet Cassady den Tod.

Ernüchtert und desillusioniert hat Boyle nur noch ein Ziel: Er will seine Freundin Maria und ihren kleinen Jungen außer Landes schaffen, was nur mit illegalen Mitteln möglich ist. Nachdem sie es unter Lebensgefahr geschafft haben, die Grenze zu übertreten, werden sie in Kalifornien erneut von der politischen Realität eingeholt. Da die Frau und das Kind nicht über die erforderlichen Dokumente verfügen, werden sie von US-Beamten zurückgeschickt. Für die Betroffenen kommt das einem Todesurteil gleich; »Verräter«, die in das Land zurückkehren, sind bevorzugte Ziele der Todesschwadronen.

Richard Boyle ist keine fiktive Gestalt. Zusammen mit Oliver Stone hat der Journalist seine eigenen Erlebnisse in El Salvador niedergeschrieben und zu einem Drehbuch verarbeitet. Die historischen Ereignisse in den Jahren 1980/81 werden durch biographische Anekdoten angereichert und in ihrem zeitlichen und örtlichen Ablauf verdichtet. Mit dem Typ des ausgemergelten, kaputten, aber nicht anpassungsfähigen Medienhelden, der sich vom zunächst außenstehenden Beobachter unter dem Druck des Erlebten zum persönlich engagierten Betroffenen wandelt, hat Stone eine Identifikationsfigur geschaffen, deren parteiisches Verhalten der Sichtweise und dem Standpunkt des Films entspricht.

Auch die Cassady-Rolle lehnt sich an ein authentisches Vorbild an: an den Fotojournalisten John Hoglund, der in Salvador getötet wurde. Der Tod dieses mutigen, fanatischen Bildberichterstatters ist ein zynischer Kommentar zu seinem Statement: »Um die Wahrheit zu finden, mußt du nah rangehen. Gehst du zu nah ran, gehst du drauf!«

Auch Oliver Stone ist mit diesem Film – er wurde vor PLATOON gedreht[50], kam aber erst später in unsere Kinos – ziemlich nah rangegangen. Er hat sich die Finger verbrannt, aber den Widerständen gegen dieses Projekt standgehalten und einen aufrüttelnden, couragierten und unbequemen Polit-Thriller gedreht. Keine Frage, daß hier die amerikanische Mittelamerika-Politik vehement attackiert wird. Demgegenüber ist die Kritik, daß er sich nicht exakt an die historischen Fakten hält – wie etwa bei dem Attentat auf Romero – oder einzelne Aktionen zu spektakulär aufbauscht – wie etwa die Vergewaltigung und Ermordung der Nonnen –, von ver-

50 Siehe Seite 234.

gleichsweise geringem Gewicht, weil der Film in all seinen Bildern nicht von Ausgewogenheit und Objektivität, sondern von Betroffenheit und Engagement zeugt.

Ein Teil der internationalen Fachpresse hat dem Film seinen politischen Gebrauchswert abgesprochen. Das mag vielleicht damit zu begründen sein, daß Stone den Szenen des bewaffneten Widerstands, dem Kampf gegen das Militär, nicht genug Aufmerksamkeit schenkte. Der fern von Hollywood mit geringem Budget (englische Gelder) entstandene Film gebraucht hier mitunter Bilder, wie wir sie aus billigen Italo-Western her kennen, in denen die mexikanische Revolution operettenhaft verhackstückt wird. Stone schafft es aber, die Widerstandskämpfer nicht zu heroisieren: er geht auch zu ihnen auf Distanz und konzentriert sich ganz darauf, wie Boyle die Dinge erfährt, wie er seiner Arbeit nachgeht.

Abgesehen davon, daß dieser harte und schockierende Film auch eine aktuelle Anlage gegen die bornierte Einwanderungspolitik der USA ist, liefert er zwar keine endgültige und zufriedenstellende Analyse der historischen Situation, aber er korrigiert oder vertieft doch die Kurzmeldungen und Sekundenfilmchen, die unsere Medien den Vorgängen in Salvador beimessen.[51]

Die Meldung zum Film (»epd«, 11.7.87): TEGUCIGALPA. Das honduranische Innenministerim hat die weitere Aufführung des US-amerikanischen Filmes »Salvador« von Oliver Stone verboten. In Tegucigalpa hieß es, daß Innenminister Romualdo Bueso die Entscheidung auf Wunsch des Chefs der Streitkräfte, General Humberto Regalado, getroffen habe. Dieser sehe in dem Film einen »Verstoß gegen die Staatssicherheit« und befürchte davon »Anreize für die Subversion der Linken« in Honduras. Die Zensurbehörde hatte den Film genehmigt.

---

51 Der Text zu SALVADOR wurde vorveröffentlicht im Fischer Film Almanach 1988.

Personen- und Filmtitelregister

Kursive Seitenzahlen verweisen auf die Abbildungen.

Personen

Aaron, Paul 165
Ackland, Joss 126, 131
Adorf, Mario 118, 128, 130
Adrian, Günter 273
Agnew, Spiro T. 263
Ait Acène, Ameziane 57
Aliprandi, Marcello 129f.
Alleg, Henri 60
Allende, Salvador 36f., 327
Alston, Emmett 199
Altman, Robert 149, 239f.
Amir, Gideon 166
Amyes, Julian 145
Anchisi, Piergiovanni 121
Anconina, Richard 104
Anderson, John 258
Anderson, William C. 255
Andreotti, Giulio 111
Angelo, Pier 123
Antonionio, Michel-
   angelo 135
Arcady, Alexandre 66, 102
Arlorio, Giorgio 121
Ashby, Hal 218
Asso, Pierre 63
Attenborough, Ri-
   chard 320ff., 325
Auclair, Michel 85
Audran, Stéphane 92
Auer, Gabriel 326
Autant-Lara, Claude 57f.
Auteuil, Daniel 100
Azéma, Sabine 104

Badalucco, Nicola 118f.
Balducci, Armenia 121
Balsam, Martin 117, 119, 129,
   131
Bao Dai 152
Barry, Gene 157
Bartlett, Hall 147, 281
Bartlett, Sy 21

Basano, Giorgio 128
Basoft, Farsad 292
Bassermann, Albert 49
Bass, Ronald 246
Battistrada, Lucio M. 128
Beatty, Warren 300, 306
Becker, Josn 195
Béhat, Gilles 101
Bellocchio, Marco 131
Belmondo, Jean-Paul 67, 89
Belushi, James 126
Belushi, Jim 331
Ben Barka, El Mehdi 67f.,
   76f., 96
Ben Bella, Ahmet 55
Benvenuti, Leo 129
Berenger, Tom 40, 41, 44
Berger, William 131
Bernard-Aubert, Claude 53,
   154
Bernstein, Carl 302, 304ff.
Berry, Richard 101f.
Bertolucci, Bernardo 138
Betti, Laura 131
Biko, Steve 320ff.
Blanche, Roland 85
Bleckner, Jeff 259
Blue, James 58
Böll, Heinrich 294
Bogart, Humphrey 49, 144,
   298
Boileau, Pierre 54
Boisset, Yves 14, 31, 61, 71,
   74, 75–89, 99
Bolkan, Florida 124
Borderie, Bernard 67
Boris, Robert 291
Born, Nicolas 312
Bory, Jean-Marc 85
Bosci, Giulia 131
Bouise, Jean 84
Boulle, Pierre 96

Bouquet, Michel 72, 79, 95
Bourguignon, Serge 153
Bourvil 70
Bowser, Kenneth 222
Boyle, Richard 331ff.
Bozzuffi, Marcel 85, 100,
   126, 130
Brach, Gérard 96
Brando, Marlon 158
Brel, Jacques 69
Bresser, Klaus 289
Bridges, James 294, 307
Bridges, Jeff 226
Briggs, Benjamin 173
Bronson, Charles 190, 203
Brooks, Richard 144, 295,
   298
Bruel, Patrick 102
Bryan, C. D. B. 247
Buck, Pearl S. 133
Bühler, Wolf-Eckart 258
Buesco, Romualdo 334
Buntzman, Mark 194
Bushelman, John 174
Butler, David 154
Buzzo, Silvana 131

Cabot Logde, Henry 36
Cabot Lodge, John 36
Calley, William 237
Camus, Marcel 53, 153
Capa, Robert 278
Capponi, Pier Paolo 131
Capra, Frank 51
Caputo, Philip 283
Carabatsos, Jim 250
Cardinale, Claudia 111, 122,
   117, 119, 127, 131
Carlstroem, Björn 193
Carmet, Jean 94, 99
Carpita, Paul 52
Carpi, Tito 130

Carradine, Keith *260*
Carter, Jimmy 331
Cascas, Nick 165
Casey, Kimberley 192
Casey, William 204
Cassidy, Joanna 328
Castellari, Enzo G. 130
Castel, Lou 117
Castle, William 134
Castro, Fidel 18–22
Cates, Gilbert 197
Catreira, Danny 165
Cavalier, Alain 63
Cayatte, André 54, 62, 90, 95
Cecchi d'Amico, Suso 124
Celi, Adolfo 130
Chaban-Delmas, Jacques 59
Chabrol, Claude 24, 68, 74, 91
Chahine, Youssef 56
Challe, Maurice 61, 64
Chan, Edward L. 146
Chase, Marc 119
Chen Fangqian 136
Chetwynd, Lionel 251
Chirac, Jacques 83, 98
Christian-Jaque 67
Chruschtschow, Nikita 33, 144
Cimino, Michael 131, 207ff.
Claire, Cyrielle 131
Clark, Jack 330
Clark, L. Travis 167
Clegg, Tom 319
Clerici, Gianfranco 130
Cobb, J. Lee 111, 117
Collison, Peter 187
Connery, Sean 295, *296*, 298
Constantine, Eddie 54, 68
Conte, Maria Pia 131
Conte, Richard 128, 131
Conway, James L. 167
Cooper, Peter H. 222
Coppola, Francis Ford 108, 211–215, 244, 246f., 285
Coscia, Marcello 128
Cosmatos, George Pan 230
Costa-Gavras, Constantin 14, 24–45, *45*, 68, 71, 76, 110, 292, 330
Courrière, Yves 62
Courtelin, Jean 95f.
Coutard, Raoul 154
Couturie, Bill 247f.
Crémer, Bruno 24, 69
Cronauer, Adrian 274
Crow, Dean 198

Crowe, Christopher 170
Cruise, Tom *264*, 286
Crump, Owen 144
Cucciola, Riccardo 118, 123, 128
Cummings, Robert 49
Cuny, Alain 126
Cusack, Cyril 123, 130

Dafoe, Willem 248
dalla Chiesa, Carlo Alberto 121
dalla Chiesa, Nando 105
Dallessandro, Joe 127
Damiani, Damiano 110, 117–120, 128
Danton, Ray 169
Davila, Jacques 66
Davis, B. J. 166, 232
Davis, Neil 277, 279
Davis, Ossie 188
Davis, Robin 74
Dawn, Vincent [= Bruno Mattei] 165, 193, 199, 232
Dawson, Anthony M. [= Antonio Margheriti] 164f., 184, 197
De Anda, Gilberto 197
de Bernardi, Piero 129
de Caro, Lucio 130
de Concini, Ennio 128f., 131
de Funès, Louis 67
de Gaulle, Charles 53, 61, 64, *65*, 66, 70, 78, 81, 83, 87, 91
de Martino, Alberto 129
De Niro, Robert *207*, 217, 224, 248, 286
de Palma, Brian 267f.
de Palma, Dino 128
de Palma, Frank 197
de Rita, Massimo 118, 128
de Romero, Vittorio 166
de Sica, Vittorio 128
de Sio, Giuliana 121
Decoin, Henri 154
del Sol, Laura 128
Delon, Alain 63, 67, *93*, 97, 101, 131
Demjanjuk, John 43
Demy, Jacques 62
Denis, Jacques 60
Denner, Charles 24, *27*, 29
Deodato, Ruggero 198
Depardieu, Gérard 100
Deray, Jacques 96f.
Dern, Bruce 218
Deville, Michel 96

Deware, Patrick *84*, 92, 313, *315*
di Leo, Fernando 128
Dieterle, William 132
Dith Pran 180ff.
Dmytryk, Edward 134
Donahue, Patrick G. 188
Donati, Sergio 131
Doniol-Valcroze, Jacques 64
Dornhelm, Robert 17
Douglas, Michael 307
Dréville, Jean 56
Duez, Sophie 130
Duigan, John 326
Duke, Bill 167
Dulles, John Foster 36
Duncan, Patrick 280
Duncan, Steve 167
Dux, Pierre 32
Dwan, Allan 145, 265
Dyle, H. K. 192
d'Argenlieu, Thierry 151

Eastwood, Clint 199, 203
Eisenhower, Dwight D. 144, 152
Eisenstein, Sergej M. 12
Eluard, Paul 33
Englund, George 158
Enrico, Robert 103
Erman, John 257
Estrada, Eric 127
Everingham, John 281f.

Fabian, Françoise 118
Fairfax, Ferdinand 148
Fallaci, Oriana 283
Fantoni, Sergio 117
Fargo, James 188
Farrow, John 50, 143
Fava, Giuseppe 128
Feldberg, Mark 199
Felisatti, Massimo 128
Ferrara, Giuseppe 121–123
Ferréol, Andréa 123, 126
Ferrer, Mel *315*
Ferretti, Robert A. 192, 196
Ferzetti, Gabriele 109, 129ff.
Firstenberg, Sam 196
Fisk, Robert 276
Fiskin, Jeff Allan 225
Fleischer, Richard 20f.
Flynn, John 187
Fonda, Jane 218, *219*, 252, 286, 307
Forsyth, John 119
Forsythe, Frederic 64

Foster, Lewis R. 134
Fourastié, Philippe 69
Fox, Edward 64
Fox, Michael J. 248, 268, 287
Frank, Horst 57
Frank, T. C. 194
Frankenheimer, John 150
Franklin, Carl 172
Frears, Stephen 176
Freda, Ricardo 128
Frey, Roger 83
Frost, Lee 194
Fruet, William 187
Fuller, Samuel 143, 157, 199
Furie, Sidney J. 164 f.
Furneaxu, Yvonne 128

Gabin, Jean 54, 67, 73
Gable, Clark 134
Gainville, René 64
Gale, John 184
Gallardo, Jun 165
Ganz, Bruno 311
Garcia, Nicole 65
Gariazzo, Mario 130
Garnett, Tay 143
Garrel, Maurice 66
Garrel, Philippe 66
Gassman, Vittorio 126
Gazzara, Ben 123, 128
Gemma, Giuliano 119, 127
Gerima 220
Germis, Pietro 108
Ghini, Massimo 131
Gibson, Mel 310
Gicca, Fulvio 118
Gilbert, Lewis 160
Ginty, Robert 192
Giorgi, Eleonora 119
Giovanni, José 67, 74
Giovinazzo, Buggy 195
Girardeau, Annie 96
Giraudeau, Bernard 86
Girault, Jean 67
Giscard d'Estaing, Valery 89, 91
Giuffré, Carlo 130
Glickenhaus, James 194
Globus, Yoram 251
Gobbi, Sergio 100
Godard, Jean-Luc 13, 53, 63, 67 f., 70
Goebbels, Joseph 12, 48
Golan, Menahem 199, 251
Gonzáles, Felipe 31
Goupil, Romain 100
Granier-Deferre, Pierre 92

Graver, Gary 197
Gravina, Carla 131
Green, Alfred E. 150
Greene, David 247
Greene, Graham 158
Grefé, William 186
Grey, Patrick F. 306
Griebel, Ignaz 48
Grifftith, David Wark 11
Guerra, Tonino 124 f.
Guevara, Ernesto ›Che‹ 18, 77
Guillermin, John 64
Gyöngyössy, Imre 156

Hackman, Gene 228, 254, 328, 329
Haeberle, Ron 281
Haggiag, Brahim 59
Hailey, Arthur 308
Haing S. Ngor 181
Hanin, Roger 101, 131
Hannah, Christ 232
Hare, David 176 f.
Hark, Tsui 197
Harris, Ed 224
Harvey, Dan 200
Hasford, Gustav 206, 242 f.
Hassan II. von Marokko 77
Hathaway, Henry 49
Hauff, Reinhard 326
Hauser, Thomas 37
Heard, John 226
Heffron, Richard T. 164
Hemingway, Ted 166
Henderson, Clark 171
Heroux, Dennis 187
Herr, Michael 243, 283
Heusch, Paolo 22
Heynemann, Laurent 60
Heynowski, Walter 254
Hibbs, Jesse 265
Hill, Walter 221
Hitchcock, Alfred 49, 54, 294
Hitler, Adolf 46, 48, 50
Ho Chi Minh 77, 151, 176
Hoffman, Dustin 305
Hoglund, John 333
Holcomb, Rod 191
Hooks, Kevin 169
Hool, Lance 228
Hopper, Dennis 217
Horman, Charles 37
Hornett, Gillian T. 258
Horthy von Nagybánya, Nikolaus 42
Hsieh, Warren 157

Huang Jianxin 138 f.
Hubschmid, Paul 57
Hübenbecher, Daniel 193
Hui, Ann 256
Humphrey, William H. 195
Hunt, Linda 310
Hyams, Peter 196

Ingvordsen, J. Christian 196
Irvin, John 250
Iscore, Robert 167
Ivens, Joris 68
Ivernel, Daniel 80, 85

Jaglom, Henry 217
Japrisot, Sébastien 24
Jessua, Alain 99
Jewison, Norman 258
Joffé, Roland 176, 180
Johannes Paul I. 130
Johnson, Irvin 166, 172
Johnson, Lyndon B. 155, 175
Johnson, Ted 170
Jones, David 224
Jones, Harmon 145
Josephson, Erland 118, 123
Jouhaud, Edmond 61
Joxe, Louis 87

Kabay, Barna 256
Kagan, Jeremy Paul 219
Kané, Pascal 66
Karamanlis, Konstantin 26, 35
Karina, Anna 63
Kast, Pierre 68
Katz, Robert 131
Kazan, Elia 124, 216
Keach, James 232
Keitel, Harvey 129
Kennedy, Burt 187
Kennedy, John F. 67 f., 96 f., 155, 301
Kennedy, Robert 67
Kiefer, Warren 131
Kienzle, Birgit 129
Kim Il-Sung 142
King, Louis 143
King, Martin Luther 67
Kinski, Klaus 93, 117, 130
Kissinger, Henry A. 132, 175
Klein, William 68
Klett, Werner 273
Kleven, Max 188
Kline, Kevin 323
Ko, Philip 171
Kohn, Howard 307

337

Kosleck, Martin 48
Kotcheff, Ted 188, 228
Kovic, Ron 261 f., 264
Krim, Belkassem 55
Kruger, Otto 49
Kubrick, Stanley 240–244, 285
Kulik, Buzz 147
Ky, General 156

Laborde, Jean 64
Labro, Philippe 89
Lakhdar Hamina, Mohamed 60 f., 66
Lambarkis, Georgios 25 ff.
Lambert, Christopher 131
Lamb, Larry 131
Lancaster, Burt 123
Lang, Daniel 266, 269
Lang, Fritz 49 f.
Lanoux, Victor 92, 94, 100
Lanvin, Gerad 100
Lattès, Robert 318
Lattuada, Alberto 131
Laurani, Salvatore 117
Lautner, Georges 73, 93
Laven, Arnold 150
Le Duc Tho 175
Le Pen, Jean Marie 99
Lederer, Francis 48
Lee-Thompson, J. 135
Lee, Belinda 117
Lee, Christopher 131
Lelouche, Claude 68
Lemaître, Jean 86
Lemmon, Jack 36, *39*, 44
Leroy, Philippe 130
Lery, Michael 246
Levinson, Barry 274
Lewis, Joseph H. 143
Li Jun 137
Li Wenhua 138
Liberatore, Franco 131
Lilienthal, Peter 326
Lipstadt, Aaron 167
Lithgow, John *223*
Litvak, Anatole 47
Liu Chunlin 136
Lloyd, Frank 134
Lommel, Ulli 200
Lon Nol 179
London, Artur 32
Lonsdale, Michel 64
Losey, Joseph 31
Lowell Rich, David 188
Luciano, Lucky 107
Ludman, Larry 232, 327

Lukas, Paul 48
Lumet, Sidney 294
Lupo, Alberto 117
Lyon, Francis D. ›Pete‹ 147

MacArthur, Douglas 142
MacDonald, Peter 200
Macchio, Ralph *223*
Maharaj, Anthony 170, 232
Maiuri, Dino 118
Malden, Karl 146, *260*
Malet, Laurent 62
Malle, Louis 62, 257
Mallison, Matthew 166
Mankiewicz, Joseph L. 158
Manni, Ettore 119, 130
Mann, Anthony 146
Man-Li Lee 160
Mao Tse-tung 132, 136
Marker, Chris 68, 70
Markle, Peter 254
Marton, Andrew 145
Mason, James 129
Massari, Léa 63, 126
Massu, Jacques 55, 60 f.
Mastroianni, Marcello 116
Mathouret, François 96
Matteotti, Giacomo 128
Mattes, Eva *270*
Maython, Mathem 329
McCarey, Charles 295
McCarey, Leo 133
McCarthy, Joseph 33, 46, 142, 144
McCrea, Joel 49
McEveety, Vincent 160
Meisel, Kurt 57
Melato, Mariangela 116, 130
Melville, Jean-Pierre 67, 72
Menges, Chris 323 ff.
Mercier, Michèle 67
Merusi, Renzo 133
Messemer, Hannes 57
Mezzogiorno, Vittorio 126
Milan, Wilfried 232
Milestone, Lewis 146
Milian, Tomas 129
Milland, Ray 49
Miller, J. C. 196
Miller, Robert Ellis 222
Miner, Steve 197
Mingozzi, Gianfranco 131
Miou-Miou 75
Missiaen, Jean-Claude 100
Mitchell, Eddy 100
Mitrione, Dan Anthony 36
Mitterrand, François 67, 98

Mocky, Jean-Pierre 69, 74
Molina, Angela 129
Molinaro, Edouard 70, 135
Monnier, Philippe 62
Montaldo, Giuliano 123
Montand, Yves 24, 27, 30, *33*, *34*, 33–36, *37*, 44, 68, 97, *98*
Moore, Brian 123
Moore, Robin 283
Mordillat, Gérard 62
Moro, Aldo 108, 113, 116, 121 f.
Murphy, Audie 265, 286
Musante, Tony 119, 127
Mussolini, Benito 128
Myhers, Peter 196

Narcejac, Thomas 54
Nazzari, Amadeo 130
Nelson, David 330
Nelson, Gary 278
Nero, Franco 111, *112*, 117 f., 127–131
Ngo Dinh Diem 152, 155
Nguyen Van Thing 151
Nicart, Eddie 192
Nichols, Mike 240, 294, 307
Nicholson, Michael 277
Nixon, Richard 132, 144, 149, 175, 263, 302 ff.
Nizet, Charles 197
Noiret, Philippe 79, 126
Nolte, Nick 328, *329*
Norris, Aaron 171, 229
Norris, Chuck 228 f., 234
North, Oliver 203 f.
Norton, Bill L. 167, 282
Noyce, Philip 192
Nuchtern, Simon 194
Nutter, David 220

Oligati, Christopher 130
Onofri, Fabrizio 123
Ordonez, Charlie 165
Orsini, Umberto 128 f., 131
Oufkir, Mohammed 78
O'Neal, Jennifer 129

Page, Teddy 184, 191, 198
Page, Tim 278
Pakula, Alan J. 299–306
Palance, Jack 19
Pampanini, Silvana 130
Panh, Rithy 255
Panigel, Jacques 54
Papandreou, Georgios 27
Papas, Irene 109, 126

Pasolini, Pier Paolo 116, 128
Pasqua, Charles 82
Passer, Ivan 225
Pelegri, Jean 58
Pellegrin, Raymond 126f., 130
Penn, Sean 268
Périer, Etienne 94
Périer, François 81, *95*
Perrin, Jacques 24f., 30, 65
Petényi, Katalin 256
Petri, Elio 109, 111, 116, 123f.
Peurifoy, John 35
Phillips, Mark 166
Piccoli, Michel 24, 79, *80*, 92, 116
Pidgeon, Walter 50
Piéplu, Claude 92
Pinheiro, José 101
Pinochet Ugarte, Augusto 37, 327
Pirro, Ugo 117, 124, 127
Pistili, Luigi 109
Pittorru, Fabio 128
Placido, Michele 119f., 126
Pompidou, Georges 60, 70, 87, 91
Pontecorvo, Gillo 58
Pool, Léa 331
Post, Ted 164, 187, 228
Powell, Dick 146
Pressman, Michael 220, 248
Prior, David A. 170
Proffitt, Nicholas 246, 283
Pryor, Richard 220
Puzo, Mario 108, 131

Quinn, Anthony 131

Rabal, Francisco 127, 129
Rabe, David 240
Rachedi, Ahmet 60
Rampling, Charlotte 131
Randone, Salvo 109, 124
Ranieri, Massimo 130
Reagan, Ronald 134, 331
Redford, Robert *305*
Reed, Joel M. 198
Regalado, Humberto 334
Reggiani, Serge 117
Reisz, Karl 220
Renaud, François 82, 88
Renoir, Jean 53
Resnais, Alain 30, 62, 68, 91
Rey, Fernando 126, 129f.
Ribulsi, Enrico 118
Ricci, Tonino 130

Rich, Tano 193
Ritt, Martin 20
Riva, Emmanuelle 66
Robe, Mike 203
Robinson, Edward G. 47f.
Robinson, Paul D. 171ff., 199
Robson, Mark 61, 145, 150
Rogers, Mimi 126
Romero, Oscar Arnulfo 332
Rondell, Ronnie 192
Ronet, Maurice 93
Roosevelt, Theodore 46, 48
Rosenthal, Rick 222
Rose, Sherman A. 146
Rosi, Francesco 110, 114, 124–126, 250
Rossi-Drago, Eleonora 128
Rostand, Jean 96
Rozier, Jacques 62

Sabato, Antonio 130
Sacaccia, Mario 109
Sacco, Nicolo 37, 123
Saichur, Sumat 178
Salan, Raoul 61, 64
Salce, Luciano 129
Salerno, Enrico Maria 128, 130
Salt, Waldo 280
Salvatori, Renato 116, 126
Samo Hung 170
San Andres, Luis 220
Sanders, Denis 147
Sanders, Ronny 200
Santiago, Cirio H. 165f., 170, 172f., 191
Sarafian, Richard T. 195
Sargent, Joseph 151
Sartsetakis, Christos 27
Savage, Allen 185
Savage, John 319, *332f.*
Scavolini, Romano 165
Scelba, Mario 111
Schaffel, Robert 222
Schanberg, Sydney 180ff.
Scharlau, Winfried 290
Scheepmaker, Hans 148
Scheider, Roy 81
Scheumann, Gerhard 254
Schiaffino, Rosanna 124
Schöndorff, Volker 57, 294, 311–313, 330
Schmidt, Thomas J. 194
Schneider, Romy 63
Schoendoerffer, Pierre 65, 154
Sciascia, Leonardo 108–117

Scorcese, Martin 217
Scruggs, Jan C. 249
Sears, Victor 173
Seaton, Georges 147
Seberg, Jean 126
Selander, Lesley 144f.
Sellier jr., Charles E. 194
Semprún, Jorge 14, 24, 29–34, 68, 76, 81, 90
Serrault, Michel 101
Sharif, Omar 18, 21f., *23*
Shawcross, Tony 130
Sheehan, Vincent 49
Shelach, Riki 200
Sherman, Vincent 49
Sihanouk, Norodin Prinz 179
Silkwood, Karen 307
Silva, Henry 128, 130
Simon, Jean-Daniel 90
Sirk, Douglas 146
Slansky, Rudolf 32
Slate, Lane 186
Slovo, Joe 324
Slovo, Shawn 324
Smawley, Robert J. 192
Smithee, Alan 199
Solinas, Franco 36, 124
Somoza Garcia, Anastasio 329
Soto, Helvio 327
Spinetti, Victor 131
Spottiswoode, Roger 188, 328ff.
Springsteen, R. B. ›Bud‹ 147
Squitieri, Pasquale 126f.
Stalin, Josef 33
Stallone, Sylvester 190, *200*, 228, 231f., 234
Stamp, Terence 130f.
Starrett, Jack 162
Steele, Max 171
Steiger, Rod 124
Stern, Steven Hillard 221
Stern, Tom 186
Stevens, George 271
Stewart, Alan J. 195
Stewart, Bill 329
Stone, Oliver 234, 236–239, 247, 261, 263, 265, 285, 331, 333f.
Stone, Robert 220
Stoppa, Paolo 130
Stouchen, Louis Clyde 146
Strock, Herbert L. 145
Suarez, Bobby A. 199
Suarez, José 124
Subor, Michel 63

Sukarno 308 f.
Swerdlow, Joel 249
Swift, Lyndon James 164
Syngman, Rhee 142
Szálasi, Ferenc 42

Tamarov, Dimitri 129
Tarantini, Michele Massimo 130
Taviani, Paolo 131
Taviani, Vittorio 131
Terzieff, Lauren 57
Teshigawara, Hiroshi 273 f.
Tessari, Ducio 131
Testi, Fabi 126 f.
Theodorakis, Mikis 25
Thieu, Hgyen van 175 f., 178
Thompson, Ernest 266
Thompson, Marshall 159
Thornburg, Newton 225
Thornhill, Michael 193
Thulin, Ingrid 123
Thuy Tu Le 270
Timerman, Jacobo 327
Tioulong, Boramy 94
Todd, Olivier 60
Topper, Burt 147
Tornatore, Giuseppe 128
Tornatore, Joe 187, 195
Tozzi, Fausto 130
Tramont, Jean-Claude 96
Tran van Tra 176
Trintignant, Jean-Louis 24, 30, 63, 79, 90, 328
Trintignant, Nadine 90
Troisi, Lino 121
Truman, Harry S. 142, 150 f.
Trumbo, Dalton 20, 265
Tumanischwili, Michail 193
Turlier, Jean 85
Turrou, Leon G. 47

Valerii, Tonino 198
Vallet, Raf 93
Vancetti, Bartolomeo 37, 123
Vancini, Florestano 114, 127 f.
Vanel, Charles 24, 56, 125 ff.
Vanzina, Stefano [= Steno] 130
Varda, Agnès 68
Vassilikos, Vassilis 24 f.
Vautier, René 61
Ventura, Lino 67, 71, 92, 96, 114, 115, 120, 121, 126
Verhoeven, Michael 269 ff.
Verneuil, Henri 97 f., 312–318
Verucci, Franco 131
Vial Lesou, Pierre 71
Vianey, Michel 74, 94
Vidal, Gore 126
Vidocq, François 72
Villalobos, Reynaldo 167
Virilio, Paul 283, 285
Vitti, Monica 95
Vo Nguyen Giap 152
Voight, Jon 218, 219
Volonté, Gian Maria 78, 80, 109, 116 ff., 121 ff., 122, 126, 131
von Baky, Josef 294
von Clausewitz, Carl 69
von Sydow, Max 126 f.

Wallis, Hal B. 133
Walsh, Raoul 149
Washington, Denzel 321
Waterston, Sam 181
Wayne, John 133, 161, 162 f., 265, 286
Webb, James 206
Weir, Peter 308–311, 330

Wellman, William A. 133
Wendkos, Paul 187
Wertmüller, Lina 129
West, Morris L. 131
Weston, Eric 173
Wexler, Haskell 201, 218
White, Robert M. [= Roberto Bianchi Montero] 134
Williams, Robin 275, 276
Wilson, Georges 118
Wilson, Michael 18, 20
Wilton, Penelope 323
Wincer, Simon 257
Winger, Debrah 40, 41
Winner, Michael 190
Winters, David 198
Wisbar, Frank 61
Wolff, Frank 131
Woods, Donald 320 ff., 323
Woods, James 331, 332
Woodward, Bob 302, 304 ff.
Wu Yonggang 137

Xie Jin 137
Xu Guming 138

Yanne, Jean 95
Yellen, Linda 327
Yuen, Corey 192

Zacharias, Steffen 129
Zampa, Luigi 129 f.
Zavattini, Cesare 117
Zeller, Marie André 64
Zepeda, Jorge 328
Zhen Dongtian 138
Zinneman, Fred 64
Zinner, Peter 131
Zito, Joseph 229, 234

Filmtitel

1969 266
317e Section, La 154
317. Sektion, Die 154
84 Charlie Mopic 280 f.
A Ciascuno il suo 109 f., 123
A Corps Perdu 331
A-Team, The 191
Adieu Bulle 92 f.
Adieu Philippine 62
Adieu Poulet 92 f.
Affaire Aldo Moro, Die 121 ff., 122

Agent 0-1-7 auf heißer Spur 128
Agente Z 55 Missione desperata 134
Agenten der Nacht 49
Alamo Bay 257
Albatros, Der 74
Albatros, L' 74
All the President's Men 302–305, 305
All the Young Men 147
All through the Night 49

Allein gegen die Mafia 120
Alphaville 68
Alte Mann mit der Strahlkralle, Der 187
Ambizioso, L' 127
Amerasia 258
American Commando 192
American Commandos 199
American Eagle 192
American Mission 171
Amok-Jagd 186
An vorderster Front 145

Angst vor der Wahrheit,
   Die 90
Anklage: Hochverrat 150
Annihilators, The 194
Antonionis China 135
Anwälte des Teufels,
   Die 62
Any Mans Death 319f.
Apocalisse sul Fiume
   Giallo 133
Apocalypse Now 205,
   211–215, 246, 283, 287
Arbaléte, L' 100
Armée des Ombres, L' 67
Armee im Schatten 67
Arzt im Zwielicht 144
Asche und Glut 220
Ashes and Ambers 220
Asphaltkannibalen 197
Attentat, Das (Frankreich
   1972) 76–82, 80
Attentat, Das (Frankreich
   1984) 101
Attentat, L' 76–82, 80
Aufstand, Der 326
Aufstieg des Paten, Der 127
Augen der Vögel, Die 326
Aveu, L' 32–35, 33, 34, 43f.
Avocats du Diable, Les 62
Avoir Vingt Ans dans les
   Aurès 61
Avvertimento, L' 119

BAT 21 254f.
BAT 21 – Mitten im
   Feuer 254f.
Babatte s'en-va-t-en Guerre
   67
Babatte zieht in den Krieg 67
Backfire 197
Bande à Bonnot, La 69
Bashan Yeyu 137
Bataglia di Algeri, La 58, 59
Batallion der Verlorenen
   250
Battle Circus 144
Battle Flame 147
Battle Hymn 146
Battle Rats 173
Battle Taxi 145
Battle Zone 144
Battleground 170
Beim siebten Morgengrauen
   160
Besonderer Held, Ein 220
Bestie der Wollust 197
Besucher, Die 216

Betrayed, 40f., 44
Birth of a Nation, The 11
Bis unter die Haut 154
Bis zum bitteren Ende 225,
   226
Bittere Leben, Das 117
Black Eagle 166
Black Scorpion 191, 196
Black Tiger 186, 228
Blackfire 198
Blauäugig 326
Blind Fury 192
Blinde Wut 192
Blood Alley 133
Blood Moon 197
Blumen de Nacht 220
Blut der schwarzen Schlange,
   Das 130
Blutige Hochzeit 91
Blutiger Schweiß 130
Blutiges Lang Mei 173
Boat People (Hongkong
   1982) 256
Boat People (Ungarn
   1986) 256
Born Killer 152
Born Losers 194
Born for Hell 187
Born on the fourth of Ju-
   ly 261–265, 264, 268, 286
Boss, Il 128
Botschafter der Angst 150
Boulevard der Mörder 94
Boulevard des Assassins 94
Boys in Companie C, The 163
Boys von Kompanie C, Die
   163
Braddock – Missing in Action
   III 229
Bridges at Toko-Ri, The 145
Brothers in Blood 198
Brücken von Toko-Ri, Die
   145
Brut der Gewalt, Die 70
Bulle, Der 73f.
Bulle sieht rot, Ein 71, 72f.
Bye bye Vietnam 171

Caccia all'Uomo 128
Cadavres Exquis 113f., 114,
   124
Camorra 129
Camorra, La 126
Camorrista, Il 128f
Camp der verlorenen
   Frauen 165
Candy Webb, The 134

Cannibal Apocalypse 197
Caso Mattei, Il 124, 125
Caso Moro, Il 121ff., 122
Casualties of War 267f., 270,
   287
Cease Fire 220
Cease Fire! 144
Cento Giorni a Palermo 120,
   121
Certaines Nouvelles 66
Chairman, The 135
Chance ist gleich Null,
   Die 134
Charlie Bravo 154
Che! 18ff., 23
Che ›Guevara, El‹ 22
Cher Frangin 62
Chiens, Les 99f.
China Gate 156, 157
China Story 133
China Syndrome, The 294,
   307
China Syndrom, Das 294, 307
China-Legionär 156, 157
Christus kam nur bis Eboli
   126
Chrom und heißes Leder 194
Chrome and hot Leather 194
Chung Ko 135
City Commando 194
Clan, der seine Feinde leben-
   dig einmauerte, Der 117
Clay Pigeon 186
Clint Harris – Mit dem Rük-
   ken zur Wand 191
Cobra Battle Truck 193
Cobra Force 165
Cobra Man 178
Cobra Thunderbolt 193
Code Name: Zebra 195
Colpo di Stato 129
Combat dans l'Ile, Le 63
Combat Shock 195
Comeback 281f.
Coming Home 205, 218, 219,
   286
Commander 172, 199
Commander Lawin 192
Commander Rainbow 165
Compartiment Tueurs 23
Complicato Intrigo di Donne,
   vicoli e delitti, Un 129
Complot, Le 64
Condé, Un 71, 72f.
Confessione di un Commissa-
   rio di Polizia al Procuratore
   della Repubblica 117

Confessions of a Nazi-Spy 47
Consiglori, Il 129
Control 122
Corleone 127
Corleone – Boß der Bosse
127
Corruzione al Palazzo di Giu-
stizia 129
Coup de Sirocco, Le 66
Cristo si è fermato a Eboli 126
Crossbone Territory 165
Cry Freedom 320–323, *321*,
325
Cut and Run 198
Cutter's Way 225, *226*

Day of the Jackal, The 64, *65*
Day of the Survivalist 195
Deadline USA 298
Dear America – Briefe aus
Vietnam 247f.
Dear America – Letters from
Vietnam 247f.
Death Town 103
Death Wish 190
Décembre 61
Deer Hunter 205, 206–211,
207, 212, 219, 286
Défense de Savoir 90
Delitto Matteotti, Il 128
Delta Force, The 199
Denonciation, La 64
Denunziant, Der 127
Dernière Image, La 66
Devil never sleeps, The 133
Die durch die Hölle gehen
205, 206–211, *207*, 212,
219, 286
Dimanches de Ville d'Av-
ray 153
Dimenticare Palermo 126
Distant Thunder 222, *223*
Djamila, die Algerierin 56
Djamila, l'Algérienne 56
Dog Soldiers 205, 220
Dog Tags 165
Don't play with the Fire 197
Dossier 51, 96f.
Double Target 199, 232
Dragonfly Squadron 145
Draufgänger, Der 89
Dreckige Hunde 220
Drei Brüder 89
Drei schwarze Dreiecke 136
Dschungel der Apokalypse
164
Dschungelratten 166

Dschungelratten II – Black
Warrior 232
Du sollst nicht töten 58, 192
Du sollst nicht töten, au-
ßer... 195
Dupont Lajoie 99

Eastern Condors 170
Einmal Hölle und zurück 165
Eiserne Präfekt, Der 127
Emmerdeur, L' 70
Engel mit den blutigen Flü-
geln, Der 146
Erbe, Der 89
Ermittlungen gegen einen
über jeden Verdacht erha-
benen Bürger 123
Es herrscht Ruhe im
Land 326
Es regnet dahin, wo es naß
ist 90
Etat de Siège, L' 35–38, *37*,
43f.
Expendables 172
Exterminator, The 194
Exterminator II 194
Eye for the Tiger 195
Eyes of the Eagle 166

FUCK – Free Underground
Cinema Kids 186
Fälschung, Die 294,
311–313, *312*, 330
Fall Mattei, Der 124, *125*
Fall Serrano, Der *93f.*
Fatal Comando 173
Fear 191, 196
Femme Flic, La 74, *75*
Feuerschutz für Stoßtrupp
Berta 143
Field of Honour 148
Fighter, The 188
Filzlaus, Die 70
Final Mission 191
Final Night – Die letzte
Nacht 197
Final Reprisal 166
Fireback 191
Firebird Connection 166
First Blood 187–190
Flashback 196
Flug aus der Hölle 330
Forced Vengeance 188
Foreign Correspondent 4,
294
Forgotten Warrior 165
Forgotten, The 233

Frauen gegen die Mafia 129
Freedom Fighters 200
Freedom Fighters – Söldner
für die Freiheit 200
Freiheit, die Nacht 66
Friendly Fire 247
Front, The 19
Fürs Vaterland zu sterben 247
Full Metal Jacket 240–244,
243, 274, 287

G.I. Executioner 198
Gardens of Stone 244–247,
245, 283
Geboren am 4. Juli 261–265,
264, 268, 286
Gebrandmarkt 131
Geburt einer Nation 11
Gefährlicher Ruhm – Der
Aufstieg und Fall des Oli-
ver North 203
Gefährlichste Mann der
Welt, Der 135
Geheimcode Leopard 196
Gelbe Strom, Der 133
Gente di Rispetto 129
Gesetz der Gesetzlosen 127
Geständnis, Das 32–35, *33*,
34, 43f.
Gewalt – Die fünfte Macht
im Staate 128
Ghettoblasters 195
Giorno della Civetta, Il
110f., *112*, 117
Girl who spelled Freedom
257
Go tell the Spartans 164
Godfather, The 108
Good Guys wear Black 186,
228
Good Morning, Viet-
nam 274f., *276*
Goodbye & Amen 119
Gordons Rache 188
Gordon's War 188
Grain de Sable, Le 68
Grand Carnaval, Le 66
Grand Léssive, La 70
Grand Pardon, Le 66
Grausame Job, Der 135
Green Berets, The 161, *162*,
163, 205, 283, 286
Green Eyes 257
Grünen Teufel, Die 161, *162*,
163, 205, 283, 286
Guappi, Il 127
Guerre des Polices, La 74

Guerre d'Algerie, La 62
Guerre est finie, La 30, 68
Gui Xin Shi Jian 137
Guts and Glory – The Rise
and Fall of Oliver
North 203

Hände über der Stadt 111,
124, *125*
Hängt den Verräter 147
Häßliche Amerikaner,
Der 158
Halbblut von Saigon, Das 153
Hamburger Hill 250
Hangman 196
Hanna K. 41
Hanoi Hilton, The 251f., *253*
Harley Riders – Sie kannten
kein Erbarmen 127
Haus in der 92. Straße,
Das 49
Heartbreak Ridge 199
Heat 192
Hei Pao Shi Jan 138
Helden USA II 232
Helden USA 3 197
Helden von heute 219
Hell Train 165
Hell in Corea 145
Hell on the Battleground 170
Hell's Angel in Vietnam 172
Hell's Heroes 171
Herausforderung, Die 124
Heritier, L' 89
Heroes 219
Heroin Force 193
Herrscher des Central Park,
Der 221
Herz aus Stein 130
Hill in Korea, A 145
Hilton Hanoi 253
Hinrichtung, Die 187
Hinter feindlichen Linien 147
Hit Man 199
Hitler Gang, The 50
Hölle am Gelben Fluß,
Die 133
Hölle von Algier, Die 63
Hölle von Dien Bien Phu,
Die 154
Hölle von Korea, Die 143
Höllenkommando zur Ewig-
keit 184
Hold back the Night 145
Holt Harry raus 199
Homme de trop, Un 24
Hong Kong 134

Honneur d'un Capitaine, L'
65
Hook, The 147
Hotel Shanghai 134
House 197
House of Cards 63
House on 92nd Street, The 49
How sleep the Brave 164
Hundert Tage von Palermo,
Die *120*, 121
Hunde, Die 99f.
Hunters, The 146
Hyänen, Die 194

I want you 150
I . . . comme Icare 97, *98*
I . . . wie Ikarus 97, *98*
Ich habe Angst 118
Ich war ein Spion der Nazis 47
Il n'y a pas de Fumée sans
Feu *90*
Il pleut toujours où c'est
mouillé 90
Im Alleingang 193
Im Dutzend zur Hölle 129
Im Namen des Gesetzes 108
Im Sturm der Zeit 150
Im Todeskessel von Ku-
song 146
Im Wendekreis des Söld-
ners 165
Im Zeichen des Feuers 221
Im Zeichen des Krebs 319f.
In a shallow Grave 221
In Country 258
In Love and War 165
In Nome della Legge 108
Indagine su un Cittadino al di
sopra di ogni Sospetto 123
Inferno in Diretta 198
Insoumis, L' 63
Intimate Strangers 222
Intrusion Combodia 165
Invasion U.S.A (USA
1952) 150
Invasion gegen USA (USA
1952) 150
Invasion USA (USA
1985) 234
Io ho Paura 118
Iron Triangle, The 173f.
Irrlicht, Das 62
Istruttoria è chiusa: dimenti-
chi, L' 118

Jacknife 222, 224, 286
Jäger der Apokalypse 164

Jäger der Apokalypse 2 – Zu-
rück ins Infero 199
Jagdstaffel z. b. V. 143
Jagd, Die 188
Jahr in der Hölle,
Ein 308–311, 330
Java des Ombres, La 100
Jedes Kartenhaus zer-
bricht 63
Jet Attack 146
Johnny got his Gun 265
Juge Fayard dit le Sheriff
82–89, *83*
Jump into Hell 154
Jungle Force 166
Jungle Rats 166

KIA – Eye of the Eagle II 172
Kalte Wut 188
Kampf auf der Insel, Der 63
Kampfflieger 146
Kampfgeschwader Toten-
kopf 146
Kampfgigant, Der 199, 232
Kampfratten 173
Kampfstaffel Feuerdra-
che 145
Karate Tiger 2 192
Korruption im Justizpa-
last 129
Kein Rauch ohne Feuer *90*
Kennwort Kätzchen 134
Kennwort Salamander 130
Kill Squad 188
Killer Instinct 170
Killer Instinkt 170
Killer stellen sich nicht vor 97
Killing Fields – Schreiendes
Land 176f., 180–184, *181*,
274, 277, 287
Killing Fields, The 176f.,
180–184, *181*, 274, 277, 287
Kind mit den grünen Augen,
Das 257
Kleine Soldat, Der 63, 67f.
Knallt das Monster auf die
Titelseite 131
Kommando Cobra 83
Kommando in Vietnam 159
Kommando Tiger Shark 199
Kommissar hoch zwei 74
Korea 143
Krieg ist vorbei, Der 30, 68
Kugelregen 160

Land der anderen, Das 255f.
Lange Kalifornier, Der 187

Lange Nacht von 43, Die 128
Last American Soldier,
     The 172, 199
Last Plane out 330
Last Platoon 171
Last Stand at Lang Mei 173
Latino 201
Leathernecks 173
Ledernacken, Die 171
Legende vom Tiannayun-Ge-
     birge 137
Leihen 138
Lemmy Caution gegen Al-
     pha 60, 68
Letzte Patrouille 144
Letzte Schlacht, Die 164
Letzten Amerikaner, Die 221
Letzten beißen die Hunde,
     Den 147
Let's get Harry 199
Liberté, la Nuit 66
Liberty Belle 66
Lied vom Verrat, Das 130
Line – 1000 Meilen bis zur
     Hölle, The 226f.
Line, The 226f.
Linju 138
Linkshänder, Der 100
Loin du Vietnam 68
Long Way Home, A 165
Losers, The 162
Lost Command 60f.
Lost Heroes 169
Lucky Luciano 124
Lunga Notte del 43, La 128

M'A'S'H 149
MacArthur the Rebell Gene-
     ral 150f.
MacArthur – Held des Pazi-
     fik 150f.
Macho Trip 194
Macht und ihr Preis,
     Die 113f., *114*, 124
Made in USA 68
Männer – hart wie Eisen 147
Mafia-Story, Die 131
Mafiakrieg, Der 130
Make Love not War – Die
     Liebesgeschichte unserer
     Zeit 273
Man Hunt 50
Man with the deadly
     Lens 295ff., *296*
Manchurian Candidate,
     The 150
Mani sulla Città 111, 124, *125*

Mann auf den Knien, Ein
     119
Mann greift zur Waffe,
     Ein 186
Mann sieht rot, Ein 190
Mann zuviel, Ein 24
Mann, der aus dem Dschun-
     gel kam, Der 187
Mann, der sich verkaufte,
     Der 294
Mano spietata della Legge,
     La 130
Marinedivision Feuerdra-
     chen 160
Marines Battleground 160
Marines let's go 149
Marschbefehl zur Hölle 147
Marschier oder krepier 61
Maske runter 298
Masterblaster II 195
Men in War 146
Men of the fighting Lady 145
Menschenjagd 50
Mercenary Fighters 200
Mille Millards de Dollars 98
Mille Milliards de Dollar
     313–318, *315*
Ministerium der Angst 49
Ministry of Fear 49
Missing 36, 38–40, *39*, 44,
     330
Missing in Action 229
Mssing in Action II – The Be-
     ginning 228f.
Missing in Action, 2. Teil –
     Die Rückkehr 228f.
Mission Cobra 198
Mission Kill 198
Mission Terminate 170
Mit Blut geschrieben 146
Mit 20 im Algerienkrieg 61
Monsieur Dupont 99
Moon in Scorpio 197
Mord 49, 294
Mord im Fahrpreis inbegrif-
     fen 23
Mord in Barcelona 96
Mord in einem hübschen
     Dorf 94
Mordfall Matteotti, Der
     128
Mort d'un Pourri *93f.*
Mort en Fraude 53, 153
Morte in Vaticano 130
Movie in Action 170
Muriel 62
Music Box 41–43

Music Box – Die ganze Wahr-
     heit 41–43
My Father, my Son 259f.

Nada 74
Nächtlicher Regen in den
     Bergen von Sichuan 137
Nam Angels 172
Nam, Tour of Duty 167ff.,
     282
Ne reveillez pas un Flic qui
     dort 101
Network 294
New York Connection 119
Night Flowers 220
No Dead Heroes 196
No Save Heaven 191
Noces rouges, Les 91
Not another Mistake 232

O.K. 269–272, *270*
Octobre à Paris 53f., 62
Odinoschnoe Plavanie 193
Ölbäume der Gerechtigkeit,
     Die 58
Off Limits 170
Ohne Datenschutz 96f.
Olivies de la Justice, Les 58
Omerto – Reden heißt ster-
     ben 126
One Minute to Zero 143
Open Season 187
Open Season – Jagdzeit 187
Operation Comeback 281f.
Operation Dames 146
Operation: Paratrooper 197
Opium et le Bâton, L' 60
Order of the Black Eagle 166
Ordinary Heroes 222
Orphans of the Storm 11
Overthrow 326f.

P.O.W. – Die Vergeltung 166
P.O.W. – Prisoner of War 165
P.O.W. – The Escape 166
Pacha, Le 73f.
Palermo vergessen 126
Panther II – Eiskalt wie
     Feuer, Der 101
Panzerspähtrupp Toten-
     kopf 146
Papillon sur l'Epaule, Un 96
Parallax View, The 299–302,
     300, 305f.
Parapluies de Cherbourg,
     Les 62
Parias de la Gloire, Les 154

Park is mine, The 221
Pate, Der 108
Patrouille de Choc 53
Peau d'Espion 135
Peking Express 132
Pentito, Il 127
Perché si uccide un
  Magistrato? 118
Petit Soldat, Le 63, 67f.
Phantom Raiders 200
Phantom Soldiers 172
Phantom Soldiers – Armee im
  Schatten 172
Piloten im Pyjama 252
Piovra, La 120
Pizza Connection 119
Platoon 234–239, *236*, 240,
  247
Platoon Leader 171
Platoon Leader – Der Krieg
  kennt keine Helden 171
Platoon ohne Rückkehr 172
Platoon to Hell 165
Plus ça va, moins ça va 74
Point de Mire, Le 96
Polizeikrieg, Der 74
Polizia incrimina, la Legge as-
  solve, La 130
Polizia ringrazia, La 130
Poliziotti violenti 130
Polizistin, Die 75, *75*
Pork Chop Hill 146
Prefetto di Ferro, Il 127
Presidio, The 196
Prisoner without a Name,
  Cell without a Number 327
Processo alla Città 130
Professor, The 128f.
Purple Hearts 165
Pursuit of D. B. Cooper,
  The 188

Question, La 60
Quien sabe? 117
Quiet American, The 158

R.A.S. 61
Rack, The 150
Raging Thunder 192
Raiders of the doomed King-
  dom 178
Raison d'Etat, La *95f.*
Rambo 187–190
Rambo II – Der Auftrag 229,
  230f.
Rambo III *200*
Rambo: First Blood II 229,
  230f.

Ranger – Einer gegen alle 184
Ravager, The 197
Regen fällt auf Santiago 327
Regenschirme von Cher-
  bourg, Die 52
Regulator, The 194
Rendez-Vous des Quais,
  Le 52f.
Reporter – Eine Geschichte
  aus der Welt der Illustrier-
  ten 295
Requiem für Dominic 17
Rescue, The 148
Retreat, Hell! 143
Return of the Wild Geese 232
Richter, den sie Sheriff
  nannten, Der 82–89, *83*
Riverband 196
Robbery 193
Robbery – Ein mörderischer
  Coup 193
Robe noir pour un Tueur,
  Une 74
Rocky IV 234
Rocky IV – Der Kampf des
  Jahrhunderts 234
Rolling Thunder 187
Romeo 326
Ronde de Nuit 100
Rote Hand, Die 57
Ruckus 188
Ruckus II 232
Rückkehr der Wildgänse,
  Die 232
Rumor of War, A 164, 283

SOS Flieger nach vorn 145
Saboteur 49
Saboteure 49
Sabre Jet 143
Sacco e Vanzetti 122
Sacco und Vanzetti 122
Saigon 170
Saigon Commandos 171
Saigon – Im Jahr der Katze
  176f., 277
Saigon – Year of the
  Cat 176f., 277
Salvador 234, 239, 331–334,
  332
Salvatore Giuliano 110f., 124
Sands of Iwo Lima 265
Saut de l'Ange, Le 83
Savage Dawn 194
Sbatti il Mostro in prima Pa-
  gina 131
Scacco alla Mafia 131

Schach der Mafia 131
Schakal, Der 64, *65*
Schlacht um Algier, Die 58,
  59
Schlachtfeld der Ehre 148
Schlachtzone Pazifik 144
Schrei nach Frei-
  heit 320–323, *321*, 325
Schwarze Robe für den Mör-
  der, Eine 74
Scorpio Force, The 197
Search and Destroy (USA
  1978) 187
Search & Destroy (USA
  1987) 170
Section speciale 24
Sehnsucht nach Rück-
  kehr 137
Separatismo Siciliano, Il 120
Sequestro di Persona 131
Sergeant Ryker 147
Seventh, Dawn, The 160
Sfida, La 124
Shanghai Story, The 134
Shooter 278ff., 281
Si Joli Village, Un 94
Sicario, Il 117
Sicilian, The 131
Sie fürchten weder Tod noch
  Teufel 60f.
Silkwood 294, 307
Site 2 255f.
Sizilianer, Der 131
Skandal in Verona 131
Salamander, The 131
Slash 184
Söldner kennen keine Gnade
  197
Söldnerkommando, Das 188
Soldier of Fortune 134
Solo 70
Some Kind of Heroe 220
Sommersoldaten 273f.
Sonderkommando › Wild
  Cat‹ 165
Sondertribunal 24
Sonntage mit Sybill 153
Southern Comfort 221
Special Delivery 187
Special Force USA 165
Spécial Police 94
Sperrfeuer im Quadrat 7, 145
Spur von Tränen, Eine 138
Staatsraison *95f.*
Staatsstreich 129
Stahlhagel 147
Stahl-Justiz 191

Stand-In, The 139
Stanley 186
Stavisky 91
Steel Helmet, The 143
Steel Justice 191
Steinerne Garten, Der
    244–247, *245*, 283
Stoßtrupp durch die grüne
    Hölle 164, 283
Stoßtrupp geht zu weit,
    Ein 148
Stoßtrupp ins Jenseits 22
Strafkommando Charlie
    Bravo 154
Streamers 239f.
Strike Commando 165
Strike Force 2 193
Strike Shock 166
Strohmann, Der 19
Submarine Command 143
Submission 186
Summer Soldier 273f.
Super Platoon 232
Superboss, Der 66
Superchamp 188
Suspects, Les 56
Syndikat, Das 130

Tag der Eule, Der 110f., *112*,
    117
Tag ohne Ende 146
Tank Batallion 146
Target Zero 145
Tausend Milliarden Dol-
    lar 313–318, *315*
Tausend Millionen Dollars 98
Taxi Driver 205, 217f.
Terror führt Regie, Der 118
Terror in Bevery Hills 196
Teufel führt Regie, Der 128
Teufelskerle in Fernost 149
Teufelskommando 145
Tianyunshan Chuanqi 137
Ticket zur Hölle 101, *102*
Tiger Joe 184
Tiger Shark 199
Time Limit 146, 150
To Heal a Nation 248ff.
To Hell and Back 265
To kill a Man 160
Tod auf Raten 259f.
Todeskommando 265
Todo modo 115f., 123
Todo modo oder das Spiel der
    Macht 115f., 123
Tödliche Kommando,
    Das 164

Tödliche Warnung, Die 119
Tödlicher Haß 131
Töte Amigo 117
Tony Arzenta e big Guns
    131
Tornado 165
Tote Zeugen singen nicht
    130
Tou shalt not kill, ex-
    cept... 195
Tracks 217
Train d'Enfer 101, *102*
Trained to Kill 192
Tre Fratelli 126
Treffpunkt Hongkong 134
Tiro al Piccione 123
Trois Hommes à abattre 97
Tu ne tueras point 58
Twice under 198

Ugly American, The 158
Ultimo Cacciatore, L' 164
Unbestechlichen, Die
    302–305, *305*
Uncommon Valor 228
Und der Herr sei uns gnä-
    dig 147
Under Fire 327–331, *329*
Union Sacrée, L' 102f.
Unmoralischen, Die 68
Unsichtbare Aufstand,
    Der 35–38, *37*, 43f.
Unter Nachbarn 138
Uomini contro 250
Uomo da bruciare, Un 131
Uomo in Ginocchio, Un 119
Urgence 101
U-Kreuzer Tigerhai 143

Vatikan-Komplott, Das 130
Vent des Aurès, Le 60
Verbrannte Erde 220
Verdammten des Krieges,
    Die 267f., *270*, 287
Verdammt, verkommen, ver-
    loren 162
Verfahren ist eingestellt: Ver-
    gessen Sie's, Das 118
Vergessene Kommando,
    Das 233
Vergessenen, Die 248ff.
Verlorene Ehre der Kathari-
    na Blum, Die 294
Verlorene Helden 222
Vermißt 36, 38–40, *39*, 44,
    330
Verraten *40f.*, 44

Verraten in Vietnam 172
Verschwörung, Die 94
Verwegene Landung 145
Verwegenen Sieben, Die 228
Victoria, La 326
Vier Pfeifen Opium 158
Vietnam Adieu 222
Vietnam Texas 192
Vietnam War Story 169
Vietnam Warrior 173
Violenza: Quinto Potere,
    La 128
Visitors, The 216

Waffenbrüder, Die 102f.
War Birds 200
War Hero 147
War Hunt 147
War Shock 166
War without End 184
Wardog 193
Wartime 170
Warum mußte Staatsanwalt
    Traini sterben? 118
Weg durch die Hölle, Der
    327
Weg in die Freiheit 257
Wen kümmert's? 57
Wenn Männer zerbrechen
    146, 150
Wer erschoß Salvatore
    G.? 110f., 124
Werkzeug der Mächtigen 129
White Ghost 166, 232
Who'll stop the Rain 220
Why we Fight 51
Wild Weasel – Kommando
    ohne Wiederkehr 184
Wind der Aurès, Der 60
Windhunde 239f.
Wolf Lake 186
World apart, A 323–325
Wrong is right 295ff.

Yank in Vietnam, A 159
Year of living dangerously,
    A 308–311, 330
Yeux des Oiseaux, Les 326
Young and the Brave,
    The 147

Z 24–32, *27*, 43f., 68,
    292
Zebra Force, The 187
Zeit der vergessenen Hel-
    den 167ff., 282

Zeuge einer Verschwö-
   rung 299–302, *300*,
   305f.
Zone rouge 103

Zug 317, 154
Zur Hölle und zurück 265
Zwei Särge auf Bestel-
   lung 109f., 123

Zwei Waisen im Sturm 11
Zwei Welten 323–325
Zwischenfall mit der schwar-
   zen Kanone, Der 138

Fotonachweis

Associated Press GmbH: S. 202
Deutsches Filmmuseum, Frankfurt am Main: S. 33, 34, 59, 72, 162, 163, 181, 207, 213, 219,
   236, 300, 305, 312
Filmforum Duisburg: S. 27, 65, 310
Sammlung Menningen: S. 84, 157, 226, 270
Warner Columbia: S. 270

Alle übrigen Fotos entstammen dem Privatarchiv der Autoren.

Fischer Cinema

Eine Auswahl

Christoph Klimke
Kraft der Vergangenheit
Zu Motiven
der Filme von
Pier Paolo Pasolini
Band 4473

Louise Brooks
Lulu in Berlin und Hollywood
Band 4465

Marilyn Monroe
Meine Story
Band 3663

Groucho Marx
Schule des Lächelns
Band 3667

Die Groucho-Letters
Briefe von und an
Groucho Marx
Band 3693

Charles Chaplin
Die Geschichte meines Lebens
Band 4460

Lotte H. Eisner
Die dämonische Leinwand
Band 3660

André Bazin
Jean Renoir
Band 3662

Paul Werner
Film noir
Band 4452
Die Skandal-chronik des deutschen Films
Band 1: Von 1900
bis 1945
Band 4471

Hans-Jürgen Kubiak
Die Oscar-Filme
Band 4451

Manfred Schneider
Die Kinder des Olymp
Band 4461

Wolfram Schütte (Hg.)
Klassenverhältnisse
Von Danièle Huillet
und Jean-Marie Straub
Band 4455

Eric Rohmer
Meine Nacht bei Maud
Band 4466

Horst Schäfer /
Wolfgang Schwarzer
Von »Che« bis »Z«
Polit-Thriller im Kino
Band 4469

Georg Seeßlen
Sex & Crime & Popkultur
Glanz und Elend
des Genrekinos
Band 4487

Michael Verhoeven /
Mario Krebs
Die Weiße Rose
Band 3678

Fischer Taschenbuch Verlag

fi 269/11

Fischer Cinema

Eine Auswahl

Rainer Werner
Fassbinder
**Filme befreien den
Kopf.** *Band 3672*
**Die Anarchie der
Phantasie**
Band 4462

Rudolf Arnheim
**Kritiken und Aufsätze
zum Film**
Band 3653
Film als Kunst
Band 3656

Hans Gerhold
Kino der Blicke
Der französische
Kriminalfilm
Band 4484

Jean Luc Godard
**Einführung in eine
wahre Geschichte
des Kinos**
Band 3686

Jean Cocteau
Kino und Poesie
Notizen. *Band 4482*

Nagisa Osnima
**Die Ahnung
der Freiheit**
Schriften
Band 4483

Dieter Prokop
Soziologie des Films
Band 3682

Helmut Korte (Hg.)
**Film und
Realität in der
Weimarer Republik**
Band 3661

Helmut Korte /
Werner Faulstich (Hg.)
**Action und
Erzählkunst**
Die Filme von
Steven Spielberg
Band 4476

Michael Schaper
**Wir handeln
mit Träumen**
Von Woody Allen
bis Steven Spielberg
Band 4477

Günter Engelhard,
Horst Schäfer,
Walter Schobert (Hg.)
**111 Meisterwerke
des Films**
Das Video-
Privat- Museum
Band 4497

Hans Richter
**Filmgegener
von heute –
Filmfreunde
von morgen**
Band 3670

Jörg-Dieter
Kogel (Hg.)
**Europäische
Filmkunst**
18 Regisseure
im Porträt
Band 4490

Ellen Oumano
**Filmemacher
bei der Arbeit**
Band 4489

Fischer Taschenbuch Verlag

Sergej M. Eisenstein

Yo. Ich Selbst

Memoiren

2 Bände: 4474 / 4475

Sergej M. Eisenstein war nicht nur ein faszinierender Regisseur, der bereits als 27jähriger durch seinen Film „Panzerkreuzer Potjomkin" (1925) Weltruhm erlangt hatte. Er war auch ein phänomenaler Filmtheoretiker und brillianter Erzähler. Seine Memoiren zeugen davon. Den Titel „Yo" hatte Eisenstein selbst für seine autobiographischen Aufzeichnungen vorgesehen, die zu vollenden ihm nicht vergönnt war. Er starb 1948 im Alter von 50 Jahren nach einem Herzanfall.
Eisenstein schildert seine Kindheit, die er in Riga verbrachte. Er berichtet von der Scheidung seiner Eltern; seinem Studium an der Hochschule für Ingenieure in Petrograd; von seinem Dienst als Freiwilliger in der Roten Armee 1918-19; von seinen ersten Erfolgen als Bühnenbildner und seiner „Lehrzeit" bei Wsewolod Meyerhold, den er seinen „zweiten Vater" nennt.

Band 4474

Er schildert die Begegnung mit vielen Berühmtheiten, wie z.B. mit seinem Freund Charlie Chaplin, mit Mary Pickford, Douglas Fairbanks, Isaak Babel und anderen.
Mehr als 350 Abbildungen dokumentieren Leben und Schaffen Eisensteins.

Fischer Taschenbuch Verlag

Film noir

**»Der Film noir ist für das Kino das,
was der Blues in der Musik ist –
das einzige, das zählt«**
Wim Wenders

Der Film noir ist eine der kreativsten und geschlossensten Perioden des Hollywood-Kinos. Er umfaßt die düsteren und pessimistischen Kriminaldramen der 40er und frühen 50er Jahre, die Geschichten des Scheiterns und der Verzweiflung, die voll sind von Detektiven und Kriminellen, von gejagten Unschuldigen und scheinbar anständigen Bürgern, von selbstbewußten Schönheiten und skrupellosen Verbrecherinnen.

Im Film noir vereinigt sich die Spannung der »hartgesottenen« Krimischreiber wie Hammett, Chandler und Cain mit dem alptraumhaften Licht- und Schattenstil des deutschen Expressionismus. Die besten Regisseure des Films noir waren nach Hollywood geflüchtete Emigranten wie Fritz Lang, Robert Siodmak und Billy Wilder – neben Amerikanern wie Orson Welles und John Huston und dem berühmtesten Briten in Hollywood: Alfred Hitchcock.

Bd. 4452

Dieses Buch liefert eine ausführliche Geschichte des Film noir, zeigt dessen literarische und filmische Ursprünge auf, schildert die Eigenarten des Stils und beschreibt die »Macher«. Eine mehr als 150 Filme umfassende Filmographie mit Inhaltsangabe und Kommentar erschließt jeden einzelnen Film noir.

Fischer Taschenbuch Verlag

fi 1515/1

Fischer Film Almanach
Filme · Festivals · Tendenzen

Der Fischer Film Almanach bietet dem Filminteressierten jährlich eine lückenlose Dokumentation aller innerhalb eines Jahres in der Bundesrepublik erst-bzw. uraufgeführten Filme. Daneben gibt dieses informative Kompendium einen Überblick über die Preisträger der wichtigsten Filmfestivals von Berlin bis Cannes und beschäftigt sich in jedem Band schwerpunktmäßig mit einem filmpolitischen Thema.

Band 3657

Band 3674

Band 3684

Band 4464

Band 4470

Band 4479

Fischer Taschenbuch Verlag

fi 271/7